文成天縱

古籍目録學版本學雜著

徐蜀 著

廣西師範大學出版社
·桂林·

古籍目録學版本學雜著
GUJI MULUXUE BANBENXUE ZAZHU

出版統籌：湯文輝
出 品 人：喬祥飛
責任編輯：陳顯英
　　　　　陳利輝
責任技編：王增元
封面設計：田　潔

圖書在版編目（CIP）數據

古籍目録學版本學雜著 / 徐蜀著. -- 桂林 : 廣西師範大學出版社，2025. 1. -- ISBN 978-7-5598-7550-1

Ⅰ. G256.2-53

中國國家版本館 CIP 數據核字第 20240TV796 號

廣西師範大學出版社出版發行
（廣西桂林市五里店路 9 號　郵政編碼：541004
網址：http://www.bbtpress.com）
出版人：黄軒莊
全國新華書店經銷
北京匯瑞嘉合文化發展有限公司印刷
（北京市北京經濟技術開發區榮華南路 10 號院 5 號樓 1501　郵政編碼：100176）
開本：710 mm × 1 000 mm　1/16
印張：21　　　字數：280 千
2025 年 1 月第 1 版　　　2025 年 1 月第 1 次印刷
定價：158.00 元

序

本書是我38年編輯生涯的回顧與小結，原定書名《編輯手記》。後因出版社覺得書名重複率太高，改爲《編輯歲月》。但出版社仍不滿意，他們認爲書中談的大多是古籍目録學、版本學的事情，應該在書名中體現出來。斟酌再三，改成《古籍目録學版本學雜著》。然而，本人并非古籍目録學、版本學行家，衹是個業餘家而已。所述如有不妥，敬請各位讀者批評指正！

本書的内容有兩個主題：一是工作期間經歷過的，自認比較重要的事情；二是策劃、選編或責編圖書，撰寫出版説明時，遇到問題及解決問題後所做的筆記。同類的筆記積攢多了，便攢成一篇文章。此書的撰寫及出版，得益於以下幾點。

我主要從事古籍影印編輯工作，因此需要大量查閲古籍，身在國家圖書館（以下簡稱“國圖”），看書自然不成問題：1986年入職之初，便因《北京圖書館古籍珍本叢刊》的選目工作，進善本書庫看書，前後將近一年，過眼、經手了國圖幾乎所有宋元本及大量明清善本。此後雖進庫不易，但在善本閲覽室看想看的書，毫無問題。至於國圖普通古籍庫，在1990年前後的三四年，我也是可以進庫查閲的。

影印古籍不僅要多看書，還要進行篩選，這就離不開和古籍目録打交道，并學習版本鑒定知識。這方面我最深切的體會有三點：

一、當前的古籍書目問題不少。編目不認真看書、“從目録到目録”（不去核對原書），是出現問題的主要原因。

二、實踐最重要，衹有見多纔能識廣，如果不大量看書、進行比較，版本鑒定就是空談。

三、以往的版本鑒定範圍偏小；鑒定需求和難度最大的，并非存世稀少的宋元本，而是數量衆多的明清善本。

要想做好古籍影印，掌握底本複製和圖書印刷知識，非常重要。我有幸經歷了製版相機翻拍，縮微攝影，黑白、彩色反轉片拍攝及“電分”，平板掃描，高清掃描等，近40年來幾乎一切底本複製方式。修圖，歷經了相紙、紙版描修、剪刀加糨糊粘貼，到計算機軟件修圖。製版采用過紙版、蛋白版、PS版、銅鋅版、CTP版等。印刷除最常用的膠印外，還采用過珂羅版。以上種種，我大多上手操作過。我負責建立并分管國家圖書館出版社的膠印、珂羅版車間，印製了《永樂大典》《國家圖書館藏敦煌遺書》《中國國家圖書館藏青銅器全形拓片精品集》等重點圖書。印刷知識和實踐經驗，使我受益匪淺。

廣西師範大學出版社總編輯湯文輝先生，北京公司總經理喬祥飛先生、副總經理陳顯英女史，對本書出版給予了大力支持和幫助！編輯陳利輝女史，對書中論述、引文和各項數據認真核實，對提高本書的質量貢獻尤多！在此一并致謝！

徐蜀

2024年5月20日

目　録

國家圖書館古籍善本書目編纂史

國家圖書館的前身京師圖書館自1909年建立以來，編纂并公之於衆的古籍善本書目共有7部，分别是：1912年印行，繆荃孫編《清學部圖書館善本書目》；1913年印行，江瀚編《京師圖書館善本簡明書目》；1916年印行，夏曾佑主持編纂的《京師圖書館善本簡明書目》；1933—1934年印行，趙萬里編纂的《國立北平圖書館善本書目》；1935—1937年印行，趙録綽編《國立北平圖書館善本書目乙編》及續編；1959年出版，北京圖書館編《北京圖書館善本書目》；1987年出版，北京圖書館編《北京圖書館古籍善本書目》。回顧以上7部古籍善本書目，可以清晰地看出國家圖書館，乃至清末民國以來公藏古籍善本編目的發展脉絡，也從側面反映了近現代圖書館建立後，在古籍庋藏、整理、編目、利用諸方面走過的軌迹。認真總結這段歷史，繼續弘揚公藏古籍體制的優勢，減少弊端，是我們當前亟需面對的問題。

一、私家藏目向圖書館公藏書目過渡的《清學部圖書館善本書目》

繆荃孫編《清學部圖書館善本書目》（以下簡稱“《繆目》”），是國家圖書館（以下簡稱“國圖”）第一部古籍善本書目，同時也是第一部以“善本”命名的中國古籍書目。繆荃孫（1844—1919），字炎之，號筱珊，又作小山，晚號藝風老人，江蘇江陰人。他是中國近代著名學者，精通金石、目録、考據、校勘之學；還是我國近代圖書館事業的開拓者，參與創辦了江南圖書館

（今南京圖書館）和京師圖書館（今國家圖書館）。

《繆目》是近代圖書館建立後，順應公藏圖書的庋藏、整理、流通及保護諸方面的需要而編纂的。宣統二年（1910）學部頒布的《京師圖書館及各省圖書館通行章程》（以下簡稱"《章程》"）第七至九條規定：

> 第七條　圖書館收藏圖籍，分爲兩類：一爲保存之類；一爲觀覽之類。
>
> 第八條　凡内府秘笈、海内孤本、宋元舊槧、精鈔之本，皆在應保存之類。保存圖書，别藏一室，由館每月擇定時期，另備券據，以便學人展視。如有發明學術堪資考訂者，由圖書館影寫、刊印、鈔録，編入觀覽之類，供人隨意瀏覽。
>
> 第九條　凡中國官私通行圖書、海外各國圖書，皆爲觀覽之類。觀覽圖書任人領取翻閲，惟不得污損剪裁及携出館外。
>
> （北京圖書館業務研究委員會編：《北京圖書館館史資料彙編（1909—1949）》，書目文獻出版社，1992，第951頁）

很明顯，《章程》所謂保存類圖書即爲善本，觀覽類圖書則爲普通本。其對二者分别規定的保存和閲覽制度，被國家圖書館和各省館藉鑒、沿用了百年之久。當然，分别編製善本書目和普通本書目，也就成爲慣例，這纔有了國家圖書館的7部善本書目。

編纂善本書目，首要的問題是如何定義善本，《章程》雖有"内府秘笈、海内孤本、宋元舊槧、精鈔之本"之説，却過於籠統，且與明清以來藏書家的善本觀，多有雷同。對此，繆氏没有明確的論述，但他的編目實踐回答了上述問題。《繆目》共收録經、史、子、集四部書773部，其中宋刻本113部、元刻本186部、金刻本2部、明刻本204部、清刻本13部、影宋刻本1部、影宋抄本8部、影元刻本1部、影元抄本2部、其他各類抄本227部、稿本9部、活字本3部、朝鮮（高麗）刻本4部。從中可以看出，《繆目》收録了大量明刻本和十幾種清刻本，與明清時期藏書家衹重宋元本和稿抄本相比，也算是一種進步吧。

據繆荃孫《藝風老人日記》記載，從宣統二年十月“廿五日癸未……到圖書館開箱”（《繆荃孫全集·日記》第3册，鳳凰出版社，2014，第113頁）看書，至宣統三年（1911）九月“十二日丙戌……赴學部交書目，乞假”（《繆荃孫全集·日記》第3册，第165頁），全部編目過程僅耗時11個月。那麽，繆氏編目時的京師圖書館（以下簡稱“京師館”）館藏狀況如何呢？據《北京圖書館館史資料彙編（1909—1949）》《中國國家圖書館館史資料長編（1909—2008）》等資料記載，宣統二年至三年，京師圖書館的基本館藏由以下幾部分組成：

1.清内閣大庫殘帙，主要是其中的歷代典籍。據國家圖書館藏抄本《清内閣舊藏書目》統計，有3350餘部50,200餘册。

2.歸安姚氏及南陵徐氏藏書。兩江總督端方得知張之洞擬創建京師圖書館，特采進姚覲元咫進齋和徐乃昌積學齋藏書，以充實館藏。據端方《奏江南圖書館購買書價請分別籌給片》記載，購得姚氏藏書1011種、徐氏藏書641種，共計120,900餘卷，分裝180箱，合編目録1份。

3.常熟瞿氏進呈藏書。京師圖書館籌建期間，端方擬購進瞿氏鐵琴銅劍樓藏書，未果，改爲抄書配以舊刊本進呈。至宣統三年，抄成37種，加舊刊本13種，共50種，交與京師圖書館。

以上三項圖書總計5052部，加上自購和各地捐贈之書，與1913年1月30日京師圖書館呈教育部《造送書籍數目册》統計的5424部（北京圖書館業務研究委員會編：《北京圖書館館史資料彙編（1909—1949）》，第1088頁）比較，基本相符。《繆目》能够快速成書，得益於各類藏書均有目録可以考核、藉鑒。對此，林振岳的《繆荃孫〈清學部圖書館善本書目〉編纂考》曾予論證，其結論是：“繆荃孫《清學部圖書館善本書目》一書，主要是根據曹元忠《文華殿檢書分檔》［徐按：即内閣大庫書目之一種］、姚覲元《咫進齋善本書目》、瞿鏞《鐵琴銅劍樓藏書目録》三種書目改編而成，造成此目體例不一的原因也在此：因利用曹稿，故目中有提要之例；因沿用姚目，故留下了過録藏書題跋的體例。”（國家圖書館編：《繆荃孫誕辰170周年紀念會暨學術研討會論文集》，國家圖書館出版社，2015，第58頁）此説言之有據，但反觀清代至民國年間，私家藏目研究型居多：熱衷於標注行款及版式、過録序跋、識讀藏印、梳理遞藏、校勘文字、甄别避諱、考證版本。然而，因古籍版本各自的差异性，以及書目編纂者的嗜好、側重不同，加之能力、精力所限，有話則長，無話則短，造成了條目之間篇幅和體例的較大差别，故由私家藏目向圖書館公藏書目過渡的《繆目》，較多保存了私家藏目的特徵，亦不足爲奇。

繆氏的主要功績，在其短時間内從5000多部館藏中將精品遴選出來，落實了善本、普本分别編目、庋藏的制度；確立了圖書館公藏目録正本、副本逐書登記的編目方法，保障了館藏資産的安全，爲此後江瀚、夏曾佑的《京師圖書館善本簡明書目》（以下簡稱“《江目》”“《夏目》”）奠定了基礎。以上兩點，也充分證明繆荃孫具有深厚的文獻學及版本目録學功底，以及在建設近現代圖書館方面所具備的獨特眼光。

當然，因時間倉促、編目人手不足等原因，《繆目》也難免出現一些差錯。例如《列子》錯入儒家類，應屬道家類；《意林注》錯入儒家類，應入雜家類，故《夏目》云“《繆目》無此書，《江目》有”，其實是《繆目》分錯了類，并非無此書；集部《賈長沙集》即賈誼《新書》，應入子部儒家類；《資治通鑒綱目》和《資治通鑒綱目發明》兩書不同本子的條目均未在一處；《通鑒釋文辨誤》，略爲《釋文辨誤》；《本草原始》錯爲《本原原始》；《正百將傳》“朝鮮刊本”錯爲“青鮮刊本”；等等，不一而足。但瑕不掩瑜，《繆目》在國家圖書館古籍善本書目編製中的篳路藍縷之功，當永載史册。

《清學部圖書館善本書目》刊載於1912年6月出版的《古學彙刊》第一編（圖1—2）。國家圖書館古籍館藏有該書目稿本兩册。書葉上有繆荃孫批改手迹。書前有莊尚嚴墨筆題跋，曰：“數年

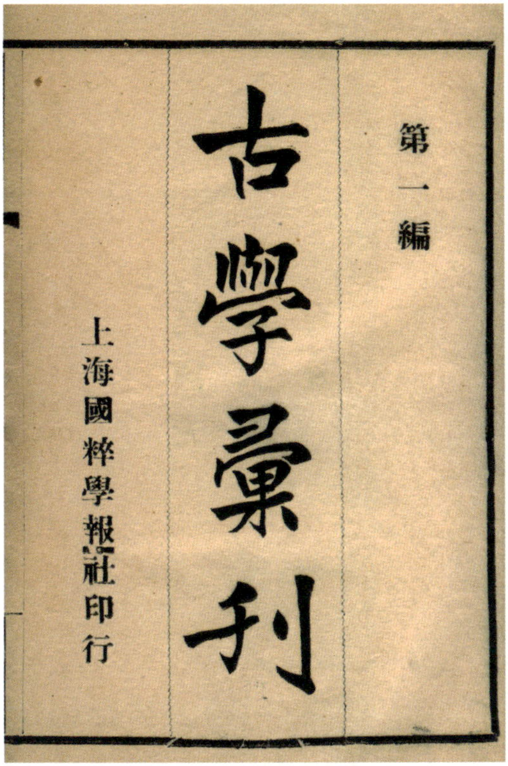

圖 1 《古學彙刊》

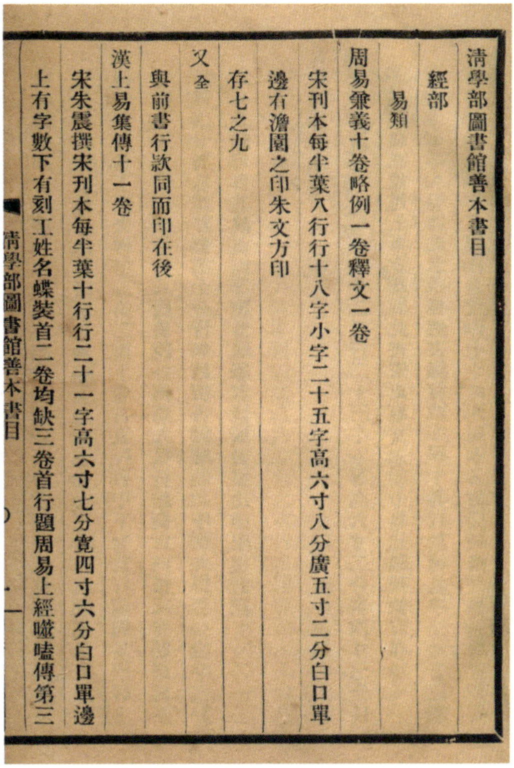

清學部圖書館善本書目

經部

易類

周易兼義十卷略例一卷釋文一卷

宋刊本每半葉八行行十八字小字二十五字高六寸八分廣五寸二分白口單

邊有澹園之印朱文方印

存七之九

又全

與前書行款同而印在後

漢上易集傳十一卷

宋朱震撰宋刊本每半葉十行行二十一字高六寸七分寬四寸六分白口單邊

上有字數下有刻工姓名蝶裝首二卷均缺三卷首行題周易上經噬嗑傳第三

清學部圖書館善本書目

圖 2 《清學部圖書館善本書目》

前在護國寺街一小書店購得此目兩本，查係前教育部京師圖書館編目稿本，雖殘，亦可留。況有繆藝風手迹，今謹贈國立北平圖書館。莊尚嚴記。廿一年雙十節。”從該稿本中可窺見曹、姚、瞿三目及繆氏審閲批改之端倪（圖3—4）。例如經部《漢上易集傳》十一卷，繆氏於天頭增補版框尺寸，圈改文字順序後，又在次葉空白處重録部分内容，將行款、尺寸從文後提至文前，“廣四寸七分”改爲“寬四寸六分”；《東漢詳節》三十卷，於天頭增補“卷尾又作‘吕大著點校三劉互注東漢詳節’，衹有六卷，七、八兩卷配二十四字本，首行‘諸儒校正東漢詳節’，與是《十七史詳節》本同”。此類增補不少，均爲刊本采納。又，繆氏在空白葉重寫、補寫條目100餘條。可見繆荃孫爲《清學部圖書館善本書目》傾注了不少心血。

值得注意的是，繆荃孫在編纂《清學部圖書館善本書目》時還

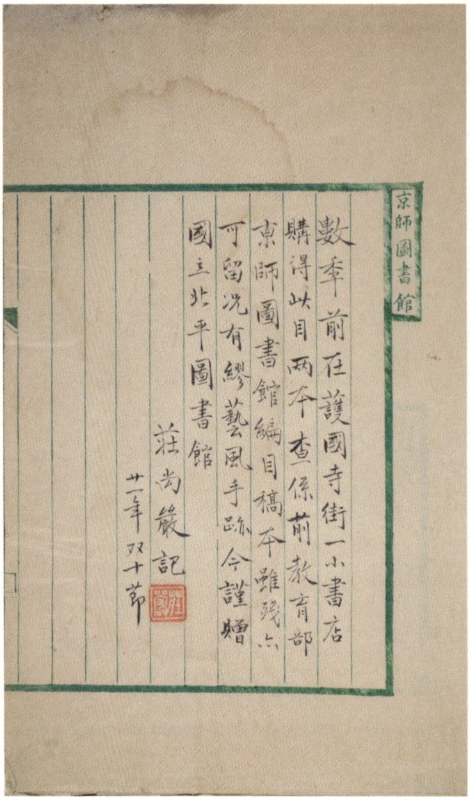

京師圖書館

數年前在護國寺街一小書店
購得此目兩本查係前教育部
京師圖書館編目稿本雖殘亦
可留況有繆藝風手跡今謹贈
國立北平圖書館
莊尚嚴記
廿一年雙十節

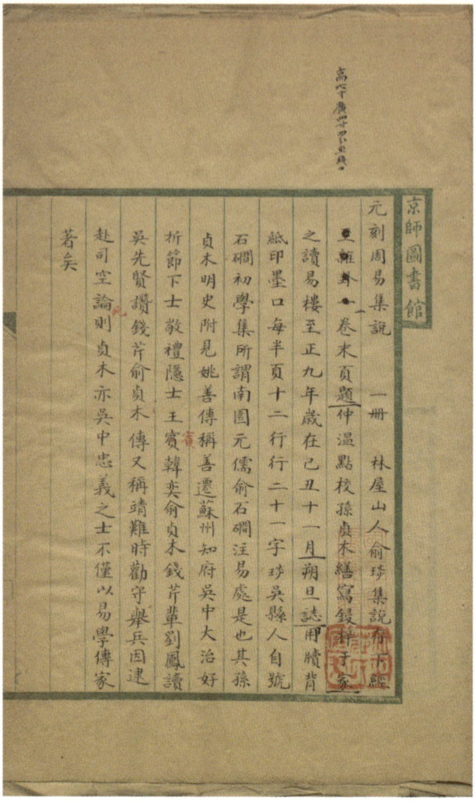

京師圖書館

元刻周易集說　一冊　林屋山人俞琰集說有下經
卷末頁題仲溫點校孫貞木繕寫鋟梓于家
之讀易樓至正九年歲在己丑十一月朔旦誌用牘背
紙印墨口每半頁十二行行二十一字琰吳縣人自號
石磵初學集所謂南園元儒俞石磵注易處是也其孫
貞木明史附見姚善傳稱善遷蘇州知府吳中大治好
折節下士敬禮隱士王賓韓奕俞貞木錢芹輩劉鳳讀
吳先賢讚錢芹俞貞木傳又稱靖難時勸守舉兵因逮
赴司空論則貞木亦吳中忠義之士不僅以易學傳家
著矣

圖 3　《清學部圖書館善本書目》稿本一　圖 4　《清學部圖書館善本書目》稿本二

刊印了一部善本圖録——《宋元書景》（圖5—6）。《宋元書景》（以下簡稱“《書景》”）成書不晚於1916年，輯録了40種宋元善本書影，共計70葉（國家圖書館藏本），摹刻成書。《書景》對所收書均注明來源，如“學部圖書館藏”“劉氏玉海堂藏”“繆氏藝風堂藏”“徐氏積學軒藏”“張氏適園藏”“無錫”“劉氏嘉業堂藏”等。《書景》篇幅不多卻體例嚴謹、内涵豐富：所收書影以“筒子葉”爲單位，下半葉即使空白無字亦收，版框尺寸原大；正文卷端、牌記、牒文，以及序跋中有關版本信息的文字等，一應俱全，《茅山志》《重校添注音辯唐柳先生文集》《伊川擊壤集》還保留了原書的藏印。

圖録的體例由來有自，楊守敬在《留真譜》中收録的古書版式、序跋、牒文、牌記、木記、鈐印等“有關考驗者”，《愛日精廬藏書志》《鐵琴銅劍樓藏書目録》《天禄琳琅書目》，乃至本文

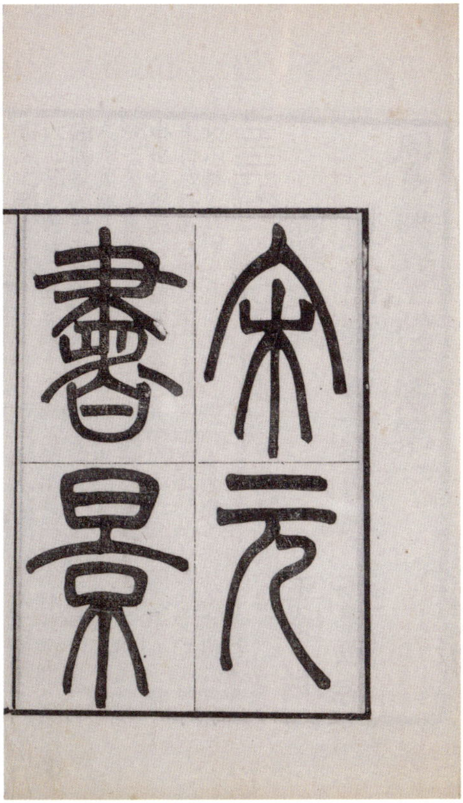

圖 5 《宋元書景》一

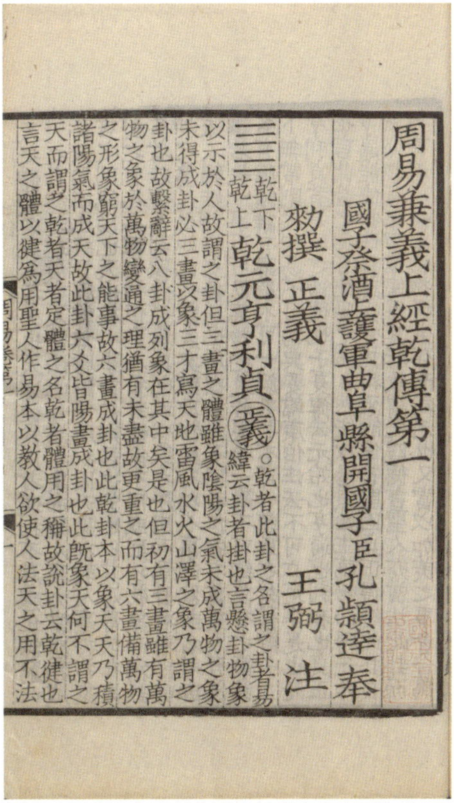

圖 6 《宋元書景》二

提到的内閣、姚氏目録等書目均已有之，但以文字記録之。如内閣書目描述宋本《漢上易集傳》版式云：“上有字數，下有刻工姓名。蝶裝。首二卷均缺。三卷首行題‘周易上經噬嗑傳第三’，次行‘翰林學士左朝奉大夫知制誥兼侍讀兼資善堂翊善長林縣開國男食邑三百户賜紫金魚袋朱震集傳’。……下卷首行題‘周易下經咸傳第四周易下經夬傳第五’。第二册上卷首頁殘敚，中下卷首行題‘周易繫辭上卷第七周易繫辭下傳第八周易説卦傳第九’，次行結銜皆同，惟末卷題‘周易序卦傳第十周易雜卦傳第十一’，皆無結銜。”還有各目過録宋元本之牒文、序、跋，描繪刻書牌記等。然而這些用文字描述方式的展現，不如書影直觀、差錯更少。因此圖録在古籍書目系統中的作用，日益爲人們看重。《宋元書景》是公共圖書館第一部古籍善本圖録，爲此後南京國學圖書館編纂印行

《盋山書影》起到了示範作用。故柳詒徵在《盋山書影》序中謂：“星吾楊氏訪書東瀛，創《留真譜》以餉學者。澄江繆師踵爲《宋元書影》，刊載全筴，視楊書爲進矣。”趙萬里先生對圖録也極爲重視，將其列入了國立北平圖書館（以下簡稱“平館”）古籍編目系統工程之中。傅增湘在《國立北平圖書館善本書目》（以下簡稱“《趙目》”）序言中，便轉述了趙萬里先生的這一宏偉藍圖：“今乃擬定體例，將欲輯爲書影，録爲書志，次第刊布，以便編摩。先成簡目四卷，授之梓人。”所謂“書影”就是圖録。

二、承先啓後的江瀚《京師圖書館善本簡明書目》

江瀚（1857—1935），字叔海，福建長汀人。光緒三十年（1904）赴日考察教育，回國後歷任江蘇高等學堂監督、學部總務司行走、學部參事官。1912年5月至1913年2月，任京師圖書館第二任館長。1914年任北京政府政事堂禮制館總編纂。1915年任參政院參政。1928年任京師大學代理校長、故宫博物院理事，後任理事長。一生致力於教育和文化事業。

江瀚任京師圖書館館長期間，主持編纂了該館第二部善本書目《京師圖書館善本簡明書目》。需要指出的是，江瀚任内曾編纂過兩部《京師圖書館善本簡明書目》，先後上報給教育部社會教育司。其中一部經教育部批准，在《教育部編纂處月刊》第一卷第五册至第十册連載，刊完經、史二部後，《教育部編纂處月刊》停刊，致使該目成了僅存經、史二部的“殘本”，餘稿亦丢失。國家圖書館古籍館藏有該經部、史部《教育部編纂處月刊》抽印本（索書號：目351.1/27），子部、集部抄配了少量條目，以下簡稱“《江目》殘本”。國家圖書館古籍館還藏有一部京師圖書館緑絲欄抄本《京師圖書館善本簡明書目》（索書號：目351.1/27.1），五册，係1918年京師圖書館目録課依教育部存檔稿抄寫而成，經、史、子、集四部全，以下簡稱“《江目》五册本”。《江目》五册本與殘本收書數量有差别（經部與史部），體例也不同：五册本删去了《繆目》的解題和過録内容，保留了宋、金、元本的行款和版框尺寸；殘本則進一步删除了所有行款和版框尺寸，篇幅更短。以往論者對五册本的存在多不知情，談及《江目》時均以殘本爲例。

《江目》問世後的百餘年間，學界對其評價普遍不高。如夏曾佑在提到京師圖書館前3部善本書目時，認爲“三者之中，以繆本爲最詳”，“江本、王本［徐按：即館員王懋鎔所編善本書目］蓋即就繆本蕞録而成，所不同者，僅增删書目十數種耳”（夏曾佑：《詳爲呈送本館善本書目懇請鑒定事》，載《夏目》首）。1987年出版的《北京圖書館古籍善本書目》，前言所列此前國家圖書館的5部善本書目，乾脆就没有《江目》。

我以爲，以往學界對《江目》的評價有失公允，《江目》的價值被嚴重低估。如夏氏謂《江目》與《繆目》“所不同者，僅增删書目十數種耳”，便與事實不符。經核對，《江目》殘本經部收書130部，史部收書342部，比《繆目》經部和史部分别多出28部和44部；《江目》五册本經部和史部收書少於《江目》殘本，其四部總數也比《繆目》多出近百部。另外，《江目》還改正了《繆目》中一些差錯（詳見下文）。夏氏贊《繆目》最詳，指的是《繆目》對每種書著録得更詳細，實際情況也確實如此。那麽，爲什麽夏曾佑編目時不參照《繆目》，却全盤照搬《江目》的簡略體例，甚至書名都一字不差地叫作《京師圖書館善本簡明書目》呢？説明《江目》的體例更適合公藏圖書館，尤其是當時京師圖書館的善本書目。

至於《北京圖書館古籍善本書目》前言對《江目》的不屑，亦有歷史踪迹可循，早在京師圖書館時期，館内同人便不認可《江目》殘本。五册本《江目》書前有一篇京師圖書館目録課1918年撰寫的題識，曰：“今年南宫趙次原先生來任館事，注重歷年籌備未完事宜，於善本尤加之意焉。見前年擺印之善本書目所引《繆目》《江目》《王目》等書，遍詢館員，未有知者。旋於《古學彙刊》

中獲見《繆目》印本，又於本館文書室内得殘本《江目》兩册。均簡單殊甚，不過大輅椎輪而已。”文中所提趙次原即趙憲曾，字次原，直隸人，曾任直隸高等師範校長，時任京師圖書館主任，負責館内日常工作。“擺印之善本書目”，指《夏目》；“文書室内得殘本《江目》兩册”，即前面提到的《江目》殘本。題識又云：“至教育部社會司查檔，始知江前館長瀚曾編善本書目兩次，擺印本所據之《江目》，乃第一次所編者，無怪其多疏略也。乃以江氏第二次重編五册繕鈔存庫，以垂永久而備考查云。”（圖7—8）此段文字説清楚了《江目》五册本抄自教育部社會司檔案室，但褒《江目》五册本而貶殘本，并認爲殘本在先、五册本在後，則大錯而特錯了。錯在何處？第一，没有認清私家藏目與圖書館公藏書目在本質上的區别，總以學術研究的角度，而不是從現代圖書館的功

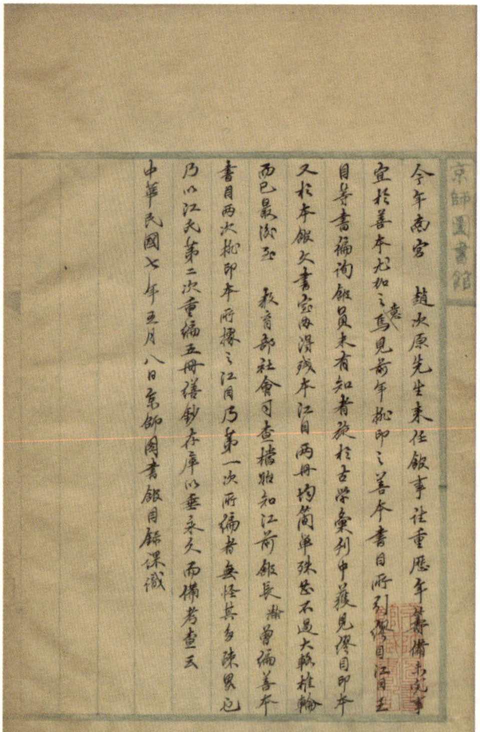
京師圖書館
今年南宮 趙次原先生來任館事注重歷年舊備未竟事
宜於善本尤加之意焉見前年擺印之善本書目所列繆目江目並
目善書編詢館員未有知者旋於古學彙刊中獲見繆目印本
又於本館文書室內得殘本江目兩冊均簡單殊甚不過大輅椎輪
而已最後至 教育部社會司查檔始知江前館長瀚曾編善本
書目兩次擺印本所據之江目乃第一次所編者無怪其多疏畧也
乃以江氏第二次重編五冊繕鈔存庫以垂永久而備考查云
中華民國七年五月八日京師圖書館目錄課識

圖7 江瀚《京師圖書館善本簡明書目》（五册本）目録課識語

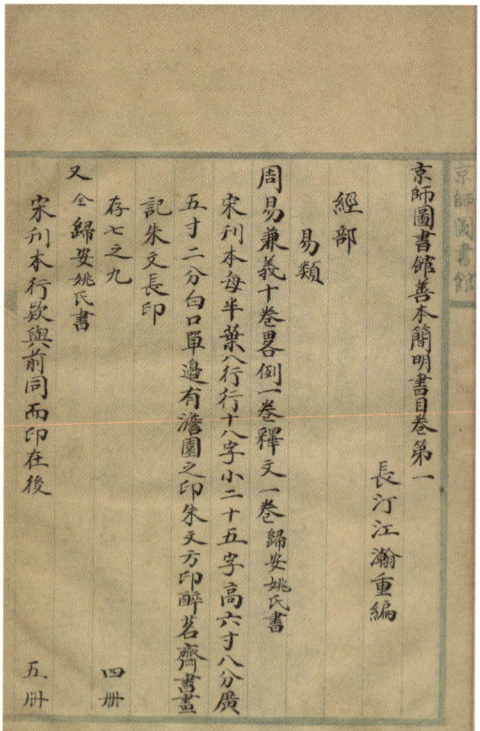
京師圖書館
京師圖書館善本簡明書目卷第一
長汀江瀚重編
經部
易類
周易兼義十卷畧例一卷釋文一卷 歸安姚氏書
宋刊本每半葉八行行十八字小二十五字高六寸八分廣
五寸二分白口單邊有澹園之印朱文方印醉茗齋書畫
記朱文長印
存七之九 四册
又 全 歸安姚氏書
宋刊本行款與前同而印在後 五册

圖8 江瀚《京師圖書館善本簡明書目》（五册本）

能和需求去評判書目的優劣；第二，應該是《江目》五册本在先，殘本二册在後。

先説第一點。

現代圖書館書目最基本的功能和需求是什麽？一言以蔽之，就是“重典掌而便尋覽”（教育部指令第32號，轉引自《夏目》）。“重典掌”是强調對書籍的保存與保護，係圖書館的内部管理職責；“便尋覽”是指方便讀者檢索查閲，與圖書館的社會服務功能相關。又，《國立北平圖書館館務報告（民國十八年七月至十九年六月）》記載：“前京師圖書館雖原有目録十餘册，但編目方法均係舊式，且於陸續添購之書未能隨時編入，頗不合用，實有從速改用卡片式目録之必要。”（第22頁）據此得知，最方便檢索查閲的卡片式目録，京師圖書館時期未經啓用，讀者衹能依靠書本式目録查找圖書。《繆目》中不少條目的解題，動輒數百字；過録序跋等文字的解題甚至多達一兩千字，如宋刊本《樂書》、桂未谷校籤《説文解字》、元刊本《遼史》等，於查找圖書非但無用，更徒增煩惱而已。對到任即面臨開館迎接讀者的江瀚來説，第一要務便是改良《繆目》，剔除目録中無關“尋覽”的内容。爲此，江瀚删去《繆目》的解題和過録文字，使篇幅縮減過半，故此書目的名稱中出現了“簡明”二字。

接下來談《江目》五册本與二册本孰先孰後。

江瀚上交教育部的第一部書目是五册本，《繆目》部分條目帶有的行款和版框尺寸，仍舊存在。大概教育部嫌書目體例不統一，故再做精簡，删除了所有行款和版框尺寸後，方予通過、刊載，這便是《江目》二册殘本。

我以爲《江目》殘本在後，係修訂五册本而作，還有一個佐證：五册本繼承了《繆目》一些著録差錯，殘本則予改正。例如《明史稿》《明史曆志稿》，五册本與《繆目》均入正史類，殘本改入别史類，《夏目》同；《欽定日下舊聞考》，五册本與《繆目》均著録爲稿本，殘本改爲抄本，《夏目》亦同。更重要的一條糾錯是，《繆目》經部金刊本《尚書正義》，實爲《尚書注疏》，誤以書前那篇《尚書正義序》而錯定書名。該書與汪士鐘、瞿氏鐵琴銅劍樓、陳清華郇齋、國家圖書館先後遞藏的《尚書注疏》版本相同，後被趙萬里先生更改爲蒙古刻本［見北京圖書館編：《中國版刻圖録》（增訂本），文物出版社，1961，圖版二六九］。《江目》五册本亦錯爲《尚書正義》，殘本則改正爲《尚書注疏》。不可思議的是，成書晚《江目》3年的《夏目》，却延續《繆目》之誤，仍著録該書爲《尚書正義》。

目録課題識云“乃以江氏第二次重編五册繕鈔存庫”，或受五册本每卷卷首所題“長汀江瀚重編”的誘導。殊不知，“重編”乃指重編《繆目》，并非《江目》殘本。《江目》殘本連載於《教育部編纂處月刊》之附録，從頭至尾未著編者名氏；原稿若存，也應有“長汀江瀚重編”之字樣。

綜上，江瀚删除《繆目》的解題、過録内容，統一編例，首創善本書目“簡明”體例，徹底切斷了私家藏目向圖書館公藏書目過渡的羈絆，眼光獨到。此後不僅《夏目》依例編製善本簡明書目，趙萬里編纂《國立北平圖書館善本書目》，雖無“簡明”二字，却因體例相近而有簡明之實。傅增湘先生在該目序言中説，趙萬里“今乃擬定體例，將欲輯爲書影，録爲書志，次第刊布，以便編摩。先成簡目四卷，授之梓人”，證明《趙目》亦爲簡明書目。不僅如此，1959年版《北京圖書館善本書目》和1987年版《北京圖書館古籍善本書目》，實際上也是簡明書目。

所謂簡明書目，是現代圖書館誕生後出現的古籍基礎型書目，是針對私家藏書的提要、書志型書目而言的。對此定義，傅增湘先生持相同觀點。他在《國立北平圖書館善本書目》序言中説：“或以玆目依類標名，未參序論，微傷簡略，豈饜群情？”可見他認定該目係簡目的依據，就是“未參序論”。鄧之誠先生在評價繆荃孫

《京師圖書館善本目録》稿時，亦影射《趙目》簡陋，云：“《京師圖書館善本目録》稿，内閣書最多，歸安姚氏書次之，次常熟瞿氏，次本館購進書，最少。依四庫分類，每書各分寫、刻，詳謂行格、收藏印記、刻書牌子、跋語及小翁［徐按：即繆荃孫］所跋，體例似私人撰述。後來某傖即以此爲藍本，衹記板（版）本，增圖書館新購書籍，編刊《北平圖書館善本書目》。”（轉引自林振岳：《繆荃孫〈清學部圖書館善本書目〉編纂考》，載國家圖書館編《繆荃孫誕辰170周年紀念會暨學術研討會論文集》，第51頁）鄧説雖不無偏頗，但認定有收藏印記、刻書牌子、跋語之目，體例似私人撰述，則非常貼切。

簡明書目著録，或者説描述的，是圖書自身不可或缺的基本要素，如書名、卷數、著者、版本、行款、尺寸，以及存佚卷數、配補等信息。提要、書志型書目，是在書目中附加了一些延伸、間接的内容，如著者生平、内容介紹、評價、原書序跋、後人題識、藏印、遞藏等。

有一點必須説明，《江目》是在時間緊迫、館内專業人員匱乏的情况下，對《繆目》删繁就簡而成的。在客觀條件不允許補作行款、尺寸的前提下，不得不删除《繆目》中所有的行款和尺寸，統一體例。但這一權宜之計，却被此後條件好得多的國立北平圖書館及北京圖書館（以下簡稱“北圖”）沿用，就值得商榷了。

另外，《江目》還首次在圖書館公藏書目中加注書的來源，如“清内閣書”“歸安姚氏書”“南陵徐氏書”“海虞瞿氏書”等，在京師圖書館草創、館藏急劇增長階段的這一舉措，意義重大。《夏目》蕭規曹隨，及至1959年，古籍集中歸於公藏後刊行的《北京圖書館善本書目》再襲此例，於每部書後詳注捐書人姓氏，爲厘清國圖衆多古籍善本的遞藏關係奠定了基礎。

如果説繆荃孫的《清學部圖書館善本書目》是私家藏目向圖書館公藏書目過渡的産物，江瀚的《京師圖書館善本簡明書目》則標志着現代圖書館古籍書目編纂體例的建立。

三、蕭規曹隨的夏曾佑《京師圖書館善本簡明書目》

夏曾佑主持編纂的《京師圖書館善本簡明書目》，1916年出版（圖9）。

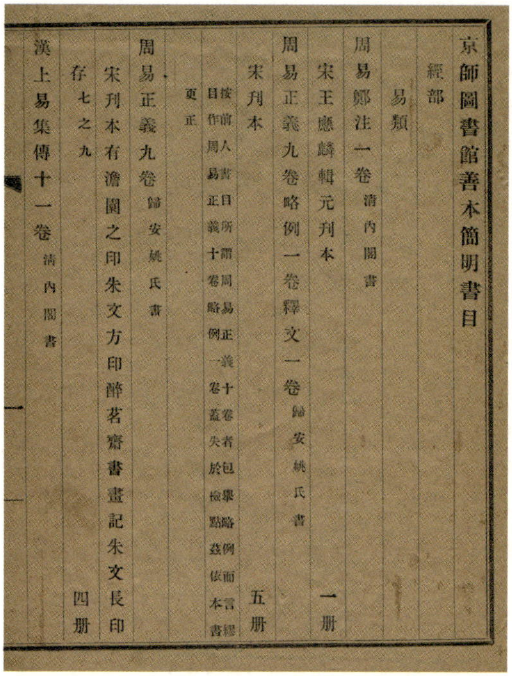
京師圖書館善本簡明書目
經部
易類
周易鄭注一卷 清內閣書
宋王應麟輯元刊本 一冊
周易正義九卷略例一卷釋文一卷 歸安姚氏書
宋刊本 五冊
按前人書目所謂周易正義十卷者包舉略例而言經目作周易正義十卷略例一卷蓋失於檢點茲依本書更正
周易正義九卷 歸安姚氏書
宋刊本有澹園之印朱文方印醉茗齋書畫記朱文長印
存七之九 四冊
漢上易集傳十一卷 清內閣書

圖9　夏曾佑《京師圖書館善本簡明書目》

夏曾佑（1863—1924），字穗卿，號碎佛，筆名別士，浙江仁和（今屬浙江省杭州市）人。光緒十六年（1890）中進士，授禮部主事，後改任安徽祁門縣知事。光緒三十一年（1905），清政府“預備立憲”，派載澤等五大臣出洋考察，夏爲隨員之一。光緒三十二年（1906）赴日考察回國後，任泗州知州、兩江總督署文案。1912年蔡元培任教育總長，任命夏曾佑爲社會教育司司長。1913年2月，京師圖書館館長江瀚調任四川鹽運使，夏曾佑以社會教育司司長身份代行館長職務，同年8月被任命爲館長。1918年1月去職。

夏曾佑主持館務期間，在重編善本書目的同時，還遵照教育部的指示抓了兩項工作：

一是搬遷新址。1913年10月29日，教育部發文：“查北京圖書館創自前清，曾經學部奏定地址，嗣因鼎革，未及開辦。民國肇造，日不暇給。因京城圖書館係舉國觀聽，姑就舊藏書處暫行開館。今國家粗定，不能不謀所以進行，仰社會教育司轉飭北京圖書館暫行停止閱書。”（轉引自李致忠主編：《中國國家圖書館館史資料長編（1909—2008）》，國家圖書館出版社，2009，第48頁）

12月，教育部令京師圖書館“暫行停辦，以圖改組擴充”（轉引自李致忠主編：《中國國家圖書館館史資料長編（1909—2008）》，第49頁）。1917年1月26日，京師圖書館在方家胡同國子監南學舊址重新開館。

二是强化書籍管理。1915年11月29日教育部飭令第426號：“查京師圖書館爲首都册府，所藏珍本甚多，一切事宜亟應妥爲布置，以期盡善。該館長莅事以來，整理圖書，修繕屋宇，業已具有端緒。惟尚有種種事宜，應於開館之先預爲加意。一，書籍當蓋印編號也。該館所藏書籍，多係舊槧精刊，版本種類甚多，審認頗爲不易，自非悉加大字戳記，難免抽换。且現在陳列，僅照經、史、子、集四部編目，卷帙浩繁，檢點不易。應分别部類，編列號數，刊印標簽，逐册粘貼，依序陳列，以便收發檢查。”（轉引自李致忠主編：《中國國家圖書館館史資料長編（1909—2008）》，第49頁）同年12月22日，教育部再發布飭令第465號，發交“京師圖書館收藏印”石章一方。飭令云：“爲飭知事，前因該館所藏書籍多係舊槧精刊，版本種類甚多，審認頗爲不易，非悉加大字戳記，難免抽换，業將書籍當加蓋印章辦法飭該館在案。兹特發交石章一方，文曰‘京師圖書館收藏印’，仰即遵照前飭，將該館所藏書籍逐册多蓋是項印章，以昭慎重而便稽查。此飭。”（轉引自李致忠主編：《中國國家圖書館館史資料長編（1909—2008）》，第50頁）

以上教育部加强書籍管理的各項措施，意在杜絶書籍丢失，此前坊間傳聞，京師圖書館曾以古籍贈達官貴人，恐非空穴來風。然教育部相關精神此後并未落實到位。值得注意的是，教育部指示“書籍當蓋印編號也”，針對的是所有館藏，所謂“非悉加大字戳記，難免抽换”之“悉加”，特指所有圖書。然京師圖書館於“編列號數，刊印標簽，逐册粘貼，依序陳列”一項，没有施行；“將該館所藏書籍逐册多蓋是項印章，以昭慎重而便稽查”之措施，僅限於善本書目中的書籍，且遺漏不少。故十幾年後，在趙萬里所編《國立北平圖書館善本書目》中，許多《繆目》《江目》《夏目》曾有之書未見踪影。這裏僅舉數例。經部：繆、江、夏三目皆有之姚氏藏書《周易兼義》宋刻本（《夏目》著録爲《周易正義》）；徐氏藏書《讀禮通考》一百二十卷，清徐乾學撰，稿本；清内閣藏書《詩集傳》十卷，元刻本；姚氏藏書《毛詩故訓傳》三十卷，清段玉裁撰，家刻本，黄丕烈校，顧鳳藻過録本；姚氏藏書《樂書正誤》一卷，影宋朱墨本。史部：姚氏藏書《古史》六十卷，宋蘇轍撰，宋刊本；徐氏藏書《三朝野紀》七卷，明李遜之輯，舊抄本；姚氏藏書《平宋録》三卷，舊題元平慶安撰，舊抄本。子部：姚氏藏書《荀子》二十卷，宋刊四子纂圖互注本；瞿氏藏書《荀子考异》全卷，宋錢佃撰，影抄本；姚氏藏書《新刊分類近思録》十四卷，宋朱熹、吕祖謙撰，宋刻巾箱本（存卷七至十）。集部：姚氏藏書《陶淵明集》六卷，清陳焯手抄本；清内閣藏書《分類補注李太白詩集》二十五卷，朝鮮活字本（存卷一至二、六至九、十二至十四）；國子監南學藏書《會昌一品集》二十卷《别集》十卷《外集》四卷，唐李德裕撰，明抄本，陸心源據明本校，又以影宋抄本覆校。上述未見之書，繆、江、夏三目全有者居多，《夏目》皆有。《夏目》所載之書，不足京師圖書館典籍總數的五分之一，遺失之書已不在少數，庫中“未編書”之狀況，可想而知。究其原因，蓋由時局不穩，經濟凋敝，經費、人手嚴重不足，管理者缺乏經驗造成。

另，前引教育部第465號令，謂發交“京師圖書館收藏印”石章一方，當爲“京師圖書館收藏之印”，不知是原始檔案還是《中國國家圖書館館史資料長編（1909—2008）》記載有誤。現存中國國家圖書館及抗戰時期先運至美國、後藏於臺北故宫博物院的善本書中，確有不少鈐蓋了“京師圖書館收藏之印”，而且不止一種，僅長方形印章就有兩種；還有一種正方形，印文一樣。同時期還有一種長方形印章，印文爲“京師圖書館藏書記”，大多鈐蓋在明刻本中，爲數不少。

《夏目》之編纂，起於教育部1915年12月所發飭令："管理圖書全憑目録，該館現有書目，均係寫本，又所歸門類，亦間有失當者。應逐册查對，送部厘定付印，以資考核。"（夏曾佑：《詳爲呈送本館善本書目懇請鑒定事》，載《夏目》首）

據此館方决定，"本館書籍甚多，擬先從善本書着手，而善本書目前此編纂者，共有三本：一爲前館長繆荃孫所定，現印於《古學彙刊》内；一爲前館長江瀚所定，現存鈞部社會教育司及本館内；一爲前館員王懋鎔所編，現存鈞部圖書室内"。"兹就現藏書籍與各家目録詳加校正。……督同館員檢查原書，并根據《四庫全書》提要及晁、陳以來各家目録，悉心厘正，繕成定本。所有與《繆目》不同之處，均分疏於各條下，以便考核。"（夏曾佑：《詳爲呈送本館善本書目懇請鑒定事》，載《夏目》首）

《夏目》"就現藏書籍與各家目録詳加校正"的細節，大致如下："有原書具存而各目失載者，如《元豐類稿》是也。有《繆目》收入而江氏删去者，如《萬姓統譜》是也。有誤定撰人者，如《蘭臺法鑒録》，但觀書序題名即以爲褚鈇撰是也。有臆改書名者，如《六經三注粹鈔》佚去《易》《詩》二編，即以爲《四經三注鈔》是也。有謬認時代者，如《春秋通説》乃宋黄仲炎所撰，而以爲清人；《選詩補注》乃明劉履所撰，而以爲宋人是也。有錯題卷數者，如《尚書要義》二十卷而以爲十七卷、《太白詩集》二十五卷而以爲三十卷是也。至於分别門類、排次先後，亦多難解，如元之《通制條格》，薈集法令者也，而入之職官類；宋之《乾象新書》，記載占驗者也，而置諸推步類；《書叙指南》所記者故事成語，而列之藝術；《天人歸德頌》所美者文治武功，而歸之釋教；貢性之、華幼武之詩集，則以元人而厠宋明著作之林；高昌、華夷之《譯語》，則以小學而隸禮制範圍之内。若斯之類，悉數難終。"（夏曾佑：《詳爲呈送本館善本書目懇請鑒定事》，載《夏目》首）

1916年6月，京師圖書館將《夏目》定稿上呈教育部。教育總長范源廉8月21日批復，同意印行（教育部指令第32號，轉引自《夏目》）。《夏目》是京師圖書館第一部官方審核通過、正式出版發行的善本書目。此前《繆目》《江目》雖亦上報學部或教育部，但備案而已，無須批復，雖排印於《古學彙刊》《教育部編纂處月刊》中，皆爲刊物之附庸，與前言、凡例、版權俱全之《夏目》，不可同日而語。

《夏目》共收書1144部，其中經部187部、史部358部、子部375部、集部224部。對比《江目》經部125部、史部339部、子部192部、集部206部，總計862部，《夏目》總數多出了280餘部，增加不少。但《夏目》中某些書收録副本甚多，實際增加品種并不多。例如子部《内訓》收副本14部、《勸善書》收副本126部，僅此便多達140部。

《夏目》書前對之前繆、江、王三目做了簡要評價，并舉例説明改進措施。但總體上看，《夏目》相對於《江目》，并無實質性的改進和提高，書的品種和數量變化不大，體例一依其舊，甚至書名都照搬無誤。因此，《夏目》在國家圖書館古籍善本書目編撰史中的地位，應低於《江目》。

四、趙萬里《國立北平圖書館善本書目》

趙萬里編《國立北平圖書館善本書目》刊行於1933—1934年，是國家圖書館第四部善本書目（圖10—11）。

趙萬里（1905—1980），字斐雲，别署芸盦、舜盦，浙江海寧人。著名版本目録學家。1925年在北京清華學校國學研究院任助教，在王國維指導下，研究史學、文學、金石、版本目録、戲曲等。1928年5月，經陳寅恪、錢稻孫、吴宓、蔣復璁等師友介紹，6月到北京圖書館（後更名爲北平北海圖書館，并入國立北平圖書館）工作。後任中文采訪組組長、善本考訂組組長、編纂委員，主要負責中文圖書采購及版本鑒定工作。

國立北平圖書館善本書目
四卷
尹默

圖 10　《國立北平圖書館善本書目》一

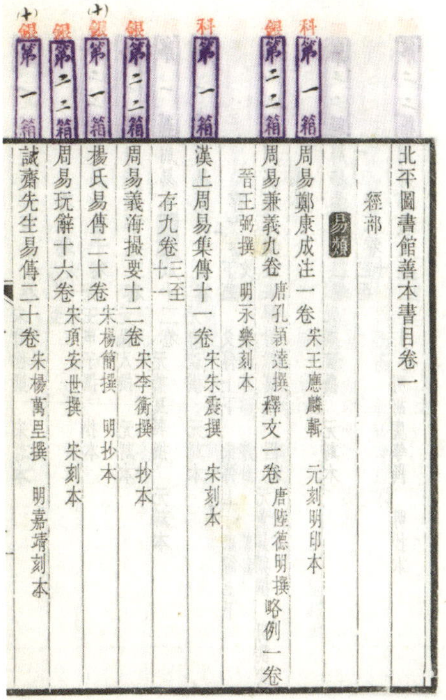
北平圖書館善本書目卷一
經部
易類
周易鄭康成注一卷　宋王應麟輯　元刻明印本
周易兼義九卷　唐孔穎達撰　釋文一卷　唐陸德明撰　略例一卷　晉王弼撰　明永樂刻本
漢上周易集傳十一卷　宋朱震撰　宋刻本
存九卷　三至十一
周易義海撮要十二卷　宋李衡撰　抄本
楊氏易傳二十卷　宋楊簡撰　明抄本
周易玩辭十六卷　宋項安世撰　宋刻本
誠齋先生易傳二十卷　宋楊萬里撰　明嘉靖刻本

圖 11　《國立北平圖書館善本書目》二

《趙目》距此前1916年編纂的《夏目》，已過去近20年，在此期間京師圖書館經歷了遷址、合并重組等一系列重大事件。瞭解這段歷史及相關古籍庋藏、整理、編目情況，纔能得知《趙目》成書的過程和價值。

1918年京師圖書館館長夏曾佑離任，館長改由教育部次長袁希濤兼理，館内日常工作由圖書館主任負責。1月，教育部派視學趙憲曾兼任京師圖書館主任。12月，教育部調回趙憲曾，派視學張宗祥兼任京師圖書館主任。張宗祥重新編纂善本書目，“據《夏目》重編，改正《夏目》繆誤不少。其時午門歷史博物館整理内閣大庫遺藏，送來宋元以下舊槧舊抄，可補館藏之缺者，爲數甚多。故以張氏《草目》與《夏目》較，卷數實有增無減。顧《張目》迄未出版，衹憑稿本存館備案”（《本館善本書目新舊二目异同表》，《國立北平圖書館館刊》1934年第8卷第1號，第89頁）。

除張宗祥《草目》外，《趙目》之前可以查到與編目相關的還有以下信息：

京師圖書館最遲在1924年就建立了善本書檔案，并設計了專用信息著録表，對宋元本進行核查和版本信息登記。這項工作是古籍善本編目及撰寫書志不可缺少的技術環節。我在整理影印運美及現存中國國家圖書館的部分宋元本時，就發現了不少這種著録表。表格有登記日期，檢査者、覆查者簽字欄；對善本書的登記信息有書名、刊寫時代、裝式、卷數、葉數、行格、高廣（尺寸）、邊口、印章、其他標識及狀况、覆查加注等11項。

例如，一張1924年3月22日的表格著録：

檢查者：爨汝僖［徐按：鈐有名章］

覆查者：譚新嘉［徐按：鈐有名章］

書　　名	大學衍義（第壹册）共存伍册
刊寫時代	宋刊大字
裝　　式	綫裝，襯紙
卷　　數	第叁拾壹至第叁拾叁
葉　　數	肆拾玖葉（外補空白壹葉）
行　　格	半葉玖行，行拾柒字
高　　廣	高柒寸，廣壹尺
邊　　口	左右雙綫，白口，第壹魚尾下標“大學衍義乙上”、卷數，第貳魚尾上標葉數
印　　章	
其他標識及狀况	蛀修
覆查加注	

中華民國十三年叁月式拾式日

一張1924年3月23日的表格著録：

檢查者：李文衎［徐按：鈐有名章］

覆查者：譚新嘉［徐按：鈐有名章］

書　　名	真西山讀書記（第壹册）共存伍册
刊寫時代	宋刊大字元補版
裝　　式	綫裝，鑲襯
卷　　數	甲集伍、甲集陸
葉　　數	伍拾捌葉
行　　格	半葉玖行，行大字拾陸，小字弍拾肆伍不一律
高　　廣	高陸寸八分，廣玖寸陸分
邊　　口	左右雙綫，白口，上口間有大小字數，下口略有“元祐五年刊”等字及刊工名氏，第壹魚尾下標“讀書記甲集”幾、“讀書記甲”幾、“書記甲”幾不等，第弍魚尾或上或下標葉數
印　　章	首尾有本館朱文長印
其他標識及狀況	
覆查加注	葉數均標在第弍魚尾下

中華民國十三年叁月弍拾叁日

又一張1924年3月23日的表格著録：

檢查者：李文衎［徐按：鈐有名章］

覆查者：譚新嘉［徐按：鈐有名章］

書　　名	容齋隨筆（第壹册）共存肆册
刊寫時代	宋刊元修大字
裝　　式	綫裝，鑲襯
卷　　數	序目、第壹、第弍
葉　　數	叁拾捌葉
行　　格	半葉拾行，行弍拾壹字
高　　廣	高柒寸，廣壹尺叉捌分
邊　　口	左右雙綫，白口，上口標字數，下口有刊工名氏，第壹魚尾下標“容齋隨筆”幾卷、第幾卷或第幾，“隨筆”卷幾，不一律，或“大德乙巳重刊”等字，第弍魚尾下標葉數
印　　章	首尾有本館朱文長印
其他標識及狀況	霉破眉角已修
覆查加注	

中華民國十三年叁月弍拾叁日

一張1924年3月25日的表格著録：

檢查者：譚新嘉［徐按：鈐有名章］

覆查者：爨汝僖［徐按：鈐有名章］

書　　名	吕氏春秋（第壹册）共拾弍册
刊寫時代	元至正嘉興本
裝　　式	綫裝，襯紙
卷　　數	序目、第壹、第弍
葉　　數	叁拾玖葉
行　　格	半葉拾行，行大字弍拾，小字雙行
高　　廣	高柒寸半，廣玖寸陸分
邊　　口	左右雙綫，黑綫口，上口標大小字數，下口間有刻工名氏，上魚尾下標書名、卷數，下魚尾上標葉數
印　　章	首尾及高誘序有本館朱文長印，首有“毗陵周氏九松迂叟藏書記”朱文長印、“周印良金”朱文方印，目録前有“學部圖書之印”朱文方印
其他標識及狀況	鄭元祐序後有“吴興謝盛之刊”陸字，目録後有“鏡湖遺老記”七行，餘字破修
覆查加注	鄭序行書，半葉捌行，行拾伍陸柒字不等。卷叁第叁肆兩葉破修

中華民國十三年叁月弍拾伍日

一張1924年3月28日的表格著録：

檢查者：吴德亮［徐按：鈐有名章］

覆查者：

書　　名	春秋穀梁注疏（第壹册）共肆册
刊寫時代	宋刊本
裝　　式	綫裝
卷　　數	卷壹之伍
葉　　數	捌拾柒葉
行　　格	半葉拾行，行拾柒字，小字雙行，行貳拾叁字
高　　廣	高陸寸貳分，廣捌寸貳分
邊　　口	左右雙綫，黑口，第一魚尾下標“谷充”幾，第二魚尾下標葉數
印　　章	卷首有“學部圖書之印”朱文方印，首尾有本館印
其他標識及狀況	簽耳題某若干年，“桓”字缺筆
覆查加注	

中華民國十三年三月二十八日

一張1924年3月29日的表格著録：

檢查者：夔汝信［徐按：鈐有名章］

覆查者：譚新嘉［徐按：鈐有名章］

書　　名	册府元龜（第壹册）共存拾陸册
刊寫時代	宋刊小字本［徐按：《趙目》作宋刻本］
裝　　式	蝶裝
卷　　數	第陸至第拾
葉　　數	陸拾叁葉
行　　格	半葉拾肆行，行式拾肆字
高　　廣	高陸寸，廣捌寸肆分
邊　　口	左右雙綫，白口，魚尾下標“册府”綫、“府”綫、“册”綫、“元”綫不等
印　　章	首有“晋府書畫［徐按：“書”字原似誤書或有塗抹，“書畫”旁無修改，僅在二字上加蓋檢查者夔汝信“頌生”名章］之印”朱文方印，末有“敬德堂圖書印”“子子孫孫永寶用”朱文方印兩個
其他標識及狀况	全册有水痕，書口下半截均破修。首葉紙背有朱印“國子監崇文閣官書借讀者必須愛護損壞缺失典掌者不許收受”楷書木記
覆查加注	

中華民國十三年叁月式拾玖日

一張1924年6月25日的表格著録：

檢查者：李文裿［徐按：鈐有名章］

覆查者：譚新嘉［徐按：鈐有名章］

書　　名	增補六臣注文選（第壹册）共存肆拾伍册
刊寫時代	元刊茶陵本（原目作宋本）［徐按：《趙目》作元大德刻本］
裝　　式	綫裝，鑲襯
卷　　數	第肆
葉　　數	叁拾肆葉
行　　格	半葉拾行，行大字拾捌、小字式拾叁

（續表）

高　　廣	高陸寸肆分，廣捌寸玖分
邊　　口	左右雙綫，黑綫口，第壹魚尾下標“文選”幾，第弍魚尾上標葉數，上下口間記大小字數
印　　章	首有“清樂軒”朱文長印，“姜氏圖書”“深志”朱文兩方印，本館朱文長印
其他標識及狀況	書口蛀修
覆查加注	第壹魚尾下標“文”幾或無字

中華民國十三年陸月弍拾伍日

一張1924年7月27日的表格著録：

檢查者：李文祷［徐按：鈐有名章］

覆查者：譚新嘉［徐按：鈐有名章］

書　　名	六臣注文選（第壹册）共存拾册
刊寫時代	宋贛州刊元明修補本
裝　　式	綫裝，襯紙
卷　　數	第拾肆
葉　　數	弍拾肆葉，外補空白肆葉
行　　格	半葉玖行，行大字拾伍、小字弍拾
高　　廣	高柒寸弍分弱，廣壹尺壹寸陸分
邊　　口	左右雙綫，白口，上口間記字數，第壹魚尾下標“文選”卷幾、卷第幾或幾卷（間有“重刊”二字），第弍魚尾下標葉數，下口標刊工名氏（間無第弍魚尾）
印　　章	第弍拾弍葉有本館朱文長印，第陸葉亦有本館朱文長印
其他標識及狀況	“敬”“慎”等字闕筆，破修
覆查加注	

中華民國十三年柒月弍拾柒日

兩張1924年4月10日的表格（圖12—13），第一張表著録：

檢查者：李文祷［徐按：鈐有名章］

覆查者：爨汝僖［徐按：鈐有名章］

書名：景德傳燈録（第壹册）共存肆册

刊寫時代：元刊本

裝式：綫裝，鑲襯

卷數：第弍、第叁

葉數：弍拾捌葉半（外補空白半葉）

行格：半葉拾叁行，行弍拾叁至弍拾伍字不等，小字雙行

高廣：高柒寸壹分，廣壹尺又壹分

邊口：左右雙綫，黑綫口，上口間有字數，第壹魚尾下標“傳”第幾，第弍魚尾下標葉數，下口間有刊工名氏

印章：兩卷首尾有“白子”［徐按：應爲“伯子”］朱文圓印，“曰藻珍玩”朱文方印，“二湖”朱文長方印，“葉時愷印”白文、“襄虞”朱文二方印，“忍性”白文、“抛塵”朱文兩方印，“麟溪吴鳴治氏”朱文方印，“巢鶴堂”朱文方印，“大瓢山人”白文方印，“文子”朱文方印，本館朱文長方兩印

其他標識及狀況：朱筆點句，蛀修

覆查加注：

中華民國十三年肆月拾日

第二張表著録：

檢查者：李文裿［徐按：鈐有名章］

覆查者：爨汝僖［徐按：鈐有名章］

書名：景德傳燈録（第叁册）共存肆册

刊寫時代：元刊本

裝式：綫裝，鑲襯

卷數：第拾陸、第拾柒

葉數：肆拾叁葉

行格：半葉拾叁行，行弍拾叁至弍拾柒捌字不等，小字雙行

高廣：高柒寸肆分，廣壹尺又弍分［徐按：原爲“壹分”，覆查後改爲“弍分”，修改處加蓋覆查者爨汝僖“頌生”名章］

邊口：左右雙綫，黑綫口，上口間有字數，第壹魚尾下標

“傳”第幾，第弍魚尾下標葉數，下口間有刊工名氏

印章：

其他標識及狀況：卷拾陸末有“至正乙巳比丘寶生募緣重刊板留太白名山祇桓精舍流通”楷書木記，卷拾柒末有“至正乙巳比丘寶生募緣刊於太白山祇桓庵流通”楷書木記。微破已修

覆查加注：

中華民國十三年肆月拾日

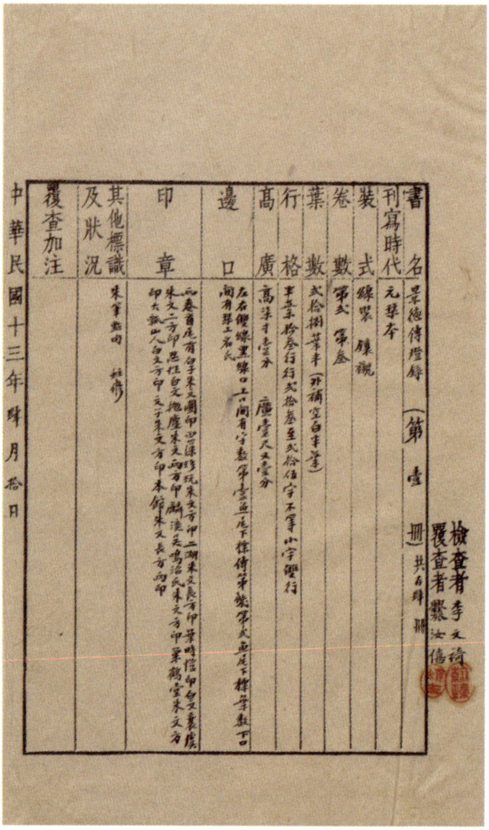
書名 景德傳燈録（第壹冊）共肆冊
刊寫時代 元槧本
裝式 線裝
卷數 第弍 第叁
葉數 弍拾捌葉半（外補空白半葉）
行格 半葉拾叁行行弍拾叁至弍拾伍字不等小字雙行
高廣 高柒寸壹分 廣壹尺弍壹分
邊口 左右雙綫黑綫口上下口間有字數第壹魚尾下標傳第幾第弍魚尾下標葉數下口間有刊工名氏
印章
其他標識及狀況 朱筆點句 微修
覆查加注
檢查者 李文
覆查者 爨汝僖
中華民國十三年肆月拾日

圖 12 《景德傳燈録》檢查表一

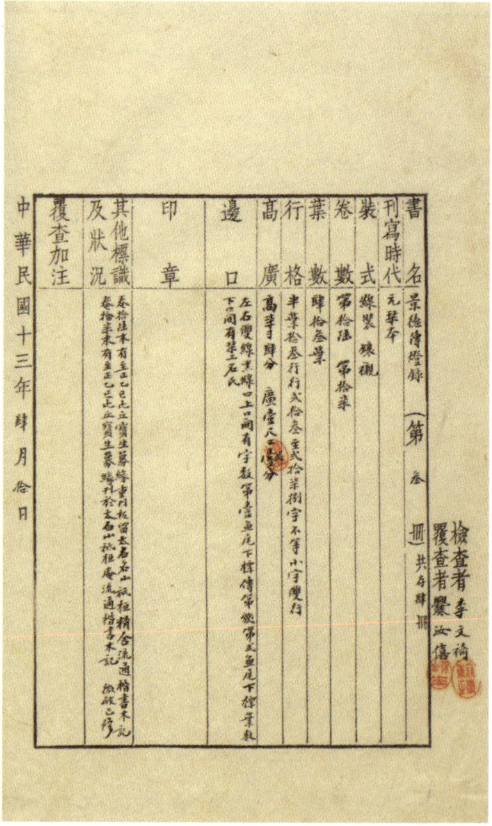
書名 景德傳燈録（第叁冊）共肆冊
刊寫時代 元槧本
裝式 線裝
卷數 第拾陸 第拾柒
葉數 肆拾叁葉
行格 半葉拾叁行行弍拾叁至弍拾柒字不等小字雙行
高廣 高柒寸肆分 廣壹尺
邊口 左右雙綫黑綫口上下口間有字數第壹魚尾下標傳第幾第弍魚尾下標葉數下口間有刊工名氏
印章
其他標識及狀況 卷拾陸末有至正乙巳比丘寶生募緣重刊板留太白名山祇桓精舍流通楷書木記 卷拾柒末有至正乙巳比丘寶生募緣刊於太白山祇桓庵流通楷書木記 微破已修
覆查加注
檢查者 李文
覆查者 爨汝僖
中華民國十三年肆月拾日

圖 13 《景德傳燈録》檢查表二

信息著録表記載得非常詳細和專業。此種表格在1935年以前的宋元善本書中遺存不少，參與者有譚新嘉、李文裿、爨汝僖、吴德亮等人。可見那一時期，京師圖書館能勝任善本考訂者不乏其人。

需要指出的是，1926年成立的北京圖書館［1928年10月更名爲

北平北海圖書館（以下簡稱“北海館”）］，與京師圖書館（1928年7月更名爲北平圖書館）合并（1929年6月）前的古籍編目活動，亦有許多可圈可點之處。先看一下古籍采購、受贈的情況。

北海館於1926年3月1日成立，在采書上，凡古籍，若京師圖書館已有便不再采購。第一年采購經部書1034册，史部書10,449册，子部書2500册，集部書4781册，叢書1160册（徐按：此時館内對古籍認知尚不完全，論册不論種，蓋以西文書一册多爲一種類推；西文書字小行多，大多一册即爲一種）；捐贈書共計642册。第二年購得經部書453種3741册，史部書1453種14,096册，子部書905種8730册，集部書852種5631册，叢書114種5517册；捐贈書共計154種749册。第三年購得經部書110種537册，史部書806種5497册，子部書455種2834册，集部書325種1787册，叢書54種2341册；捐贈書共計327種1440册。其中不乏宋元刻本、舊抄本、稿本、明清刻本等。另外，3年之中，北海館還采購了大量“新書”，即民國時期出版的古籍影印或排印書。例如第一年爲342册，第二年爲570種608册，第三年爲135種147册。（以上見《北京圖書館第一年度報告（十五年三月至十六年六月）》《北京圖書館第二年度報告（十六年七月至十七年六月）》《北平北海圖書館第三年度報告（十七年七月至十八年六月）》。）

關於北海館館藏古籍的編目工作，《北京圖書館第二年度報告（十六年七月至十七年六月）》謂：

> 本館目録均用卡片，共二種：一置於閱覽室，其排列法係以書名之首字，先用筆畫之數目分，再用起筆分；一暫依四庫分類，置於編目科，以備檢查。前一種僅爲單行之書，後一種係將叢書零種亦爲加入。今更以新分類發生，故一類出則即將此類目片置於閱覽室，所謂分類書目是也。另有寫本目録一種，本係按類編輯，以備付印，故亦如卡片之詳列版本、卷册，而叢書則又分散按類列入，另立叢書目録，以收互見之效。自民國十五年起至十六年一月底止，所購之書已全部編

成，分釘六册：經、史、子、集四部各一册；叢書二册，一册係彙刻類，一册係經、史、子、集、郡邑、宗族、自著各類。自十六年二月起購入之書之寫本目録，本已編有《草目》，以新分類之產生，乃停止編輯。現在所編之分類目録，每一種皆自十五年五月起至最近止，刊登《月刊》，皆標有時日，以備稽考增輯。（第18頁）

以上記載證明，北海館第一期館藏古籍書目，采用的是四部（外加叢書）分類法；第二期《草目》分類方法未變，因新分類法產生而停止編輯。所謂“新分類”，即將古籍分作15個大類的劉國鈞分類法。

《國立北平圖書館館務報告（民國十八年七月至十九年六月）》記載：“本館前在北海圖書館時代，曾製定《編目條例》一種，現經試驗之結果大加擴充，因改訂爲十四章都九十八條，於著者、書名、版本，選擇著録之法，詳加規定，編製極細，爲中國今日僅有之《編目條例》。”（第23頁）此《編目條例》便是劉國鈞先生所著之《中文圖書編目條例草案》。其導言介紹編製經過時説：“於是紬繹宋元以來之公私著録，抉其通例，徵之於西方目録家學之規定，而略爲變通，筆之於紙，以爲臨事之一助，蓋五年於此矣。稿凡數易。其間得之於實地之經驗者固多；而得力於友朋之切磋，若蔣君慰堂，曹君祖彬，李君小緣，袁君守和之所賜者，尤不一而足。”（《圖書館學季刊》1929年第3卷第4期，第473頁）蔣君慰堂（蔣復璁）和袁君守和（袁同禮）分别爲北平北海圖書館中文編目組組長和副館長；另外兩位任職於南京金陵大學圖書館。可見劉國鈞先生在1929年之前，已經參與北平北海圖書館的編目工作數年之久。北海館先是製定《編目條例》，然後纔開始分類編目。這一點從《北平北海圖書館第三年度報告（十七年七月至十八年六月）》中的一段話亦可印證：“年來工作，多重在分類，略於編目。本年四月定有《編目略例》一種，書名、著者、版本之著録及目片之格式，均有一定之規定。”（第20頁）

據此，北海館至合并前的3年，新的古籍分類法尚在完善中，直至合并後的1930年6月纔最終落實，并完成了部分類别的編目工作。前引《國立北平圖書館館務報告（民國十八年七月至十九年六月）》曰，第二館（即北海圖書館）"依照原定計畫繼續編製新式目録。自製定《編目條例》後製成之目録片，已經完畢者有經籍門，文學門，史乘門，地理門，古器物學門，美術門，應用科學門，傳記、總記門。……本館第二館前已擬定分類法一種，原定二十二類，兹就一年來之試驗結果，并參考其他之圖書分類法，略加删并爲十五大類。類各分屬，屬各分目，總期内容足以包括新舊書籍，無扞格偏重之弊"（第25頁）。

需要注意的是，無論是北海館還是合并後的國立北平圖書館，劉國鈞分類法僅在普通古籍編目中使用，善本書仍舊采用四部分類法。兩種分類法衹是編目形式有所區别，對古籍的考訂、鑒别、著録等基礎工作都是相同的。承擔這些基礎工作則需要專業人員。爲此，北海館於建館第二年，從京師館引進了具有豐富古籍考訂、編目經驗的爨汝僖、李文裿；第三年更是聘請了古籍版本學家趙萬里加盟，極大地加强了古籍整理、編目力量（見《北京圖書館第二年度報告（十六年七月至十七年六月）》），同時，也爲此後國立北平圖書館的古籍善本整理、編目工作打下了一定的基礎。

北海館、京師館合并後的古籍善本編目工作，"爰擬合編爲館藏《善本書志》，詳考板刻時代、著者仕歷及與今本或他刻异同之故。關於集部明别集類之書，業已編竣。將依其體裁編録其他各類云"（《國立北平圖書館館務報告（民國十八年七月至十九年六月）》，第24頁）。

撰寫書志的工作由趙萬里先生承擔，1930年2月，所撰《北平圖書館善本書志·明别集類》27種刊於《國立北平圖書館館刊》第四卷第一號；8月，所撰《北平圖書館善本書志·明别集類》14種刊於《國立北平圖書館館刊》第四卷第四號；10月，所撰《北平圖書館善本書志·明别集類》30種，刊於《國立北平圖書館館刊》第四卷第五號。

此前，趙萬里先生還做了撰寫館藏善本書提要的工作。1928年6月至1929年2月，先生陸續在《北京圖書館月刊》《北平北海圖書館月刊》上發表《劉隨州文集》《封氏聞見記》《重廣會史》《册府元龜》《蘆浦筆記》《大唐六典》《西漢貫制叢録》《南齊書》《辛稼軒詞》《東坡詞》《友古詞》《典雅詞》等館藏善本書提要。

趙萬里先生開始有意嚮編纂善本書目的時間是1931年6月。蔣夢麟致傅斯年函記載："頃致趙萬里先生一信曰：'北平圖書館袁副館長表示願聘先生爲名譽編纂，月送津貼五十元，而先生亦告傅孟真先生深願爲北平圖書館成就其善本書目。'"（轉引自劉波：《趙萬里先生年譜長編》，中華書局，2018，第89頁）

1932年6月，《趙目》基本上成形。《國立北平圖書館館務報告（民國二十年七月至二十一年六月）》謂："館藏善本書籍合前京師圖書館、前北海圖書館所藏，已不下二千餘種，更益以普通書庫提入及歷年新購諸書，約得五千餘種。舊目編製時不明版刻源流，舛訛之處在所不免，覽者病焉。兹由趙萬里君重加甄别，嚴定去取。通常習見之書，則提歸普通書庫；版刻重複之書，則改入另存書庫。仍以四部分類，詳注卷數、撰人、版刻，厘爲四卷，總得四千五百餘種。前後歷五閲月，始克成書。"（第15—16頁）據此，《趙目》從館藏5000餘種書中選出4500餘種成書。然《趙目》實收善本衹有3806種78,199卷，數量相差不少。可見1932年6月《趙目》初創之後，趙萬里先生又做了大量篩選工作。

關於《趙目》的編纂細節，先生在所著《本館善本書目新舊二目异同表》中云：

> 民國十八年，北海圖書館與京師圖書館實行合并，於是編目之事重起。不特北海圖書館藏書有可入善本庫者；即京師圖書館普通書庫中，頗有外間絶不經見之本，亟應提歸善本庫者，又所在皆是。而新購之善本書籍，年增月纍，數亦盈千。書庫之容積有限，而圖籍之增量無窮，於是不得不重加甄别，

以示限制。當時擬定之原則如下：（一）善本書庫舊存書，凡印本拙劣，及其本尚非罕見者，一律退歸普通書庫以省容積。（本館普通書庫中文舊籍，亦照章不得外借，與善本書同。）（二）別善本書庫爲甲乙二庫。甲庫藏宋元明刻本抄本或名賢手校手抄本。至清人著述，無論抄本稿本，或精刻初印本，則概歸乙庫收藏。（附注）新刻善本書目所收，皆甲庫藏書，然如劇曲類、金石類、目録類亦時有清人著述混入，因刊此數類書目時，乙庫尚未正式成立，故删之有未盡也。（三）京師圖書館、北海圖書館舊藏善本書，有重複至數帙或數十帙而雕印時代完全相同者，則於新刻簡目中著録一部或二部，而以餘者別藏善本重複書庫。至其書并非罕見而殘脱過甚者，亦附存焉。準此三例，故前京師圖書館《善本書目》中著録之書，有退歸普通書庫者，有改歸善本乙庫者，亦有別藏善本重複書庫者。善本書庫中减去之容積，則以普通書庫中提升之書及新購善本書承其乏。於是新目著録之書，無不精湛整潔，與舊目較，劃然不可同日語矣。（《國立北平圖書館館刊》1934年第8卷第1號，第89—90頁）

《趙目》所收爲國立北平圖書館甲庫之善本，係宋、元、明時期的刊本與寫本，亦稱“《甲目》”或“《甲編》”。計經部200種3124卷，史部1256種32,643卷，子部717種17,219卷，集部1633種25,213卷。四部書共計3806種78,199卷。《趙目》所收善本書的數量遠超京師圖書館時期的善目，并且完善了四部之下的類目劃分。

《趙目》在江瀚首創公共圖書館簡明目録的體例後，正式確立了完整的古籍目録體系，由簡明目録、書影（圖録）、書志（提要）三個部分組成。對此，傅增湘在《趙目》序言中代趙萬里先生做了解釋：“今乃擬定體例，將欲輯爲書影，録爲書志，次第刊布，以便編摩。先成簡目四卷，授之梓人。”《國立北平圖書館館務報告（民國二十年七月至二十一年六月）》也提到：“除簡目業已告竣付諸木刻外，并由趙萬里君編一《善本書志》，詳述每書之版本及收藏源流。已完成全數五分之二，擬次第刊行，以補簡目之未備云。”（第21—22頁）《趙目》問世後，簡明書目作爲公藏古籍藏館基礎性目録的地位被業界認可：1959年版《北京圖書館善本書目》、1987年版《北京圖書館古籍善本書目》，以及上海圖書館、北京大學圖書館等古籍書目，乃至《中國古籍善本書目》和《中國古籍總目》，均照此施行。同時，古籍書影（圖録）及古籍書志（提要）的編纂工作，也日益受到古籍收藏和研究單位的重視，佳作頻出。

另外，編纂《趙目》的過程中，趙萬里先生創建了客觀性版本鑒定方法，對各書之版本詳加考訂，糾正了館藏舊目中諸多差錯，爲此後國家圖書館的善本鑒藏奠定了基礎。他總結這一時期的心得體會道：“至編目之際，時時發現舊目對於審定版刻時代，亦不盡可靠。蓋版本之學，至於今日而極其盛。昔人每因比較研究之方法與資料之不足，於審定版刻之時間性與空間性，時有主觀之沿誤。故新目編製時，於舊目亦多加彈正。有原題宋刻而審定爲元刻者，如《資治通鑒》《易林》是（《四部叢刊》借印《易林》時已改題元刻）；有原題明刻而審定爲宋元刻者，如《四史外戚傳》是。——無不以審慎之態度出之。一二人之意見不足憑，必就正於專門名家，或檢得客觀之條件，始敢寫定。”（《本館善本書目新舊二目异同表》，《國立北平圖書館館刊》1934年第8卷第1號，第90頁）

又，以往雖有學者利用古書中的避諱字和刻工考訂版本，但趙萬里先生采用上述方法，結合紙張、墨色等特點，在《趙目》著録宋刻本時，對非宋刻宋印本，標明“宋刻元印本”或“宋刻明印本”，爲宋本書的版本、版次，以及遞藏等方面的認定、藏印真僞的鑒别，提供了新的依據。

《國立北平圖書館館務報告（民國二十年七月至二十一年六月）》對《趙目》也給予了充分肯定：“其最大特點有三：一曰明刻志乘，共得五百餘種；二曰明刻明代别集，共得七百八十餘種；

三曰舊本元明劇曲，共得二百餘種。孤槧名刻，萃於一編。開自來公私藏家未有之紀録，覽者無不嘆爲觀止。他如正史類之宋元本、唐别集類之活字本、傳紀類之宋抄本，皆今日最名貴之秘籍也。全書現已付諸木刻，預料出版後定可博得海内外學術界之美譽也。”（第16頁）

以上是《趙目》取得的主要成績。《趙目》之不足，在過於簡略。具體説就是没有著録古籍的行款和尺寸。古籍行款可快捷區分一書之不同版本，省去不少翻檢之力，應該納入善本簡明書目著録的範圍。清乾隆時期的錢大昕，便已重視行款在鑒别古書版本時的重要作用，他在《竹汀先生日記鈔》中，考證古書時就經常列舉行款。例如，“觀宋刻《玉臺新咏》小字本，嘉定乙亥永嘉陳玉父刻，甚工。每頁三十行，每行三十字”；“黄蕘圃示宋刻《後漢書》，第一本目録後題建安劉元起刊於家塾之敬室。每頁二十行，行十八字”（遼寧教育出版社，1998，第7頁）；等等。此後，張金吾《愛日精廬藏書志》、潘祖蔭《滂喜齋藏書記》、楊紹和《楹書隅録》、瞿鏞《鐵琴銅劍樓藏書目録》、王國維《傳書堂藏書志》、李盛鐸《木樨軒藏書書録》、傅增湘《藏園群書經眼録》、周叔弢《古書經眼録》等，均著録行款。古籍書目著録的版框尺寸，其作用類似現代圖書的開本，也是判别版本的重要標志。古書的開本因版次的不同，用紙大小不一定相同，但版框的尺寸是固定的，因此衹記録版框的尺寸。

京師圖書館的20年，風雨飄摇，居無定所，經濟拮据，人才匱乏，充其量就是一個國有書庫，圖書館各項功能的發揮，無從談起。善本書目猶如財産賬簿，以確保書的安全，故類似普查登記目録的簡明書目大行其道，有無行款和尺寸不甚重要。《趙目》印行於1933—1934年，此時的國立北平圖書館無論規模、經濟實力、藏書數量，均遠超京師圖書館，并且人才濟濟，仍不著行款、尺寸，使書目的功能大减，殊爲不妥。

善本書目著録行款和尺寸，增字不多而陡增讀者之便利，《趙目》何樂而不爲？竊以爲，主要源於平館領導層的决策失誤——將《國立北平圖書館善本書目》交由趙萬里先生個人編纂，没有舉全館之力而爲之。

清代、民國時期的私人藏書家，有聘學者編纂藏書目録的傳統。其中較著名的如王國維爲蔣氏密韵樓修撰《傳書堂藏書志》，張元濟爲潘宗周編纂《寶禮堂宋本書録》等。平館聘趙萬里個人編纂館藏善本書目，顯然繼承了之前的傳統做法。然而，相當於國家圖書館的國立北平圖書館，藏書的規模和品種遠非私家藏書可比，就算看似簡單的行款和版框尺寸統計，工作量也絶非個人所能承擔。放着成建制的專業編目人員及大量善本核查數據不用，全由趙萬里先生一人單打獨鬥，缺漏自然不可避免。如果换成趙萬里先生主編，組成一個編目團隊，效果就會好得多。

五、趙録綽編《國立北平圖書館善本書目乙編》及《續目》

《國立北平圖書館善本書目乙編》（以下簡稱“《乙編》”）四卷，趙録綽編，1935年國立北平圖書館印行。

趙録綽（1903—1944？），字孝孟，民國時史學家、版本目録學家，山東安丘人。長期在國立北平圖書館工作，專攻目録學、版本學、金石學。著有《國立北平圖書館善本書目乙編》《國立北平圖書館善本書目乙編續目》《簇清館金文彙編》《許印林年譜》《書目答問校注》《焚毁書目人名便檢》《歷代溝洫志》《中國族譜總目初編》《山東藝文全録》《海岱文徵》等。據1932年6月、1933年6月《本館職員一覽》（見《國立北平圖書館館務報告（民國二十年七月至二十一年六月）》附録四、《國立北平圖書館館務報告（民國二十一年七月至二十二年六月）》附録四）記載，趙録綽任中文采訪組組員；據1935年、1936年《國立北平圖書館職員録》記載，趙録綽改任善本部考訂組組員，組長爲趙萬里，組員還有李耀南、陳恩惠、張孟平。

關於《乙編》及《續目》，《國立北平圖書館館務報告（民國二十四年七月至二十五年六月）》謂："中文書目録：（甲）關於舊書之編目，本年度完成下列諸工作：……（十）《善本書目甲編續目》。（十一）《善本書目乙編》及《續目》。"（第6—7頁）又："編纂及出版　本年度編纂工作雖以編纂人數減少，但尚能按照預定計劃繼續進行。兹將年來概況略述如左。（甲）定期刊物：（一）《館刊》、（二）《圖書季刊》（中西文本）均繼續編印。（乙）書目：（一）《善本書目甲編》出版以來已歷三年，此三年中整理内閣大庫殘本以及新購之書，已積至七八百種。兹仿初編體例編成《續目》四卷，計經部約三十種、史部約二百種、子部約百餘種、集部約四百種，俟增至千種時即行付印。（二）《善本書目乙編》著録之書限於乙庫所藏，斷自二十四年一月底止，是年十二月出版。全書分四卷，總計書籍二六六六種三〇三五六卷。……本年度新增購者又得一百五十餘種，前次清理未竣者三十餘種，滿文書一百五十種，又就普通書庫提出者約六百種，合計約千種，擬編成《善本書目乙篇續目》，正在整理中。"（第11—12頁）

時任北平圖書館館長袁同禮，在《乙編》序言中對該目編纂的歷史背景、善本乙庫書的價值及具體編纂情況，做了詳細説明：

> 民國二十二年春，本館有增設善本書庫之議。籌設之始，先就善本及普通兩庫舊存清代刊本、抄本中，選取其流傳至罕而刊刻較精，與夫名賢手校精抄者，共得二千餘種，其後陸續采購又不下五六百種，因別室貯之，顏之曰善本乙庫，以別於藏宋元明本之甲庫也。二載以還，粗有端緒，仿甲庫例先爲簡目，以便讀者。竊按，乙庫所藏與甲庫殊，未可以時代軒輊，約略舉之，其重要之資料有五：一曰庫藏方志。本館成立之初，即由内閣大庫撥來方志千數百部，大都爲清康乾間修《大清一統志》時各地進呈者，二百年來甚少傳本，且多經館臣鈎乙删削，蓋皆修《一統志》時之底本

也。二曰清順康間賦役全書。清代賦役書歷朝均有，而乾隆以前所修流傳於世者最罕。館中所藏皆由大庫移來，各省均備，足以考見有清初葉經濟狀況。三曰升平署戲曲。本館前購入升平署劇本，皆乾嘉以降升平署演習底本，内中大小劇本約五百餘種，類多清乾嘉間廷臣所製大本劇曲，如《昭代簫韶》《升平寶筏》《楚漢春秋》《封神天榜》《鋒劍春秋》《盛世鴻圖》《征西异傳》《平齡會》等，外間極不易見，每本間有多至二百數十折者，演習一本須經數歲。當時帝室物力之充裕、歲月之閑逸，實可於此窺其大凡，亦近代戲曲史中重要資料也。四曰稿本及批校本。清代學者精於校勘，本館歷年所收之稿本未刊者，爲數頗多，如邵晋涵《舊五代史考异》、嚴可均《説文解字考异》、張澍《姓韵》、汪曰楨《二十一史月日考》《歷代長術推策小識》、焦循《里堂道聽録》、管廷芬《花近樓叢書》、羅士琳《音緯》、周廣業《循陔纂聞》《過夏雜録》、雷學淇《竹書紀年義證》、方邁《經義考异》。校本如盧文弨校《四書考异》、許瀚校《爾雅疏》、毛嶽生校《元史》、王念孫校《經義述聞》、張廷濟校《歷代鍾官圖經》、龔橙校《金石萃編》《筠清館金文》等。而李越縵手校書八十餘種、王静安手校書百七八十種，尤稱巨觀。五曰罕傳本。本館陸續收得者，如宋緜初《韓詩内傳徵》、盛世佐《儀禮集編》、胡文英《吴下方言考》、諸以敦《熊氏後漢書年表校補》、陳介祺《簠齋印集》、邢澍《關右經籍考》、法式善《陶廬雜録》、陳夢雷《松鶴山房集》、楊椿《孟鄰堂文抄》、李斗《永報堂全集》、沈欽韓《幼學堂詩文稿》、梁廷枏《粤海關志》等，海内尤罕流傳。凡此五類，皆承學之士研究文史者所必取資。夫一代學術之興，往往有待於新材料之發現。地下古器物固無論矣，即圖書之流傳亦顯晦有時，其間或存或亡，實與學術升降有關。乙庫之藏頗富材料性，實近於讀書家之藏書，倘世之君子亦稍留意而利用之，則同人等采訪典守之微勞，庶不虛擲矣。

序言所説“乙庫之藏頗富材料性，實近於讀書家之藏書”，指出了以清代史料、清人校訂考證後翻印的前代典籍、清人著述爲主的乙庫之書，對讀者來説更具實用性，應作爲學術研究的參考重點。此説確實有道理，印證了前文“乙庫所藏與甲庫殊，未可以時代軒輊”的觀點。善本甲庫之書以版本早而見重，然對於歷史及學術研究來説，清代地方志、賦役全書、升平署戲曲等史料，清人批校之前代典籍及學術著作，則更具實用性。從我做古籍影印工作30多年的經歷看，使用最多的典籍也是善本乙庫，乃至年代再往後一些的普通古籍之書。

《乙編》書後有牟潤孫跋。牟潤孫（1909—1988），山東福山人，著名史學家、教育家。歷任輔仁大學、河南大學歷史系講師，同濟大學文史系教授，暨南大學歷史系教授，臺灣大學國文系教授，香港中文大學歷史系講座教授。牟潤孫根據善本乙庫藏書的特色，結合自身的體會，除强調《乙編》所收清本之重要性，與袁序持論略同外，還對清初以來書目從“佞宋”到重視清人著作的變化進行了梳理，謂：

> 清代藏書家之書目，自錢遵王而下，無不侈録宋元舊刻、舊鈔、孤本以相矜尚，明本間尚有著及之者，清刻則率屏而不録，殆以爲時代近、得之易，不足列諸善本耶？《孫氏祠堂書目》始稍變其例，間注當時刻本。張金吾《愛日精廬藏書志》則收及清人撰述鈔本。二書皆能在書目中開一新例，不拘於自來藏書家貴遠賤近之觀念，洵足爲讀書家之藏書也。然孫氏而後，藏書大家如瞿、如楊、如陸，其書目依然不收清刻。其間能不爲成見所囿者，僅倪氏《江上雲林閣書目》、丁日昌《持静齋書目》、丁丙《善本書室藏書志》數家而已。至繆荃孫、葉德輝二氏出，始一變歷來輕視清刻之觀念，而開晚近讀書家藏書之新趨勢。繆氏爲張之洞撰

《書目答問》，多列乾嘉以來校刻精本，不列宋元刻本，其書專爲士人購書指南，固不可與藏書家書目同日語。第五十年來治學之士，能稍窺學問門徑者，殆無不由《書目答問》入手，其影響所及，足以轉移“佞宋”之風，使人知清刻精本亦可貴，亦不易求，其在目録學史上之重要，自超於一般藏書家目録之上。葉德輝撰《書林清話》《郋園讀書志》，力推清刻，《郋園讀書志》所收清刻本，幾居全書三之二。其跋《儀禮圖》有云：“藏書家習尚，無不侈言宋元舊鈔，不知康雍乾嘉累葉承平，民物豐阜，士大夫優游歲月，其著書甚勇，其刻書至精，不獨奴視朱明，直可上追天水。當時精刻精印一時流播士林，迄今百餘年，承洪、楊兵劫之摧殘，又爲鷄林賈人之轉售，海内圖籍勢將蕩然靡存，後人幸勿薄今愛古，以爲其書可易獲也。”其説之深切有如此者。繆氏雖開收藏清本之風，而《藝風堂藏書記》收清刻本，猶限於有批校者，較諸葉氏似有遜色。今南北藏書家，有專收清本者數家，其精且多，又非繆、葉所可企及。二氏復生，當不復致慨矣。雖然，清本之可貴，豈僅以其不易得歟？是殆有不然者矣。張之洞謂善本有三義：曰足本，無闕卷、未删削也；曰精本，精校、精注也；曰舊本，舊刻、舊鈔也。其説平易近人，余素信之。清本之可貴，蓋在合於張説之前二義也。

古籍書目從“佞宋”到重視清人著述，既是學術研究發展的需要，也與藏書結構的日趨合理密不可分。國立北平圖書館善本乙庫的建立，以及《乙編》的編纂，在這方面起到了極大的推動作用。

《乙編》收經部書212種2995卷，附37種8卷；史部書1864種17,254卷，附40種11卷；子部書182種6917卷，附7種103卷；集部書408種3190卷，附29種8卷。四部書共計2666種30,356卷，附113種130卷。《續目》收經部書109種785卷，附16種14卷；史部書611種11,472卷，附53種36卷；子部書122種5143卷，附6種不分卷；集部書399種3448卷，附41種8卷。四部書共計1241種20,848卷，附116種58卷。《乙編》加上《續目》，收書數量與《甲目》基本持平。編纂體例，著録書名、卷數、著者、版本、存佚及後人批校、題識等項，亦與《甲目》同。《乙編》署名趙録綽編，當與趙萬里編《甲編》一樣，係個人受托於平館所爲，同樣未著録古籍書葉的行款。

1949年後，善本甲庫、乙庫之書合并一處，總歸善本部收藏，古籍庫中尚有數倍於善本的“普通古籍”。我1986年到北京圖書館出版社（曾經的書目文獻出版社）工作時，普通古籍庫中還藏有不少明代刻本、抄本，甚至稿本，清刻本及稿抄本就更多了。當然，“提善”的工作也從未停止過。即使如此，普通古籍庫中仍不乏精校精刻本、批校本和清代稿抄本。問題是，《北京圖書館普通古籍總目》早已出版，1987年版《北京圖書館古籍善本書目》迄未修訂，兩目與書庫之書不相符合處不在少數。

六、倉促編就的1959年版《北京圖書館善本書目》

1959年版《北京圖書館善本書目》（以下簡稱“《59善目》”）八卷，綫裝8册，北京圖書館善本部編，中華書局1959年9月出版（圖14—15）。《59善目》的書名很有些時代特色——没有“古籍”二字，這也延續了《國立北平圖書館善本書目》及之前幾部善本書目的做法。老北京圖書館古籍善本書目的書名無“古籍”之稱，説明兩個問題：一是古籍原本爲早期北圖的館藏主體，祇要是籠統地提到館藏或館藏書目，一定是指綫裝書；而那時綫裝書就是古書的代稱。二是“古籍”這個詞是20世紀50年代開始啓用，正式作爲1912年以前書籍的統稱，此前并無這個規定。雖然《59善目》出版前的1958年2月，國家古籍整理出版規劃小組便成立了，還起草了新中國第一部古籍整理出版重點規劃《整理和出版古籍計劃

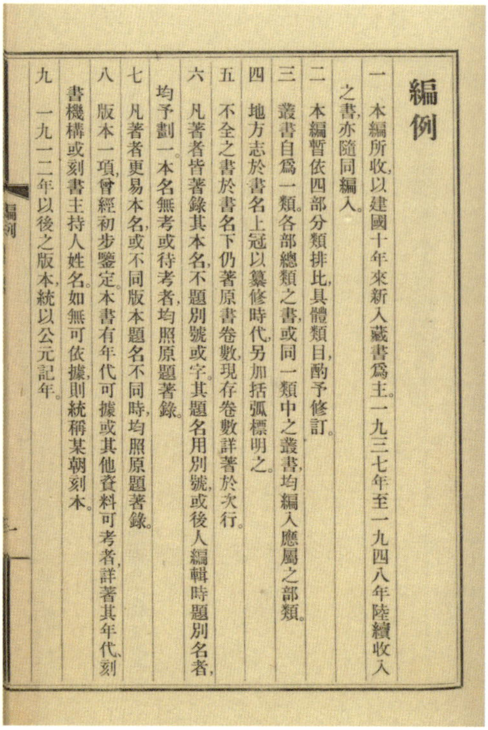

編例

一　本編所收，以建國十年來新入藏書爲主。一九三七年至一九四八年陸續收入之書，亦隨同編入。

二　本編暫依四部分類排比，具體類目，酌予修訂。

三　叢書自爲一類。各部總類之書，或同一類中之叢書，均編入應屬之部類。

四　地方志於書名上冠以纂修時代，另加括弧標明之。

五　不全之書於書名下仍著原書卷數，現存卷數詳著於次行。

六　凡著者皆著錄其本名，不題別號或字。其題名用別號，或後人編輯時題別名者，均予劃一本名。無考或待考者，均照原題著錄。

七　凡著者更易本名，或不同版本題名不同時，均照原題著錄。

八　版本一項，曾經初步鑒定，本書有年代可據或其他資料可考者，詳著其年代、刻書機構或刻書主持人姓名。如無可依據，則統稱某朝刻本。

九　一九一二年以後之版本，統以公元記年。

圖 14　《北京圖書館善本書目》編例

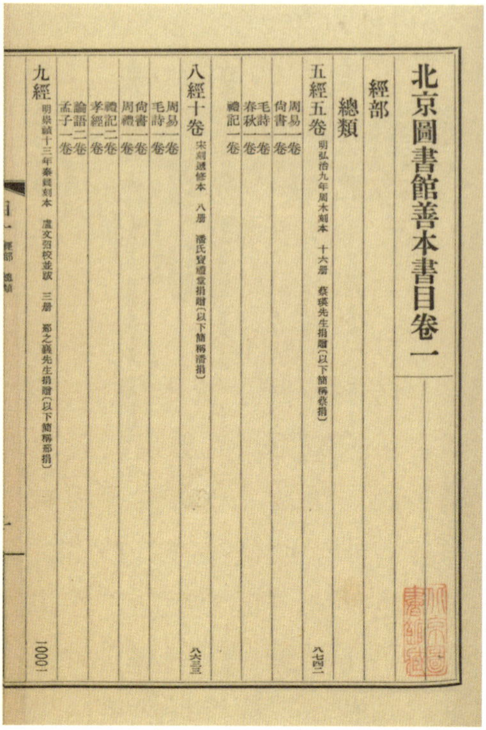

北京圖書館善本書目卷一

經部

總類

五經五卷　明弘治九年周木刻本　十六冊　蔡瑛先生捐贈（以下簡稱蔡捐）　八七四二

周易一卷　尚書一卷　毛詩一卷　春秋一卷　禮記一卷

八經十卷　宋刻遞修本　八冊　潘氏寶禮堂捐贈（以下簡稱潘捐）　八六三三

周易一卷　毛詩一卷　尚書一卷　周禮一卷　禮記二卷　孝經一卷　論語二卷　孟子一卷

九經　明崇禎十三年秦鏷刻本　盧文弨校並跋　三冊　鄭之蕃先生捐贈（以下簡稱鄭捐）　一〇〇〇一

圖 15　《北京圖書館善本書目》經部總類

草案》，但傳統意識在老圖書館人心中根深蒂固，難以抹去。

《59善目》本質上是《國立北平圖書館善本書目》的續編，并非館藏全目。早在1952年7月，鄭振鐸給趙萬里的指示就是“把‘善本書目續編’編好”（柳向春整理：《鄭振鐸致徐森玉函札》，載上海圖書館歷史文獻研究所編《歷史文獻》第16輯，上海古籍出版社，2012，第299頁）。後來的編目工作實際上也是如此做的，《59善目》“編例”第一條明言：“本編所收，以建國十年來新入藏書爲主。一九三七年至一九四八年陸續收入之書，亦隨同編入。”冀淑英先生在《我和中國版本學》中也説過類似的話：“1959年爲慶祝國慶十周年，我們搞了兩份獻禮項目，一是將抗戰期間收購書和建國以來進館的善本書編爲《北京圖書館藏善本書目》，書目的基礎就是這十年來的編目卡片……再一個是趙萬里先生主編的《中國版刻圖録》。”（冀淑英：《冀淑英文集》，北京圖書館出版社，2004，《我和中國版本學》第5—6頁）也就是説，《59善目》不包括老北圖1937年之前的許多館藏善本。我核對了一下《國立北平圖書館善本書目》《國立北平圖書館善本書目乙編》《國立北平圖書館善本書目乙編續目》，三目所收之書確實未編入《59善目》；并且，在核查的過程中，還發現了1987年版《北京圖書館古籍善本書目》（以下簡稱“《87善目》”）中“〇”字頭書號的秘密。

我從1986年開始從事《北京圖書館古籍珍本叢刊》（以下簡稱“《珍本叢刊》”）的影印工作，經常查閲善本目録，將所需之書的書號開列出來，提供給縮微複製中心提取膠捲，如没有膠捲就提書去拍攝。當時我便對大量出現的“〇”字頭書號産生了疑問，因爲我已見到《87善目》的清樣，不明白新編古籍善本書目爲何不統一書號的排序，而保留兩個書號系列，多方問詢而未得要領。後來查閲1935年出版的《國立北平圖書館善本書目乙編》時，發現其中的地方志大多被《87善目》收録，書號均爲“〇”字頭。後來又發現，平館甲庫、乙庫其他類别的書編入《87善目》，且書號爲“〇”字頭的數量更多，因此斷定平館善本《甲編》《乙編》之書在《87善目》中的書號，均被冠以“〇”字頭，區别於《59善目》新編之書。經統計，《87善目》共有“〇”字頭書號的書5170部，而平館《甲編》《乙編》《乙編續目》共收書7942部，抗戰時期北平圖書館曾將大批善本南遷至上海，除2720部（徐按：2720部之數，根據國圖書庫工作用《國立北平圖書館善本書目》所記）轉運美國，其餘部分先後運回了平館，剩餘5222部，數量大致相符。當然，5222部衹是大概的數字，南遷及運回之書至今没有一個準確的數字，并且5170部“〇”字頭書還包括部分1937年平館本部新購善本，詳見“附録”。

那麽，北京圖書館善本部爲什麽不將新舊善本彙爲一編，衹把《59善目》做成續編呢？主要的原因是時間來不及。因爲20世紀50年代北圖通過捐贈、國家調撥、收購等途徑，入藏了萬餘種古籍善本，加上1937—1948年所購之書，僅鑒别版本一項工作，便要耗費大量時間和精力，而能够承擔版本鑒定重任的，當時衹有趙萬里和冀淑英等少數幾人。那些“〇”字頭的書，有3000多種抗戰時期曾遷移至上海，後分批運回平館，也需要重新查驗整理，這些都需要大量的人力和時間。《59善目》正式啓動的時間不見記載，從冀淑英先生有關論述看，似在“大躍進”的1958年，距1959年國慶不到兩年，任務之緊迫、時間之倉促，可想而知。有人可能會質疑：如此巨著不到兩年就要出版，可能嗎？實際情况是，1959年，書稿二校時仍需要退改2000多處（賈大偉：《1959年版〈北京圖書館善本書目〉冀淑英二校稿述要》，載《文津學志》編委會編《文津學志》第14輯，國家圖書館出版社，2020，第47—67頁）。按我在出版社的經驗，實際出書時間估計要到1960年初了（雖然版權頁上的出版時間爲1959年9月），差不多有兩年的時間。爲什麽能够如此快地出書？正如前引冀淑英先生所説，“書目的基礎就是這十年來的編目卡片”，書稿早已成形。《87善目》的篇幅是《59善目》的兩倍多，實際完成的時間也就兩三年。此目我1986年進社經歷了掃尾工作，看到的原稿便包含了許多編目卡片。這種以日常工作使用的目録卡片彙輯而成的書稿，問題肯定不會少，距出版管理部門“齊、清、定”的要求，相差甚遠。

《59善目》實爲續目，却以北圖善本全目之書名面世，不够嚴謹且具誤導性，實不可取。不僅如此，《59善目》序言在介紹本館館藏善本書數量時，又以本書目收録之數代之，更不妥。《59善目》序言謂：“十年來北京圖書館的善本書藏大爲增加，目前藏有宋元明清古刻舊抄以及《永樂大典》等書，已逾一萬一千種，在全國實居首位。”其實“一萬一千種”衹是《59善目》收録善本的數量，并非當時館藏善本之數。算上“〇”字頭的5170種，1959年北圖館藏善本總數便已達16,170種，比《59善目》收録之數多出了將近一半。

《59善目》編纂時具有十分優越的條件：宋元及明清時期的

刻本、稿抄本、批校本，大量入藏北圖，規模空前，編目者能够横嚮、縱嚮排列比對，有利於古籍版本的分析、鑒别。在具體的編目工作中，趙萬里先生對善本書編目提出了更高的要求："每種書的卡片背面要寫上包括幾個方面的附注項，如此書見於何種目録著録、版本依據、作者傳略、前人批校題跋及收藏印等，按書的具體情況，注明必要的項目。"（冀淑英：《冀淑英文集》，《我和中國版本學》第2頁）

《59善目》最大的功績，是將20世紀40年代後期至50年代入藏的著名藏書家傅增湘、周叔弢、瞿濟蒼、劉少山、翁之憙、邢之襄、傅忠謨、趙元方、蔡瑛、吴良士等人的藏書，重新整理、鑒别、編目，糾正了以往編目中的不少差錯。尤其對其中占據了國内（不含港澳臺）四分之三以上的宋刻本，趙萬里先生傾注了巨大的精力，通過書寫、字體刀法、書中序跋、紙張、墨色、刻工、避諱等多種方法，做了全面、科學的考訂，使本書目成爲研究、鑒别宋版書的權威參考資料。《59善目》也爲此後《87善目》的編製打下了堅實的基礎。

然而，由於出版時間倉促，專業編目人員匱乏，加之歷史等方面的局限，《59善目》也存在不少問題。

首先，繼續沿用了《趙目》簡目的編纂形式，連起碼的行款、版框尺寸都没有。行款、尺寸非常重要，并且私人藏書家都能做到的事情，爲什麽北圖做不到？我想，主要是時間緊迫、工作量巨大、人手少的原因；次要的因素是趙萬里先生等編目者，對古籍善本的版本情況瞭然於胸，又可隨時查閲古籍，體會不到館外人士對行款、尺寸的迫切需求。

其次，《59善目》著録有注釋之古籍時，經常在書名後加一"注"或類似的字，并且著録著者時亦不注原書著者，僅有作注之人，甚不妥。如史部"紀傳類·斷代"收録了16部《漢書》，其中衹有第一部無注的《前漢書》一百卷，著録爲"漢班固撰"，其餘15部《漢書》一百卷，書名中均有"注"字且著録爲"唐顔師古撰”，對班固隻字未提；收録的17部《後漢書》，著録爲“《後漢書注》九十卷，唐李賢撰；《志注補》三十卷，梁劉昭撰”或“《後漢書注》一百二十卷，唐李賢、梁劉昭撰”，原書紀傳和志書作者范曄、司馬彪均未提及。再如史部“紀傳類·通代”《史記》之書，除第一種無注《史記》一百三十卷本，著録爲“《史記》一百三十卷，漢司馬遷撰，褚少孫、唐司馬貞補”，提到了著者司馬遷，其他有注釋的本子均無其名。如《史記集解》一百三十卷，書號8654（徐按：本書所有涉及國圖古籍善本書號之處，均以《87善目》爲準）以下14種衹著録“劉宋裴駰撰”；《史記集解索隱》一百三十卷，書號9591以下8種衹著録“劉宋裴駰、唐司馬貞撰”；《史記集解索隱正義》一百三十卷，書號7343以下11種衹著録“劉宋裴駰，唐司馬貞、張守節撰”。集部“總集類·通代”《文選》六十卷本，大都著録爲“《文選注》六十卷，唐李善、吕延濟、劉良、張銑、吕向、李周翰撰”，不著蕭統之名。此類著録方式，在《59善目》的經、史、子、集四部中數量相當可觀，兹不贅述。

此種以“注”代替原書名的著録方式，首先是與書中的題名不符，例如所舉《漢書注》，卷端第一行題名爲“班固　漢書一”，次行纔是“秘書監上護軍琅邪縣開國子顔師古注”；《後漢書注》，卷端第一行題名爲“范曄　後漢書一”，次行署注者曰“唐章懷太子賢注”；《文選注》，卷端第一行書名爲“文選”，次行署名“梁昭明太子撰　五臣注”等。其次，諸如《史記》《漢書》《後漢書》《文選》等許多歷代名著，無論自身價值還是社會影響，均遠超其注，湮没原書名及原著者，去突出注及其著者，實屬本末倒置。趙萬里先生主編的《中國版刻圖録》，也采用了這種著録方式。但其他古籍目録均未采用，如《87善目》著録《史記》爲“漢司馬遷撰，劉宋裴駰集解，唐司馬貞索隱、張守節正義”。與趙萬里先生共同主持編纂《59善目》的冀淑英先生，後來作爲副主編修撰《中國古籍善本書目》時，也摒弃了《59善目》的不當著録方式。

再次，《59善目》中有一些古籍目録界普遍存在的觀念性誤區，主要表現在兩個方面：

其一，著録多人觀書款的題款者時，習慣於將姓名排序中的第一人作爲題款者，并加上一個“等”字。這裏舉一個較典型的例子：宋本《隸韵》（索書號：7906），著録曰：“宋劉球撰。宋拓本。錢大昕、盧焯、錢維喬跋，吴雲等題款。”按其文意，吴雲當爲執筆人，并應有兩人以上分别題款。然而本書衹有一條題款且書寫者不是吴雲，而是吴大澂。該題款大意爲：光緒三年丁丑（1877）三月十又八日，吴雲、杜文瀾、顧文彬、盛康、潘曾瑋、吴大澂六人，聚集網師園，同觀《隸韵》。這裏認定題款者爲吴大澂的理由：一是吴大澂在六人中政治地位和學術成就最高，按照慣例應由他執筆。二是題款中六人的排序，執筆者一般居後，以示謙虚。三是題款的書法風格、筆迹與吴大澂最接近。四是第一册首葉有後人手書“吴清卿題一葉”六字。吴大澂，字止敬，又字清卿，是爲大澂題款之佐證。據此，應著録爲“吴大澂題款”。此例有兩個常識性的錯誤：一是明明衹有一條題款，“吴雲等”的“等”做何解釋？二是在等級森嚴的封建社會，假若吴雲執筆題款，其身無官職爵位，怎敢將自己排名第一，將吴大澂名列最後？此類問題在《59善目》中尚有多處，如宋本《編年通載》《參寥子詩集》等，并且其他古籍書目中也不鮮見。

其二，對彙編書作者的著録缺乏規範，或不著彙編書的編者，或以彙編書中具體著述的作者取代書的編者。這一問題也延續到了《87善目》。

彙編書是把多篇著述彙輯起來的書，彙編書又有多人彙編書和一人彙編書之分。作者署名出現差錯較多的是一人彙編書，多人彙編書較少，但也不是没有。例如集部“楚辭類”，《59善目》著録“《楚辭》八卷，楚屈原、宋玉，漢賈誼等撰”（索書號：9013），“《楚辭》二卷，楚屈原、宋玉，漢賈誼等撰”

（索書號：10165、5315）。以上八卷本、二卷本《楚辭》均係彙編之書，第一責任者（作者）應該是彙編者，著録方式爲“×編”，作者失傳則著録爲“佚名編”。彙編作品的創作稱“編”“輯”“纂”“集”，不可稱“撰”或“著”。彙編書的作者項中如果衹有“撰”“著”者，多半會有問題。《59善目》謂“楚屈原、宋玉，漢賈誼等撰”，衹説明了書中有上述幾人的作品，并未回答《楚辭》這部書的彙編者是誰。用各篇詩賦的著者作爲《楚辭》的編者，從邏輯上也是説不通的，屈原、宋玉與賈誼等年代相差甚遠的人，不可能將各自的文章相約彙爲一編并取名“楚辭”。再有，“楚辭”的稱謂是西漢時期出現的，屈原、宋玉可能參與其事嗎？顯然，《59善目》的編者意識中根本没有“彙編書”的概念。

又，《59善目》著録“《楚辭章句》十七卷，漢王逸撰”（索書號：2731、9014、2366、11140、9406、5352、5034），“《楚辭章句》十七卷，漢王逸撰，宋洪興祖補”（索書號：4289、10167）。以上二書，《59善目》提到了注釋者王逸和洪興祖，却仍舊没有著録彙編者的姓氏，這一點就遠不如宋陳振孫《直齋書録解題》了。《直齋書録解題》云：“《楚辭》十七卷，漢護都水使者光禄大夫劉向集，後漢校書郎南郡王逸叔師注，知饒州曲阿洪興祖慶善補注。”劉向編定的《楚辭》十六卷原本雖佚，然王逸《楚辭章句》以劉向《楚辭》爲底本而作，應該屬實。

再有，書目著録宋嘉定六年（1213）章貢郡齋刻本《楚辭集注》時，亦有問題。《59善目》著録：“《楚辭集注》八卷《辨證》二卷，宋朱熹撰；《反離騷》一卷，漢揚雄撰。宋嘉定六年章貢郡齋刻本。”（索書號：6978）著録僅明確了《楚辭集注》的注文係朱熹所撰，没有揭示出朱熹彙編該書的重要信息。朱熹的《楚辭集注》雖以王逸《楚辭章句》爲底本，但收録的篇目并不相同，編排的體例、注釋的方法等均有創新，應該是一個嶄新的《楚辭》選本。據此，《楚辭集注》的作者項應著録爲“宋朱熹編撰”。《直齋書録解題》《中國古籍善本書目》《中華再造善本總目提要》三目，雖書名、作者項亦作《楚辭集注》、朱熹撰，但仍未提到朱熹“編”書的事實。集部“楚辭類”中，《59善目》尚有宋端平刻本以下10多種《楚辭集注》，著録中均未提到朱熹爲該書的編者。

以上是與《楚辭》相關的作者著録問題。與此相似的還有集部“總集類”的《三蘇先生文粹》。《59善目》曰：“《三蘇先生文粹》七十卷，宋蘇洵、蘇軾、蘇轍撰。”（索書號：12272、5046、3232）此書亦爲彙編之書，謂“宋蘇洵、蘇軾、蘇轍撰”，不妥。《四庫全書總目》和《鐵琴銅劍樓藏書目録》對此書作者的著録，比較合理。《四庫全書總目》卷一百九十三《總集類存目三》著録：“《三蘇文粹》七十卷……不著編輯者名氏，前後亦無序跋。其曰《文粹》，蓋仿陳亮《歐陽文粹》例也。”《鐵琴銅劍樓藏書目録》卷二十三著録：“《三蘇文粹》七十卷……不著纂輯姓氏，前有標目，無序跋。”二目均未將三蘇列爲作者，謂“不著編輯者名氏”“不著纂輯姓氏”，等同於“佚名編”，著録恰當。

《59善目》著録多人彙編書不著編者的書還有不少，并延續到了《87善目》，僅集部“總集類”就有宋刻本《古文苑》九卷、明抄本《詩淵》不分卷、明刻本《古文精粹》十卷、明刻本《諸儒文要》八卷、宋刻本《聖宋文選全集》三十二卷、宋刻本《新刊國朝二百家名賢文粹》三百卷等，不下數十種。這其中多數確實查找不到編輯者信息，但應注明“佚名編”；還有一些并非無綫索可查，甚至綫索十分明確者，就應注明。如宋刻本《古文苑》九卷，韓元吉後記謂：“世傳孫巨源於佛寺經龕中得唐人所藏古文章一編，莫知誰氏録也，皆史傳所不載，文選所未取。而間見於諸集及樂府，好事者因以《古文苑》目之。今次爲九卷，可類觀。……唐虞之盛，賡歌始聞，魏晋以還，制作逾靡。學者思欲近古，於是其有考焉。惟訛舛謬缺者多，不敢是正而補之，蓋傳疑也。”據書中内容及後記考之，此書編者似可著録爲“佚名輯，宋韓元吉等編次”。

再有《新刊國朝二百家名賢文粹》三百卷，書前王稱之序及書後書隱齋跋，即可證明此書係書隱齋所輯，等等。

接下來談一人彙編書的署名問題。一人彙編書的主體是個人詩文集，《59善目》著録它們的作者時，大多著録爲詩文集的主人“撰”，對集子的編者隻字不提。以下所舉，僅爲我能够查閱原書確認著録存在問題的事例。

《陶淵明集》十卷（索書號：8368），著録爲“晋陶潜撰，宋刻遞修本”。據該書後《北齊楊僕射休之序録》《本朝宋丞相私記》，《陶淵明集》前後分别由梁蕭統、北齊陽休之及宋宋庠編輯，此十卷本係宋庠編。

《陶淵明詩》一卷《雜文》一卷（索書號：9619），著録爲“晋陶潜撰，宋紹熙三年曾集刻本”。據書後曾集跋，此詩文集係曾集删减宋庠《陶淵明集》而成，應著録爲“宋曾集編”。

《駱賓王文集》十卷（索書號：881），著録爲“唐駱賓王撰，宋刻本”。該集郗雲卿序云：“駱賓王，婺州義烏人也，……文明中與嗣業於廣陵共謀起義兵，事既不捷，因致逃遁，遂致文集悉皆散失。後中宗朝降敕搜訪賓王詩筆，令雲卿集焉。所載者即當時之遺漏，凡十卷。”據此，應著録爲“唐郗雲卿編”。

《孟浩然詩集》三卷（索書號：8705），著録爲“唐孟浩然撰，宋刻本”。以下6種不同版本者，無一例外，均如此著録。實際上《孟浩然詩集》的編者是唐代王士源，對此，該書王士源自序及韋縚之序均有清楚的表述。故應著録爲“唐王士源編”。

《莆陽居士蔡公文集》三十六卷（索書號：7900），著録爲“宋蔡襄撰，宋刻本”。查本書王十朋序，應爲鍾離松、傅自得、蔣雍編。

《歐陽文忠公集》一百五十三卷（索書號：11396），著録爲“宋歐陽修撰，宋慶元二年周必大刻本”。歐陽修詩文集兩宋輯本較多，流傳甚廣。此集周必大跋曰：“歐陽文忠公集自汴京、江、浙、閩、蜀皆有之。前輩嘗言：‘公作文揭之壁間，朝夕改定。’

今觀手寫《秋聲賦》凡數本，劉原父手帖亦至再三，而用字往往不同，故别本尤多。後世傳録既廣，又或以意輕改，殆至訛謬不可讀。廬陵所刊，抑又甚焉，卷帙叢脞，略無統紀。私竊病之，久欲訂正而患寡陋未能也。會郡人孫謙益老於儒學，刻意斯文；承直郎丁朝佐博覽群書，尤長考證，於是遍搜舊本，傍采先賢文集，與鄉貢進士曾三異等互加編校。起紹熙辛亥春，迄慶元丙辰夏，成一百五十三卷，别爲附録五卷，可繕寫模印。”據此，應著録爲“宋周必大等編”。

《無爲集》十五卷（索書號：9288），著録爲“宋楊傑撰，宋紹興十三年趙士粲無爲軍刻遞修本”。是集序曰：“侍講楊先生名傑，字次公，道號無爲子。……年七十而終。生平所著文集湮没未傳於世。吁！可惜也。歲在重光作噩之冬，士粲誤恩假守是邦，服膺侍講公之名舊矣。視事之初，首詢公文於搢紳間，歲餘搜獲不一。公遣辭典麗，立意奥妙。因删除其蕪纇，取其有補於教化者，編次成集，將以爲學者標準，上佐吾君偃武修文之意，不其韙歟！其詩、賦、碑、記、雜文、表、啓，共分爲一十五卷。若釋、道二家詩文，則見諸别渠云。”據此，應著録爲“宋趙士粲編”。

《注東坡先生詩》四十二卷（索書號：11551、8453），著録爲“宋施元之、顧禧撰，宋嘉泰淮東倉司刻本”。本書爲殘本，缺序。陳振孫《直齋書録解題》卷二十“《注東坡集》四十二卷，年譜、目録各一卷”，謂：“司諫吴興施元之德初與吴郡顧景蕃共爲之。元之子宿從而推廣，且爲年譜，以傳於世。”據此，應著録爲“宋施元之、顧禧、施宿編并注”。

以上各例之書，多爲原著者身後始由他人所編；有些個人詩文集，著者在世時便有人做了選編工作，如陸游的《新刊劍南詩稿》二十卷（索書號：11404），《59善目》著録爲“宋陸游撰，宋淳熙十四年嚴州郡齋刻本”。陸游一生爲後人留下了9000多首詩，是存詩最多的古代詩人。事實上，據該書前言及相關文獻記載，該書的資料收集者是蘇林，編輯整理者是鄭師尹，陸游做了審定工作，彙編者應署蘇林、鄭師尹之名。陸游去世後，其幼子陸子遹又選刻了《續稿》六十七卷（即《放翁先生劍南詩稿》），然《59善目》亦著録爲“宋陸游撰”，未提及實際的編者陸子遹。

中國古代無數人花費精力，廣搜博采，編集印行了大量彙編類作品，許多前人著述和典籍纔賴以保存下來，有些原作經過梳理、分類、校勘等工作，文獻價值還有所提升。那些彙編整理者的功績我們切不可忘記，理應在相關作品中留下他們的印記。换作今日也是一樣，如《魯迅全集》，80年來衆多學者不斷搜求補充，一版再版，工作仍未結束；任繼愈先生生前拒絶出版自己的全集，去世後，他的學生及衆多學者做了大量的徵集搜討工作，考訂整理後出版發行。但有些機構或個人在介紹兩書的基本情况時，往往衹提魯迅著、任繼愈著，對編者避而不提。甚至一些封面上，衹有“魯迅著”“任繼愈著”的標識，既不符合圖書著録規則，也是對選編者的不尊重。

最後，《59善目》著録中存在一些差錯及大量疏漏。先説差錯，舉例如下：

宋刻本《周易注》（索書號：7255），著録曰：“《周易注》九卷，魏王弼、晋韓康伯撰；《略例注》一卷，唐邢璹撰。宋淳熙撫州公使庫刻遞修本〔卷七至十配清影宋抄本〕。四册。”本書《略例》首葉第一行爲“周易略例并叙　唐四門助教邢璹注”，下半葉第四行爲“周易略例第十”，最後一葉結尾爲“周易卷第十”。證明本書應爲十卷，卷十即爲《略例》。著録又謂“卷七至十配清影宋抄本”，若爲九卷，何來卷十？另外，此目前兩書書名相同，内容亦同，書號爲5428、3337，均著録爲“《周易注》十卷，魏王弼、晋韓康伯撰；《略例注》，唐邢璹撰”，豈不矛盾？

宋刻本《詩説》（索書號：850），著録曰：“宋劉克撰。宋刻本。吴寬跋，錢同愛題款。”該題款爲“吴郡錢同愛藏書”，題款者不是錢同愛，而是他的朋友文徵明。理由有三：一是題款位於卷十二末倒數第三行，題款下方鈐蓋着文徵明“停云生”白文方印，是明顯的題識落款印；二是文獻記載，錢同愛富於藏書，與文徵明關係密切；三是“吴郡錢同愛藏書”經對照，確係文徵明筆迹。查《趙萬里文集》第三卷《芸盦群書經眼録·詩説》，便著録爲“錢同愛手跋：吴郡錢同愛藏書”（國家圖書館出版社，2012，第416頁）。可見此誤其來有自。

宋刻本《楚辭集注》（索書號：6978），著録曰：“《楚辭集注》八卷《辨證》二卷，宋朱熹撰；《反離騷》一卷，漢揚雄撰。宋嘉定六年章貢郡齋刻本〔卷一至二配清影宋抄本〕。”此書著録謂“《反離騷》一卷，漢揚雄撰”，錯甚。此本《楚辭集注》係鐵琴銅劍樓舊藏，《鐵琴銅劍樓藏書目録》著録云：“《楚辭集注》八卷《辨證》二卷，宋刊本，宋朱子撰。後附楊子雲《反離騷》一篇并洪興祖論，自加論語於後。卷一、卷二鈔補全。”瞿目未將《反離騷》一篇與《楚辭集注》八卷《辨證》二卷并列著録，而是在解題中作爲“後附”介紹，并注明有洪興祖論及朱熹之評語，比較合理。《59善目》的著録將“《反離騷》一卷，漢揚雄撰”與朱熹撰《楚辭集注》《辨證》相提并論，産生了兩個問題：一是於體例不符，二是違背了朱熹之本義。

先説於體例不符。《楚辭集注》是在汲取王逸《楚辭章句》與洪興祖《楚辭補注》的著述基礎上撰寫的，本質上是對所收屈原、宋玉、賈誼等人辭賦的詮釋、注解，是一部具有自主知識産權的著作，著者便是朱熹。書中的原作衹是朱熹用作闡發個人學術觀點、思想理念的素材而已，著者均未與朱熹并列署名。揚雄的《反離騷》原在《楚辭後語》中。《楚辭後語》係朱熹從晁補之的《續楚辭》《變離騷》中節選48篇，增補4篇，加上自己的解題、注釋編成，性質與《楚辭集注》相同。嘉定六年章貢郡齋刻本刊刻時，《楚辭後語》遺稿尚未整理完畢，刻印者王洊深諳朱熹之意，特將其注釋、批判《反離騷》之篇章抽出，置於《楚辭集注》八卷之後。書中所附《反離騷》，前後均有朱熹等人的批語，實際爲《反離騷注》，原作《反離騷》亦爲素材，署名著者同樣是朱熹。此後端平本《楚辭集注》，《反離騷》一卷入《楚辭後語》，便未在書目著録中出現。綜上，該條目應著録爲“《楚辭集注》八卷《辨證》二卷附《反離騷注》一卷，宋朱熹編撰。宋嘉定六年章貢郡齋刻本”。

再説違背了朱熹本義。朱熹編撰《楚辭集注》《楚辭後語》，於訓詁之外重在闡發義理，藉古諷今，而揚雄正是他極力貶斥的一個典型。《楚辭後語》收文52篇，然朱熹在自序中却將矛頭直指揚雄，痛批道：“至於揚雄則未有議其罪者，而余獨以爲是其失節，亦蔡琰之儔耳。然琰猶知愧而自訟，若雄則反訕前哲以自文，宜又不得與琰比矣。”另外，從朱熹《反離騷》的解題和端平本《楚辭後語》鄒應龍跋中，亦可看出朱熹對揚雄評價的負面程度。解題云：“《反離騷》者，漢給事黄門郎、新莽諸吏中散大夫楊雄之所作也。……然則雄固爲屈原之罪人，而此文乃《離騷》之讒賊矣。它尚何説哉！”鄒應龍跋曰：“夫揚雄以好深沈之思，作爲雅麗之文，後世讀之未有以爲非者。……借先生所作《資治通鑒綱目》之書讀之，見其所書雄之死曰‘莽大夫揚雄卒’，則知先生之所以貶雄者，其意蓋有在也。嗚呼嚴哉！後之攬者，儻知先生所以去取之意而明三綱五常之義，如讀《春秋》而亂臣賊子懼者，則庶乎其不蹈騷人之失，而先生此書爲不苟作矣。”可見，《反離騷》是朱熹作爲反面教材收入《楚辭後語》供批判用的，將《反離騷》及揚雄與《楚辭集注》《楚辭後語》以及朱熹并列著録，豈不與原書本意大相徑庭！

稿本《石田稿》不分卷（索書號：10000），著録曰：“明沈周撰。稿本。繆曰藻、陳鱣跋。”此書繆曰藻雖曾收藏，書中鈐有其“曰藻”“文子”“蘭陵繆氏珍藏”印記，但并未作跋，理由如下：首先，該跋落款爲“己酉端午日百帖漫記”。繆曰藻生於康熙二十一年（1682），卒於乾隆二十六年（1761），與其有交集的“己酉”，當爲雍正七年（1729）。然與跋中所述“余行年五十二歲”不符。己酉年時繆僅47歲，差了5歲；52歲時應爲雍正十二年（1734），係甲寅年。若題跋落款的己酉年是乾隆五十四年（1789）的話，此時繆曰藻早已去世。其次，該跋述《石田稿》遞藏關係時謂："國初入朱卧庵桂髓樓，康熙間并經陸殿元珍秘，後又在蘭陵南有堂，今幸歸余寶宋樓。"寶宋樓之前的蘭陵南有堂，應該是繆曰藻藏書之地。繆曰藻字文子，號文山、南有居士。清江蘇蘇州人。藏印與"蘭陵"相關者有"蘭陵繆氏收藏印記""蘭陵文子收藏"二印。"蘭陵繆氏收藏印記"見《寶印齋印存》，"蘭陵文子收藏"見蘇軾行書《答謝民師論文帖卷》藏印（上海博物館編：《中國書畫家印鑒款識》，文物出版社，1987，第1536頁）。至於南有居士，繆曰藻《寓意録》自序落款"雍正癸丑六月南有居士繆曰藻書"可證。以上，足以説明"蘭陵南有堂"主人就是繆曰藻。也就是説，繆曰藻與寶宋樓及樓主百帖毫無關係，他是"百帖"之前的那位藏家。再次，百帖在跋中云："余行年五十二歲，遇境不堪，今忽逢此奇珍，或者否竭泰來乎？"再看繆曰藻，他與父親繆彤兩代均殿試高中［繆彤爲康熙丁未（六年，1667）科狀元，繆曰藻爲康熙乙未（五十四年，1715）科榜眼］，家境優渥，收藏書畫、碑帖甚富。己酉年（雍正七年），曰藻正忙於編撰《寓意録》，記載所藏、所見歷朝書畫。五年後的雍正癸丑（十二年），《寓意録》竣工。繆曰藻之境遇，與跋中所述情景截然不同。故繆曰藻不可能是題跋者百帖。百帖究爲何人，尚無綫索，但他既然爲繆氏之後的《石田稿》藏家，作跋的己酉年，必然是一個甲子後的乾隆己酉年（五十四年）。

史部《史記集解索隱》一百三十卷（索書號：7998），著録曰："劉宋裴駰、唐司馬貞撰。宋乾道七年蔡夢弼東塾刻本〔卷七至九、一百二十四至一百三十配宋淳熙三年張杅桐川郡齋刻八年耿秉重修本，餘九十四卷配其他兩宋刻本〕。二十四册。周捐。"此本爲著名的《宋百衲本史記》，以上著録，殊爲不妥。

首先，本書無論是按版刻年代、版本價值，還是按存卷多寡、分卷順序衡量，宋乾道七年（1171）蔡夢弼東塾刻本（存二十六卷）均不應在前作爲“原書”，而將年代更早（南宋初）、版本價值更高、篇幅多達七十五卷，且有前六卷的覆刻北宋十四行本當作配補本，并以“其他兩宋刻本”含混稱之，於體例不符。此前學者論及此本《史記》時，均置十四行本於前。如清人錢泰吉，在《甘泉鄉人稿》卷五謂此本“彙集宋本凡四種，記其大略於後：一本但有《集解》，每葉二十八行，行二十四字或二十五六七字不等；注文每行三十一二字”。又如傅增湘《藏園群書題記》卷二提到此本4種宋刻本的順序爲：“其中《集解》本二：一爲十四行二十四字，一爲十行十九字。又三家注本二：一爲十二行二十五字，一爲十二行二十二字。”（上海古籍出版社，1989，第68頁）另外，鄧邦述題跋雖未排序，却對十四行本的評價最高：“劉燕庭所藏《百衲本史記》，焜耀一世，今得見於匋齋尚書京邸，頓慰數年來‘佞宋’之懷，爲之歡喜嘆賞。今年自鷄林來輦下，一無所見，然獲觀尚書鴻寶甚夥，此册尤嘆觀止。他日冰雪途中，夢寐猶當繞百回也。册中以小字本爲最多，亦爲最精，其結體絶似歐虞，有元以後，無此工矣。”跋中所云册中“小字本”，即指覆刻北宋十四行本。需要指出的是，《59善目》著録此本時，還漏記了鄧邦述、袁克文、廉泉題跋，顧瑗題觀款。

其次，該本係“百衲宋本”，即“清劉燕庭集宋殘卷”本，也稱“涇陽陶氏百衲本”，具有極高的版本價值。劉世珩曾於1914年影刻，商務印書館於1915年影印。由於《59善目》和《87善目》將該本著録爲“宋乾道七年蔡夢弼東塾刻本”，隱去了十四行本的信息，又漏記鄧邦述等人的題識，導致《史記》版本研究者多年來以爲此本已失傳，使古籍書目引導學術研究的功能大打折扣。

再説《59善目》中的疏漏。這裏所説的“疏漏”，指的是書中後人題識，包括題跋、題款、題詩等。這些題識主要集中在全書首册之前與末册之後，但亦有在其他册前後及卷中的，還有少量另紙書寫夾在書中。經梳理後發現，書中遺漏題識的多數是有意爲之，如以下事例中的前三類。

第一類，佚名題識不著録。《59善目》對書中佚名或衹有字號、姓名不全又查不到全名者的題識基本上不著録，其實那些題識的内容是很重要的。

宋刻拓本《隸韵》（索書號：7906），漏記各册首葉的佚名題識，如第一册題識："《隸均》第一册，卷一，帖十七葉，引首一葉，錢竹汀跋一葉，吴清卿題一葉。""吴清卿題一葉"指的是那條吴雲等多人觀書款，《59善目》及多種古籍書目均誤爲"吴雲等題款"。清卿爲吴大澂之字，該題款係吴大澂所題，前人已明言。

宋本《切韵指掌圖》（索書號：9590），漏記佚名題跋："宣統十七年春，書友魏經腴作緣歸我。價洋□□□□，書價駭人聽聞，書痴加人一等。"此跋作者云"宣統十七年"（1925），蓋爲清朝遺老；本書曾經文友堂主人魏經腴之手轉讓，書價雖被剜去，奇高無疑。這些信息非常重要。

《傷寒要旨》一卷《藥方》一卷（索書號：8689），漏記佚名題跋3條。其一，"南宋孝宗朝乾道七年鎸板，紙乃白宋箋也，宜寶之"。其二，"即非宋板，亦是明朝初年書，不可因其不全而輕廢之。甲申正月十有六日記"。其三，"崇禎甲申元宵，蝶庵孫道兄見惠，向置亂卷中。庚戌端節後雨如瀑布，檢出裝好，補方六道，以備參考云"。跋一時間最早，認爲此書係宋本。跋二、三爲一人所記，認爲此書爲宋本、明本的可能各半。黄丕烈之跋對以上三跋均有回應，稱贊跋一，"以'南宋孝宗朝乾道七年鎸板'釋之，可云有識"；斥責跋二曰，"不知何人妄説，以爲'即非宋板，亦是明朝初年書'，作疑信參半語，可云無識"；因跋三作者與己"檢出裝好"該書，均在"端節"且"雨如瀑布"，而感嘆道，"何情景恰相似耶！想見讀書人不事他事，日以破紙爲性命，作消遣光陰之計。古人與余亦同此寂寞爾"。若不見3條佚名跋語，黄丕烈跋中所言相關之事便是無的放矢。又，跋二對該書係宋版或明版疑信參半，指的或許爲宋刻明印。總之，三跋於此書遞藏、版本考證等均有較大參考價值。

宋本《愧郯録》十五卷（索書號：7890），宋岳珂撰，漏記卷首、卷末佚名跋兩條。卷首跋云："宋板《愧郯録》中有欠頁數板。岳元聲萬曆年間曾刻此書，即從此本登梨，每遇欠頁，俱刻'原缺'。至今岳刻亦不可多見。曹秋翁、朱竹翁衹是抄本。"卷末跋謂："右録二帙，成化丁酉九月十二日，用價收篠庵先生家藏者。"二跋敘版本源流、遞藏，極有參考價值。

宋本《孟浩然詩集》三卷（索書號：8705），漏記書中未具名之題跋。跋曰："依《新民法》，過期不贖，衹能將押品拍賣，有餘仍交與債務人；不足向找。余未查《新民法》，貿然押款，不免上當。然此書注明實價弍千五百元，今已三年，合本利已過弍千伍百元，拍賣亦不妨彼方。若説話儘可照算。《晋書》注明七千五百元，須七八年本利乃合成原價，此時不能出手。"

這篇題跋由於沒有落款，在《59善目》中便沒有著録。此後的《87善目》《中國古籍善本書目》《中華再造善本總目提要》《國家珍貴古籍名録》等相關書目均未提及。然而，題跋却透露出大量此前無人知曉的重要信息，爲研究海源閣舊藏的散聚、流嚮，民國時期古舊書業的運作、珍貴古籍的遞藏等，提供了參考依據。

題跋的大意如下：《孟浩然詩集》質押期已過，按法律規定衹能拍賣，但拍賣所得如果超過押金，必須將超過部分退還原書主（即債務人），對己不利。然此書質押已滿3年，連本帶利超過了所規定的實價2500元，因此拍賣結果與原書主關係不大（因實價較高，拍賣所得不易超出，故"拍賣亦不妨彼方"）。同時質押的《晋書》，實價爲7500元，押金需要七八年連本帶利纔能達到此數，因此現在不能轉手。

從跋文看，此書正處於質押的狀態。民國時期民間盛行質押之風，藏書界亦如此。當藏家亟需用錢但又不想賣書，或一時賣不出好價，便可先將書押出去，得到一定數額的押金，以解燃眉之急，到期再將書贖回，或者另行尋找買家出售。例如著名的宋刻本《唐女郎魚玄機詩》，便被袁克文押給弢翁四弟周進；完顔景賢家人將《洪範政鑒》以1000元質押給傅增湘；方地山曾將《宋百衲本史記》《王郎天女雨花圖》《王漁洋像》質於弢翁家；等等。當然，最著名的案例還是海源閣的92種善本質押在天津鹽業銀行之事。那麼，這部《孟浩然詩集》與押於鹽業銀行的書是否有關呢？答案是否定的。因爲那批書的書單中没有此書，而且時間也對不上，鹽業銀行那批書質押的時間是1930年，《孟浩然詩集》質押的時間則是1927年。

在證明此書質押於1927年之前，需要先確定質權人，或者説債權人是誰。他就是李盛鐸。根據有二：一是書中鈐蓋的印章，除清代黄丕烈、汪士鐘、于昌進及海源閣楊氏藏書印外，李盛鐸、李滂父子的藏印“李盛鐸印”“木犀軒藏書”“木齋”“木齋審定”“李滂”“少微”也赫然在目。二是從題跋的筆迹看，與李盛鐸相符，該題跋係李盛鐸書寫。李盛鐸的這紙題跋，雖然爲《孟浩然詩集》而作，其價值却不止於此書，還證明了海源閣舊藏宋本《晋書》也質押在他的手中。有關此書質押於1927年，以及與《晋書》的關係，見本書《〈百衲本二十四史・晋書〉選用底本的經過》。

元本《孝經注疏》九卷（索書號：5499），漏記佚名跋。該跋述《孝經注疏》版本淵源甚詳。

第二類，衹有字號、姓名不全的題識不著録。大概是不署題識者名氏恐爲他人責難，其實衹要在“凡例”中説明即可，不應以此而不載。

宋本《晦庵先生語録大綱領》十卷（索書號：7490），首葉有題跋謂：“宋板《晦庵語録》，孟蘋先生收藏宋元板極富，云此書亦可備一格，因以貽之。壬戌冬季儆廬識於京師。”“孟蘋”，即蔣汝藻。“壬戌”，即1922年。該跋作者儆廬，名孫世偉（1883—1958），字俶仁，號儆廬，浙江紹興人。光緒三十三年（1907）畢業於日本法政大學，獲學士學位。歸國後經廷試授法科舉人，任法部七品京官。辛亥後，1912年任浙江都督府秘書。1926年任山東督辦公署參贊。1928年出任直隸省省長。專注於收藏先賢手札名迹及名人抄本。此跋述此書乃蔣汝藻受贈於孫世偉，蓋因不明“傚廬”係何人而弃之。

宋本《中説》（《59善目》作“《中説注》”）十卷（索書號：11320），漏記壬戌（1922）石遺老人題跋。此跋與錢謙益跋同在一葉，顯然不是疏忽而爲。石遺老人名陳衍（1856—1937），近代著名文學家，字叔伊，號石遺老人，福建侯官（今福建省福州市）人。清亡後，在南北各大學講授，編修《福建通志》，最後寓居蘇州，與章炳麟等人共倡辦國學會，任無錫國學專修學校教授。跋謂：“壬戌冬月避兵上海，因至京師，晤沅叔，略觀所藏宋元善本。既爲題元本《資治通鑒》一長句；以此書乃福建人所注，借歸翻閲，作一提要，以入吾所纂新《通志·藝文志》中。……石遺老人識。”經查，宋本《中説》十卷，題隋王通撰，宋阮逸注。阮逸，字天隱，生卒年不詳，福建建陽人，與跋中所説“此書乃福建人所注”相符。

元刻本《山谷老人刀筆》二十卷（索書號：7902），宋黄庭堅撰，漏記石齋老人跋。該跋述此書遞藏源流等事，頗具參考價值。跋曰：“《蘇黄尺牘》雖有刻本，然未見全豹。適於肆中見《山谷刀筆》而遺缺甚多，因遍覓抄録，遂成完本。亦一快也。天啓二年花朝石齋老人識。”跋後落款白文印“石齋”，係明末黄道周（1585—1646）别號。黄道周，字幼玄，一作幼平或幼元，又字螭若、螭平，號石齋，福建漳州府漳浦縣（今福建省漳州市東山縣銅陵鎮）人。明末學者、書畫家、文學家，與劉宗周并稱“二周”。天啓二年（1622）進士，改庶吉士，歷官翰林院修撰、詹事府少詹事。南明隆武（1645—1646）任吏部尚書兼兵部尚書、武英殿大學士（首輔）。隆武二年（1646）抗清兵敗殉職，賜謚“忠烈”，追贈文明伯。據《楹書隅録》卷五記載，此書爲黄道周學生陳子龍所藏，卷首“存雅堂”“雲間”“卧子手鈔”三印爲子龍所有。

宋本《資治通鑒綱目》（索書號：8664），漏記惠皆題跋。該跋在第二册卷首，跋曰：“此乾道壬辰四月刊本也，丁日昌《持静齋書目》有此本。惠皆記。丁卯正月八日。”丁卯即1927年。“惠皆”即馬官和（1875—1936），字惠皆，號仲平。山東日照東港區高興鎮夏陸溝人。民國實業家，藏書家。1915年在濟南創辦電話公司，又投資鐵路、煤礦。1928年3月在濟南開辦工商銀行，後經營失敗，欠公款無力償還，以家藏古籍抵償歸公，入藏山東省圖書館，共計286種6800多册，爲該館成規模入藏的第一批古籍善本書。

第三類，編目者認爲價值不大的題識不著録。

古籍書目漏載之後人題識，大多題寫於卷中不易察覺之處；然而也有題寫於卷首、卷末較爲明顯者，《59善目》亦不著録，蓋編目者認爲價值不大等原因而放弃。比較典型的如對傅增湘有關祭書會、“蓬山話舊”雅集的題跋、題款、題詩等，漏載較多。

1921年初，庚申年農曆十二月二十二日，在藏園舉行了第三次祭書之會。沈兆奎在國圖藏宋本《隋書》（索書號：11282）中題記，列舉是年傅增湘所購善本及與會嘉賓：“藏園主人庚申一歲中得宋本《禮記釋文》《群經音辨》《龍龕手鑒》《隋書》《通典》《水經注》《輿地廣記》《歐陽文忠公居士集》《蘇文定公集》《豫章先生集》《劍南詩藁》，汲古閣景宋本《唐國史補》，何義門校宋本《淮南子》，穴硯齋寫本《戰國策》《萬歷七年大統曆》。以嘉平月二十有二日爲祭書之會，循年例也。與祭者，仁和吴昌綬，汾陽王式通，武進董康，陽湖陶湘，長白彦德，蕭山朱文鈞，海寧張宗祥，吴興徐鴻寶，涇陽張恂、張允亮。吴江沈兆奎題記。”此跋居全書首葉，極爲醒目，定爲編目者有意不收。

1922年初，辛酉小除夕，在藏園舉辦第四次祭書會。國圖藏宋明州刻本《文選》（索書號：11435）邵繼全跋，詳記傅增湘辛酉年購書情況及與祭者：“辛酉小除夕，武進董授金、嘉定徐星署、仁和王叔魯、長白彦明允、侯官邵幼實、海寧張閬聲、蕭山朱幼平、吴江沈羹梅、豐潤張孟嘉集藏園，爲祭書之會。沅叔列是歲所得北宋本《文中子》十卷，明州本《文選》二十五卷，紹興本《唐六典》二卷、《東坡前後集》十九卷，宋本《太玄經》一卷、《甲申雜記》一卷、《聞見近録》一卷、《分類集注杜詩》三卷、《臨川先生集》一百卷，汲古閣影宋本《東家雜記》二卷，述古堂鈔本《吊伐録》二卷，元本《順齋先生閑居叢稿》十三卷。星署以宋本《陸宣公奏議》、幼平以紹興本《漢官儀》來會，沅叔更出楊鐵崖《真境庵募緣疏》、年雙峰廷試卷及孟嘉所贈《黎二樵隸書楹帖》侑祭。松鄰走書，致鮮鯽一雙、蜜橘十五餉客，宗室沈盦、宫保徐森玉、張庾樓不至。侯官邵繼全記。”

1923年初，壬戌農曆十二月二十三日，在藏園舉辦了第五次祭書會。國圖藏宋本《五代史記》（索書號：8007）章鈺題跋，記載了傅增湘當年收書情況及與會之人：“壬戌十二月自津來京，二十三日，沅叔同年招游藏園，并集同好五舉祭書之典。是年，沅叔所得爲北宋本《五代史記》十二卷、北宋本《唐百家詩選》、宋本《義豐集》一卷、宋巾箱本《四朝名臣言行録》二卷、宋本《揚子法言》十卷、宋本《太玄經》一卷、宋本《播芳大全文粹》四卷、宋本《尚書注疏》二十卷、元本《遼史》一百十六卷、元本蒲道源《閑居叢稿》十三卷、元本《道園類藁》五十卷、明藏本《墨子》十五卷，尤爲銘心絶品。墨緣書福，歲益光大，敬書歐《史》卷端，以志盛集。長洲章鈺記。”

傅增湘題跋附記當天與會者：“是日同集者，嘉定徐禎祥、長白彦德、蕭山朱文鈞、吴興徐鴻寶、吴江沈兆奎、豐潤張允亮。期而不至者，仁和王克敏、豐潤張恂。年年與祭而以歲暮南歸者，江寧鄧邦述也。”又云：“祭書方畢，書友魏經腴又持歐《史》序目一卷來，以百番易之。‘厚價收書不似貧’，殆爲我咏矣。傅增湘附記。”另外，本書還有王式通、吴昌綬觀款，均與祭書會有關，亦未著録。

第五次祭書會之後的次月，在藏園尚有一次規模不小的賞書宴集。國圖藏宋本《文選》（索書號：11435）楊潤六跋曰：“沅叔師以藏書名海内，雙鑒樓所儲宋刻書至二千卷，畹瑾等久列門墻，未窺美富。今者藏園宴集，特出《史記》《通鑒》《文選》及歐蘇黄陸諸集相視，皆人間孤本，古香馣藹，目所未見。他日絳帷請益，將丹鉛以從事，師其許之乎？癸亥正月十三日，女弟子無錫潘吴畹瑾，嘉興陸董文英，南海王吴玉清，山陰吴單秉仁，無錫諸鄒筠英，閩侯翁陳翠琬，無錫賴曹敏、王吴震、劉楊潤六，仁和邵吴振炎，南溪陳趙懋雲，滄縣楊鍾英，青縣劉海鵬，天津王董潔如，山陰關陸紹馨，震澤陳凌蘅芳，嘉定王襄，嘉興黄沈景英，屏山趙聶靚儀同觀。潤六書。”

宋本《中説》十卷（索書號：11320）陳雲誥乙酉年（1945）題跋，是傅增湘“蓬山話舊”雅集第十二集詳情之唯一記録，跋曰：“乙酉三月二十日蓬山話舊第十二集，藏園主人出示此本。德清俞陛雲、杭邵章、静海高毓浵、桂林張書雲、貴陽邢端、侯官郭則澐、易水陳雲誥同觀，并識。”

國圖藏宋咸淳七年（1271）吴安朝等刻公文紙印本《忠文王紀事實録》（索書號：11294）商衍瀛題跋，記載了1948年第十四集的情況：“戊子三月二十日蓬山話舊第十四集，藏園主人出示此書，世所稀見。德清俞陛雲、番禺商衍瀛、杭縣邵章、静海高毓浵、易水陳雲誥、桂林張書雲、開縣胡嗣瑗、貴陽邢端同敬觀。商衍瀛識，時年七十有八。”商衍瀛落款之後低兩格又書“江夏傅嶽棻，杭縣袁毓麐、許寶蘅同觀”。

記録藏園祭書會和“蓬山話舊”雅集的資料，是研究傅增湘藏書及其藏書思想的重要史料，同時也記載了不少傅增湘那一時期購藏宋元善本的細節，具有極高的研究參考價值，《59善目》弃之不用，顯然低估了其作用。

在有意不著録一類中，還有一些不知爲何被忽略。例如明抄本《三朝北盟會編》（索書號：7386），書中另紙（與書葉大小相近）由黄丕烈書寫了第二百五十卷補寫校記，紙的右下角并有黄丕烈題跋，云：“從觀稼樓鈔本補紙損處缺文。戊寅夏四月蕘翁借讀記。”該校記與題跋記録了黄丕烈從張金吾處借得此明抄本《三朝北盟會編》，校觀稼樓抄本，發現明抄本第二百五十卷有多處殘葉修復後缺字，遂依觀稼樓本補寫完整。此紙信息豐富，記録了明抄本《三朝北盟會編》的遞藏及補寫情況，不知何故被編目者忽視。由於《59善目》《87善目》相繼漏載，再造善本影印此書，複製底本時，我特意要求將其攝製附在全書書影文件中，却仍被遺弃。蓋出版者因《59善目》《87善目》均漏載該信息，又未認真核查原書，故再次遺漏。

第四類，較難發現的題識被遺漏。

此類題識大多在卷中，不易察覺，或題識較多，隱藏於中間者，若不認真翻閱每一葉細讀，往往會被遺漏。例如，宋本《古三墳書》漏記題識甚多；宋本《公羊春秋》不分卷《穀梁春秋》不分卷漏記楊守敬跋；宋本《輶軒使者絶代語釋别國方言解》漏記楊守敬、李盛鐸、吴昌綬、袁克文跋，章鈺、袁克文題款；宋本《景祐乾象新書》漏記陳鑾、李盛鐸跋，陶廷杰題款，將題跋者之一許廷誥的“誥”誤作“吉”；宋本《忘憂清樂集》漏記丁秉衡校記；宋本《河東先生集》漏記羅振玉跋，鄭孝胥題詩和第十六册首葉鄭孝胥題簽“宋世彩堂本河東先生集　歲在昭陽大淵獻　鄭孝胥題”；明吴氏叢書堂抄本《廣川書跋》漏記黄丕烈、方若蘅跋，錢大昕、顧蒓、席佩蘭題識；明洪武三年（1370）王舉直刻本《雅頌正音》漏記徐受麇跋；等等，不一而足。

《59善目》爲什麽會出現如此多的問題？主要是因古籍由私藏轉爲公藏後，圖書館的編目人員大量短缺造成的。趙萬里在發表於1956年《人民日報》的《談談北京的古舊書業》一文中説：“現在北京、南京、上海各地圖書館積壓未編的書刊達一千萬册左右。這些大量被積壓的書刊，在短期間如果要設法整理出來爲科學研究服務，必須利用古舊書業中一部分優秀從業人員的力量。各級文化部門應該重視這個工作，促其儘快實現。”（轉引自劉波：《趙萬里先生年譜長編》，第365頁）從趙萬里先生文章的題目和要求引進古舊書業人才來看，1000萬册“未編的書刊”大多爲古籍。我以爲此説是符合實際情况的。2011年我策劃并調研《古籍普查登記目録》編纂情况時，發現未編古籍達數萬册的圖書館不止一兩家。國家圖書館的未編古籍數量也不少，至少在20世紀90年代，普通古籍組“流水號”（未正式編目）的書不止千部。

前文已提到，20世紀50年代北圖善本部的編目力量比較薄弱，趙萬里先生身爲主任，事務繁雜。1958年他致徐森玉函談及整風運動在館内展開，組織機構可能有變化，自己不再擔任善本部主任等事時説：“北京圖書館機構問題，不久館中也要小組討論。頗有人主張現在的三級制（即館長、主任、組長），可改爲二級制，由幾位副館長直接領導組長進行工作，所有閲覽、采、編、善本等主任級可全部取消。如果實現，我從此可以從紛繁的行政事務中解放出來，作一普通館員，做些編目工作，也比現在忙忙碌碌好得多矣。”（柳向春：《趙萬里與徐森玉兩先生交游述略》，載沈乃文主編《版本目録學研究》第7輯，北京大學出版社，2016，第119頁）可見，趙萬里平日無暇編目之事。何况他還在趕寫善本書志，爲寫作雕版史做準備工作。善本編目工作的主力，應該衹有冀淑英先生等少數館員了。

近百年來，圖書館的古籍整理編目工作，骨幹專家包打天下的現象十分普遍，專家的水平高低習慣以版本鑒定能力爲標準，版本鑒定又多局限於宋版書，這進一步弱化了團隊的作用。因爲宋版書鑒定是陽春白雪，衹有經常可以看到摸到書的人纔能够從事，這就將絶大多數的圖書館員拒之門外。其實，需要鑒定的宋版書少之又少，真正需要花費大量人力和時間去做版本鑒定的，倒是品種和數量遠超宋本的明清刻本和稿抄本。我在工作實踐中發現，古籍善本書目著録的不少明清刻本并非所著録之本，而是翻刻本。即使是稀見本，同樣存在翻刻的現象。例如清汪之元撰《天下有山堂畫藝》，據《中國古籍善本書目》記載，國内僅國家圖書館和南京圖書館收藏，均著録爲清四明樵石山房刻套印本。但將《第一批國家珍貴古籍名録圖録》所收南京圖書館書影與國家圖書館藏本比對，明顯不是一個刻本，當係翻刻。

古籍編目具有内容寬泛、涉及專業較多的特點，編目者需要具備版本學、文獻學，中國古代歷史、文學，乃至中外書籍發展史、圖書分類法、古文字、書法篆刻等方面的知識，缺一不可。例如，古籍善本簡目雖無須著録藏印，但編目者如果對藏書印識讀能力差，或者忽視藏印的作用，往往就會出現差錯。《59善目》集部下《皇朝文鑒》（索書號：6664）著録“序、目録下、卷一至三……配清張蓉鏡抄本”，有誤。其實序并非張蓉鏡抄補。《皇朝文鑒》抄配之序文共有4篇：吕喬年序，嘉泰甲子（四年，1204）沈有開序，嘉定十五年（1222）趙彦适序（跋），端平元年（1234）劉炳序。其中序一首葉有“錢大昕觀”鈐印（圖16），錢大昕（1728—1804）年齡比張蓉鏡（1802—？）大得多，故此序不可能是張蓉鏡抄補。序四末葉有“顓庵補録”四字題識，鈐“顓庵”“王掞”二印（圖17）。王掞（1645—1728），字藻儒、藻如，號顓庵，太倉

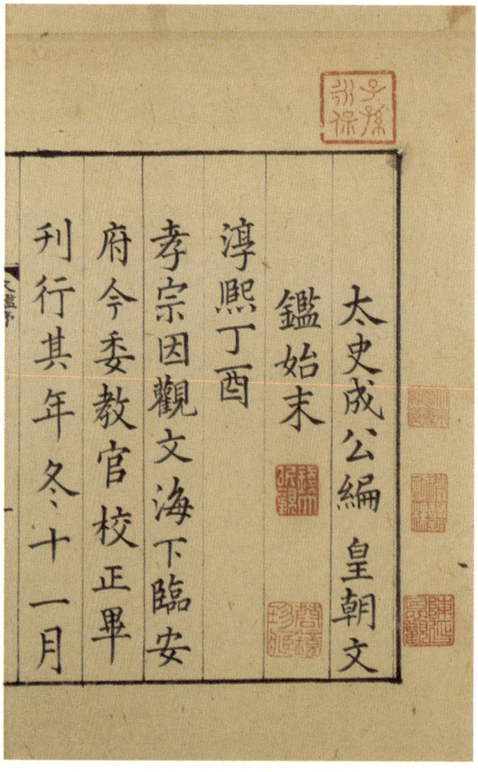
太史成公編　皇朝文
鑑始末
淳熙丁酉
孝宗因覩文海下臨安
府令委教官校正畢
刊行其年冬十一月

圖16　《皇朝文鑒》序一首葉“錢大昕觀”鈐印

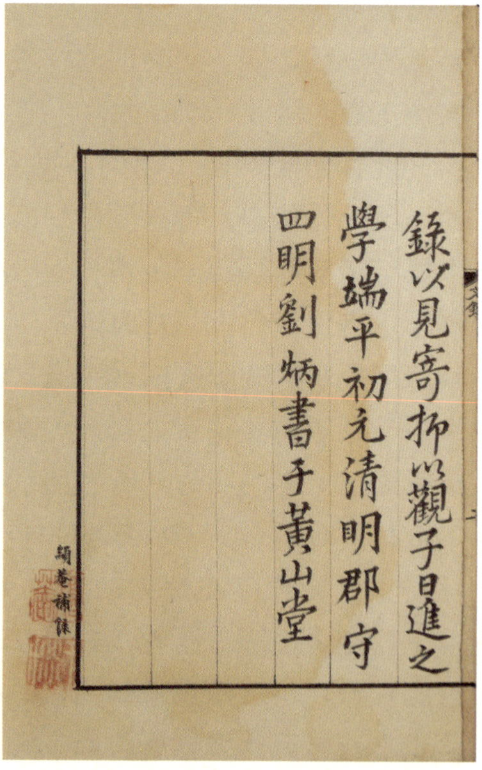
録以見寄抑以覩子日進之
學端平初元清明郡守
四明劉炳書于黃山堂
顓菴補録

圖17　《皇朝文鑒》序四末葉“顓庵補録”題識、“顓庵”“王掞”二印

（今屬江蘇省）人。按年代，此序也不會是張蓉鏡所抄。序二、三雖無印章可核對，但筆迹明顯與張蓉鏡不符。從生卒年及序四題識、鈐印看，4篇序文應該都是王掞所抄補。

當然，能够全面掌握上述知識的個人是沒有的，因此古籍編目要依靠掌握上述知識的團隊，采取分工合作的方式開展工作。再有，古籍編目，尤其是善本編目，是一項十分煩瑣、細緻的工作，需要對每一部書逐葉翻檢勘驗，纔能避免或減少疏漏和差錯。對於大中型古籍藏館來説，動輒數萬、數十萬葉的古籍善本，其工作量之大可想而知，因此古籍編目又具有勞動密集型的特點。而以往的古籍善本編目過於强調版本（宋元版）鑒定的重要性，忽視了其他方面的專業需求；不重視古籍編目隊伍的基礎業務建設工作。《59善目》二校時尚被冀淑英先生查出2000多處問題，説明編目團隊的整體業務素質不高，因此書稿質量較差，沒有達到“齊、清、定”的交稿要求（徐按：國圖善本部老員工曾對我説，編輯《59善目》時，趙萬里先生抓大事，冀淑英先生承擔一小部分書稿的編纂，并負責全書統稿）；同時也證明，編目工作如果沒有一個優秀的團隊，僅靠個别專家單打獨鬥，就會出問題。

綜上，《59善目》中出現的諸多問題，暴露出圖書館工作機制及編目團隊基礎業務水平較低的弊端，絶不應去苛責編目主持者，他們殫精竭慮、嘔心瀝血，已然盡了全力。反過來，當我們提出《59善目》中的問題，總結經驗教訓時，也不應視爲對編目主持者的不恭，否則就是表面上維護，實際上甩鍋編目主持者了。

附　録

爲更好地説明問題，特將國立北平圖書館1934—1937年的部分購書史料羅列於下（徐按：書名後括號内書號係本人加注）：

《國立北平圖書館館務報告（民國二十三年七月至二十四年六月）》：“本年度購書仍承購書委員會之指導努力進行，雖經費鋭减而成績尚無遜色，共購入中文舊籍計一千四百七十五種一萬五千六百八十四册，就中如元大德九路本《後漢書》［045、3384、0788］及閩刻《續宋中興編年資治通鑑》［074］、《宋季三朝政要》［077、6748、2039］，皆内閣大庫舊物，可配補館藏之缺。又購入《無冤録》一書，乃季振宜舊藏，後附宋傅霖《刑統賦》一卷，亦秘笈也。明刻本則名目繁多，美不勝指。史料書則有王士琦之《三雲籌俎考》［0858］、徐世模［徐按："世模"當爲"學謨"］之《世廟識餘録》（本書爲木活字印第一印本）［0829］、張元汴［徐按："汴"當爲"忭"］之《館閣漫録》［0817］、葉盛之《西垣奏草》［089］、張瓚之《安南奏議》［085］、趙世卿之《司農奏議》［11676、05416］、潘塤之《淮郡文獻志》［01281］等。章回小説則有《東西漢志傳》［01543］、《三國志傳》，皆可與通行本供校勘之用。戲曲則以屠隆校刻之王、董《西厢》［徐按：未收］爲最名貴。此外鈔校本亦多罕傳之帙，如劉振所撰《識大録》［8013］五十二巨册，以紀傳體載明初至隆慶間史事，乃法式善存素齋舊物。又李文田手校明鈔《國朝典故》［0490］三十册，亦較其他鈔本爲完善。又歷朝方志爲社會史料之淵泉，本年度鋭意搜求，所得甚多，舉其最罕見者，如嘉靖《山海關志》［0857］，萬曆《應天府志》［05388］、《嚴州府志》［0133、10635、01357］，順治《太湖縣志》［徐按：未收］，康熙《雲南通志》［0334、0333］、《平陽府志》［04474］、《夔州府志》［0295］、《安州志》［04232］、《鳳陽府志》［05321、04435］、《興國縣志》［05364］，雍正《廣西通志》［0332］，乾隆《西寧府志》［2292、02515、04875］、《寧夏府志》［04874］、《金山縣志》［04354］、《福山縣志》［02481］、《盱眙縣志》［04464］等，館藏爲之生色不少。又善本乙庫所收，如周廣業撰之《孟子四考》［02026、03795］、《動植小志》［02837］、《寧志餘聞》［05336、05335］、《讀相臺五經隨筆》［02051、02049］各書稿本，管廷芬《海昌叢載》［05338］稿本及精刻本何治運《何氏學》［03233］、鍾褱《攷厓考古録》［02803］、董豐垣《識小編》［02784］、石韞玉《多識録》［01918］、張聰咸《經史質疑録》［02802］、姚配中《周易通論月令》［01888］、莊綬甲《拾遺補藝齋遺書》［02893］、徐璈《詩經廣詁》［01917］等，殿本《萬年中興［徐按：“興”當爲“星”］更録三垣恒星圖説各省北極高度偏度表》［02742］以及華廣生之《白雪遺音》［15724、05441］等書，亦爲名貴之本。”（第5—6頁）

《國立北平圖書館館務報告（民國二十四年七月至二十五年六月）》：“本年度購書仍稟承購書委員會之指導，鋭意搜羅，購入之書頗多精美或罕傳之本。計購入中文舊籍一〇七七種六〇四二册三張一八捲。就中如宋刻宋印本大字《晋書》［01171］，雖僅三十七卷，實爲海内孤本。又宋内府舊藏《文苑英華》［01204、8578］可補館藏之缺。金刻本則有趙城藏經［徐按：未收］四十餘卷，爲近年之新發見。《分門字苑撮要》［0498］乃平水舊刻，亦係久佚不傳之秘笈。明活字本有弘治會通館印本《錦綉萬花谷》［2391］、五川書舍印本《王歧分［徐按：“歧分”當爲“岐公”］宫詞》［01589］。明刻本則有洪武刻《貞觀政要》［3835、01221］、明初刻《析［徐按：當爲“折”］疑論》［01561］、弘治刻《秋澗大全集》［徐按：無弘治刻本］、正德刻《賈子新書》［10094、4016、01427、6814］及《劉［徐按：當爲“袁”］海叟集》［01091］、嘉靖刻《宋逸［徐按：“逸”當爲“遺”］民録》［15722］、萬曆刻《自警編》［0483］等。舊鈔本有明沈辨之野竹齋鈔《太平廣記》［01517］，明仿宋鈔《容齋五筆》［0905］，明鈔本《征南録》［2728、0830］、《戎幕閑談》［01480］，潛采堂鈔《古梅吟稿》，謙牧堂鈔《楊誠齋集》，曹楝亭鈔《樂圃餘稿》《灤京雜咏》等。名校本有毛子晋校《忠義集》［01801］、宋賓王校《燕石集》［01084］、鮑以文校《郭天錫日記》［01296］、陳仲魚校《太平廣記》［01516］等等。明季史料則有吕本之《館閣類録》［0834］、蔡士順之《傃庵野鈔》［090］、雷夢麟之《讀律瑣言》［0409、16677、12963］、商大節之《治河事宜》［0864］及《皇明琬琰廣録》［0848］等。皆係名槧精鈔罕見之帙，堪爲館藏增色。”（第4—5頁）

《國立北平圖書館館務報告（民國二十五年七月至二十六年六月）》：“本年承購書委員會之指導，購入各書擇要披露如左：中文舊書共購入九七七種四〇七五册一四七捲，……就中罕見秘笈爲數頗多，舉其要者有下列數項：（一）明清史料類則有嘉靖刻《軍政條例類考》［01413］，萬曆刻《讀律私箋》［01417］，舊鈔本《交黎撫剿事略》［01226］、《革朝志》［01222］、《倭患考原》［01224］、《倭情考略》［01225］，康熙刻《永年曆法》［03999］、《洛西平寇紀略》［1302、03813］，乾隆刻《平定準噶爾方略》［03809］等。此外又收得康熙鈔本清太祖、世祖《實録》七十巨册。按：《世祖實録》係由康熙中第二次修本録出，北平故宫博物院僅有初修及三修本，此本可彌其缺，詢［徐按：當係“洵”之訛］可寶貴。（二）方志則有萬曆刻《杞乘》［01328］、《襄城縣志》［01330］，康熙刻《深州志》［03879］、《烏程縣志》［03910］、《寧國縣志》［03886］、《吴郡甫里志》［03882］、《紹興府志》［03911、5183］，乾隆刻《涇州志》［14501、03907］、《東明縣志》［03876］、《石泉縣志》［03918］、《無爲州志》［03888］、《金溪縣志》［03913］等，皆爲罕覯。（三）通俗文學則有明崇禎尚友堂原刊《二刻拍案驚奇》［01542］及舊鈔本《南曲九宫正始》［04184］，前書僅日本内閣文庫有之，後書則治南戲文學者必修之本也。（四）名賢等手稿則有吴大澂致陳簠齋手札六巨册及《石門訪碑記》［03982］等，皆前未刊行，可供金石家之參考。（五）手校本則有顧千里校宋本《輿地廣記》［01302］、何義門校明鈔本《法書要録》［01194］、葉石君校明刻本《述异記》［01195］，先賢手澤，用貽後生，可以資爲考證。（六）《永樂大典》除向南京國學圖書館借影吴興劉氏藏本外，復於平市購得‘倉’字韵原本一册，爲袁氏

《現存卷目表》所未收，尤足珍貴。（七）《趙城金藏》又先後購得百餘卷，皆存卷子本舊式，古色古香，至足珍貴。所刊經文以校通行本异文甚多，此後仍當廣事搜集，俾作有系統之研究云。”（第3—4頁）

又，《國立北平圖書館館務報告（民國二十六年七月至二十七年六月）》第2頁：“二十六年九月以前，采購事務仍繼續辦理，計購入中文舊籍一六六種一一五五册又卷子十卷，就中屬於善本部分者計七二種四零九册又卷子十卷。”（轉引自劉波：《趙萬里先生年譜長編》，第190頁）

需要説明一點的是，前述1937年1—6月及“二十六年九月以前”所購書，與《59善目》“編例”所説“一九三七年至一九四八年陸續收入之書，亦隨同編入”的“一九三七年”是兩回事，後者是抗戰時期北平圖書館在上海設立的辦事處購買的書。《趙萬里先生年譜長編》1939年12月記“本年前後，多次赴滬鑒定北平圖書館上海辦事處新購善本書”，并引“虞坤林《趙萬里先生活動簡表》：是年接到上海北平圖書館辦事處來函，要求先生爲他們鑒定所收購的善本書，故經常往來於京滬之間，在此時期爲北圖收購了不少好書”。（第200頁）

七、喜憂參半的1987年版《北京圖書館古籍善本書目》

1986年7月我從南開大學歷史系研究生畢業，來到出版社。到社後，先去校對科實習，接到的第一部書稿就是《北京圖書館古籍善本書目》。嚴格地説，那不是書稿，是回爐的書頁子。原來，當時的《87善目》已經印畢，衹待裝訂成書了。不巧，與我同時到社的新任總編輯楊訥先生偶然見到《87善目》的書頁，一眼就發現了幾個錯别字，認真翻閱幾十頁後，差錯甚多。他找到社長，要求重新校對，再行印裝。也就是説，印好的書都要作廢了，這可是天大的事，70克上好的膠版紙，5册一部，2000部啊！楊訥先生是館裏新聘的著名學者，館長甚爲器重，故社長同意了他的意見。

半年後，《87善目》重新校對完畢，發印裝訂上市。《87善目》爲16開精裝，全5册，定價300元，還有少量特精裝的“海外”本，帶護封，定價350元。《87善目》印行了2000部，300元的定價在那個年代很貴了，所以賣了很久還有貨。記得20世紀90年代社裏書庫經常大搬家，每次搬庫，大家最怵頭的一是《珍本叢刊》，二就是《87善目》，二者都是精裝且量大。後來，社裏出版的各類書目太多了，爲了便於區别，《87善目》被簡稱爲“大藍本”。

《87善目》開始編纂的時間，前言説：“一九五九年由趙萬里、冀淑英先生主持編製《北京圖書館善本書目》，由中華書局出版。這是北京圖書館編製并正式出版的第五部善本書目。……本館自一九八六年起又着手編製第六部善本書目，并决定於新館落成之際出版。”從我1986年7月到出版社時，《87善目》已經三校完畢即將開印看，説“自一九八六年起又着手編製”，似乎不大可能。因爲開始編製到交稿、編輯加工、下廠排版、三校，僅用時7個月？并且那時還是鉛印年代，又是繁體字，效率大大低於現在。不過，我問了社裏經手過此書的老編輯後，就打消了疑問。所謂“着手編製”，就是將大量編目卡片或謄寫稿交到出版社，陸續交，陸續編輯加工、下廠排版。當年出版社編輯、校對采用的是按字數計報酬，一般編輯年定額70萬字，超過定額即可拿到獎金，超額字數越多，獎金越高，上不封頂。校對也是一樣。所以編輯、校對工作積極性極高，出書自然就快。當然，從作者到出版社這樣一種操作模式，書的質量難以保證。

《87善目》收録了多少種善本，書中没有説明，我統計後的結果是經部1792種、史部7261種、子部5150種、集部9213種，總計23,416種，比《59善目》增加了12,000餘種，翻了一番有餘。但館藏善本實際增長遠没有這麽多，至少《87善目》中索書號“〇”打頭的書是老北圖的舊藏。因爲“〇”字頭書號的書大多爲《國立北平圖書館善本書目》和《國立北平圖書館善本書目乙編》著録的書，而“〇”字頭的書在《87善目》中多達5170種。再有，《國立北平圖書館善本書目甲編續目》中至少有700多種也是老館藏，應從12,000種新增書中減掉。《國立北平圖書館館務報告（民國二十四年七月至二十五年六月）》説：“《善本書目甲編》出版以來已歷三年，此三年中整理内閣大庫殘本以及新購之書，已積至七八百種。玆仿初編體例編成《續目》四卷，計經部約三十種、史部約二百種、子部約百餘種、集部約四百種，俟增至千種時即行付印。”（第12頁）已經編爲《續目》的“七八百種”，是截至1936年6月，共計3年的數字，那時距1937年全民族抗戰爆發尚有一年，《續目》極有可能達到千種，故還要從12,000種中減去1000種。如此一來，實際增加的數量也就5000多種了。這5000多種書按説都是1959年之後進入善本庫的，從有關檔案等文獻記載看，1960—1986年所購善本書不過1000餘種，其他4000多種應該是1949年之前老北圖善本書的“漏網之魚”和1960年後不斷“提善”的結果。

我從1986年11月開始參加《珍本叢刊》的影印工作，與善本部打交道甚多，經常見到善本部人員去“提善”。因爲北圖早先的古籍善本標準過高，不少明清稿抄本都未進善本庫，明清刻本就更不必説了，所以自20世紀80年代開始，“提善”的工作一直未中斷。現在國圖的善本書已達30,000多部，增加的部分多爲“提善”之書。《國立北平圖書館館務報告（民國二十年七月至二十一年六月）》謂：“館藏善本書籍合前京師圖書館、前北海圖書館所藏，已不下二千餘種，更益以普通書庫提入及歷年新購諸書，約得五千餘種。”（第15頁）可見“提善”工作在老北圖時期便已存在。北圖普通古籍的數量十數倍於善本，其中不乏明清精刻及稿抄批校本，始終是善本書的儲備書庫。尤其是抗戰時期大量善本外遷之後，館方必然會加强“提善”的力度，以增加善本書的數量，因此前面提到的12,000多種，很可能不是1959年以前館藏善本的上限。

《87善目》從某種意義上説，是編製《中國古籍善本書目》的成果，對此，前言曾予説明：“一九五九年之後，本館繼續致力於善本書的考定著録工作，除十年動亂時期外，迄未間斷。至一九八〇年，著録工作基本告一段落。當時正值全國遵照周恩來總理生前指示，開始編製《全國古籍善本書總目》，本館全力以赴，投身於這項工程，依據這部總目的收録標準，奉獻出自己館藏的著録成果。"《中國古籍善本書目》早先是要求著録行款的（後因故刪除），因此《87善目》也按照要求著録了行款和邊欄版口資料，這是一個巨大的進步，極大地方便了館外讀者使用。許多古籍名作版本衆多，撰寫題跋、提要時經常用"×行本"來區别不同的本子，已成慣例。如宋代四川眉山地區刻印的唐人文集，便有十一行本與十二行本之分，前者刻於南北宋之際，後者刻於南宋中葉；宋刻本《資治通鑒》的版本更加複雜，常見的即有宋紹興二年至三年（1132—1133）兩浙東路茶鹽司公使庫刻十二行本，以及十一行、十四行、十五行、十六行刻本。如果善本書目標注了行款、邊欄版口，就可以便捷地做出判斷，否則就必須看到書或書影纔行。加上《87善目》的收書數量比《59善目》翻了一番，基本上反映出國家圖書館古籍善本的面貌。

《87善目》對《59善目》的改進，除了增加行款和邊欄版口介紹外，對個别類目也做了調整，例如"地理類專志的增設，便使原來書少類繁的古迹、寺觀、宫殿、陵寢、書院、祠堂等著作，類歸更加合理。史部目録類原設政府收藏、家藏、提要、地方、其他五類，這次編輯過程中，認爲前三類均爲藏書目録，内容交叉，類目標準不一致，故改并爲官修和私撰兩類，這樣加上地方和其他兩類就能把全部現存的公私藏書目録和非藏書目録總括無餘"（《87善目》前言）。

另外，《87善目》不再采用《59善目》中以"注"替代原書名、著者項衹著録注釋者的做法，這也是一項重大的改進。

《87善目》的不足之處亦十分明顯。首先是書稿及編校質量不盡如人意。例如叙述行款時，"半葉十行，行二十字"均著録爲"十行二十字"，不够嚴謹；索引的筆畫檢字表有漏掉字頭的現象，如“唐”“重”“烏”“席”等字；著録錯卷數、行款、刻印年代的情況也不在少數；等等。更重要的是，《87善目》繼承了《59善目》中幾乎所有的疏漏和差錯，是編目工作“從目録到目録”的典型。早期編纂多館古籍善本聯合目録時，受條件所限，采用“從目録到目録”的方式，尚情有可原；本館編目不去核查原書而照抄舊目，造成大量質量問題，實在不妥。更令人遺憾的是，《87善目》纍積的差錯還延續到了《中國古籍善本書目》《中華再造善本總目提要》等書目和相關著述中，從而誤導了更多的使用者。

雖然如此，《87善目》仍舊是目前國内收録古籍善本數量較多、功能最全的書目，其收書數量雖然少於《中國古籍善本書目》，但某些方面的實用性和參考價值却要更勝一籌。

2018年12月初稿

2024年6月10日五稿

《中國版刻圖録》的成書過程及評價

趙萬里先生主編的《中國版刻圖録》（以下簡稱“《圖録》”）問世60多年來，學界給予了高度評價，認爲在類似作品中學術價值最高，至今無人超越。對此評價，我非常贊同。但我認爲對《圖録》的研究和總結工作尚不充分，需要深入探討的問題還有不少。以下便就此談談自己幾點不成熟的意見，不當之處，請大家批評指正。

一、《圖録》成書的經過

趙萬里先生早在20世紀30年代初，便產生了編纂版本圖録的想法。傅增湘在趙萬里所編的《國立北平圖書館善本書目》序言中提到：“今乃擬定體例，將欲輯爲書影，録爲書志，次第刊布，以便編摩。先成簡目四卷，授之梓人。”此處的“輯爲書影”，是趙萬里欲編製版本圖録想法的首次披露。那個時期“圖録”一詞尚未流行，多以“書景”或“書影”稱之，如繆荃孫的《宋元書景》、袁克文的《寒雲書景》、柳詒徵的《盋山書影》、瞿氏《鐵琴銅劍樓書影》等等。善本的書影、書志和簡目，是趙萬里整理古籍善本的三部曲，從有關文獻記載看，先生從1928年便開始在《北京圖書館月刊》《北平北海圖書館月刊》《國立北平圖書館館刊》上發表善本書志、提要、經眼録，加上未刊稿，總計650餘篇；簡目也於1933年面世，衹有書影遲遲未動。大概是書影製作受到器材、場地的限制較多，且發表亦非易事的原因。

直至新中國成立後，版本圖録纔又提上了議事日程。沈津《顧廷龍年譜》載，1952年“一月十二日，趙萬里來，示《版本圖譜》樣張”（上海古籍出版社，2004，第496頁）。這是與版本圖録有關的第二次文獻記載，既然樣張都有了，表明趙萬里版本圖録的編纂已基本成形。鄭振鐸同年2月16日、18日致徐森玉信函顯示，趙萬里甚至與上海出版公司就該書的出版事宜達成初步協議，準備印製500部，但遭到鄭的反對；并且信函中還透露出正在調查趙萬里購書中的索賄問題，事情便更加複雜：“斐雲的中國版本圖譜，弟意現在决不會有銷路。能售出一百部，已是吃力。但上海出版公司方面，預計要印五百部。恐不易實現。向覺民之意，也以銷路困難爲慮。已勸斐雲暫時放弃這個計劃，他也已同意了。他近來精神至爲不振，交代問題不少。聞曾函先生，語多悲戚。他毛病很多，但確是一個人才。……經過這次的運動，他過去的一切身上的污垢，當可完全洗清，成爲一個‘新人’了。”“又，我局去歲，曾向瞿氏鐵琴銅劍樓購善本書兩批，計共兩億元。請先生代向瞿氏兄弟一詢：有没有人向他們要過錢？他們給過没有？有没有給過人什麽‘書’（包括趙斐雲及文物處的幾個人在内）？”（柳向春整理：《鄭振鐸致徐森玉函札》，載上海圖書館歷史文獻研究所編《歷史文獻》第16輯，上海古籍出版社，2012，第324—325頁）我們再看一下善本部員工爨汝僖致函徐森玉所説情况：“有三［徐按：王重民，字有三］以犯嚴重官僚主義，不可久留（因不常到館，致大柄暗移）。子剛［徐按：顧子剛］以大同書店産權問題，已全部交出，正在清理中。斐雲以利用職權，掠取書商善本，又擅自作價，賣給本館及北大等處，刻正窮追，認爲坦白不够，曾於大會紛紛提供意見予以幫助。”（柳向春：《趙萬里與徐森玉兩先生交游述略》，載沈乃文主編《版本目録學研究》第7輯，北京大學出版社，2016，第123頁）在當時的情况下，趙萬里的出書計劃顯然不合時宜。

此前的1月31日，鄭振鐸致信上海出版公司總經理劉哲民時，便表達了相同的意見，但那時預估的銷量多了1倍，爲200部，他説：

“關於‘書版圖録’事，經與趙君商洽，并徵求向達諸位的意見，覺得銷路大成問題，能銷二百部已是不易了。此爲專門的書，且注意、研究的人很少，不可能多銷也。此事衹好打消‘計劃’矣。若出版，必將大爲虧本，且壓積資金甚多，對於公司極爲不利，故不如回絶趙君爲是。兄同意否？趙君也已同意不編了。”（轉引自劉波：《趙萬里先生年譜長編》，中華書局，2018，第332頁）

鄭振鐸的説法未必有道理。圖書館或藏書樓的版本圖録自《盋山書影》《鐵琴銅劍樓書影》後便無新作，1949年後大量私家古籍藏書轉爲公藏，由趙萬里這樣的高水平版本專家編纂的版本圖録，對圖書館的古籍整理、編目及人才培養都是亟需的。且不説圖書出版的社會效益，經濟上也不見得會出現“大爲虧本，且壓積資金甚多，對於公司極爲不利”的問題。我以爲，鄭振鐸當時不想讓趙萬里個人來編纂這樣一部書。鄭振鐸當時是北京圖書館（以下簡稱“北圖”）的上級領導，他的想法自然不能違背。

以上所引係趙萬里編纂《圖録》一書的早期相關信息。與此同時，先生還有一個《版本史》的編纂出版計劃。較早透露此事的是鄭振鐸1952年1月19日致徐森玉函：“時際盛代，珍奇將悉歸‘國庫’，對於研究的人，是一個很大的解放。中國版本史在此時亦可着手編纂了。聞斐雲有意於此，不知其觀點如何？”（柳向春整理：《鄭振鐸致徐森玉函札》，載上海圖書館歷史文獻研究所編《歷史文獻》第16輯，第322頁）又，1月31日鄭振鐸致劉哲民的信函也提到此事：“趙斐雲尚未見到，他的《版本史》不知如何編法？此事非他一人所能着手，必須聯合七八位專家來通力合作，方可大量推銷，引人注意。由此，我想到：中國四大發明，都應該有專史：（一）火藥史；（二）指南針史；（三）印刷史；（四）紙張史，……關於‘印刷史’一部分，應由向達、趙萬里及我三人參加。”（轉引自劉波：《趙萬里先生年譜長編》，第332頁）這段記載證明，趙萬里確有一個《版本史》的編纂計劃，與之前被否决了的版本圖録不是一回事。其實，趙萬里很早便開始了版本史的研究工作，衹是大多采用“雕版史”這個名稱。

趙萬里至少在1931年便開始了雕版史的研究，并在北京大學教授中國雕版史。劉波《趙萬里先生年譜長編》謂：“按：據尚小明《北大史學系早期發展史研究：1899—1937》第四章《新史學課程體系的建立與演變》所列‘1931—1932年度北大史學系開設課程’表，本年度先生所開《中國史料目録學》爲甲類課程，即‘史學之一般科目’，每周三小時；《中國雕版史》爲乙類課程，即‘近於專題研究者’，每周二小時。”（第102頁）又引《國立北京大學史學系課程指導書（民國二十年九月至二十一年六月）》介紹中國雕版史云：“中國雕板史：本學程雖名爲雕板史，然寫本書及未有雕板前之簡册與卷子本亦論及之，以近世新出及舊有之材料爲有系統之研究，注重目驗。”（第118頁）

《文物參考資料》1951年第二卷第二期刊載了趙萬里的《從簡牘文化説到雕板文化——記載文字的工具發展簡史》。從文章中可以看出，他此後在《中國印本書籍展覽説明》及《中國版刻圖録序》中有關版刻發展史的架構，已經初步成形：

> 唐代中葉，各地人民開始用新興技術——雕板印刷——來搞出版工作，但衹限於大衆所需要的日曆、醫書、韵書、字書、佛像和一些篇幅簡短的宗教經典。現藏倫敦博物館中外馳名的咸通九年（八六八）刻本《金剛經》，即是那時流通的宗教經典之一。
>
> 五代封建政府的學校兼出版機構——國子監——開始用民間新興雕板技術來校刊十二經和《經典釋文》，作爲士大夫們學習政治理論的標準課本。北宋和南宋繼之，國子監刊書範圍，擴大到經典以外的史書、諸子、醫書、算書和詩文集。刊書的中心地區除北宋首都汴梁外，浙江杭州、福建建陽、四川眉州，鼎足而三，形成一個强有力的文化圈。
>
> 兩宋監本，多數是由杭州雕板，或杭州以外地方政府刊版後集中到監裏來的；所以宋監本的大部分，即是浙本。宋亡

後，這些監本書版，多數移入元西湖書院，繼續修補出版。明洪武初（一三八〇）又移送南京國子監，重新整補。這些錯誤百出有名無實的三朝版，直到清嘉慶年間（一八〇〇）南京臯署失火，纔把它消滅乾浄。

南宋初（一一三〇），建陽地處較安全的後方閩北群山中，造紙工業相當發達，這就構成了印刷事業的有利條件。書坊主人和文人們密切合作，除校刊經、史、諸子、平話唱本外，又編輯了一些百科全書和新型類書，面向廣大讀者，内容力求淺顯充實，流通量最大。蜀本一面走監本路綫，一面走大衆路綫，實兼浙建二本之長；但因遭受宋末元兵焚掠，眉州文化區全部毁滅，所以後代傳本最少。

金代雕版中心在平水（今山西平陽），大概是北宋亡後汴梁刊工們遷徙過去的。《趙城金藏》和元初宋德方倡刻的道藏——《玄都寶藏》，都是平水系的代表作品。這個雕板中心，到元代中期纔逐漸消沉下去。

元代浙閩兩地刻書盛况，比之宋代，有過之無不及。那時中央和地方政府刻書，如《文獻通考》、《元一統志》、《聖濟總録》、遼金宋三史、河西字大藏、《普寧藏》，都是由杭州雕板的。這就説明，十三四世紀杭州仍是全國性的雕板中心區域。

明清兩朝中央封建政府所在地，南京和北京，尤其是北京，形成了一個强大的雕板中心。明經廠本，清武英殿本，都是北京刻板的。此外全國各地刻書數量之多，尤難統計。（第23—24頁）

其實趙萬里想搞并且强調的雕版史，與鄭振鐸所説版本史，大體契合，總體上都是講印本書籍的發展史，衹不過後者研究的重點是近代傳入中國的鉛印、石印、銅鋅版和珂羅版印刷之書。趙萬里之所以常説“雕版史”而少談“版本史”，最主要是因爲從專業的角度看，版本史包括寫本書，屬於版本學範圍；雕版史講的則是印本書的歷史，而印本書催生了出版業，推動了社會文化和歷史的發展，意義顯然與前者不同。因此他在有關雕版史的著述中，雖然都加入了未有雕版以前的寫本内容，但不大願意采用“版本史”一詞來做書名。當然，雕版史還將研究限定在古籍的範圍内，這正是趙萬里先生的專長。

1952年10月，北京圖書館舉辦了中國印本書籍展覽，書展源於周叔弢先生等藏書家捐贈古籍善本後，北京圖書館古籍善本館藏的數量和質量均有極大的提升，以展示成果。這也正如鄭振鐸1952年1月19日致徐森玉函所説：“時際盛代，珍奇將悉歸‘國庫’，對於研究的人，是一個很大的解放。中國版本史在此時亦可着手編纂了。”鄭振鐸所説的“珍奇”，顯然指的是衆藏書家捐贈的古籍善本，展覽理應辦成古籍精品展。但這次展覽的展品却涵蓋了甲骨、竹簡、寫本、雕版印刷、鉛印、石印、銅鋅版印刷、珂羅版印刷等，幾乎包含了當時能够搜集到的所有書寫和印刷的書籍，展示了鄭振鐸心目中的版本史。當然，這與趙萬里心中所想的雕版史并不矛盾，從參展圖書的品種和數量看，展覽的主軸無疑是雕版印刷，展品達700餘種，是其他展品的數倍之多。

舉辦展覽的同時，還編纂了《中國印本書籍展覽目録》。《中國印本書籍展覽目録》由《引言》《中國印本書籍展覽説明》《中國印本書籍展覽目録》三部分組成。《引言》爲鄭振鐸撰寫，《中國印本書籍展覽説明》和《中國印本書籍展覽目録》中的古籍，係趙萬里的手筆；《中國印本書籍展覽目録》中的近代印刷，似爲鄭振鐸所選。《中國印本書籍展覽説明》在《從簡牘文化説到雕板文化——記載文字的工具發展簡史》的基礎上進一步細化、完善，較全面地叙述了從寫本到近代印刷術興起的發展過程，其中最翔實的是古代版刻部分的内容，第一次對中國刻本書籍的發展脉絡進行了系統的梳理和表述。與之配套的700餘種版刻書目，按年代、地區分類，著録書名、版本和捐贈者姓名（圖1—4），并附有少量書影。

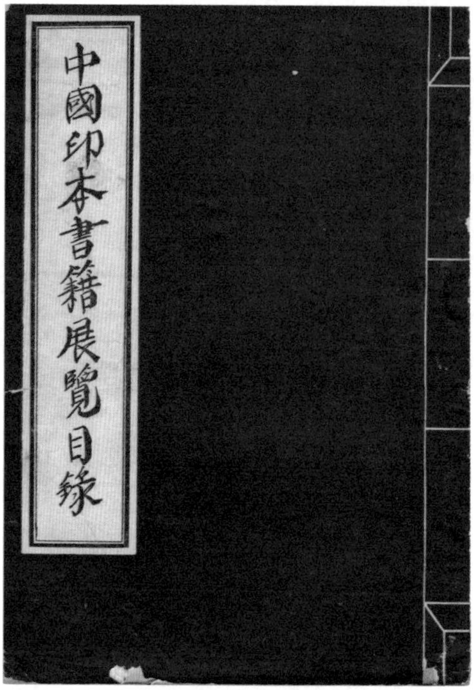

圖 1 《中國印本書籍展覽目録》一

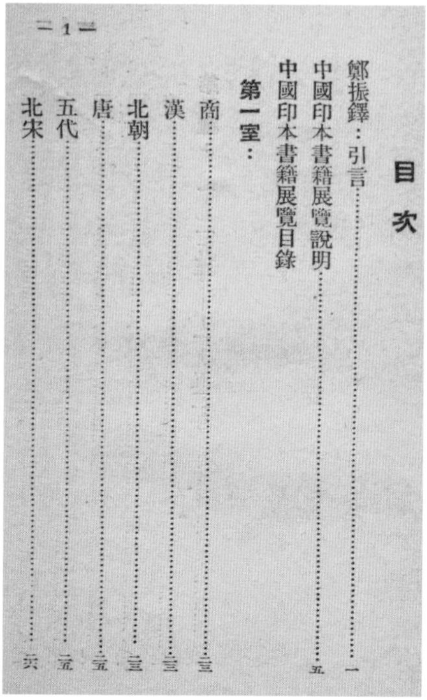

—1—

目次

圖 2 《中國印本書籍展覽目録》二

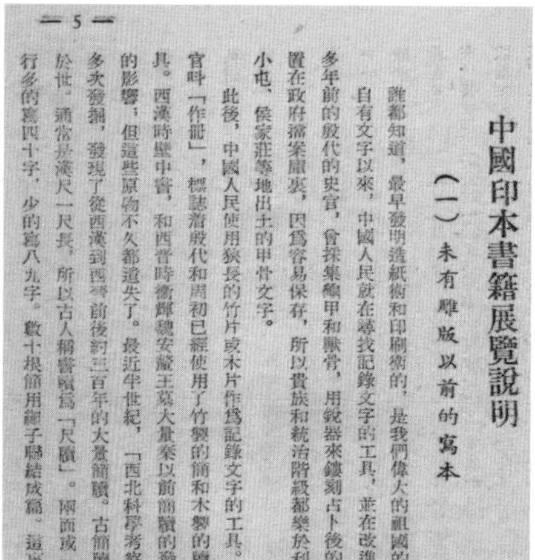

—5—

中國印本書籍展覽說明

（一）未有雕版以前的寫本

誰都知道，最早發明造紙術和印刷術的，是我們偉大的祖國的古代勞動人民。自有文字以來，中國人民就在尋找記錄文字的工具，並在改進這一工具上不斷地努力。離今三千多年前的殷代的史官，曾採集龜甲和獸骨，用銳器來鏤刻占卜後的卜辭，和其他的記錄。這些甲骨按置在政府檔案庫裏，因爲容易保存，所以貴族和統治階級都樂於利用牠。這就是一八九九年以來安陽小屯、侯家莊等地出土的甲骨文字。

此後，中國人民使用狹長的竹片或木片作爲記錄文字的工具。甲骨文「冊」字，和尚書周書稱史官爲「作冊」，標誌着殷代和周初已經使用了竹製的簡和木製的牘作爲記錄文字最普遍最主要的工具。西漢時壁中書，和西晉時衞輝魏安釐王墓大量秦以前簡牘的發現，曾引起當時和後代學術界莫大的影響；但這些原物不久都遺失了。最近半世紀，「西北科學考察團」等，在新疆、甘肅、內蒙等地多次發掘，發現了從西漢到西晉前後約三百年的大量簡牘。古簡牘的形狀和記事的內容，遂得大白於世。通常是漢尺一尺長，所以古人稱書牘爲「尺牘」。兩面或一面寫字。每根寫一行，或兩行。每行多的寫四十字，少的寫八九字。數十根簡用繩子聯結成篇。這裏陳列的有一冊用七十多根簡編成的

圖 3 《中國印本書籍展覽目録》三

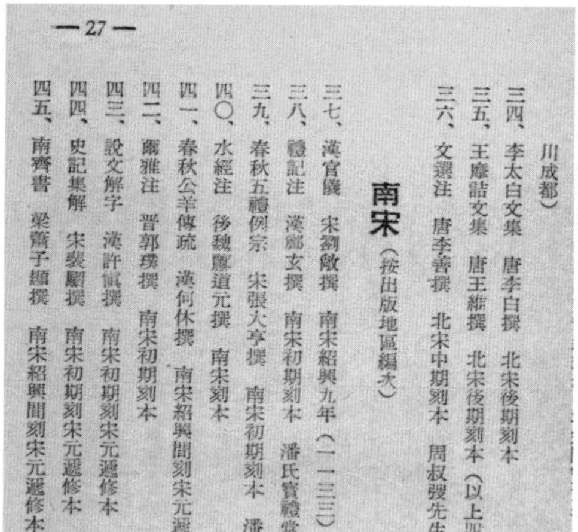

—27—

川成都）
三四、李太白文集　唐李白撰　北宋後期刻本
三五、王摩詰文集　唐王維撰　北宋後期刻本（以上四川眉山）周叔弢先生捐贈
三六、文選注　唐李善撰　北宋中期刻本　周叔弢先生捐贈（出版地未詳）

南宋（按出版地區編次）

三七、漢官儀　宋劉敞撰　南宋紹興九年（一一三三）臨安府刻本　周叔弢先生捐贈
三八、禮記注　漢鄭玄撰　南宋初期刻本　潘氏寶禮堂捐贈
三九、春秋五禮例宗　宋張大亨撰　南宋初期刻本　潘氏寶禮堂捐贈
四〇、水經注　後魏酈道元撰　南宋刻本
四一、春秋公羊傳疏　漢何休撰　南宋紹興間刻宋元遞修本　潘氏寶禮堂捐贈
四二、爾雅注　晉郭璞撰　南宋初期刻本
四三、說文解字　漢許慎撰　南宋初期刻宋元遞修本
四四、史記集解　宋裴駰撰　南宋初期刻宋元遞修本　潘氏寶禮堂捐贈
四五、南齊書　梁蕭子顯撰　南宋紹興間刻宋元遞修本

圖 4 《中國印本書籍展覽目録》四

《中國印本書籍展覽目録》看似爲書展而作，實際上已是一部簡明中國版本史，其中的精華是雕版史，蘊含了趙萬里先生多年的研究成果。將《中國印本書籍展覽目録》與《圖録》進行對比便可發現，前者的《中國印本書籍展覽説明》與後者的序言從内容到結構基本一樣；最大的區别是，《圖録》爲每一條書目增加了提要和書影。

可以説，1952年上半年諸事不順的趙萬里，因《中國印本書籍展覽目録》的成書，迎來轉機，爲1960年《圖録》的出版奠定了基礎。大概在印本書籍展覽後，趙萬里便産生了將雕版史與版本圖録合二爲一的想法，雕版史不再作爲獨立的著作繼續擴充，而是將現有的論述作爲全書的綱領，配以相應的古籍善本提要和書影，來展示中國雕版發展的歷史。放弃雕版史的原因，一是前述鄭振鐸的明確表態“此事非他一人所能着手，必須聯合七八位專家來通力合作”，他無法按照自己的思路去撰寫；二是鄭振鐸要求儘快完成《北京圖書館善本書目續編》［鄭振鐸7月21日致徐森玉函：“他的工作，最重要的是，把‘善本書目續編’編好。限他半年工夫做好這個工作，諸事不問，也不必再管買書的事。他已經答應了。”（柳向春整理：《鄭振鐸致徐森玉函札》，載上海圖書館歷史文獻研究所編《歷史文獻》第16輯，第299頁）］，他也没有精力和時間去做。

當然，《中國印本書籍展覽目録》的架構，距趙萬里理想中的雕版史和版本圖録還遠遠不够。爲此，他决定爲《中國印本書籍展覽目録》中收録的善本撰寫書志。這個工作在1952年印本書展結束後便開始啓動。根據如下：首先，印本書籍展覽中展示的宋元明清善本已入藏北圖，爲趙萬里撰寫書志提供了保障，此前他是没有這個機會的。其次，《圖録》中的多數提要（書志），係趙萬里所撰，對此冀淑英等先生均有提及；儘管其中不免有批評之聲（見下文所引黄永年先生的評價）。印本書展距《圖録》面世不過七八年，數百篇提要，尤其是宋版書提要，從涉及的廣度和深度，以及趙萬里擔任善本部主任而精力和時間有限看，七八年相當緊張。故1952年之後的幾年，趙萬里的主要精力應該都在《北京圖書館善本書目續編》和《圖録》書志的撰寫上了（兩書的不少考訂工作是重合的）。

前文曾經提到趙萬里館藏善本書影、書志、簡目的三部曲，其中書志衹寫了《北平圖書館善本書志·明别集類》70餘篇，發表在《國立北平圖書館館刊》1930年第四卷第一、四、五號上。趙萬里此時重啓書志，與鄭振鐸要求他整理新中國成立後北圖接受捐贈、購進的善本書，儘快編纂出"善本書目續編"的精神一致。爲更好地説明問題，有必要對趙萬里的書志做一介紹。

趙萬里的善本提要、經眼録、題記，校勘考證，文字較多，篇幅長者，每條多達數千甚至上萬字，體例不一，大多不著行款。書志則中規中矩，著録卷數、著者、版本、行款、邊欄版口、題識、鈐印，略加考訂，簡介版本特徵等，字數少則100，多則六七百。我們如果將那70餘篇書志與《圖録》中的提要對比，即可看出二者在體例和敘述風格上高度相似。古籍編目慣例，書目提要不宜加入大量校勘記及後人題識，但1928年《北京圖書館月刊》第一卷第二、三、四號和《北平北海圖書館月刊》第一卷第五、六號，以及1929年《北平北海圖書館月刊》第二卷第一、二號，刊登趙萬里的12篇"館藏善本書提要"，或有大量校記，或廣録後人題跋，其中《封氏聞見記》之校記甚至多達兩萬多字，類似書志體例；1930年《國立北平圖書館館刊》第四卷第一、四、五號，刊登趙萬里的70餘篇"北平圖書館善本書志"，著録的體例、字數等反而與現代書目提要相近。故趙萬里此時撰寫的書志實際上是提要。

1956年10月20日，鄭振鐸致信徐森玉："趙斐雲已决心先做'印刷史'的研究，暫不編墓志了。"（柳向春整理：《鄭振鐸致徐森玉函札》，載上海圖書館歷史文獻研究所編《歷史文獻》第16輯，第288頁）此時，趙萬里的善本提要寫作已有4年，初具規模了。《中國印本書籍展覽目録》中的《中國印本書籍展覽説明》、書目，加上提要的文字後，内容更加豐富，説它是一部簡明中國雕版史，毫不爲過。

鄭振鐸曾多次提到印刷史，這裏順便解讀一下鄭振鐸心目中的印刷史。“印刷”與“印本書”含義相通，例如1952年9月20日常任俠日記云：“九時半赴北京圖書館觀中國印刷展覽，其古代部分陳列宋元明善本甚多，皆時賢所贈，如周叔弢、吴南青等捐書尤多。”（轉引自劉波：《趙萬里先生年譜長編》，第339頁）常任俠即將印本書展覽稱爲印刷展覽。進一步説，“印刷”又與“刻版”“雕版”相對應，人們在稱呼時比較隨意，故鄭振鐸所説“印刷史”，即包含了版刻史或雕版史。鄭振鐸先生是學者型出版家，精通出版，熟悉印刷，他不僅編著圖書，還要决定圖書印刷的方式、親自下廠監製。新中國成立後，中國美術出版社、榮寶齋、文物印刷廠的銅版、珂羅版印刷，都是他親自過問建立起來的。鄭振鐸對宏觀層面的印刷史更加熟悉，并且熱愛，與他長期從事戲曲、圖集、版畫類書籍的編纂出版工作有關。鄭振鐸在1952年初極力反對趙萬里出版書版圖録，其中一個重要的理由就是“此爲專門的書，且注意、研究的人很少，不可能多銷也”；他主張做印刷史的原因之一，就是其範圍包括了鉛印、石印、銅版和珂羅版印刷，無論是印刷工藝還是圖書種類，都比單純的雕版史寬泛得多，圖書的銷量自然更大。

1958年7月27日，文化部宣布北京圖書館轉隸北京市文化局，在出書計劃方面趙萬里有了更多的自主權，他决定將雕版史與版本圖録合二爲一，《圖録》的編纂出版工作被提上了議事日程。此後與《圖録》相關的記載有兩條：1.上海圖書館《善本組周記》記載，1958年11月24日，“北京圖書館趙萬里來，爲全國書影事來館閲覽善本一百餘種，選定各種版本書六十六種，并代至中國照相館攝影，由其直接寄去”（轉引自劉波：《趙萬里先生年譜長編》，第392頁）。2.邱曉剛《張士達與〈蟫室老人文集〉》：

“根據南京圖書館副館長潘天禎先生回憶，1957年《中國版刻圖録》在全國重點圖書館搜集圖録時，本館的鎮館之寶《蟠室老人文集》被趙萬里先生選中。由於當時二册蝴蝶裝的《蟠室老人文集》有部分破損，全部書頁散落已不成完整的書籍，趙萬里先生看後，當時就説帶回北京，由最好的師傅免費修復。1959年，當《蟠室老人文集》被還回館裏時，已被‘國手’張士達先生以整舊如‘舊’的方式，還了蝴蝶裝的原來面貌。”（《國家圖書館學刊》2007年第4期，第94頁）徐按：此段記録恐有誤，“1957年”應爲“1958年”，多種史料證明《圖録》啓動於1958年。如果1957年的時間無誤，此次修書便與《圖録》之事無關。

《圖録》正式啓動的時間，應該在北京圖書館轉隸北京市文化局後的八九月份，這與《圖録》序言所説相吻合：“三年前［徐按：即1957年］，我們曾計劃編輯一部版刻圖録，來系統地反映我國各時期版刻的發展過程，直到前年全國大躍進中，纔把這一計劃確定下來。”而“大躍進”正式開始於1958年8月，這個時間點與前述上海圖書館《善本組周記》所記1958年11月24日“北京圖書館趙萬里來，爲全國書影事來館閲覽善本”亦相符。至於“三年前，我們曾計劃編輯一部版刻圖録”的説法，未必屬實，因爲那時趙萬里已答應鄭振鐸“先做‘印刷史’的研究”。如前所説，契機來自1958年7月27日，北京圖書館轉隸北京市文化局。

《圖録》正式啓動後，由於此前趙萬里已編寫出數百種有針對性的善本提要，僅需配補書影，因此能够在短短的兩年竣工。1999年8月，爲重印《圖録》，我拜訪了冀淑英先生。據冀先生回憶，在《圖録》出版前的最後階段，入選《圖録》的古籍善本書全部集中到故宫，在那裏拍照、印製。那個時期文物印刷廠還在故宫院内。《圖録》采用珂羅版印刷，而珂羅版印刷最好用原書拍攝原大陰圖底片，因此把全國各地的善本書都集中到故宫。經實際勘查《圖録》圖版後發現，上海圖書館的書影不是用書直接拍照，而是用底片或相片翻拍的，因此質量較差（詳見下文）。由此我想到，之前趙萬里先生去上海圖書館，委托中國照相館拍攝的66種善本書影，爲什麽最後衹選用了20種，大概因原片質量差而減少了數量。

二、《圖録》的價值

《圖録》是中國雕版史和版本圖録合二爲一的産物，是一種嶄新的、具有創造性的古籍圖録體裁，是講書籍出版史背景下，版刻發展史的著作。《圖録》的序言是統攬全書的大綱，雖然衹有6000餘字，却將中國古代雕版發展的脉絡，條分縷析地展現出來。

我們先看一下《中國印本書籍展覽説明》（以下簡稱“《説明》”）是如何描述的：初期的雕版印刷術是“普及文化的有效武器。凡屬人民大衆迫切需要的書籍，就首先刊印流通。白居易的詩歌，‘牛童馬走之口無不道’，那時社會各階層，都歡喜讀他的詩。元微之在八二四年爲白詩作序，便説有人拿白詩印本來换取茶酒。又日曆和韵書，是人民大衆，尤其日曆是農民們的必需品。所以八三五年（即唐太和九年）前後，四川和江東民間都曾‘以版印曆日’”。又説：“雕版印刷術，也很早就爲佛教徒們用作宣傳的工具。他們有時刻些佛像，如觀音和文殊菩薩之類。有時刻些篇幅比較簡短的經疏，唐末文學家司空圖的《一鳴集》裏有一篇《爲東都講律僧惠確化募雕刻律疏文》，下注‘印本共八百紙’，就是一例。”（北京圖書館編：《中國印本書籍展覽目録》，中央人民政府文化部社會文化事業管理局，1952，第9頁）在談到五代的國子監時，《説明》直接將其稱作“兼出版機構”（北京圖書館編：《中國印本書籍展覽目録》，第10頁）。接下來叙述後唐長興三年（932），開始校刊九經等儒家經典著作之事。在《宋金元雕版概况》一節中，介紹福建建陽地區的雕版印書最爲詳細、經典：

福建建陽，地處較安全的後方閩北群山中，造紙工業非常發達，這就構成了印刷事業的有利條件。北宋時建陽刊書情況不明。十二世紀初葉後，書肆開業漸多，麻沙、崇化兩坊書肆負責人和文人們合作，力求迎合時代，面向廣大讀者。如劉叔剛刻的《禮記》，合經、注、疏、釋文爲一體，代替了越州注疏本和《經典釋文》。黄善夫刻的《史記》，合《集解》《索隱》《正義》爲一書，代替了《集解》《索隱》合刻本和《正義》單行本。都是人所共知的例子。同時又適應文人們科場應試和詩文獺祭的需要，建陽書肆出版了許多新型類書，如《事文類聚》《紀［徐按：當爲“記”］纂淵海》《山堂考索》《全芳備祖》《萬卷菁華》《萬寶詩山》《翰墨全書》，無不内容充實，條理明晰，當時流通量最大。此外人民需要的醫卜星相雜書和日用百科全書，如《家居［徐按：當爲“居家”］必用》《事林廣記》，話本小説如《武王伐紂》《三國志》《五代史》《宣和遺事》，那時書肆也大量刊行。入明，建陽書肆的出版品，有增無減。嘉靖年間纂修的《建陽縣志》有一張書坊圖和書目，可以推知那時書肆分布情況和書籍出版動向。（北京圖書館編：《中國印本書籍展覽目録》，第13—14頁）

以上論述提到了“造紙工業”“印刷事業”“書肆”“書坊”“書肆負責人和文人們合作”“出版”“流通”“刊行”“書目”“出版品”“出版動向”等書籍出版業的詞彙，生動、形象地勾畫出那一時期，福建建陽地區圖書組稿、編輯、印刷、出版、發行的全景圖。

1960年2月《圖録》正式出版，其序言將《説明》的文字做了精簡，但講書籍出版史的意嚮更加明確，文章中共有21次提到“出版”，5次提到“出版中心”，1次提到“管理書籍出版的機構”。1961年5月4日，《圖録》序言在《人民日報》發表，標題直接改爲《中國版刻的發展過程》，更加反映出作者的心聲。這種總結中國版刻發展史的論述高度和全面、客觀性，是前所未有的。

當然，僅有這6000餘字的論述是不够的，支撑起這部著作理論框架的，還有數百種善本書提要。從目録學的角度看，《圖録》又是一部簡明、經典的古籍版本目録，序言是目録的總序；序言中對每一個發展階段的概述，則是某一類書目的小序。《圖録》共收録不同朝代的550種古籍，每一種書一篇提要，著録書名、卷數（存卷）、著者、版本、刻版地區及年代、版框尺寸、行款、邊欄版口，介紹刻工、避諱、字體、紙墨等情况，并對著者、版本、以往之論述等加以考訂評述。提要共約90,000字，其中除提要所針對書的著録文字外，還有不少延及他書、具有廣泛意義的論述，尤其是將趙萬里先生1949年以來對宋版書的研究成果，大量融匯到《圖録》的提要中。20世紀50年代前期，先生對宋代主要刻書地區及不同時期的刻工，進行了系統、深入的研究，并將其作爲版本判斷的標準，藉此糾正了以往不少錯誤，是《圖録》的一個重要學術成果。

例如《漢書注》（圖版四）提要云："清代學者錢大昕、王念孫所謂北宋景祐監本《漢書》，即指此書。但原書是否景祐間刻，却是問題。此書嘉道間藏黄丕烈家，《百宋一廛賦》著録。黄氏别藏一本，内多補版。補版刻工程保、王文、孫生等人，紹興十九年又刻福州開元寺《毗盧大藏》。程保等既是南宋初年人，則此書原版刻於北宋後期，即據北宋監本覆刻，而非景祐監本，當是事實。"

又，《三國志注》（圖版一七）提要："刻工乙成、李通、牛實、賈琚、屠友、張通、蔣諲、朱宥、楊謹、李詢、牛智、李忠等，皆南宋初年浙中良工，因推知此書當是南北宋之際浙刻本。别本《吴書》卷末有衢州録事參軍蔡宙校正兼鏤版，衢州州學教授陸俊民校正二行，行款與此本同，前人遂定此本爲衢州本，恐不確。"

又，《經典釋文》（圖版二四）提要："卷中刻工約分三期。孫勉、徐茂、徐昇、陳明仲、徐政、張清、徐杲、余集、駱寶、毛諒、陳彦、陳錫、駱昇、顧淵、包正、葛珍、張謹等南宋初葉杭州地區良工爲第一期。石昌、金祖、丁松年、方至、朱春、童遇、曹鼎、凌宗、金榮、金嵩、陳壽、龐知柔、徐珙等南宋中葉杭州地區補版工人爲第二期。元時補版工人張富、何建、余友山、滕慶、沈貴等爲第三期。因知此書確是宋元兩朝遞修本。前人因卷七後有乾德三年開寶二年校勘官銜名，定爲北宋監本，絶非事實。”

再有，《説文解字》（圖版二六、二七）提要：“宋元之際和元時補版工人李德瑛、鄭埜、胡勝、史伯恭、范堅、徐泳、李寶等爲第三期。因推知此書刻於南宋初年，迭經宋元兩朝補版。元時版送西湖書院，《西湖書院重整書目》中有《説文解字》一目，蓋即此本。清代學者以此書宋諱多不缺筆，定爲北宋槧本，以訛傳訛，絶非事實。……上述諸本，都是元時印本。”等等。

早在清代乾嘉時期，張金吾編著的《愛日精廬藏書志》和稍後瞿鏞所編《鐵琴銅劍樓藏書目録》，便標注了古書的行款、題識、藏家、藏印，并用避諱字來判斷刻版的年代；清末潘祖蔭所撰《滂喜齋藏書記》，民國時期王國維纂輯的《傳書堂藏書志》、張元濟編纂的《寶禮堂宋本書録》，後出轉精，論述、考訂更加精審。但上述書目全係私家藏目，與集聚了古籍善本精華的公藏書目《圖録》相比，有兩個明顯的不足：第一，品種少，未能反映各個時期的刻版全貌；第二，著録、解題的體例不一，缺乏規範。例如，私家多數書目衹標注宋版書的行款；對宋元本的考訂、論述和校勘記録，可多至數千上萬字，一些明清本則簡單著録，寥寥數語。當然，作爲私家藏書目録，各家有自己的偏好，藏目有話則長，無話則短，可以理解。相比之下，《圖録》不僅所收善本的品種全、數量多，有利於校勘比對，而且趙萬里先生畢生之力專注於古籍版本的購藏、鑒定、編目，自身的版本學素養更佳，專業性更强；編纂的年代晚了數十年，可以吸取學術界更多的研究成果；著録更加規範，無論是宋本還是清刻，著録項目體例一致。就整體的學術、實用價值而言，之前的相關目録、圖録，與

《圖録》不可同日而語。

然而，《圖録》“詳宋而略元以後”，造成各朝代敘述不均衡，宋刻本以外的版塊較爲薄弱，亦招致批評。例如黄永年先生在《古籍版本學·版本史和版本鑒别》第二章《參考書》中指出：“《中國印本書籍發展史》，趙萬里撰。……發表在《文物參考資料》1952年第四期上，同時又稍加改動，作爲同年北京圖書館舉辦的中國印本書籍展覽的《説明》，收入文化部社會文化事業管理局出版的《中國印本書籍展覽目録》裏。［徐按：上述説法有誤，《中國印本書籍展覽目録》出版時間早於《文物參考資料》1952年第四期，《中國印本書籍展覽目録》書後版權信息爲“北京圖書館編　中央人民政府文化部社會文化事業管理局出版　一九五二年十月”；《文物參考資料》1950年創刊時爲月刊，1952年改爲季刊，故第四期係12月出版。該期還刊載了《北京圖書館舉辦“中國印本書籍展覽”》的消息，而展覽於9月29日開幕，假如第四期是4月出版，不會提前報道展覽開幕之事，因爲那時周叔弢捐書之事還未落實。］到1960年北京圖書館編印《中國版刻圖録》，卷首以館的名義寫的長序實際也是出於他的手筆，個别看法較《發展史》有出入。這幾篇文章都寫得較好，够水平，缺點是詳宋而略元以後，尤其明清刻本没有寫出什麼東西來，這可能和他對明清一段缺乏條理化的研究有關係。”（黄永年：《古籍版本學》，江蘇教育出版社，2005，第31頁）“《中國版刻圖録》……内容上則以宋本部分最好，幾乎所有著名的宋本都已收入，活字本、版畫中著名的也收得較齊全，元明本就差一些，清本最差，有的以稀見收入，有的則又以代表性收入，缺乏統一的標準。”（黄永年：《古籍版本學》，第36頁）

黄永年先生的批評有一定道理。《圖録》不僅序言在宋版部分所費筆墨更多，提要亦如此。例如，爲證明某宋刻本係宋元或宋元明遞修，詳列各期刻工數十人姓名，打破了古籍圖録提要僅記結果或舉例説明的慣例，近乎書志的體例；元明清部分的文字説明則要簡單許多。但客觀地看，宋代是雕版興起的年代，宋版書是後代許多書籍的祖本，具有極高的文獻、版本價值。但宋版書距今時間久遠，存世無多，數百年間歷經修補、翻刻，甚至竄改作假，因此對宋版書的鑒別、整理、研究，更具緊迫性。這樣看來，能够大量接觸到宋版書，并且相關理論、實踐經驗豐富的趙萬里先生，在《圖録》中公布他對宋版書的研究成果，無可厚非。另外，《圖録》對待宋版以外的各類圖書，已然是用力有加了，至少在著録的體例上，與宋版書保持了一致。

研究《圖録》及對《圖録》進行評價，必須瞭解《圖録》成書的那段歷史。總體上看，《圖録》是第一部以版本分類的通代古籍善本書圖録，又是一部立意高遠、内容豐富的中國古代版刻發展史著作，確立了各個地區和不同年代雕版印刷的發展架構，以及宋刻本系統的研究與鑒别方法，是趙萬里先生多年研究成果的結晶，具有開創性，至今無人超越。因歷史等原因造成的不足，并不影響《圖録》的價值。研究古籍目録學、版刻史和古籍版本鑒定等不同領域的人，都可以各取所需，從中汲取營養。

三、談談《圖録》的不足之處

1999年8月，爲重印《圖録》，我拜訪了參與過《圖録》編輯出版工作的冀淑英先生。冀先生爲我講述了《圖録》出版前夕在故宫緊張工作的情景，同時幾次强調因時間倉促，《圖録》難免會出現一些差錯，重印時可以更正。正如冀先生所説，後來在重印《圖録》時確實發現了一些問題，舉例如下：

其一，《圖録》著録有注之古籍時，與1959年版《北京圖書館善本書目》一樣，經常在書名後加一“注”字，并且著録著者時亦僅有作注之人，不妥。這類例子非常之多，僅舉數例：《漢書注》，唐顔師古撰，北宋刻遞修本，圖版四；《文選五臣注》，唐吕延濟、劉良、張銑、吕向、李周翰撰，宋杭州開箋紙馬鋪鍾家刻本，圖版五、六；《三國志注》，劉宋裴松之撰，宋刻遞修公文紙印本，圖版一七；《國語解》，吴韋昭撰，宋刻宋元遞修本，圖版三一；《揚子法言注》，唐李軌撰，宋刻宋元遞修本，圖版三二；《文選注》，唐李善、吕延濟、劉良、張銑、吕向、李周翰撰，宋紹興明州刻遞修本，圖版八一；《周禮注》，漢鄭玄撰，宋婺州市門巷唐宅刻本，圖版八八、八九；《後漢書注》，唐李賢撰，宋紹興江南東路轉運司刻宋元遞修本，圖版一〇八；等等。

此種以“注”代替原書名的著録方式，首先是與書中的題名不符，例如所舉《漢書注》，卷端第一行題名爲“班固　漢書一”，次行纔是“秘書監上護軍琅邪縣開國子顔師古注”；《後漢書注》，卷端第一行題名爲“范曄　後漢書一”，次行署注者曰“唐章懷太子賢注”；《文選注》，卷端第一行書名爲“文選”，次行署名“梁昭明太子撰　五臣注”等。其次，諸如《史記》《漢書》《後漢書》《文選》等許多歷代名著，無論是自身價值還是社會影響，均遠超其注，湮没原書名及原著者，去突出注及其著者，實屬本末倒置。《圖録》的這種著録方式，僅有1959年版《北京圖書館善本書目》（該目亦爲趙萬里先生主持編纂）相同，其他古籍目録均未見有如此著録者。

其二，《圖録》某些條目的圖版選擇欠妥。例如圖版九係《文粹》卷六首葉，未選用鈐印更多的卷一卷端。古籍圖録的圖版，應首選卷一卷端，如該葉品相不好或鈐印較少，可再補充他葉；如缺卷一，向後依次選取。類似情況還有圖版一七《三國志注》、圖版一九《白氏文集》、圖版三九《昌黎先生集》一、圖版七〇《周禮疏》、圖版一三七《禮記注》（圖5—6）等。一些條目的圖版甚至未用卷端。如圖版三八《忠文王紀事實録》，卷二卷端品相好，公文紙印本特徵明顯且有鈐印，未用；選用的是卷一第二十一葉，毫無特色。

其三，個别條目的著録不準確。《晋書》（圖版一六五）提要謂：“唐房玄齡等撰，宋刻本，建陽。……宋諱缺筆至構字，而慎字不缺筆。字近瘦金體，遒勁有力。紙墨版式，純係南宋初葉

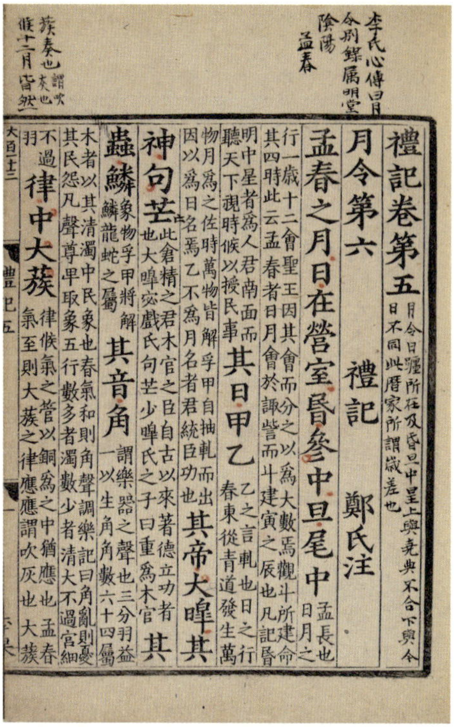

圖 5 《禮記注》選用的卷五

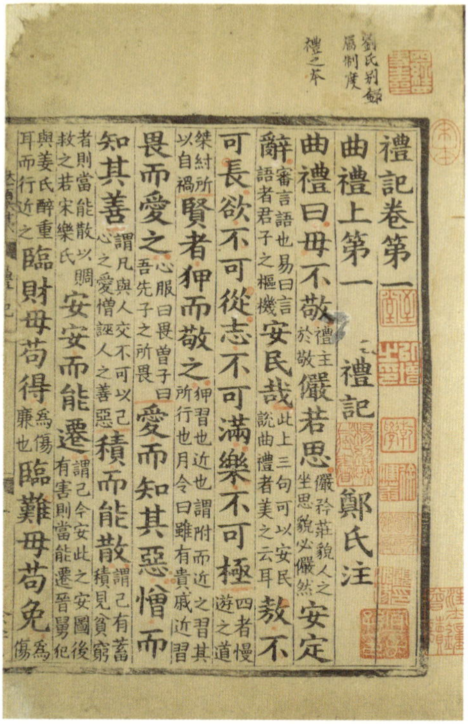

圖 6 《禮記注》應選用卷一

建本風格。存一百卷。載記三十卷，前人據别本精抄配補。《百衲二十四史》印本，即據此帙影印。”此説不够準確：該《晋書》宋刻一百卷現藏國家圖書館，但卷四十六至五十三、八十二至一百，共二十七卷配補清影宋抄本。“載記三十卷”，商務印書館影印《百衲本二十四史》時借江蘇省立國學圖書館（今南京圖書館）藏本配補，其中卷一百一至一百五、一百十五至一百二十一，共十二卷配補明抄本，其餘十八卷爲宋刻本。

其四，圖版錯置及行款與著録不符。圖版八八、八九《周禮注》（索書號：7922），從著録文字看，爲周良金、汪喜孫、楊氏海源閣遞藏本，并且《圖録》特注明“楊氏四經四史之齋舊藏宋本四經之一”。但《圖録》所用圖版爲另一同版殘本（存卷一至六，索書號：8634），係周亮工、袁克文、潘宗周寶禮堂先後遞藏。《通鑒紀事本末》（圖版一〇〇）提要著録“十三行，行二十四字至三十字不等”，圖版實爲十四行。需要説明的是，《圖録》選用的是卷二首葉，除了此葉，全書其他所有書葉均爲十三行。此類疏忽容易造成讀者誤解。

其五，裁切書葉餘紙出現問題。當然，這類問題多半是由出版社或印刷廠造成的。大概爲了突出版框内的文字内容，將許多書葉的空白部分裁切掉了。這樣處理的後果，首先是湮滅了原書版式設計的特色。例如《國語解》（圖版三一）提要介紹其特色云：“紙幅寬大，結體方整，可稱浙本杰作。”《國語解》版框高21.4厘米，寬14.7厘米，尺寸中上而已，之所以“紙幅寬大”，全係版框四周餘紙寬大造就。將《圖録》裁切後的圖版與原書對比即可發現，“紙幅寬大”的特徵已不明顯（圖7—8）。裁切葉面餘紙，不僅改變了書的原貌，有時還會去掉藏書印及零星的題識等重要信息，僅以《圖録》第二册爲例：圖版一五《廣韵》一，右下角藏書印被裁切掉部分；圖版五二《唐女郎魚玄機詩》一，裁掉了右側三方半藏書印；圖版五三《唐女郎魚玄機詩》

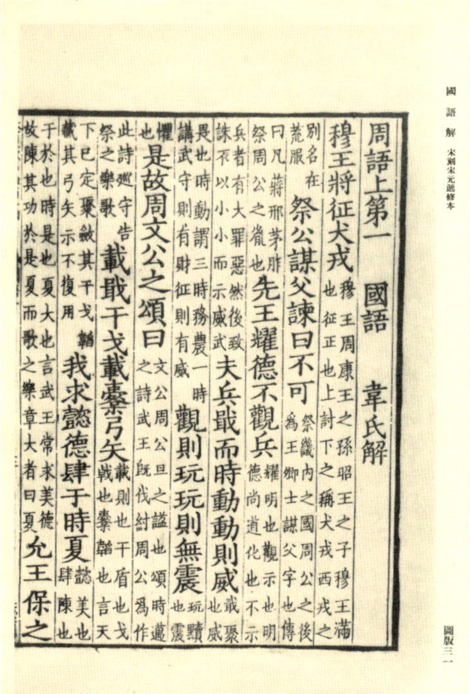

圖 7　裁切後的《國語解》

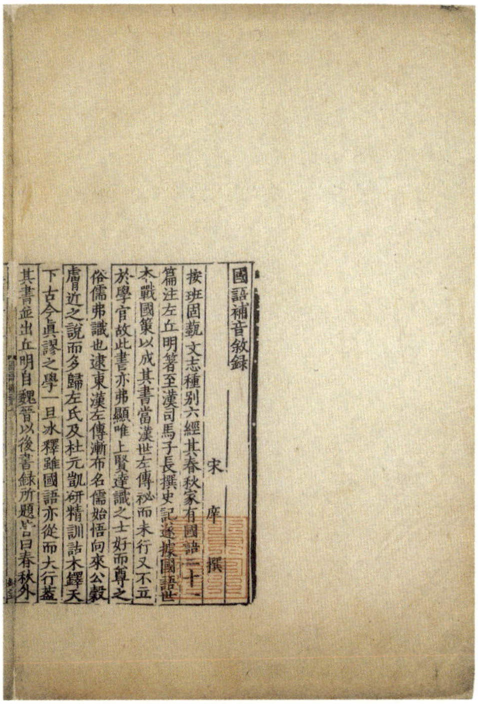

圖 8　《國語解》原圖

二，裁掉了左側三方半藏書印；圖版五八《唐求詩集》，裁掉了右側三方藏書印；圖版七九《春秋左傳正義》一，裁殘了右側一方藏書印；圖版八七《古三墳書》二，裁掉了左側袁克文所書“乙卯十月既望寒雲續收”識語及藏書印；圖版一〇〇《通鑒紀事本末》，裁殘了右側兩方藏書印；圖版一〇五《花間集》一，裁殘了右上角兩方藏書印；等等（圖9—14）。古籍善本的鈐印和題識，在古籍版本研究中的重要作用不言而喻。作爲一部揭示了數百種重要古籍的圖録，對那些没有機會見到原書的使用者來説，上述問題不能不説是一個缺憾。根據我多年的經驗，裁切掉圖版上的鈐印和題識，應該是出版社或印刷廠所爲，總之都與項目製作時間緊迫有關。

其六，照相製版方面的問題。《圖録》爲珂羅版印刷，圖像模式係灰度圖，照相是黑白片一次成像，印刷同樣是一版印成。

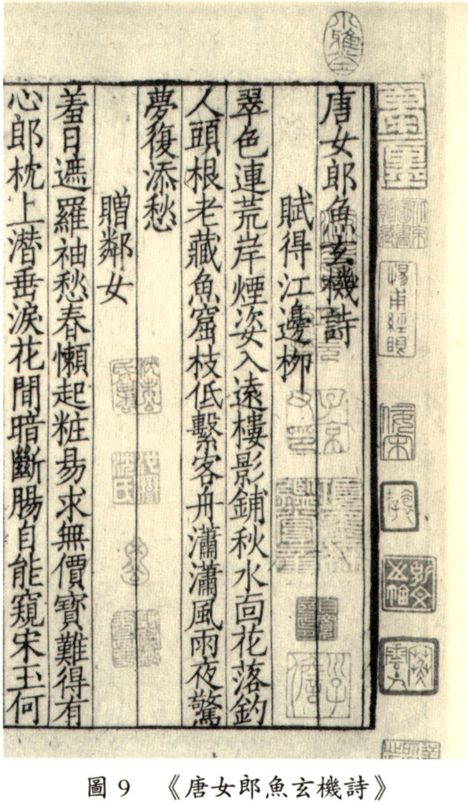
唐女郎魚玄機詩
賦得江邊柳
翠色連荒岸煙姿入遠樓影鋪秋水面花落釣
人頭根老藏魚窟枝低繫客舟瀟瀟風雨夜驚
夢復添愁
贈鄰女
羞日遮羅袖愁春懶起粧易求無價寶難得有
心郎枕上潛垂涙花間暗斷腸自能窺宋玉何

圖 9 《唐女郎魚玄機詩》
裁掉了右側三方半印

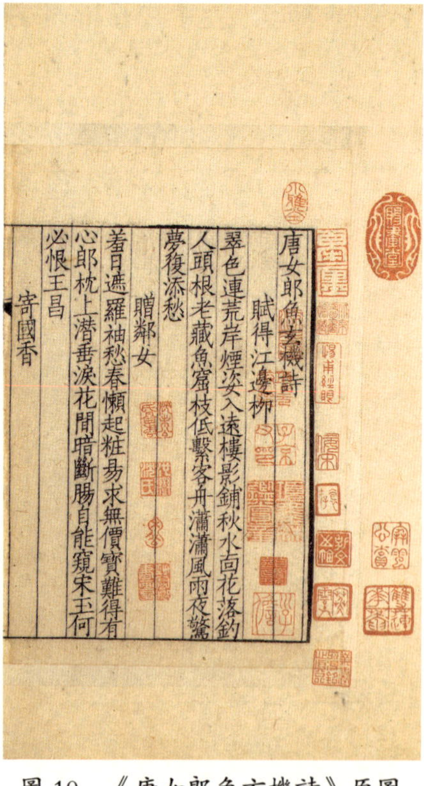
唐女郎魚玄機詩
賦得江邊柳
翠色連荒岸煙姿入遠樓影鋪秋水面花落釣
人頭根老藏魚窟枝低繫客舟瀟瀟風雨夜驚
夢復添愁
贈鄰女
羞日遮羅袖愁春懶起粧易求無價寶難得有
心郎枕上潛垂涙花間暗斷腸自能窺宋玉何
必恨王昌
寄國香

圖 10 《唐女郎魚玄機詩》原圖

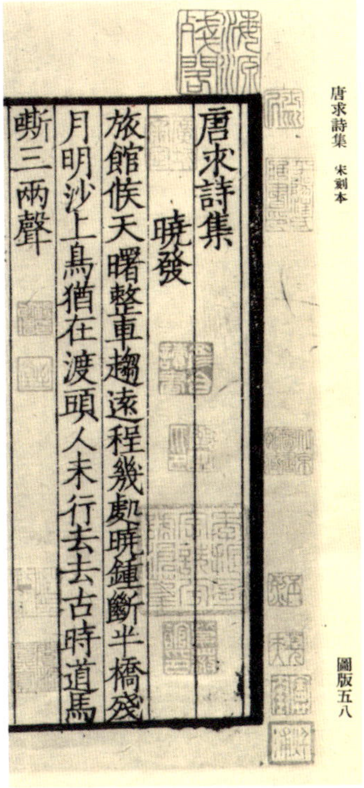

唐求詩集

曉發

旅館候天曙整車趨遠程幾處曉鍾斷半橋殘月明沙上鳥猶在渡頭人未行去去古時道馬嘶三兩聲

唐求詩集　宋刻本

圖版五八

圖 11　《唐求詩集》
裁掉了右側三方印

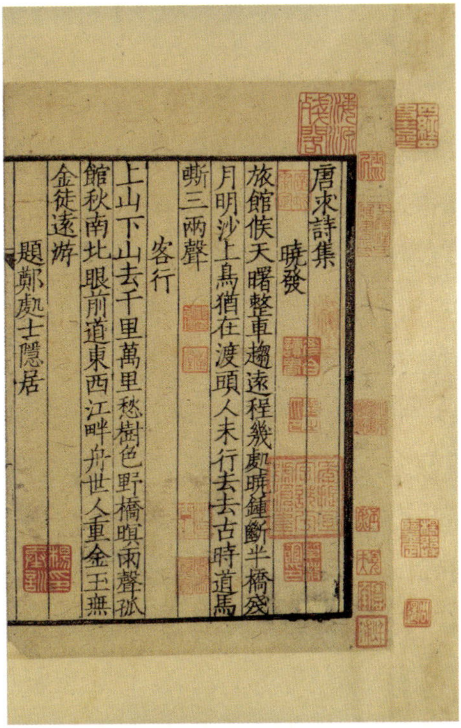

唐求詩集

曉發

旅館候天曙整車趨遠程幾處曉鍾斷半橋殘月明沙上鳥猶在渡頭人未行去去古時道馬嘶三兩聲

客行

上山下山去千里萬里愁樹色野橋暝雨聲孤館秋南北眼前道東西江畔舟世人重金玉無金徒遠游

題鄭處士隱居

圖 12　《唐求詩集》原圖

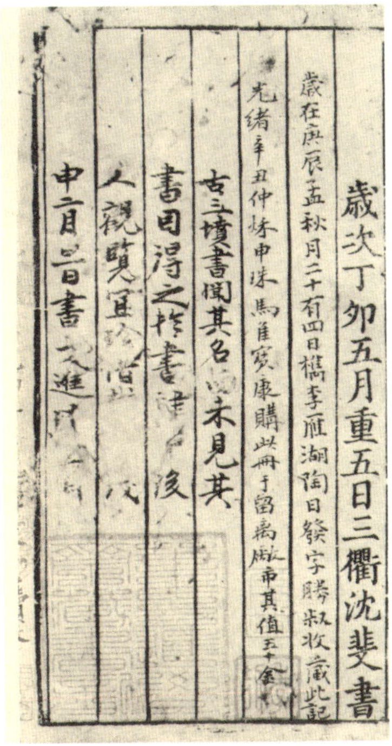

歲次丁卯五月重五日三衢沈斐書

古三墳書聞其名而未見其

書因得之於書肆後

人觀覽宜珍惜之

圖 13　《古三墳書》裁掉了
左側印章和題識

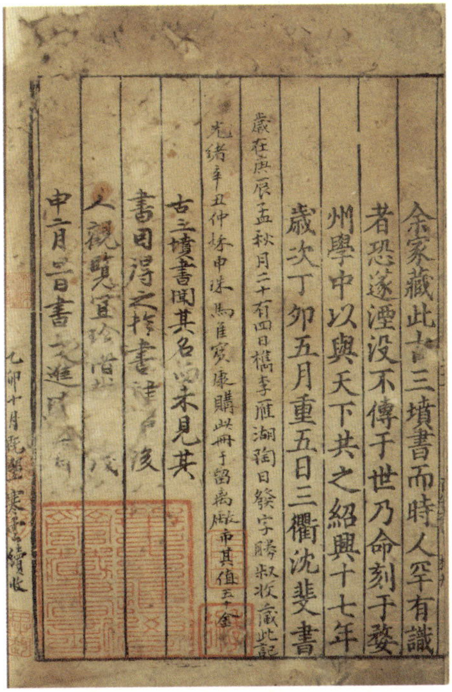

余家藏此古三墳書而時人罕有識者恐遂湮沒不傳于世乃命刻于婺州學中以與天下共之紹興十七年歲次丁卯五月重五日三衢沈斐書

古三墳書聞其名而未見其

書因得之於書肆後

人觀覽宜珍惜之

圖 14　《古三墳書》原圖

如此就産生了問題。宋元版古籍年代久遠，飽經滄桑，書葉發黄或有污漬、破損，整體爲層次豐富的彩色圖像。然而黑白攝影一次成像，必須兼顧圖像不同顔色及深淺濃淡的區别，實際效果會大打折扣：一是分辨率降低、缺乏層次；二是朱文印章普遍色淺、模糊，大量印章難以辨識，某些甚至消失。例如圖版二二《新序》，原書葉天頭、地脚與左側的三分之二，顔色偏重且有污漬和破損；右側顔色則淺了不少。拍照後的圖像整體變“新”，左右顔色的反差不明顯，污漬、破損不見了。該葉共有十方藏印，拍照後的圖像除“季振宜藏書”黑色印文較清楚，其他九方朱印顔色極淺，有些印甚至難以辨識，而原書藏印均清晰可辨（圖15—16）。另，圖13、圖14的《古三墳書》書影，同樣可以看出《圖録》圖版與原圖的巨大差距。

前面曾提到上海圖書館圖版并非原書拍照，係使用底版或照片翻拍而成。這樣説的理由是，《圖録》的書影雖然普遍被裁切掉部分餘紙，但幅度不很大；上海圖書館書影裁切的幅度則大得多，一

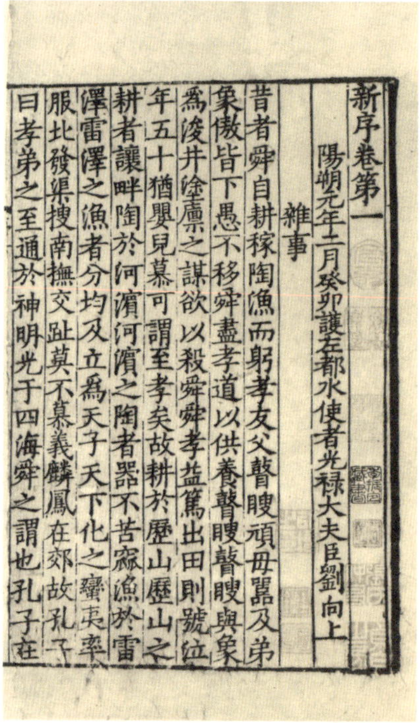
新序卷第一
陽朔元年二月癸卯護左都水使者光禄大夫臣劉向上
雜事
昔者舜自耕稼陶漁而躬孝友父瞽瞍頑毋嚚及弟
象傲皆下愚不移舜盡孝道以供養瞽瞍瞽瞍與象
爲浚井塗廩之謀欲以殺舜舜孝益篤出田則號泣
年五十猶嬰兒慕可謂至孝矣故耕於歷山歷山之
耕者讓畔陶於河濵河濵之陶者器不苦窳漁於雷
澤雷澤之漁者分均及立爲天子天下化之蠻夷率
服北發渠搜南撫交趾莫不慕義麟鳳在郊故孔子
曰孝弟之至通於神明光于四海舜之謂也孔子在

圖 15　《新序》印文模糊難辨

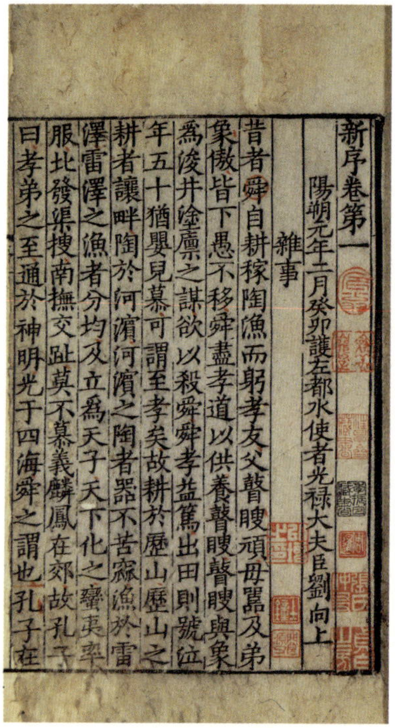
新序卷第一
陽朔元年二月癸卯護左都水使者光禄大夫臣劉向上
雜事
昔者舜自耕稼陶漁而躬孝友父瞽瞍頑毋嚚及弟
象傲皆下愚不移舜盡孝道以供養瞽瞍瞽瞍與象
爲浚井塗廩之謀欲以殺舜舜孝益篤出田則號泣
年五十猶嬰兒慕可謂至孝矣故耕於歷山歷山之
耕者讓畔陶於河濵河濵之陶者器不苦窳漁於雷
澤雷澤之漁者分均及立爲天子天下化之蠻夷率
服北發渠搜南撫交趾莫不慕義麟鳳在郊故孔子
曰孝弟之至通於神明光于四海舜之謂也孔子在

圖 16　《新序》原圖

些書影幾乎被沿版框裁切，比較符合上海地區傳統的做法，例如圖版四六《王建詩集》一（圖17—18）。1941年上海開明書店出版的《明代版本圖録初編》，所有書影版框以外的餘紙便全部被切掉。另外，由於二次翻拍，朱文印章的顏色更淺，一些印章乾脆不見

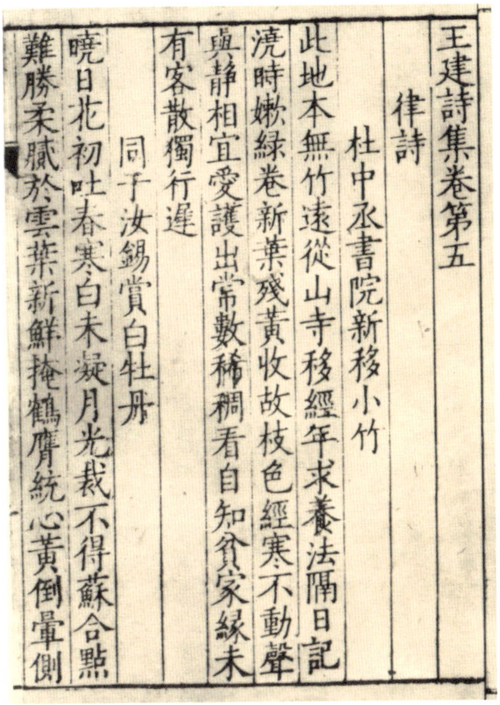
王建詩集卷第五
律詩
杜中丞書院新移小竹
此地本無竹遠從山寺移經年求養法隔日記
澆時嫩緑卷新葉殘黃收故枝色經寒不動聲
與静相宜愛護出常數稀稠看自知貧家緣未
有客散獨行遅
同于汝錫賞白牡丹
曉日花初吐春寒白未凝月光裁不得蘇合點
難勝柔膩於雲葉新鮮掩鶴膺統心黃倒暈側

圖 17　《王建詩集》餘紙裁切過多

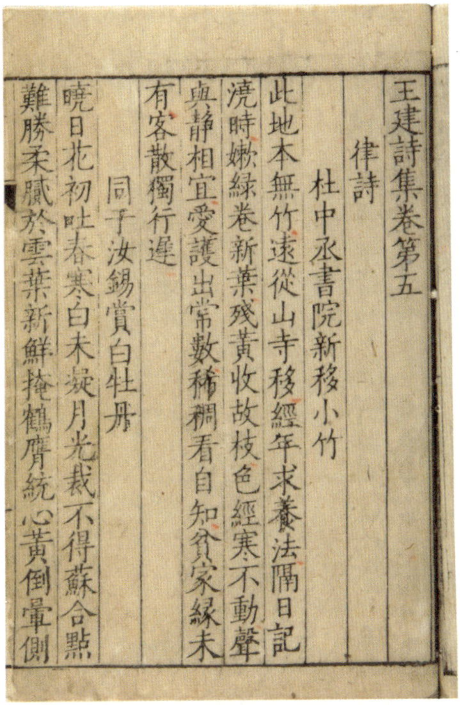
王建詩集卷第五
律詩
杜中丞書院新移小竹
此地本無竹遠從山寺移經年求養法隔日記
澆時嫩緑卷新葉殘黃收故枝色經寒不動聲
與静相宜愛護出常數稀稠看自知貧家緣未
有客散獨行遅
同于汝錫賞白牡丹
曉日花初吐春寒白未凝月光裁不得蘇合點
難勝柔膩於雲葉新鮮掩鶴膺統心黃倒暈側

圖 18　《王建詩集》原圖

了。例如圖版一四〇《王荆公唐百家詩選》，“宋本”等五方印章全部消失（圖19—20）。

若想解决以上質量問題，祇能采用不同曝光量拍攝兩套片子，朱文印章要用濾色鏡拍攝，最後分别套印。20世紀60年代後期，文物印刷廠的周永昭先生獨闢蹊徑，在單色灰度圖珂羅版印刷中，首創多版套印法，很大程度上提高了單色珂羅版印品的質量。

還有，《圖録》對一些書影的修版出現問題。例如圖版七《漢官儀》一，右上角印章鈐蓋在版框内，原書印文并未遮擋住下面的文字。但《圖録》該葉印章明顯被人爲修過圖，使印文與下面的文字交織，不可識讀（圖21—22）。

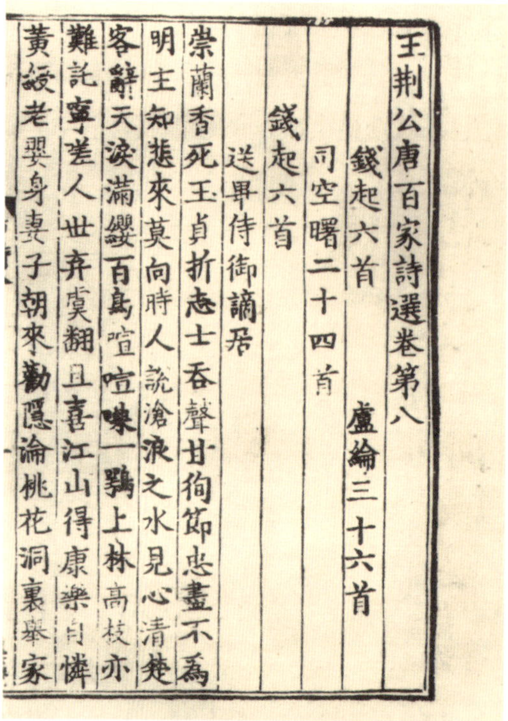

王荆公唐百家詩選卷第八
錢起六首　盧綸三十六首
司空曙二十四首
錢起六首
送畢侍御謫居
崇蘭香死玉貞折志士吞聲甘徇節忠盡不爲
明主知悲來莫向時人說滄浪之水見心清楚
客辭天淚滿纓百鳥喧喧噪一鶚上林高枝亦
難託寧羞人世弃虞翻且喜江山得康樂自憐
黃綬老嬰身妻子朝來勸隱淪桃花洞裏舉家

圖 19　《王荆公唐百家詩選》印章消失

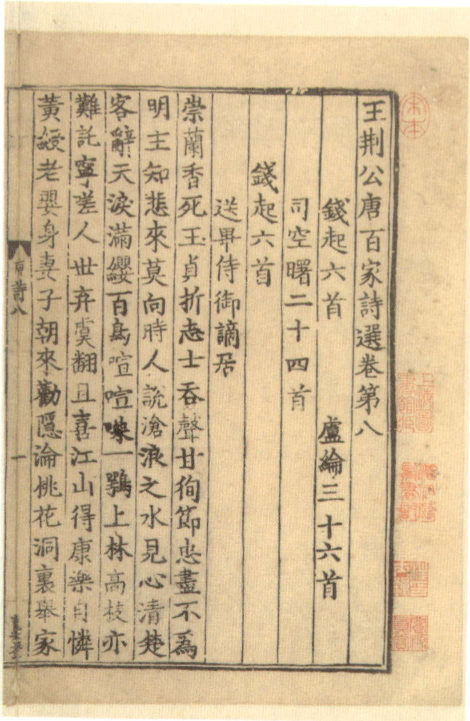

王荆公唐百家詩選卷第八
錢起六首　盧綸三十六首
司空曙二十四首
錢起六首
送畢侍御謫居
崇蘭香死玉貞折志士吞聲甘徇節忠盡不爲
明主知悲來莫向時人說滄浪之水見心清楚
客辭天淚滿纓百鳥喧喧噪一鶚上林高枝亦
難託寧羞人世弃虞翻且喜江山得康樂自憐
黃綬老嬰身妻子朝來勸隱淪桃花洞裏舉家

圖 20　《王荆公唐百家詩選》原圖

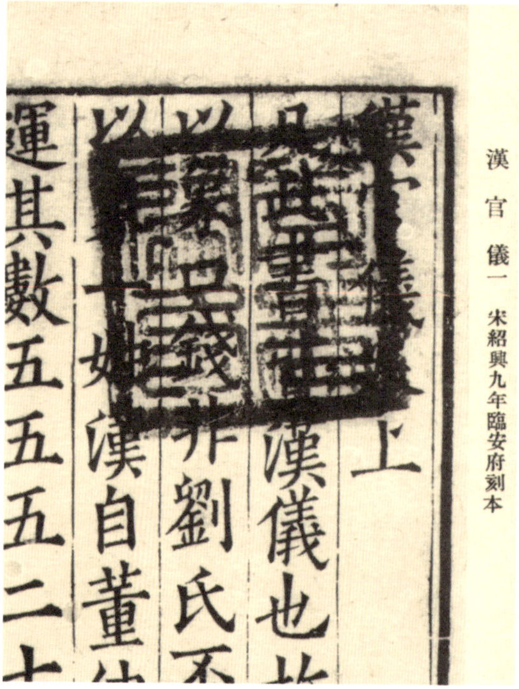

漢官儀卷上
凡此書皆漢儀也故
以象口錢非劉氏不
以象一姓漢自董仲
運其數五五五二十

漢官儀一　宋紹興九年臨安府刻本

圖 21　《漢官儀》印章遮擋文字

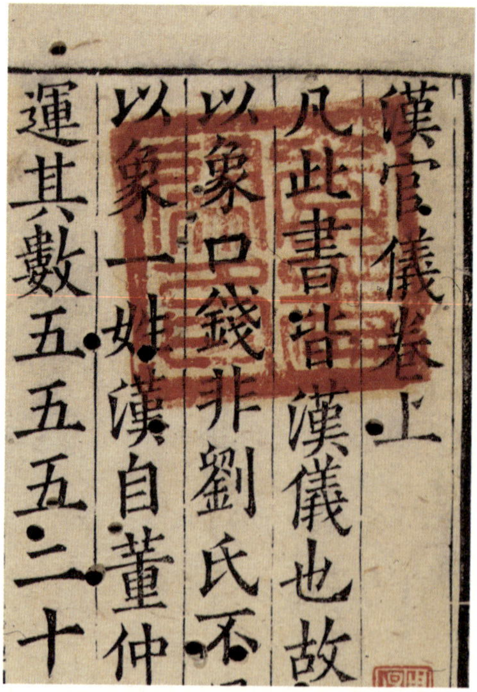

漢官儀卷上
凡此書皆漢儀也故
以象口錢非劉氏不
以象一姓漢自董仲
運其數五五五二十

圖 22　《漢官儀》原圖

需要説明的是，重印《圖録》時，雖發現了上述問題，但當時多位專家反對更改，認爲最好保留原樣。因此，除了將被裁切掉餘紙、藏印和題跋的書影恢復原貌，其他未做改動。不過，我們將《圖録》中90%以上的書影，重新用原書拍攝了彩色反轉片，電分後再轉換成灰度圖印刷，因此圖版的整體質量提高了不少。

2017年9月初稿

2024年2月20日七稿

司馬遷對中國古典目録學的貢獻

司馬遷的《史記》不僅是中國古代的史學和文學名著，而且對中國古典目録學的發展也起到了不可忽視的作用。《隋書·經籍志》總序在論述《隋志》産生的淵源時就提到了這一點。《序》曰："遠覽馬史、班書，近觀王、阮志、録，挹其風流體制，削其浮雜鄙俚，離其疏遠，合其近密，約文緒義，凡五十五篇，各列本條之下，以備《經籍志》。"所謂"王、阮志、録"，指王儉的《七志》和阮孝緒的《七録》，均是古代目録學名著；而"馬史"（《史記》）、"班書"（《漢書》）却是紀傳體史書。如果説《漢書》中有《藝文志》，尚可爲《隋書·經籍志》提供依據的話，那麽《史記》中則無此類目，而《隋志》作者仍然將它列入其中。這説明紀傳體史書與古典目録學有着密切的關係。從歷史文獻學的角度看，也確實如此。《史記》是紀傳體的開創之作，又産生於中國第一部正式的目録《七略》之前，所以對中國古典目録學的發展所起的作用，就顯得更加重要了。

首先談談《史記》在圖書分類方面所起的積極作用。

一般來説，圖書分類産生於事物與學術思想的分類，這正如著名目録學家姚明達先生所指出的，"分類之應用，始於事物，中於學術，終於圖書"（《中國目録學史·分類篇》）。

有關類别的概念起源甚早。《易·象》云："君子以族類辨物。"《易·繫辭》云："方以類聚，物以群分。"《易·乾》云："本乎天者親上，本乎地者親下，則各從其類也。"《墨子》《孟子》《荀子》等先秦諸子著作中，也出現了講究"知類"、明辨"同類""不同類"、區分"共名""别名"、"以類行雜，以一行萬”的論述。可見，當時人們對於事物的分類已有相當的認識。對學術的分類也已初見端倪。例如《論語・先進》篇，將孔子所授之業分爲四科，曰：“德行：顔淵、閔子騫、冉伯牛、仲弓；言語：宰我、子貢；政事：冉有、季路；文學：子游、子夏。”孟子將學術分爲楊、墨、儒三家，説：“逃墨必歸於楊，逃楊必歸於儒。”（《孟子・盡心下》）《莊子・天下篇》《荀子・非十二子》分百家之學爲七派并論其异同得失，將學術分類的思想與實踐提到了一個新的高度。

然而，對事物及學術進行比較全面和系統的分類，并使之與圖書分類結合爲一體，則始於司馬遷的《史記》。

《史記》是一部綜合性的大型歷史著作。司馬遷著史的動機是要“網羅天下放失舊聞，王迹所興，原始察終，見盛觀衰，論考之行事”（《史記・太史公自序》），對歷史進行全面的總結。這是一項十分艱巨的任務，他不僅要搜集、鑒别大量的文獻資料，還要將其組織起來，編成一部既能客觀反映社會發展的面貌，又便於人們閲讀和理解的歷史著作。這樣，先秦時期以記言、記事爲主的史書編撰形式已不適合需要，於是司馬遷首先對史書體裁進行了改造，開創了一種新的體裁——紀傳體。紀傳體與早期流水賬簿式的編年體之間最本質的區别，就是對人物、事件及文化學術等分門别類。而且，衹有在分類的基礎上，纔能確立紀傳體這一綜合性史體的内部體例。司馬遷的這一改造，已高度涉及了目録學範疇中的分類問題。對此，唐代史學家劉知幾就曾給予肯定的評價，説：“昔《尚書》記言，《春秋》記事，以日月爲遠近，年世爲前後。”“至馬遷始錯綜成篇，區分類聚。”（《史通・編次》）“夫編年叙事，混雜難辨；紀傳成體，區别易觀。”（《史通・雜説上》）他還舉例説，編年體“或以文煩事博，難爲次序。皆略而不書。……必情有所吝，不加刊削，則漢氏之志傳百卷，并列於十二紀中，將恐碎瑣多蕪，闌單失力者矣。故班固［以固例遷］知其若此，設紀傳以區分，使其歷然可觀，綱紀有别”（《史通・二體》）。劉知幾上述評論，一方面指出了“區分類聚”在擴大史書記述範圍方面的作用，另一方面也證明了《史記》等紀傳體史書對目録學的發展曾産生過一定的影響。

以下我們再對《史記》的具體分類情况做一簡要分析。

司馬遷根據叙述對象和史書表現形式的不同，設立了本紀、表、書、世家、列傳五種體例。實際上，《史記》一書中的類别遠不止於此。例如書分爲禮、樂、律、曆、天官、河渠、平準等八個方面；列傳中除一般的人物傳記外，又有循吏、儒林、酷吏、游俠、佞幸、滑稽、日者、龜策、貨殖等類傳。以上各類，在書中均有明確的類名。其他散見於各篇之中有關“區分類聚”的内容還有不少。如果我們將《史記》與産生於其後的《七略》做一比較，司馬遷在分類學上的卓識及貢獻就更加清楚地顯現出來了。

《七略》是中國古代第一部對圖書進行系統分類的目録，其中大部分類目或有關内容都能够在《史記》中找到踪迹。如《七略》有《六藝略》，《史記》則有《儒林列傳》（還有《孔子世家》與之相輔），對《易》《書》《詩》《禮》《樂》《春秋》等六經進行學術分類，并對其主要傳人、學術思想和著作做了介紹；《七略》有《諸子略》，《史記》則在《太史公自序》中以“論六家要旨”的形式，對諸子中最重要的六家（儒、道、陰陽、法、名、墨）的分類情況、學術觀點及評價做了詳細的叙述；《七略》有《兵書略》，《史記》中則有《律書》（實爲《兵書》，遷没之後，亡，褚少孫以《律書》補之），并做説明“非兵不强，非德不昌，黄帝、湯、武以興，桀、紂二世以崩，可不慎歟？《司馬法》所從來尚矣，太公、孫、吴、王子能紹而明之，切近世，極人變，作《律書》第三”；《七略·數術略》中設天文、曆譜、五行、蓍龜、雜占、形法六類，《史記》中則有《天官書》《曆書》《封禪書》《日者列傳》《龜策列傳》；《七略·方伎略》中有醫經、醫方二類，《史記》以爲“扁鵲言醫，爲方者宗……而倉公可謂近之矣，作《扁鵲倉公列傳》”專言醫家；《七略·詩賦略》的五個小類中，有四種爲賦，而司馬遷對賦的特殊價值與作用亦有深刻的認識，他説“作辭以諷諫，連類以争義，《離騷》有之”，“《子虛》之事，《大人》賦説，靡麗多誇，然其指風諫，歸於無爲”，故設《屈原賈生列傳》《司馬相如列傳》以統賦類。

此外，有關《史記》與《七略》在文獻資料分類等方面的關係，近代學者梁啓超早有認識并曾予以論述，他説：“《史記》以極複雜之體裁混合組織，而配置極完善，……專就列傳一部分論，其對於社會文化確能面面顧及，政治方面代表之人物無論矣。學問藝術方面，亦盛水不漏。試以劉向《七略》比附之，如仲尼弟子、老莊申韓、孟子荀卿等傳，於先秦學派綱羅略具，《儒林傳》於秦漢間學派淵源叙述特詳，則《六藝略》《諸子略》之屬也；如司馬穰苴、孫子吴起等傳，則《兵書略》之屬也；如屈原、賈生、司馬相如等傳，則《詩賦略》之屬也；如扁鵲倉公傳，則《方伎略》之屬也；如龜策、日者兩傳，則《術數略》之屬也。”

司馬遷對分類學的見解和貢獻，從以上所舉已略見一斑。但他在這方面最大的貢獻，還在於對封建史學體系的建立和分類上。

所謂封建史學體系，從文獻角度來説，指中國古代四部分類法中的史部之書。中國史學雖然産生很早，但在古典目録學中取得其應有的地位，却是較晚的事情。像《七略》《漢書·藝文志》等早期的目録，史書均隸屬於經部的春秋類。此後鄭默、荀勖作《中經》《新簿》，史籍纔得以獨立成類。從目録學的角度來看，史部體系的基本確立，完成於梁阮孝緒的《七録》和唐初魏徵等人所撰之《隋書·經籍志》。《七録》第一次在部類之下劃分細目。其《記傳録》（即史部）分爲國史、注曆、舊事、職官、儀典、法制、僞史、雜傳、鬼神、土地、譜狀、簿録等十二類，比較客觀地反映了當時史籍發展的狀况。《隋書·經籍志》史部在此基礎上稍加修改，遂成規範，沿至清末，無大變動。

史部目録的確立，孝緒之功不可没。但稍加分析就會發現，史部目録的最終形成，亦得益於《史記》以來紀傳體史書的蓬勃發展。這是因爲：其一，目録學的發展，取決於所記述學科的發展。例如史部目録，正是由於《史記》《漢書》等紀傳體史書的推動，出現了魏晋南北朝時期史書編撰的繁榮，纔使目録學家有所依據。其二，紀傳體史書的“區分類聚”爲史部分類奠定了基礎。前一點屬史學研究的範圍，且不細論。現僅就後一點予以説明。

司馬遷肇始於前，班固、范曄等一大批史學家踵武其後。紀傳體史書的内部體例不斷改進，至南北朝時期已基本完備，爲史部目録的分門立類提供了參考。以《隋書·經籍志》《四庫全書總目》爲例，其類目的設置大多能在《史記》《漢書》《東觀漢記》《後漢書》等紀傳體史書中找到它們的淵源。

如職官類源於《史記》的諸侯、功臣、將相名臣等年表，《漢書》的《百官公卿表》和《後漢書》的《百官志》；刑法類源於《漢書》的《刑法志》；雜傳、雜史類源於《史記》等書的列傳和類傳；地理類源於《史記》的《河渠書》和《漢書》的《地理志》；霸史類源於《東觀漢記》的載記；儀注類源於《史記》的《禮書》和《漢書》的《禮樂志》；史評類源於《史記》的“太史公曰”及諸史的“論”“贊”；等等。這一點清代學者早已認識到了，并在《四庫全書總目·史部總序》中明言：“今總括群書分十五類。首曰正史［紀傳體］，大綱也。次曰編年，曰別史，曰雜史，曰詔令奏議，曰傳記，曰史鈔，曰載記，皆參考紀傳者也。曰時令，曰地理，曰職官，曰政書，曰目録，皆參考諸志也。曰史評，參考論贊者也。”這裏將紀傳體正史喻爲統領史部十五類的大綱，極爲恰當，道出了史部典籍及史部目録的發展與紀傳體正史的密切關係（這種關係實際上不僅限於史部）。

《史記》與中國目録學發展之間的關係不僅表現在分類方面，同時也表現在對“辨章學術，考鏡源流”方面。這也是中國古代目録學的一項重要功能。《史記》相當集中地反映了司馬遷對各種學術流派、社會現象和事物性質的辨析考察。這種辨析考察與叙述方法，對目録學的發展也起到了極大的促進作用。

實際上，司馬遷對《史記》一書門類的設置，有不少就是辨章學術、考鏡源流的結果。例如，《史記·儒林列傳》是一部經學簡史，司馬遷在列傳的綜述中，對經學的産生、發展做了一個扼要回顧。他將經學史分爲五個階段："孔子閔王路廢而邪道興，於是論次《詩》《書》，修起禮樂"爲第一階段，即創始階段；"自孔子卒後，七十子之徒散游諸侯，大者爲師傅卿相，小者友教士大夫"爲經學的第二階段，即發展階段；"及至秦之季世，焚《詩》《書》，坑術士，《六藝》從此缺焉"爲經學的第三個階段，即停滯或受挫的階段；"漢興，然後諸儒始得修其經藝，講習大射鄉飲之禮。……然尚有干戈，平定四海，亦未暇遑庠序之事也。孝惠、吕后時，公卿皆武力有功之臣。孝文時頗徵用，然孝文帝本好刑名之言。及至孝景，不任儒者，而竇太后又好黄老之術，故諸博士具官待問，未有進者"，此爲經學的第四個階段，即復蘇（或中興）階段；漢武帝即位，"趙綰、王臧之屬明儒學，而上亦鄉之，於是招方正賢良文學之士。……及竇太后崩，武安侯田蚡爲丞相，絀黄老、刑名百家之言，延文學儒者數百人，而公孫弘以《春秋》白衣爲天子三公，封以平津侯，天下之學士靡然鄉風矣"，此爲經學的第五個階段，即鼎盛階段。上述分析，言簡意賅，恰如其分地描繪出了漢武帝以前經學發展的軌迹。接下來，司馬遷又以經學的傳受人物爲綫索，對當時五經的傳播與發展做了介紹。

司馬遷關於經學發展的這些經典論述，被後代包括目録學家在内的學者奉爲圭臬，并經常加以引用。如《漢書·藝文志》等目録學著作中有關五經的叙述，就依此爲模式，甚至整句整段地搬用。

司馬遷在《史記》中求淵源、考流變的意識非常强烈，如他在《史記·太史公自序》中述其各篇宗旨時，就清楚地體現了這一點。《禮書》：“維三代之禮，所損益各殊務，然要以近性情，通王道，故禮因人質爲之節文，略協古今之變。”《樂書》：“《鄭》《衛》之音所從來久矣，人情之所感，遠俗則懷，比《樂書》以述來古。”《律書》：“《司馬法》所從來尚矣，太公、孫、吴、王子能紹而明之，切近世，極人變。”《孔子世家》：“仲尼悼禮廢樂崩，追修經術，以達王道”，“爲天下制儀法，垂《六藝》之統紀於後世”。《司馬穰苴列傳》：“自古王者而有《司馬法》，穰苴能申明之。”《扁鵲倉公列傳》：“扁鵲言醫，爲方者宗，守數精明，後世循序，弗能易也，而倉公可謂近之矣。”而最能體現其求淵源、考流變思想的是他在《史記·太史公自序》小序中的一段話：“網羅天下放失舊聞，王迹所興，原始察終，見盛觀衰，論考之行事，略推三代，録秦漢，上記軒轅，下至於兹，著十二本紀，既科條之矣。并時异世，年差不明，作十表。禮樂損益，律曆改易，兵權山川鬼神，天人之際，承敝通變，作八書。二十八宿環北辰，三十輻共一轂，運行無窮，輔拂股肱之臣配焉，忠信行道，以奉主上，作三十世家。扶義俶儻，不令己失時，立功名於天下，作七十列傳。凡百三十篇，五十二萬六千五百字，爲《太史公書》。”

上述所言的十二本紀、十表、八書、三十世家、七十列傳，實爲司馬遷對人類社會分類目、考源流之大綱，全書五十二萬餘字就是以此爲脉絡鋪叙而成。也衹有這樣，司馬遷纔能將中國數千年歷史的方方面面，有條不紊地展現在人們面前。實際上，《史記》的成功，很大程度上即得益於其分類目、考源流體系的建立和完善。應該説，從《史記》一書中，我們清楚地感覺到了“分類之應用，始於事物，中於學術，終於圖書”的客觀規律。

此外，《史記》對中國古典目録學體制及表述方式也有重大影響。

首先，《史記》創立了比較完善的一書目録。過去，一般認爲一書目録肇始於《周易·序卦傳》，《史記》等序目皆仿此而作。如清人盧文弨説："吾以爲《易》之《序卦傳》，非即六十四卦之目録歟？史漢諸序，殆昉於此。"（《鍾山札記》卷四）但嚴格地説，《序卦傳》所羅列的既不是《周易》全部内容的目録，也没有排列序號，至多具備了目録的雛形。《史記·太史公自序》中不僅詳列各篇篇名與序號，而且還使用了二級目録。其十二本紀、十表、八書、三十世家、七十列傳爲一級目録，即"章"；其下之内容，如"夏本紀第二""建元以來侯者年表第八""律書第三""吴太伯世家第一""淮陰侯列傳第三十二"等爲二級目録，相當於"章"下之"節"。這種目録涇渭分明，條分縷析，不僅能通過它瞭解全書的概況，還可方便檢索。

其次，《史記》的篇目提要爲後世的書目解題起到了奠基的作用。解題即書録，或稱提要。它的主要作用是介紹圖書編纂宗旨、内容概要，以方便讀者閲覽。《史記·太史公自序》中，爲全書一百三十篇均作了提要。這雖然是篇目提要，但與書目提要的性質却是相同的。如《周本紀》，司馬遷寫道："維弃作稷，德盛西伯；武王牧野，實撫天下；幽厲昏亂，既喪酆鎬；陵遲至赧，洛邑不祀。作《周本紀》第四。"短短數語，點明了周先人創業，西伯興起，武王强盛，到幽厲中衰，直至赧王國滅的歷史過程。又如《孔子世家》的提要："周室既衰，諸侯恣行。仲尼悼禮廢樂崩，追修經術，以達王道，匡亂世反之於正，見其文辭，爲天下制儀法，垂《六藝》之統紀於後世。作《孔子世家》第十七。"這裹，司馬遷叙述了孔子生活年代的社會歷史背景，并烘托出孔子"閔王路廢而邪道興，於是論次《詩》《書》，修起禮樂"，"爲天下制儀法"的不朽功績，是一篇精彩的内容提要。

當然，完整的書目解題還應包含作者及版本等方面的内容。對此，司馬遷在叙述一百三十篇篇目之前，對自己的身世、學術淵源、修撰《史記》的動機和經歷做了詳細介紹；關於版本流傳情况，司馬遷則明言："藏之名山，副在京師。"可見，書目解題的幾個要素，《史記》也已經基本具備了。

綜上所述，司馬遷的《史記》不僅是一部劃時代的歷史巨著，同時也是推動中國古代目録學發展的一部重要典籍，是研究中國目録學史不可缺少的重要資料。

（原載《中國圖書館學報》1998年第4期）

古籍目録及相關領域應該與時俱進

通俗地説，古籍目録是記録古籍的賬簿，并且形式多様，既有衹著録書名、卷數、著者、版本信息的簡明目録，又有記録了後人題跋、題款、題識及行款和版框尺寸的善本目録，還有詳略不同的提要、叙録、書志型目録，乃至配備了古籍書影的圖録型目録。研究古籍目録形式上的演變和發展，是要更加客觀、全面地揭示古籍。編製得體的古籍目録，能够促進古籍研究和保護工作的發展；反之則會起到遲滯、阻礙的作用。因此，古籍目録應當與時俱進，不斷提高編目質量和服務功能，以適應古籍研究和保護工作的發展需要。

一、古籍目録應該重視配補本

近幾十年來的一些主流古籍目録，在著録宋刻殘本配補他本古籍時，往往衹標注宋刻本的行款及尺寸，即使宋殘本占比很低的古籍，仍舊如此。例如《外臺秘要方》，存三十六卷，宋刻本衹有五卷，其他三十一卷配補明、清抄本；《王黄州小畜集》宋本殘存僅三分之一，其他卷配補清吕無黨吾研齋抄本；《王建詩集》十卷，七卷爲清抄本；等等。由此延伸，一些影印古籍的牌記，在標注底本時，遇到宋刻配補他本時也是僅標注宋本，不言其他。此類與實際使用底本大不相符的牌記，非但起不到版本提示作用，且有誤導讀者之嫌。究其原因，與傳統古籍編目思想中的“佞宋”情結不無關係。

因各種原因，不少宋刻本到元明時期已殘缺不全，爲其配補者大多爲明清時期的藏書家和學者。明清距宋較近，與殘缺古籍有關的文獻資料遠比今日豐富，配補起來比較容易。所配缺卷的來源大致有三類：一是其他宋刻本或元刻本、元抄本，二是影宋刻本、影宋寫本，三是直接或間接源自宋本的明清刻本、抄本。僅以《中國版刻圖録》所收宋版書爲例，共計191種，殘缺者94種，將近一半；殘缺的94種經配補者41種。此41種配補本之單行本已佚，僅靠依附的母本而保存下來，實屬不易。“佞宋”思潮下的古籍書目著録方式，亦延及明清本古籍，對配補之書均不注行款、尺寸。據國家圖書館古籍善本書目記載，該館配補本古籍善本總數達450餘種，并且其中多數原本已佚。這些配補本具有極高的版本價值，有些甚至超過了母本，是中國古籍發展史和古籍版本學研究的重要史料。例如國家圖書館藏宋刻本《圖畫見聞志》六卷，殘存後三卷，卷一至三配補元抄本。重要的是，此殘宋本有明代影刻全本；配補之元抄本抄自另一宋刻本，文字有所不同，具有極高的版本價值。此類情况還有許多。然而，因古籍書目的著録未加重視（似未計入該館古籍善本總數之中），相關古籍圖録亦不提及，致使這些珍貴史料長期信息不明，未能發揮應有的作用。

二、古籍目録應該標注古籍的開本尺寸

古籍目録是什麽時候開始著録版框尺寸的，我没有考證過，但1919年開始編輯出版的《四部叢刊》，牌記中就標記了影印底本的版框尺寸；1928年出版的《盋山書影》著録了所收古籍的行款和版框尺寸；1941年出版的《明代版本圖録初編》也標注了版框尺寸。古籍目録著録行款和版框尺寸是一個巨大的進步，爲目録的使用者，尤其是見不到古籍原書的使用者，提供了快速區分古籍版本的捷徑。但近幾十年以來的主流古籍目録，非但著録版框尺寸的甚少，并且没有在此基礎上更進一步著録古籍的開本尺寸，這是個很大的問題。首先，現代圖書版權頁中必須填寫的一項就是開本尺

寸，古籍編目也不應例外，需要儘快標準化。再有，圖書製作前的裝幀設計，首先要決定的也是開本。中國古籍難道與此不同，刻印者不用考慮書的大小，祇需製訂版框的尺寸？顯然不是。回顧中國書籍發展史，再與西方相對先進的近現代書籍比較，二者的發展脉絡大致相當，并無明顯差别。祇是以往的版本研究和編目者忽視了古籍製作中的一個重要環節——裝幀設計。

現代圖書的裝幀設計是對一部書的整體設計，其中不僅包括封面設計，還包含了正文的版式設計：多大的開本、多大的版心，版心與成書尺寸的比例、相對位置，等等，不僅是設計者十分重視的元素，也可能是作者、出版者的獨出心裁。古籍也是如此，開本大小、版框尺寸、字體、字號大小、行款，都是古代刻書者要考慮的問題。這些問題與圖書的内容、讀者對象及刻印者的身份、審美觀、經濟狀况有着密切關係，很有講究。例如國家圖書館藏宋刻元修本《春秋經傳》，開本尺寸高約41.7厘米，版框高却是21.3厘米，僅占成書尺寸的一半多一點。除天頭地脚外，書葉左右的空白面積也很大。版框内字大行稀：每半葉八行，行十七字。如此做法頗費紙張，但却顯得疏朗大氣，賞心悦目，極具特色。更有甚者，宋刻本《國語》，版框尺寸高21.8厘米，寬15.4厘米，開本尺寸高45厘米，寬31.5厘米，高度和寬度均爲版框的兩倍有餘，書葉留白面積是版心面積的3倍多；元刻本《古迂陳氏家藏夢溪筆談》，每葉版框高15.5厘米，寬10.1厘米，開本尺寸高42.6厘米，寬28厘米，高度和寬度接近版框的3倍，書葉留白面積多達版心面積的6.6倍。在現代書刊中，小版心、大面積留白也是常用的一種設計風格，這種風格往往與圖書的内容相得益彰。如果古籍書目祇標注版框尺寸，不注明開本尺寸，就顯示不出應有的版面效果，原書的裝幀設計理念也就無從説起。古籍書葉大面積留白的异類版式是一種藝術表現特徵，在古籍中雖屬少數，却也有一定的數量，具有代表性的如宋刻本《陳書》《論語集説》《歐陽文忠集》，元刻本《古文會選》《金史》《葉先生詩話》《周書王會補注》，明刻本《淮南子》《水經》《新刻官板周易本義》，清刻本《觀妙齋藏金石文考略》《澗泉日記》《列子解》《孟子外書》《南樓吟稿》《甌香館集》，等等。這些版面設計特异的古籍，衹有同時參照版框和開本尺寸纔能知曉。古籍中有一種開本很小、便於携帶的巾箱本，僅從版框尺寸是不能判斷出來的。例如版框很小的《古迂陳氏家藏夢溪筆談》，開本很大，就不是巾箱本了。

注明古籍的開本尺寸還有一個用途，有利於辨别一種古籍不同的印次。圖書的版次和印次是現代圖書版權頁中需要標明的重要數據。古籍的版次，有時在該書的序跋或木記、牒文中有所表述，印次則難以判斷。

古籍目録如果在標注版框尺寸的同時注明開本尺寸，就會爲印次的區分提供很大幫助。因爲古籍印版衹設定了版框以内的尺寸，每一次刷印時，書葉的尺寸可以根據用紙的大小而改變。例如，宋紹興二十一年（1151）兩浙西路轉運司王玨刻元明遞修本《臨川先生文集》，國圖藏本與江西省圖書館藏本開本尺寸差别較大；宋刻宋元遞修本《陳書》，國圖藏本與南京圖書館藏本開本不同；元至正十四年（1354）金伯祥刻本《道園遺稿》，國圖藏本與北京大學圖書館藏本的開本差异較大；國圖藏元後至元六年（1340）慶元路儒學刻元明遞修本《玉海》，索書號0915和3316的本子開本尺寸差别甚大；國圖藏明嘉靖十四年（1535）袁褧刻本《楚辭》，索書號9851與9852的本子開本差别較大；國圖藏明嘉靖十四年吴郡袁氏嘉趣堂刻本《世説新語》，索書號3903、192藏本與11933藏本開本尺寸差别較大，均可能不是同一個印次的本子。此類事例舉不勝舉。當然，如遇“金鑲玉”本子，就得分别測量原書和改裝之後的尺寸了。

民國時期出版的古籍圖録，大多是去除了圖像底色的“白紙黑字”圖録，古籍書影開本的大小即是圖録開本的尺寸，與古籍原書無關，等同於未注開本尺寸。個别製作精良的圖録，采用灰度模式印刷，可以直觀顯示原書的開本和版框大小，但製作者往往將版框以外的部分裁掉，原書的開本尺寸也就無從可考了。例如1941年開明書店出版的《明代版本圖録初編》就是如此。該圖録内容精到，采用銅版印製，質量甚佳，然而切掉版框外餘紙後，失去了古籍原貌，部分藏書印也被湮没，殊爲可惜。《中國版刻圖録》亦將版框外部分餘紙裁掉，以致喪失了一些藏書印和後人題跋信息。其實不僅古籍圖録，當時的影印古籍也如此。民國初年董康影印的第一部古籍《劉夢得文集》，請日本人小林忠治用珂羅版印製，灰度印刷層次豐富，質量甚佳，不足之處也是裁掉了版框以外的餘紙。從日本那一時期的古籍影印圖書來看，似未發現此種情況，大概是國内同行特有之意識吧。總之是不重視古籍版框以外的内容。此種意識從本質上看，就是忽視了古籍葉面上的“紙色信息”。這種認知源於照相技術發明前，人們複製古籍時衹能采用影刻和影寫的原始方式，將底本上的文字、版框等複製下來；紙色的變化等繁複信息無法複製，衹能放弃。所以不唯版框以外的餘紙，即使版框以内，文字、框綫欄綫以外的空白處，均不予重視。這種觀念導致我們對古籍原貌可能産生錯誤的認識，并影響到影印圖書的製作方式和質量。下面就簡要談一下這個問題。

三、如何理解古籍的原貌

古籍原貌分爲初始狀態下的原貌和現存狀態下的原貌。所謂初始狀態，指的是古籍刊印之初的狀態：紙白字黑，版面整潔無瑕。現存狀態，是指歷經千百年後，古籍的紙張泛黄，墨色變淺不匀，書葉出現污漬，甚至破損，其葉面從黑白分明的單色圖像變成層次豐富的彩色畫面。二者的主要區别是，現存狀態下的古籍原貌，保存了文字、版框、鈐印等信息的同時，還保存了歲月留在書葉上的痕迹，即“紙色信息”：紙張泛黄，墨色變淺不匀，書葉出現污漬、破損，後人修裱、補寫文字，甚至挖改造假，等等。古籍書葉上的歲月痕迹是我們研究古籍變遷、辨别版本的重要依據，古籍圖録和那些傳本揚學的影印古籍，均應予以保留。

但是，正如上面提到過的，國人傳統的觀念是忽視古籍的紙色信息，他們認爲古籍的原貌必須是白紙黑字，文字、框綫以外的歲月痕迹統統要去除掉。這就是早年間古籍（或民國文獻）影印時的“去底色”或“去髒”。須知，現存狀態下的古籍原貌是不可逆的，去除底色的同時，必定會傷及文字，使原先筆畫較淺的文字更淺，甚至消失；原先筆畫較多、墨色重的文字糊成一團。這是文獻影印出版工作中一大突出問題。衹有彩色或灰度印刷纔能更好地保留古籍（或其他老文獻）的原貌，保證影印圖書的質量。

直到最近，仍有所謂仿真印製的圖書，先去底色，再印上一個假底子，專色墨印刷正文。其結果，筆道不是糊了就是丢失，原書的韵味蕩然無存。在科技相對落後的年代，人們在這方面的認知不足，情有可原；然而，今天我們再固守舊觀念，不接受新事物、與時俱進，就實在説不過去了。

（原載《圖書館報》2018年12月7日第6版）

我對“中華再造善本工程”的反思

“中華再造善本工程”是至今爲止規模最宏大的古籍影印出版項目，從早期籌劃到試製，已經過去20多年；其主體部分的《唐宋編》《金元編》和《明代編》《清代編》，也分别於2006年、2014年竣工。我是最早參與該工程籌劃工作的人員之一，負責製作了21種再造善本試製品；參與製訂了最初的印製方案；作爲該項目出版單位的業務負責人，列席了相關會議與活動，一直到2012年退休。多年來，我經常對《中華再造善本》的技術加工工藝，以及相關的決策過程進行反思，感觸良多。“工程”的成績當然很大，各類媒體介紹甚多，本文不再贅述，僅就不足之處談談自己的看法，以期爲今後的古籍影印出版和古籍保護工作提供一點藉鑒。

一、籌劃階段的簡要回顧

國家圖書館出版社（以下簡稱“國圖社”）自20世紀80年代後期開始，大力開展古籍影印出版工作，在推出大量影印古籍的同時，還製作了一些特裝古籍，作爲對外交流的禮品，反響較大，受到各方的關注。1998年，中央有關領導在國家圖書館（以下簡稱“國圖”）視察古籍保護工作時，提出建議，希望利用現代印刷技術，將體現歷史文化精髓的善本古籍化身千百，讓更多的人瞭解、熟悉中華民族的燦爛文化。在這一精神指導下，有關部門根據我國古籍保護的現狀和需要，決定在全國範圍内實施“中華再造善本工程”。

“工程”的籌備工作開始於2001年，決定先行出版一批再造善本試製品。按照有關領導收書範圍要寬泛一些、適當做一些供外事活動禮品書的要求，我們一共製作了21種善本，包括敦煌卷子，宋、元、明、清、民國刻本和寫本等。裝幀形式有卷軸、經摺裝、包背裝、綫裝和精裝。還做了三種特裝書：書箱爲圍棋棋盤，并附棋子盒的《忘憂清樂集》；書函係藤條編織爲藥箱造型的《食物本草》；書盒上方鑲嵌了一方精緻硯臺的《沈氏研林》。21種試製品除兩種爲黑白印刷綫裝、兩種爲灰度珂羅版印刷，其餘均爲彩色原大印製。

截至2002年年中，21種再造善本試製品完工，有關領導以及專家、學者對再造的善本鑒定後給予了充分肯定和高度贊揚。在此基礎上，於2002年5月正式啓動了"中華再造善本工程"。

《中華再造善本》的前期工作分工大致爲國家圖書館善本部會同館内外專家學者負責選目；國家圖書館出版社負責具體的編輯出版工作，包括書的開本、印刷裝幀方式等。2002年上半年，"中華再造善本工程"一直按照出版社的設計方案——四色彩印，大16開精裝，成書尺寸高28.5厘米、寬21.5厘米——循序推進。各部門還就一些細節問題進行磋商，對《中華再造善本》的紙張、彩色反轉片拍攝等具體問題做了細化，决定由國圖善本部聘請國圖攝影師，負責善本書的拍攝事宜；責成我儘快與供紙方簽訂100克"蒙肯紙"的采購協議。但根據多年的經驗，事後我并没有去簽訂那份協議。

2002年年中，正式成立了由古籍版本專家組成的中華再造善本工程編纂出版委員會，全面負責《中華再造善本》的編纂出版工作。8月初，根據編纂出版委員會的决定，將再造善本由四色彩印、精裝改爲宣紙黑白單色印刷、綫裝。8月30日，編纂出版委員會通過了主任委員的提議：以宋代官書《文苑英華》的尺寸爲再造善本的開本尺寸，8開，高33厘米、寬22.7厘米，以彰顯"官方印書、政府工程的恢弘氣勢"。

由於之前已有一批入選的宋元善本按照四色彩印的方案製好版，在出版社的請求下，編纂出版委員會同意再造善本總篇幅的5%（實際衹有3%）彩色印刷、綫裝，其餘部分宣紙黑白單色印刷、綫裝。"中華再造善本工程"相關文件對兩種印刷方式的描述是"采用宣紙三色套色印刷或四色彩色印刷”（《中華再造善本工程可行性研究報告》）。其實所謂“三色套色印刷”，其中一色指的是書葉上有紅色印章和紅色批注的部分，數量很少；另一色是人工統一製作鋪設的淺黄底色，模仿古籍書葉發黄的樣子；實質上就是黑白單色印刷，以下均以“黑白單色印刷”稱之。

二、關於“再造”的解釋

“中華再造善本工程”立項以後，社會上對“再造”二字的質疑之聲便不絕於耳。問題主要集中在以下幾個方面：其一，古籍善本能否再造；其二，要再造什麽；其三，如何再造。我以爲，作爲文物的古籍善本，當然是不能再造的，但它的文獻内容和藝術特徵是可以複製，或者説再造的。關鍵是要再造什麽和如何再造。對此，“中華再造善本工程”方面是這樣解釋的：“選擇具有珍貴文物價值的古籍善本，仿真複製後，可以分藏於國家圖書館和各省、自治區、直轄市圖書館。”“采用宣紙三色套色印刷或四色彩色印刷，中式綫裝，體現了中華傳統文化風格。封面用紙仿國家圖書館藏乾隆年間庫磁青紙特製，函套用藍色布料，達到仿真再造目的。”（《中華再造善本工程可行性研究報告》）《中華再造善本工程可行性研究報告》的第一段話明確提出了“仿真複製”的再造標準，第二段話申明了要對古籍善本的正文、裝訂方式、封面和函套材料進行全方位的“仿真再造”。

以下我們再來看看《中華再造善本》編纂出版委員會負責人的解釋：“再造出來的書，一定要保留它的原貌，這在現在的科技手段下可以實現了，我們一定要采用。包括書的版式、裝幀、書中内容都要和原本一致。這就是存真。”（中國網2003年7月16日轉發《科學時報》記者采訪録）“《中華再造善本》就是選擇那些久已絶版又傳世孤罕的古籍版本，珍貴、稀缺有價值的古籍善本，采取縮微複製、掃描複製、照原樣影印等現代印刷技術複製出版，造出與原書一模一樣的再造善本。使善本、孤本有了‘分身術’，確保了珍貴文獻的傳承安全。”（華夏經緯網2009年9月14日轉載《齊魯晚報》記者采訪録）該負責人進一步解釋道，“再造出來的書，一定要保留它的原貌”，“造出與原書一模一樣的再造善本”。

先放下裝訂形式、封面、函套不説，僅就古籍善本的正文而言，上面提到的三色套印（即黑白單色印刷）和四色彩印的印刷方法，能不能做到仿真複製，保留古籍的原貌，乃至“造出與原書一模一樣的再造善本”呢？答案是采用四色彩印没有問題（即總數3%的那部分），黑白單色則絶無可能。爲更好地説明問題，有必要解釋一下什麽是古籍的原貌。

三、什麽是古籍的原貌及相關問題

影印古籍具有“化身千百、傳本揚學”的作用；影印古籍又可替代古籍原書對公衆開放閲覽，間接地保護古籍。然而，影印古籍上述功能的實現有一個前提條件，即影印圖書必須最大限度地保存古籍的原貌。但古籍的原貌究竟爲何物，許多人并没有搞清楚，以致在實際工作中事與願違，不但没有保存好古籍的原貌，反而破壞了古籍的原貌。從影像學的角度看，古籍的原貌有兩個概念：一是古籍初始狀態的原貌，二是古籍現存狀態的原貌。所謂初始狀態，指的是古籍刊印之初的狀態：紙白字黑，版面整潔無瑕；現存狀態，是指歷經千百年之後，古籍的紙張泛黄，墨色變淺不勻，書葉出現污漬，乃至破損，破損處或被裱紙修復、補寫缺字等等，其葉面不再是黑白分明的單色圖像，而是層次豐富的彩色畫面。

我們將《中華再造善本》中的所謂三色套印本（以下提到《中華再造善本》，無特殊説明的，均指這部分書）與古籍原書進行對比，發現二者的差别巨大：前者書葉完整，紙色純净、無瑕；後者書葉的顔色明顯發黄，深淺不一，或有污漬，甚至破損，有些曾被托裱、接補。那麽，再造善本與原書差别如此之大，編纂出版委員會的專家憑什麽認定其達到了仿真複製的標準，“與原書一模一樣”呢？我經過調查研究，終於搞清楚了：專家們説的“原書”是指該書千百年前剛印出來時的樣子。所以《中華再造善本》在製作時，人爲地去除了原書葉面的底色，試圖將其恢復爲初印時的狀態。或許，《中華再造善本》想保存古籍初始狀態的原貌。那麽，這一想法能够實現嗎？當然不能。我們稍加翻閲就會發現，《中華再造善本》中大量古籍的葉面，雖然看似完整，但缺字現象不在少數。例如宋嘉定刻本《楚辭集注》之殘葉（圖1），初印時不會缺字。還有去除底色時，對文字帶來的損傷，致其變形走樣。例如宋刻本《友林乙稿》，以其精湛的寫刻藝術聞名於世，清代著名藏書家黄丕烈贊其“字體華麗，有娟秀之態，又爲宋刻中之逸品，不多見也”（《百宋一廛書録》）。然而，經再造善本去除底色後，筆畫變粗、細節消失（如“花”等字的連筆消失），面目全非（圖2—3）。上述二者，與古籍初印時的狀況大相徑庭。因此，《中華再造善本》既没有保留古籍現存狀態下的原貌，也没有保留古籍初始狀態下的原貌。

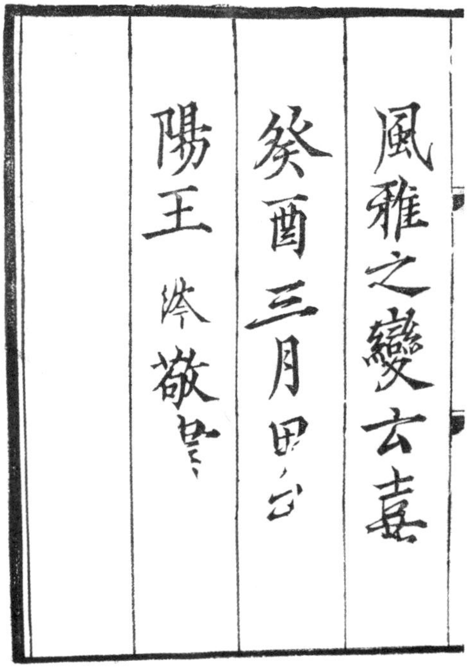

圖 1　宋嘉定刻本《楚辭集注》所謂初始狀態的原貌，但文字已殘缺

再造善本的做法其來有自，清末以來的古籍影印便形成了一個非常頑固的觀念：影印複製古籍時，古籍原書的紙張是不需要考慮在内的；并且，如果紙張的顔色發黄、污染、破損，就必須從圖像中剔除，這通常稱爲“去除底色”或者“去髒”；字黑紙白，是天經地義的事情。通觀晚清、民國，乃至1949年以後的多數影印古籍，

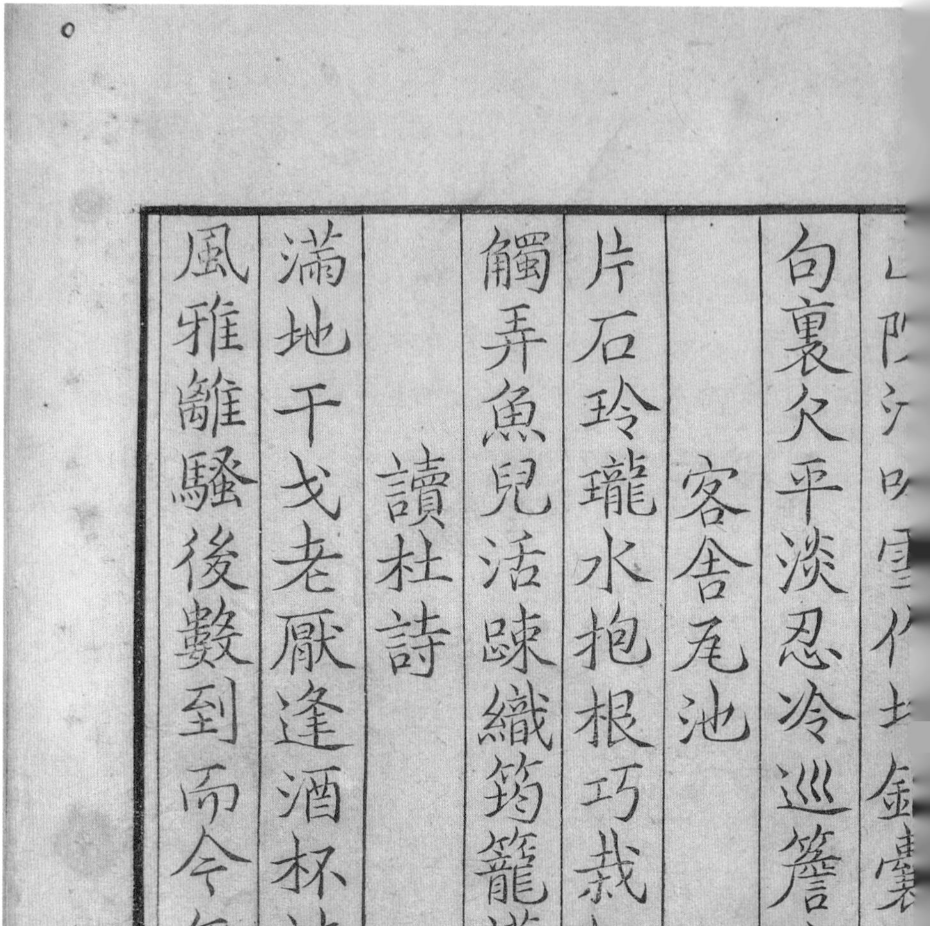
句裏欠平淡忍冷巡簷看老梅
客舍尾池
片石玲瓏水抱根巧裁松竹間蘭蓀怕人
觸弄魚兒活踈織篘籠護尾盆
讀杜詩
滿地干戈老厭逢酒杯詩卷託孤忠自從
風雅離騷後數到而今無此翁

圖 2　宋刻本《友林乙稿》原書筆畫纖細精緻

友林乙藁

四明史　彌寧

青山

青山見我喜可掬我喜青山重盍簪石鼎車聲煎玉乳竹鑪雲縷試花沉三杯暖熱淵明酒一曲淒清叔夜琴莫怪相看能冷淡交游如此却情深

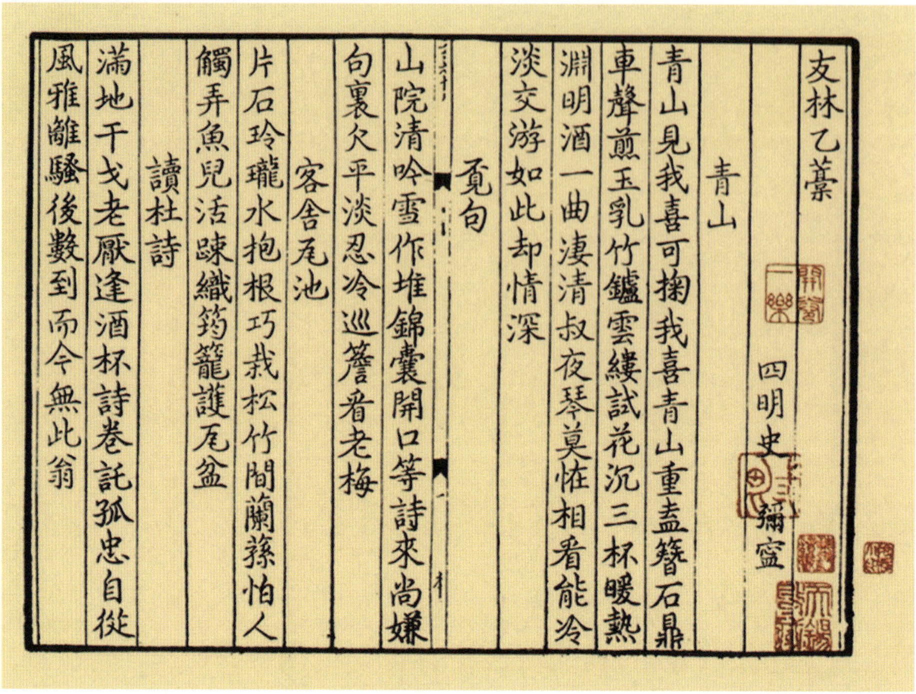
友林乙藁

四明史彌寧

青山

青山見我喜可掬我喜青山重盍簪石鼎車聲煎玉乳竹鑪雲縷試花沉三杯暖熱淵明酒一曲淒清叔夜琴莫怪相看能冷淡交游如此却情深

覓句

山院清吟雪作堆錦囊開口等詩來尚嫌句裏欠平淡忍冷巡簷看老梅

客舍瓦池

片石玲瓏水抱根巧栽松竹間蘭蓀怕人觸弄魚兒活踈織筠籠護瓦盆

讀杜詩

滿地干戈老厭逢酒杯詩卷託孤忠自從風雅離騷後數到而今無此翁

圖 3　再造善本《友林乙稿》去底色後筆畫變粗、細節消失

包括《四部叢刊》、《百衲本二十四史》、《古今圖書集成》、《二十五史》、《古逸叢書》續編與三編、《古本戲曲叢刊》等名著在内，概莫能外。但是，《四部叢刊》去除底色後，商務印書館組織專業人員進行了大量校勘修復工作，彌補了諸多缺陷，總體質量要好於再造善本。

影印古籍時去除底色，相當於把文字、版框、印章等印刷、鈐印、書寫在紙張上的信息，從已經變黃或污染、破損了的舊書葉上剥離出來，重新印刷到白色的紙張（如宣紙等）上面。這個過程會造成兩個問題：

其一，無論是早期的高反差照相，還是現在的電腦軟件，在去除老舊紙張的底色時，都會同時減輕文字的墨色，使原書中墨色較淺的文字或筆畫變得更淺，甚至消失；筆畫較多或底色較深的文字會糊成一團，增加了不可識讀的文字。例如宋刻本《東家雜記》，原書葉面一些文字底色較深，仍清晰可讀，再造善本却糊成一團，不可辨識（圖4—5）。

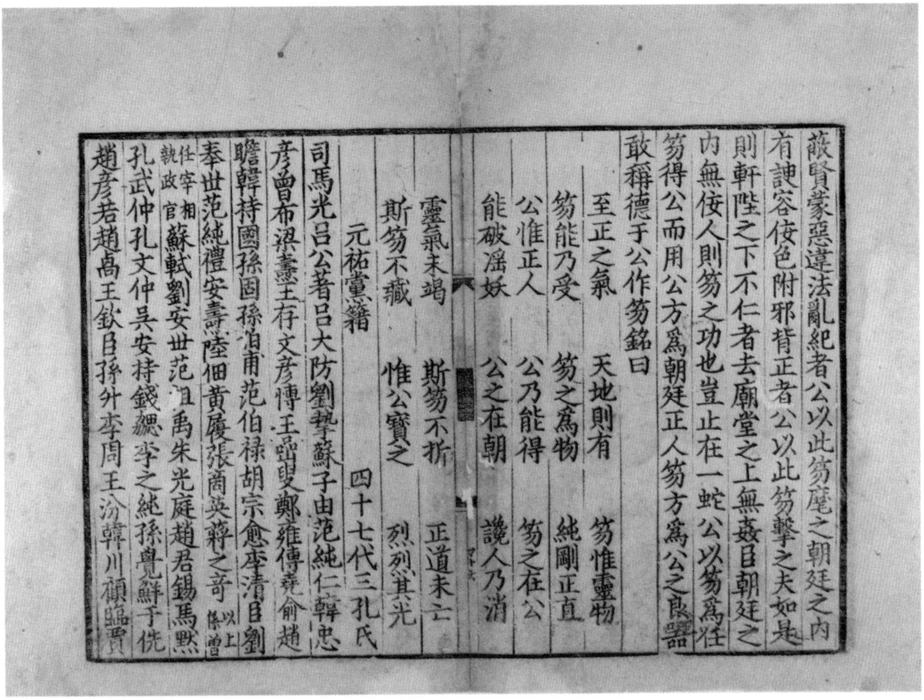

圖 4　宋刻本《東家雜記》一些文字底色較深，仍清晰可讀

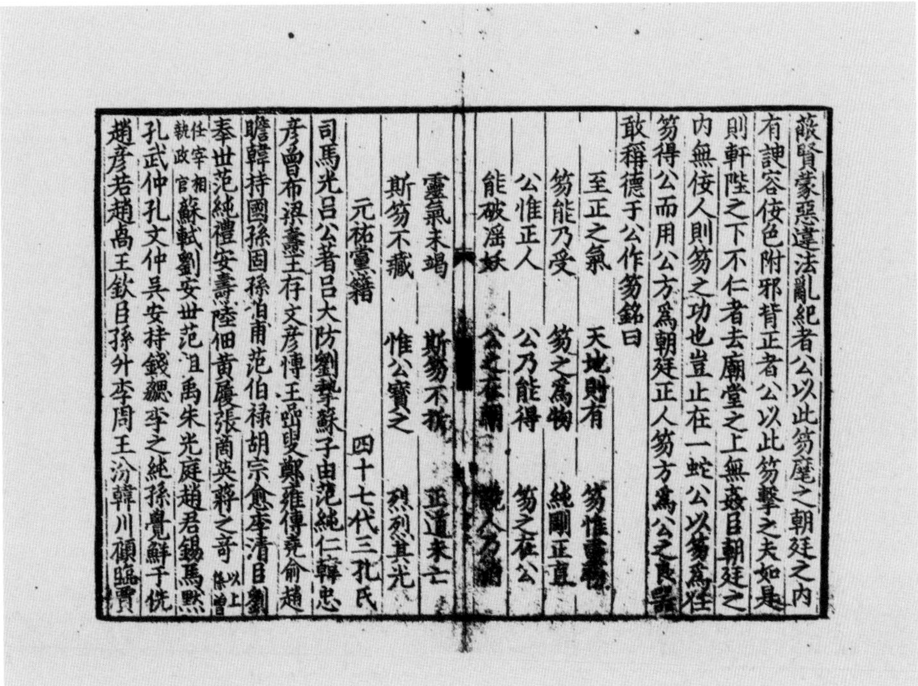

圖 5　再造善本《東家雜記》文字底色較深，糊成一團不可辨認

還有，去除底色後的古籍葉面圖像接近位圖的模式，變得没有層次感了，致使覆蓋在文字之上的印章或批校相互影響，難以識讀。對於書葉背面有文字的“公文紙印本”，更是束手無策。《中華再造善本》選目中有一批公文紙印本的古籍，製作多次均告失敗，最後竟然删除掉書葉背面的公文字迹，使這批珍貴的古籍善本版本特徵蕩然無存（圖6—11）。公文紙印本背面的文字，是鑒定古籍版本的重要依據，同時紙背文書的研究也被學界視爲發掘新史料的利器。《中華再造善本》因采用不當印刷工藝造成的後果，由此可見一斑。

其二，一些古籍善本有缺葉或書葉破損，并經後人修復抄補過，這些信息，原書都可以清楚地反映出來，但去除底色後，修補的痕迹就不存在了。例如《中華再造善本》所收宋端平刻本《楚辭集注》，鎸刻精善，裝幀古雅，係山東聊城楊氏海源閣舊藏，其首葉及次葉的上半葉殘缺，次葉下半葉右上角的“風”字僅存一半，

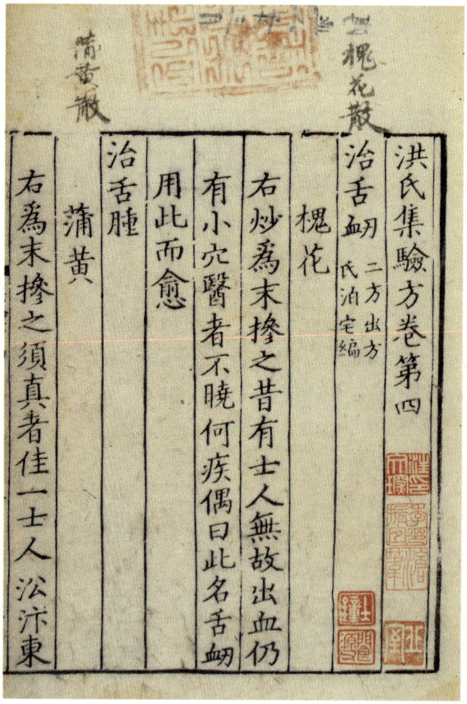
槐花散 蒲黄散
洪氏集驗方卷第四
治舌衂 二方出氏洎宅編
槐花
右炒爲末摻之昔有士人無故出血仍
有小穴醫者不曉何疾偶曰此名舌衂
用此而愈
治舌腫
蒲黄
右爲末摻之須真者佳一士人沿汴東

圖6　宋刻本《洪氏集驗方》紙背爲淳熙七年（1180）、八年（1181）公文及鈐印

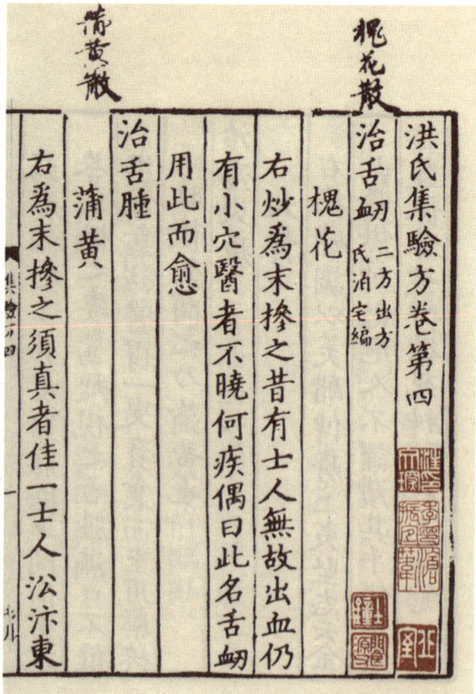
槐花散 蒲黄散
洪氏集驗方卷第四
治舌衂 二方出氏洎宅編
槐花
右炒爲末摻之昔有士人無故出血仍
有小穴醫者不曉何疾偶曰此名舌衂
用此而愈
治舌腫
蒲黄
右爲末摻之須真者佳一士人沿汴東

圖7　再造善本《洪氏集驗方》紙背字迹、鈐印皆無

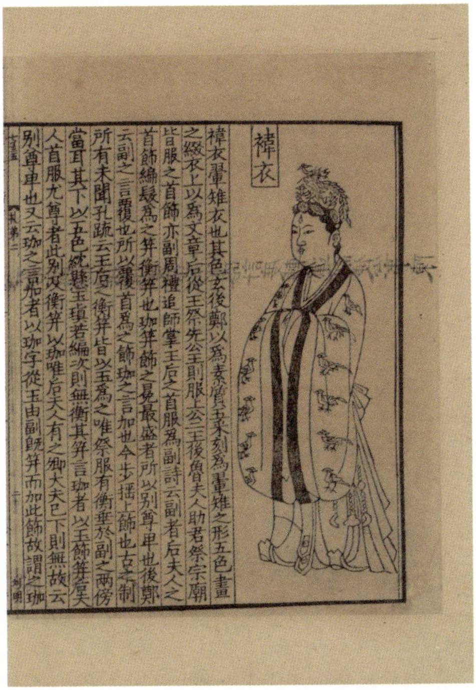

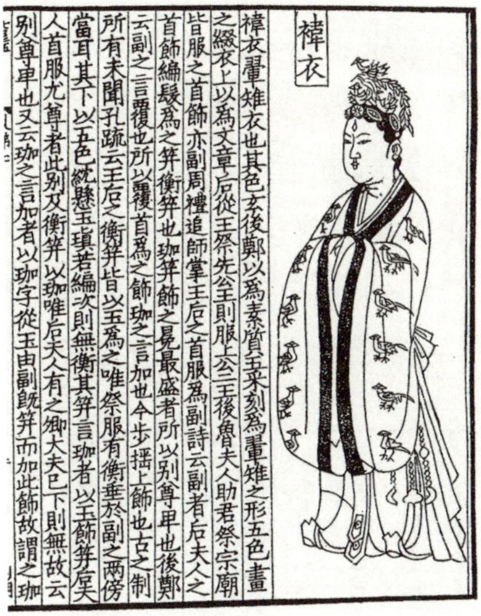

圖 8　宋刻本《新定三禮圖》卷二紙背有公文字迹

圖 9　再造善本《新定三禮圖》卷二無公文字迹

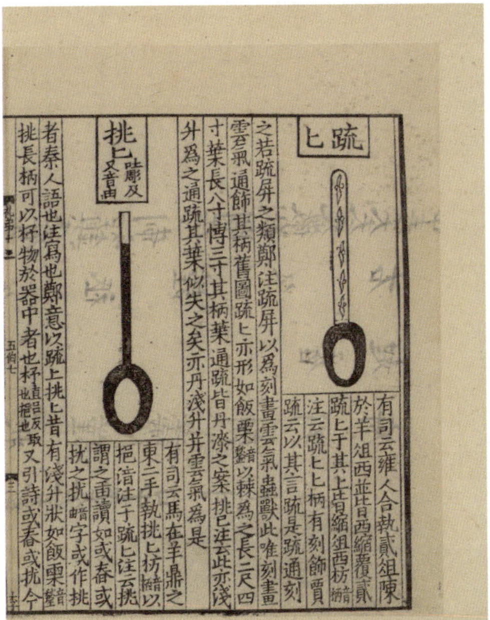

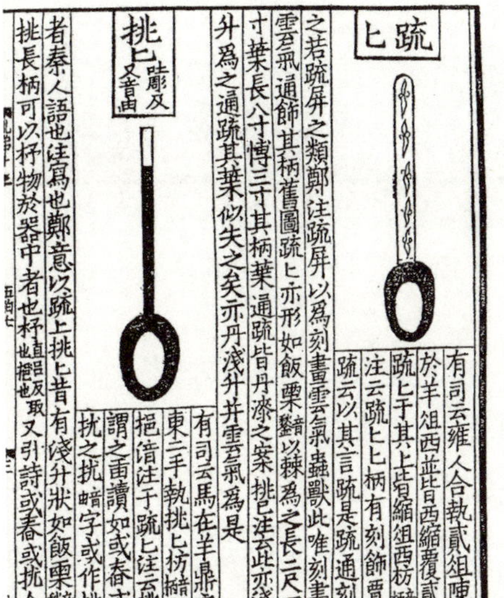

圖 10　宋刻本《新定三禮圖》卷十三紙背有公文字迹

圖 11　再造善本《新定三禮圖》卷十三無公文字迹

後人據影宋本抄補配齊。由於抄補者技藝高超，抄補之字與原書字迹珠聯璧合，難以分辨。上述情况，原書因紙色紙質的差别，一目瞭然；《中華再造善本》所印則判若兩物，書葉裝修抄補的痕迹全部消失，極易誤導後人（圖12—13）。我將《中華再造善本·唐宋編》《金元編》與原書一一對照後發現，此類事例在《中華再造善本》中爲數較多，絶非個例。并且，該《楚辭集注》的内容提要，對上述抄補等信息隻字未提，也欠妥當。

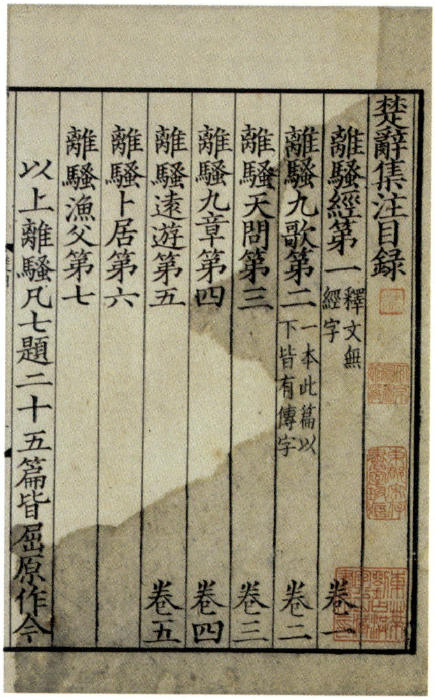
楚辭集注目録
離騷經第一 釋文無經字 卷一
離騷九歌第二 一本此篇以下皆有傳字 卷二
離騷天問第三 卷三
離騷九章第四 卷四
離騷遠遊第五 卷五
離騷卜居第六
離騷漁父第七
以上離騷凡七題二十五篇皆屈原作今

圖12　宋端平刻本《楚辭集注》修補痕迹明顯

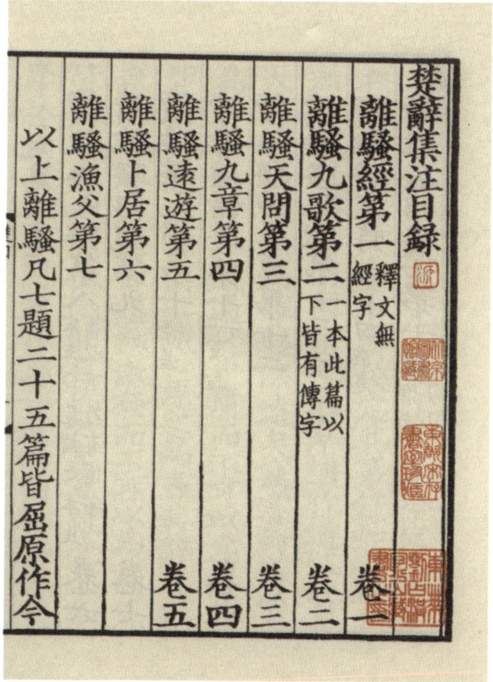
楚辭集注目録
離騷經第一 釋文無經字 卷一
離騷九歌第二 一本此篇以下皆有傳字 卷二
離騷天問第三 卷三
離騷九章第四 卷四
離騷遠遊第五 卷五
離騷卜居第六
離騷漁父第七
以上離騷凡七題二十五篇皆屈原作今

圖13　再造善本《楚辭集注》去除底色後修補痕迹消失

許多宋刻本的裝幀歷經了蝴蝶裝到綫裝，或者又改爲册頁裝的過程，這些變化在原書的書葉中均有明顯的痕迹。例如國家圖書館藏宋刻元人補抄本《重雕改正湘山野録》，黄丕烈收來時爲綫裝，後發現訂口距版框過近，遮蓋住框外補抄的一行字。爲此，黄丕烈將書葉重新托裱加大，“使倒摺向内”，做成册頁裝，以便閲覽。從該書的彩色圖像可以清晰地看到，書葉曾經被打眼訂綫，并且不止一次；但再造善本去除底色後，所有的痕迹都消失了，導致考證此書的版本，瞭解其裝幀、修補歷史已無據可考（圖14—15）。

又如上海圖書館藏宋本《王建詩集》，卷尾有唐寅題識曰："俞子容家藏書，唐寅勘畢。"若看此處著録文字，即認爲俞子容曾藏此本，實際情况却大相徑庭。《上海圖書館藏宋本圖録》中《王建詩集》十卷提要云："俞子容名弁，乃與唐寅同時之蘇州藏書名家。而此本既無俞氏印章，也無唐氏校語；又唐氏題識在卷十末之另紙，係粘接於卷十抄配紙之後（其接痕與紙色，影印本泯滅殆盡），除鈐有'南京解元''唐寅私印'兩印外，又有'季振宜藏書'之印；檢黄氏士禮居輯刻《季滄葦藏書目》，不見宋本《王建詩集》著録。由是觀之，唐氏手迹雖真，却係從季振宜所藏某本書中移易而來，則此本非俞氏舊藏也明矣。"（上海古籍出版社，2010，第37頁）題跋原件明顯的"粘接"痕迹，去底色後消失了，遂使人誤讀（圖16—17）。同時，該提要也質疑再造善本去除底色工藝，謂："中華再造善本工程將國圖與上圖兩本相配影印，……影印本因采取朱墨套色印製而非四色彩印，其套紅及紙色一律，不辨新舊與配補之實，且經修描，原本面貌殊難踪迹。"（第36頁）

再如國家圖書館藏宋刻本《忘憂清樂集》，所收爲歷史上的實戰棋譜，其中"興國圖""瓊林圖""賈玄圖"等棋盤破損，後人裱補後描畫完整棋盤格綫，但破損處原有棋子因無資料可查，未能補畫。宋刻本原書書葉修補之處清晰可辨，不致造成誤解，但再造善本去底色後看不出補畫棋盤之痕迹，讓人誤以爲原棋局即如此，并未缺棋子。此問題性質比較嚴重（圖18—19）。

又如近日審讀《〈北京圖書館古籍善本書目〉配補本圖録》（待出版）書稿，其中宋刻本《禮記集説》提要謂"清何焯、黄丕烈跋并題簽"，二跋分别寫在竪格灑金紙和粉紙上。我記得，再造善本該書提要衹著録了黄丕烈跋而未提何焯跋之事。再造善本提要顯然認爲二跋均係黄丕烈所爲，因提要作者在所著《宋版書叙録》的《禮記集説》叙録中，是將灑金紙、粉紙上二跋均認定爲黄丕烈之跋的（北京圖書館出版社，1994，第151頁）。爲進一步查證，我

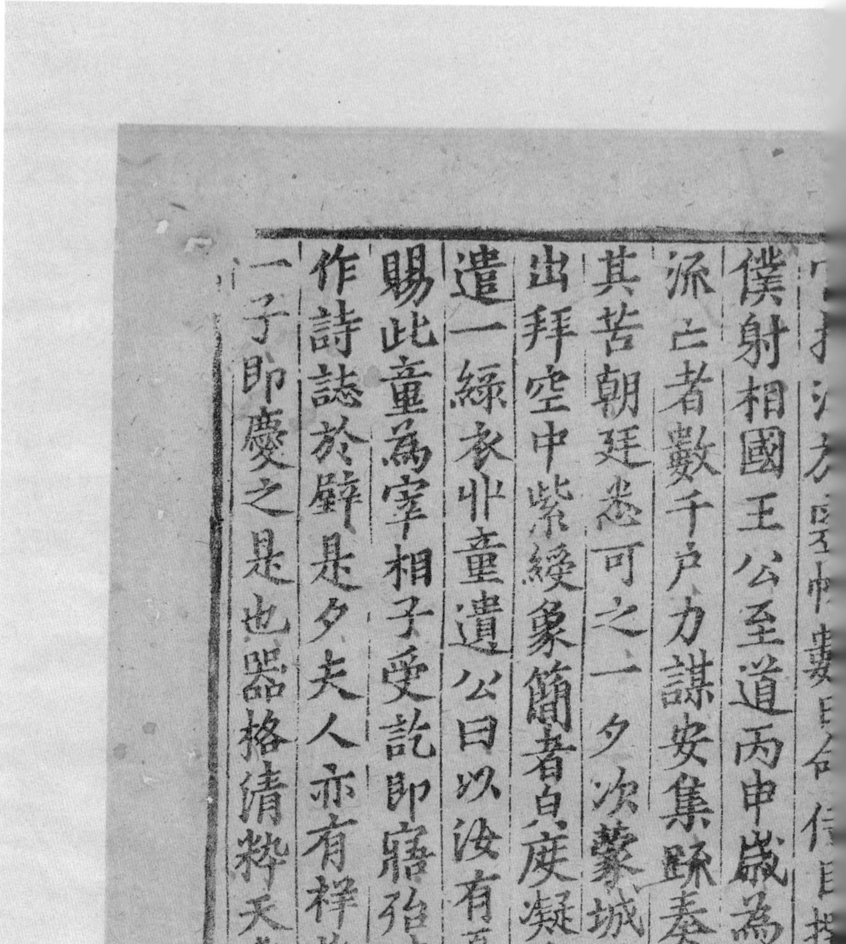

圖 14　宋刻元人補抄本《重雕改正湘山野録》裝幀痕迹清晰可見

重雕改正湘山野錄中

真宗居藩邸升諸宮命侍講邢昺說尚書凡八席詩礼論語孝經皆數四既即位咸平辛丑至天禧辛酉廿一年之間雖車輅巡封遍舉曠世闕典其間講席歲未嘗輟至末年詔直閣馮公元講周易止終六十四卦未及繫辭以元使雱遂止及元歸清躬漸不豫後仁宗即位半年侍臣以崇政殿閣所講遺編進呈方得之[illegible]上覽遂感又[illegible][illegible]所已畢義歷歷盡在函

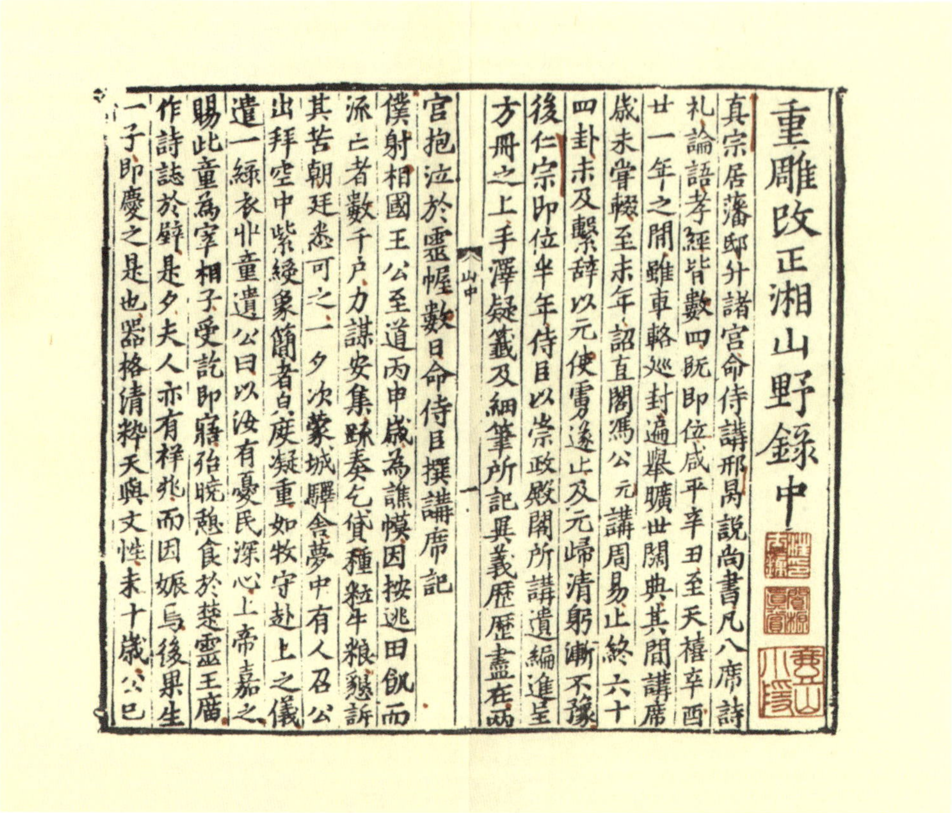

重雕改正湘山野録中

真宗居藩邸升諸宮命侍講邢昺說尚書凡八席詩礼論語孝經皆數四既即位咸平辛丑至天禧辛酉廿一年之間雖車輅巡封遍舉曠世闕典其間講席歲未嘗輟至末年詔直閣馮公元講周易止終六十四卦未及繫辞以元使虜遂止及元歸清躬漸不豫後仁宗即位半年侍臣以崇政殿閣所講遺編進呈方冊之上手澤疑籤及細筆所記異義歷歷盡在兩宫抱泣於靈幄數日命侍臣撰講席記

僕射相國王公至道丙申歲為譙幰因按逃田飢而流亡者數千户力謀安集跡奏乞貸種糧牛粮懇訴其苦朝廷悉可之一夕次蒙城驛舍夢中有人召公出拜空中紫綬象簡者貞庭凝重如牧守赴上之儀遣一綠衣丱童遺公曰以汝有憂民深心上帝嘉之賜此童為宰相子受訖即寤殆曉憩食於楚靈王廟作詩誌於壁是夕夫人亦有祥兆而因娠乃後果生一子即慶之是也器格清粹天與文性未十歲公已

圖 15　再造善本《重雕改正湘山野録》裝幀痕迹消失

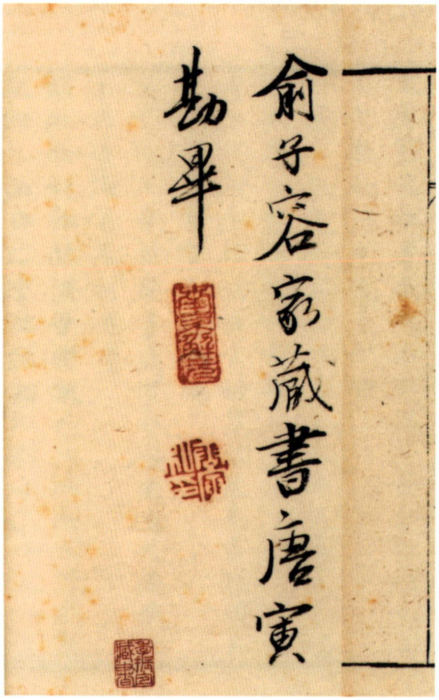

圖 16　宋刻本《王建詩集》
唐寅題識粘接痕迹明顯

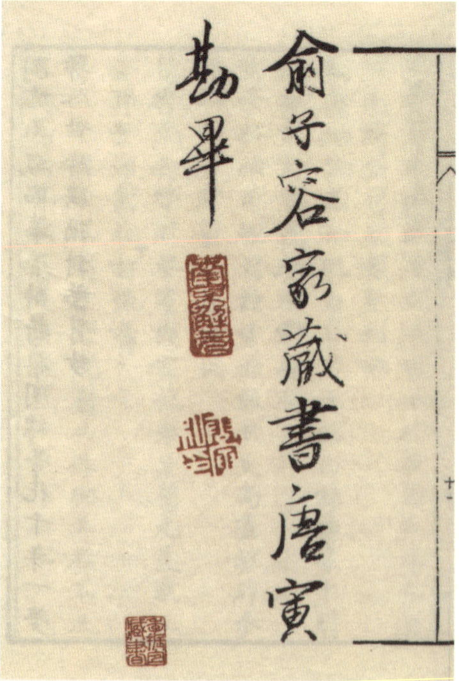

圖 17　再造善本《王建詩集》
唐寅題識粘接痕迹消失

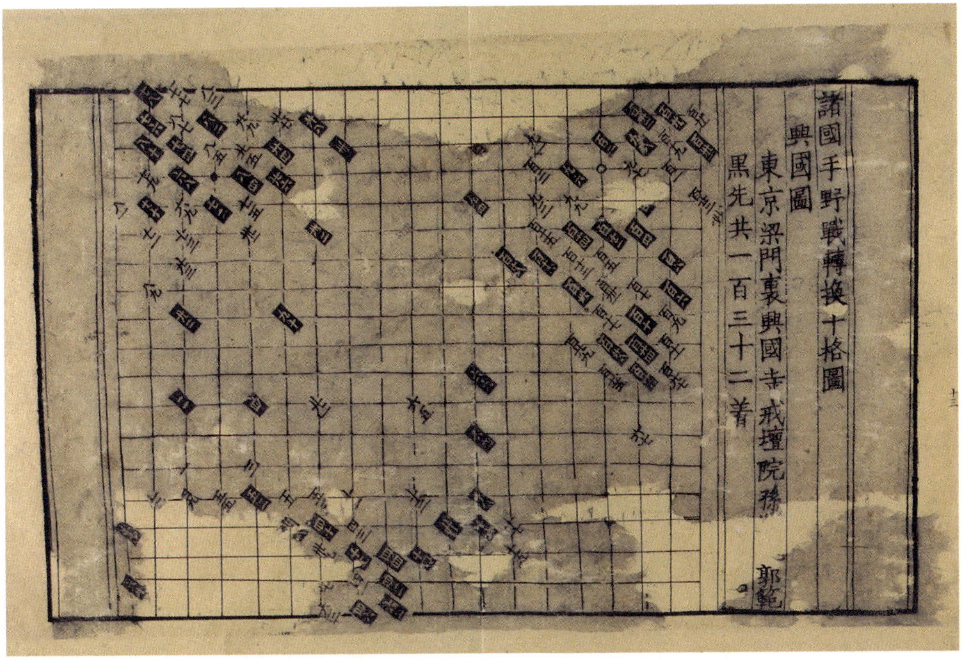

圖 18　宋刻本《忘憂清樂集》棋盤殘缺痕迹明顯

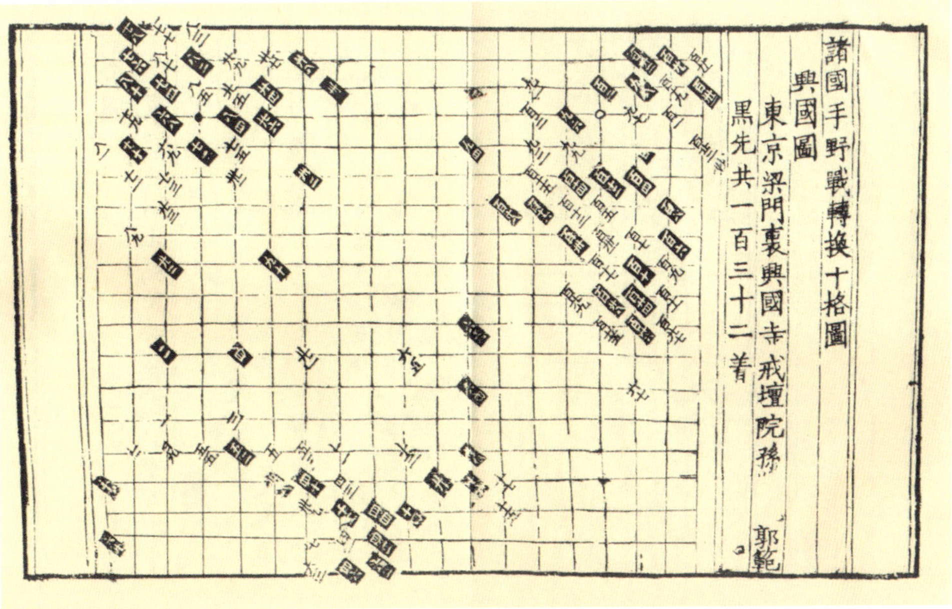

圖 19　再造善本《忘憂清樂集》棋盤殘缺痕迹消失

對照原件翻閲了再造善本《禮記集説》，原書灑金紙上的跋引起了我的注意，該跋是被藏家粘貼到書前副葉上的，而再造善本製作時去除底色，致使箋紙與副葉毫無區别、融爲一體，但這應該不影響對跋文的閲讀和判斷。然而，箋紙左側竪格内一方秦蕙田的“味經窩藏書印”印，却顛覆了我的認知。秦蕙田生於1702年，卒於1764年；黄丕烈則生於1763年，也就是秦蕙田去世的前一年，因此秦印不可能鈐蓋在黄丕烈的題跋紙上。後經對照原件發現，秦蕙田之印鈐蓋在箋紙之外，是再造善本分色套印印章時錯位右移，印到了竪格之内（從格紙左邊上下横綫可以看出），加上去除底色後箋紙痕迹消失，便出現了足以誤導他人的差錯（圖20—21）。可見印章與文字分離後再次套印的印刷方式，也是再造善本的一個質量隱患。經考證，那紙跋文實爲佚名録清何焯之跋，而非黄丕烈所

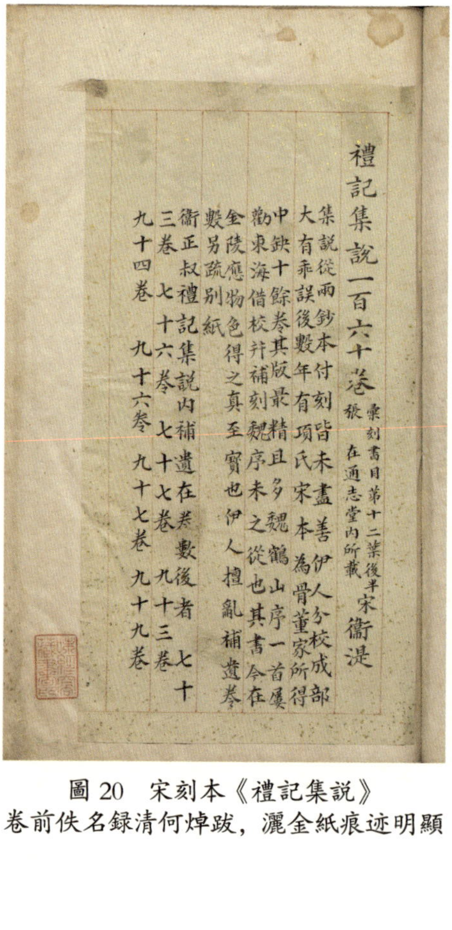
禮記集説一百六十卷 張彙刻書目第十二葉後半在通志堂内所載 宋衞湜
集説從兩鈔本付刻皆未盡善伊人分校成部
大有乖誤後數年有項氏宋本爲骨董家所得
中缺十餘卷其版最精且多魏鶴山序一首屢
勸東海借校并補刻魏序未之從也其書今在
金陵應物色得之真至寶也伊人擅亂補遺卷
數另疏别紙
衛正叔禮記集説内補遺在卷數後者七十
三卷 七十六卷 七十七卷 九十三卷
九十四卷 九十六卷 九十七卷 九十九卷

圖 20　宋刻本《禮記集説》
卷前佚名録清何焯跋，灑金紙痕迹明顯

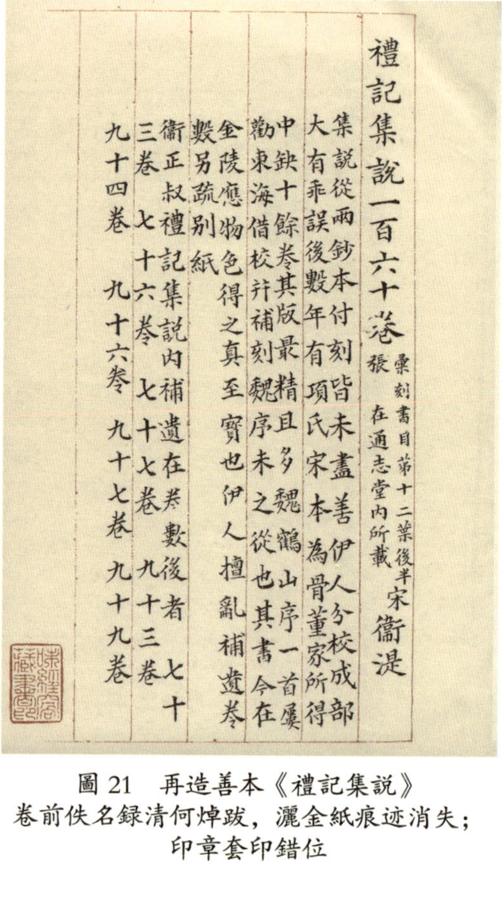
禮記集説一百六十卷 張彙刻書目第十二葉後半在通志堂内所載 宋衞湜
集説從兩鈔本付刻皆未盡善伊人分校成部
大有乖誤後數年有項氏宋本爲骨董家所得
中缺十餘卷其版最精且多魏鶴山序一首屢
勸東海借校并補刻魏序未之從也其書今在
金陵應物色得之真至寶也伊人擅亂補遺卷
數另疏别紙
衛正叔禮記集説内補遺在卷數後者七十
三卷 七十六卷 七十七卷 九十三卷
九十四卷 九十六卷 九十七卷 九十九卷

圖 21　再造善本《禮記集説》
卷前佚名録清何焯跋，灑金紙痕迹消失；
印章套印錯位

題（詳見本書《〈中華再造善本〉瑕疵小記》），但印章錯位造成的問題依然存在，因可能誤導讀者以爲佚名過録何焯跋在秦蕙田收藏此書之前，而原件秦印鈐蓋在箋紙之外則表明，佚名過録何焯跋可能在秦蕙田收藏此書之後。另外，寫在粉紙上的是黄丕烈跋（亦無落款）（圖22）。

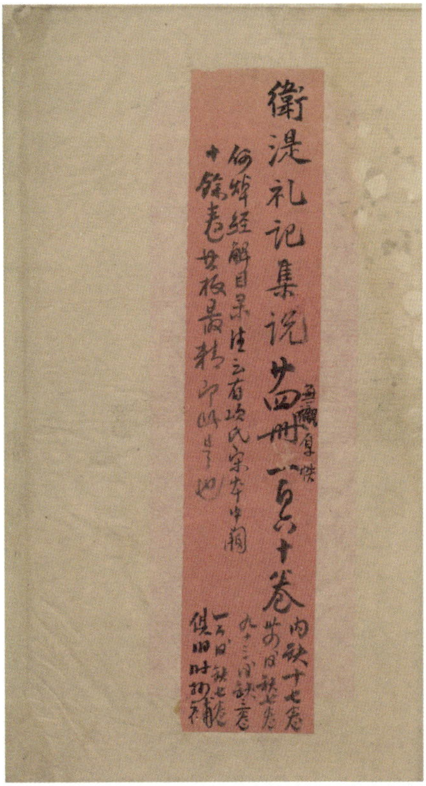

圖 22　宋刻本《禮記集説》黄丕烈跋（粉紙）

古籍書葉的紙張及其狀態的變化是古籍善本重要的組成部分，在彰顯古籍版本特徵方面，其重要性有時甚至超過了文字内容。以往的許多竄改版本者，需要解決的一大難題，就是如何消除書葉挖補、“移植拼接”後，紙張顔色所産生的差异。令人生疑的是，《中華再造善本》去除原書紙張的底色，鋪上千篇一律的黄底後，還是原先的版本嗎？能説與原書一模一樣嗎？這些本子能當作古籍鑒定的依據嗎？我以爲，以傳本揚學爲己任的《中華再造善本》，應該保存的是古籍現存狀態下的原貌，應該全部采用四色彩印的方式印製。唯有如此，纔算得上仿真複製。

我反對影印古籍時去除底色，對於重要的古籍善本主張彩色印刷的理由，除了以上所舉之外，還有一點：現存狀態下的彩色古籍書葉藴含着極爲豐富的信息，是千百年來歲月積纍的結晶，從中可以反映出不同的紙張、油墨，不同的保存環境下，古籍圖書的不同狀態，是我們今天鑒别古書、從事古籍保護研究工作的珍貴史料，我們應儘可能地將其影印出來，供人們參考使用。

文物行業講究“修舊如舊”，即使複製的文物展品也要做舊。

文物的舊的表象，俗稱“包漿”，是歷史演進過程中形成的特殊狀態，具有很高的藝術鑒賞價值。古籍善本同樣如此，紙張變色并深淺不一，有了污漬，乃至破損（然後修復），那就是古籍書葉的“包漿”，體現出年代悠久的古籍之美。我們爲什麼不竭盡全力地去保留它，反而要去破壞它呢？

早期的古籍影印要去除底灰，除了人們觀念上的原因外，技術方面的不足也很重要。數十年前的彩色製版印刷不僅質量差，而且費工費時，成本極高，整部書做彩印幾乎是不可能的。近20年來隨着新技術的發展，彩印質量大幅提高，成本也降低了不少，《中華再造善本》却没有藉此機會悉數彩印，實在可惜！

説到此處，又引申出一個話題。《〈中華再造善本〉序言》説：“所謂時代職責，主要是指‘中華再造善本工程’的標準一定要建立在當代最高最好這個層面上。具體而言，就是要在甄選編纂方面體現出系統性、權威性，在出版方面體現出高質量、高品位。也就是説，在編纂體例、選録標準以及提要撰寫等方面，力求達到當今學術研究的新高度；攝影、印刷乃至用紙、裝幀等，要具備現代印刷技術的水準。”（中華再造善本工程編纂出版委員會編著：《中華再造善本總目提要》，國家圖書館出版社，2013）對於甄選編纂方面是否體現出“系統性、權威性”，編纂體例、選録標準以及提要撰寫等方面是否“達到當今學術研究的新高度”，這裏不做評價，但所説“在出版方面體現出高質量、高品位”“要具備現代印刷技術的水準”，我認爲再造善本根本没有做到。修圖去底色，分離原書紙張、印章、批注和正文的顔色，然後套印黄、紅、黑色，實屬落後、質量低劣之工藝；就拿印刷設備來講，20世紀20年代的石印機還在參與印刷，又何談現代水準？

四、關於綫裝與成書尺寸的商榷

中式綫裝被《中華再造善本》編纂出版委員會列爲“達到仿

真再造目的”的標準之一。稍有古籍常識的人都清楚，宋元本古籍多數都不是綫裝，綫裝書盛行於明清兩代。對這種極爲常見的裝訂方式，實無大規模模仿複製的必要。更重要的是，綫裝書不便閱覽和庋藏的缺點非常明顯，早已爲前人所詬病。80多年前，張元濟先生在《四部叢刊啓》中就曾説道：“雕版之書，卷帙浩繁，藏之充棟，載之專車，平時翻閱，亦屢煩乎轉换。此則石印，但略小其匡而不并其葉，故册小而字大；册小則便庋藏，字大則能悦目。”《四部叢刊》雖仍選擇了綫裝，但將開本縮小至32開，很大程度上解决了綫裝書不便存放和閲覽的問題。

但是，現在一些專家的觀念比起張元濟先生却有了很大的退步。《中華再造善本》的尺寸不僅没有縮小，反而放大了不少：高33厘米、寬22.7厘米。對此，出版社當時的意見是，大16開，高28.5厘米、寬21.5厘米，可以容納下大多數古籍葉面；新的成書尺寸没有增加多少，實際意義不大，雖未達到高38厘米、寬26厘米的8開成書尺寸，但按照規定，製版、印刷、裝訂却要以8開的標準計價，價格翻一番，整體成本增加了1倍，非常不經濟。而且，一定要將這個尺寸與官方印書、政府工程聯繫起來，有何必要？實際上，中國古代包括歷代監本、《四庫全書》在内的多數官書，成書尺寸都未超過大16開，編纂者也是要考慮出書成本的。《中華再造善本》已出版部分的篇幅即爲《四部叢刊》的4倍有餘，開本尺寸也是《四部叢刊》的4倍，其庋藏與翻閲的難度，可想而知。

我以爲，裝訂形式在中國古籍發展史中的地位不應被過度高估，從簡牘到卷軸裝，再到經摺裝、蝴蝶裝、包背裝、綫裝，圖書的裝訂形式是隨時代的發展而發展變化的，無論如何，都是爲圖書的内容服務的；所謂圖書傳播文化、傳承文明的功能，與書的裝訂形式并無太大關係。相反，圖書的裝訂形式是朝着方便使用和存放的方嚮發展變化的。我們的主流影印古籍，應當與此相嚮而行。

再有，綫裝書紙質柔軟輕薄，耐用度根本無法與現代紙張相比。許多高校圖書館規定，影印圖書應該開架閲覽，但由於再造善本爲宣紙綫裝書，開架不久，書便被損壞，衹得重新入庫，束之高閣。此後，包括國家圖書館在内的幾乎所有圖書館，都將再造善本的借閱參照古籍善本的方式管理，極大地影響了該書的流通使用。再有，8開宣紙綫裝抬高了書的製作成本及售價，僅《唐宋編》《金元編》的定價便高達300萬元，以致印數較低。諸如此類的做法，與《中華再造善本工程可行性研究報告》中提出的“讓古籍善本從重重保護中解放出來，得以流通”的承諾背道而馳。而我們當初彩色印刷、精裝16開的方案，成本及定價要低得多，計劃印數500部至800部，還可不斷重印，使再造善本真正起到化身千百、服務社會的作用。

五、關於决策機制方面的問題

“中華再造善本工程”是國家高投入、特大規模的古籍影印出版項目，能否順利竣工并取得預期效果，取决於編輯出版方案，以及管理决策機制。令人遺憾的是，這些問題處理得有所欠缺，導致項目的效果大打折扣。問題主要源自有關方面没有正確地理解與使用“專家”。一段時間以來，不少領域都存在一個通病：某些專家出了名，就成了“萬能家”，事無巨細都必須由他牽頭去做。“中華再造善本工程”也是如此。

“中華再造善本工程”的初期，各種機構尚未正式成立，大體的分工是：選目工作，由國家圖書館善本部會同館内外的古籍版本及相關專業的專家學者負責；出版方面，如書的開本、裝幀形式、印刷方式等由國圖社負責。出版社起初製訂的方案是大16開本，精裝，全部彩色印刷；用紙爲80克輕型膠版紙。這一方案的製訂是基於我們從事古籍影印工作多年的經驗，以及衆多圖書館員工和專家學者的意見。但是，在編纂出版委員會成立後，出版社的上述方案被全部否定，并且將編輯出版方面的所有事務的决策權收歸編纂出版委員會。編纂出版委員會的委員中没有一位國圖社的人。再造善本的編輯出版工作，一定程度上脱離了出版行業的規範和指導，背離了圖書出版三審制原則，這也是該書出現較多質量問題的一個原因。

我認爲，《中華再造善本》具有非常强的專業性，將承擔出版工作的國圖社排除在編輯出版工作决策層之外，非常不明智。《中華再造善本工程專項資金項目申報書》“組織實施能力”一欄，介紹國家圖書館出版社時説，該社“是國家圖書館主辦的一家中央級專業出版社，……製作的古籍影印類圖書屢獲省、部級以上單位的獎勵，且以圖書裝幀形式精美、印刷質量上乘獲得大衆好評，曾作爲國禮贈送外國首腦及政要人物”。既然如此，爲什麽不充分利用和發揮出版社的專業技術特長?

“中華再造善本工程”的編纂出版委員會中，幾乎窮盡了當時所有社科界著名的專家學者，可惜上述專家學者多數衹是挂名，并非决策者。真正决策的個别專家，在古籍影印出版領域却是純粹的外行，因此做出了很多不專業的决策。本文前面提到的所有問題，我們都在各種相關會議上提出過，并且向有關方面做過彙報，但最終都被編纂出版委員會否定。尤其是“公文紙印本”之書，印刷廠打出紙樣後，我偶然在再造善本編輯室看到并發現了問題，我認爲，公文紙印本是再造善本專門收録的一類古籍版本，具有重要的版本價值，而紙樣中却没有一絲公文紙印本的痕迹，屬於重大質量問題。作爲一名老編輯和出版社的業務負責人，我有責任指出并要求改正。但我的意見在没有與我溝通的情况下，直接被編纂出版委員會負責人否定了。該負責人説，印刷廠説做不出來，就算了。許多應該由出版社與印刷廠交涉并監督執行的業務，被不懂印製的編纂出版委員會包攬；編纂出版委員會内部建立的“三審制”，取代了出版社的責任編輯、編輯室主任（或具有同等業務能力和資質的人員）、總編輯三審制；毫無編輯經驗的撰稿人之間互審。最終不但造成影印圖書出現質量問題，内容提要也硬傷纍纍（詳見本書《〈中華再造善本〉瑕疵小記》）。事實證明，出版社三審制，這一新聞出版署制定的規章制度，對保證圖書出版的質量具有舉足輕重的作用。

《中華再造善本》面世之初，國家圖書館善本部做出規定，凡有再造善本的，一律提供再造善本，不再借閲原書。但善本閲覽室工作人員經常向我們反映，很多讀者説再造善本和原書相差太大，拒絶看再造善本，一定要看原書。此類反映，我們也經常在其他圖書館聽到。《金元編》的工作結束後，準備啓動《中華再造善本續編》時，我和郭又陵社長起草了一份報告，請求改變製作工藝，藉以提高《中華再造善本》的質量，降低成本。具體的方式：改回大16開精裝，彩色印刷或灰度印刷。其實，我們當初製訂的全部大16開精裝、彩色印刷的方案，總成本低於變更後黑白印刷的方案。但我們的意見最終還是被編纂出版委員會負責人否决了。有關領導的回復是要按專家的意見辦。我以爲，所謂“專家”，應該是特指的、有具體專業限制的專家，抽象的、萬能的專家是不存在的。

2017年10月15日初稿

2024年2月25日三稿

《中華再造善本》瑕疵小記

作爲目前爲止規模最大的古籍影印出版項目，《中華再造善本》（以下簡稱“《再造》”）共收唐宋以下古籍善本1341種，是《四部叢刊》三編總和的2.6倍，并且爲每一種古籍撰寫了提要。除體量大、門類全外，《再造》還有三個特點：底本優良、全部采用古籍原書拍攝製版、影印時保留了後代藏書家及學者的題識和鈐印，爲使用者提供了極大的方便。《再造》的成績以往各類媒體論述甚多，因篇幅所限，兹不贅述。本文想就《再造》存在的個別問題，或者説瑕疵，舉例并略加評述。因爲《再造》的體量和影響甚大，涉及的單位和個人衆多，其問題在古籍整理出版，乃至古籍編目等領域均有一定的代表性，故揭示出來可以爲今後的相關工作提供參考藉鑒。不當之處，望方家批評指正。

一、個別選目失當和底本差錯

《再造·唐宋編》選用了國家圖書館（以下簡稱“國圖”）藏兩部内容相同的《張先生校正楊寶學易傳》（二十卷），且提要强調“此書現存兩部完帙，均藏中國國家圖書館”。經查，該兩部古籍之版本差别不大，亦無缺卷，不知何故要重複影印。

《再造·唐宋編》入選兩部《漢雋》（十卷）。上海圖書館（以下簡稱“上圖”）藏本提要謂：“《天禄琳琅書目後編》卷四著録《漢雋》兩部，據所列印鑒，知其一即爲此本。而謂其乃淳熙十年（一一八三）象山縣學刻本，則誤。”又謂：“《藏園訂補郘亭知見傳本書目》載有‘宋淳熙十年（一一八三）象山縣學刻本’，半葉九行，小字雙行三十字，白口，左右雙闌。刊工有孫濟、孫湛、王進、方迪等。今觀《中華再造善本》所收中國國家圖書館藏本，刊工、版式均與之一致，當即淳熙十年本。”故此斷定本館藏本係宋淳熙五年（1178）滁陽郡齋刻本，國圖藏本爲宋淳熙十年（1183）象山縣學刻本。然而，國圖藏本原著録爲宋淳熙十年象山縣學刻本，提要却根據張元濟《寶禮堂宋本書録》之説，推翻了原先的説法，斷定該本亦爲宋淳熙五年滁陽郡齋刻本。據此，兩部《漢雋》提要都自稱宋淳熙五年滁陽郡齋刻本，但核對後發現兩本刻工全然不同，并非同一版本。《中華再造善本總目提要》理應統合兩本提要自相矛盾之説，消弭抵牾。又，該兩本《漢雋》除刻工迥异，版式行款、内容雷同，然上圖本著録行款爲“每半葉九行，行十五字”，國圖本則曰“每半葉九行，行十八或十九字”，差异明顯，不妥。

《再造·唐宋編》選印兩部《漢書》（一百卷），均爲國家圖書館藏，一爲宋蔡琪家塾刻本，一爲白鷺洲書院刻本。據白鷺洲書院刻本提要作者考證，“觀此書版式、内容、字體等，與中國國家圖書館藏宋蔡琪家塾本悉同，或爲覆刻建安蔡琪本”。經核對，該兩部《漢書》除白鷺洲書院刻本目録前有“甲申歲刊於白鷺洲書院”雙行牌記，餘皆相同，實爲重複出版且篇幅巨大。

《再造·金元編》選印兩部《春秋諸傳會通》，一部著録爲元李廉撰，元至正十一年（1351）虞氏明復齋刻本，索書號爲7288；另一部著録相同，索書號爲7883。經查，二書均係元至正辛卯仲冬（1351年11月20日—12月18日）虞氏明復齋刻元至正辛卯臘月（1351年12月19日—1352年1月17日）崇川書府重刊本。7288號書缺失該書撰者李廉之序，《讀春秋綱領》《春秋諸傳序》《春秋諸傳會通凡例》的順序與7883號書不同，其他内容與7883號完全一樣；并且7288號書中文字多有殘缺。因此實無重複影印之必要。

《再造·金元編》選用國圖藏《玉海》二百卷，附《詩考》一卷、《詩地理考》六卷等13種同期刻印之古籍，共計240册，索書號3316。據提要介紹，此本原爲鐵琴銅劍樓所藏，“鈐有‘鐵琴銅劍樓’印記。今藏中國國家圖書館”（圖1）；提要還兩次引用該書前後序文，以證該書刻梓時間及刻印者。《中華再造善本總目提要》前言中不僅明言收録此本《玉海》，還專門介紹了它的特色與價值，以及如何著録及分類的情況。但實際影印之《玉海》却爲索書號0915的元刻本，殘存一百十卷，68册，篇幅僅爲前者的二分之一有餘，與目録和提要所述版本不符；書中亦無“鐵琴銅劍樓”印記，并且書的前後殘缺，序文無存（圖2）。因提要作者撰寫提要時未查驗影印本，故始終不知影印底本出現差錯。

又，《再造·唐宋編》以“抄者精工，惟妙惟肖，影印效果極

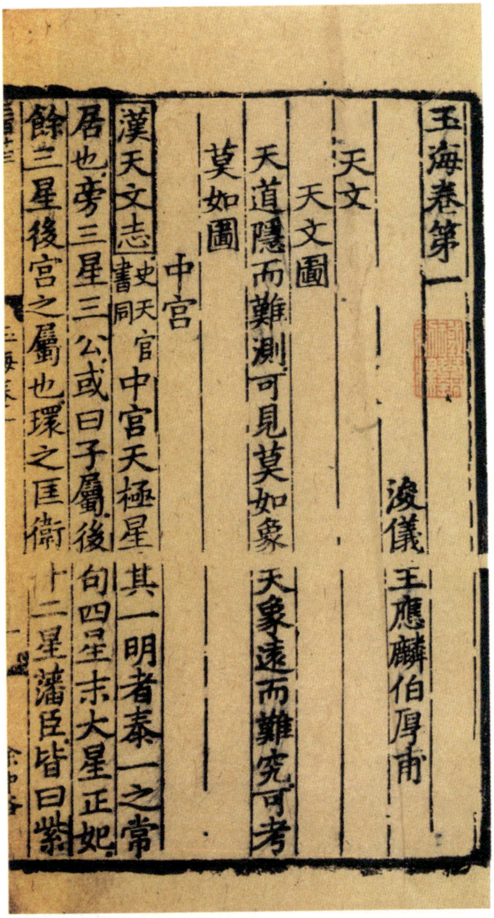

圖1　國圖藏元刻本《玉海》（索書號：3316）卷一，有“鐵琴銅劍樓”藏印

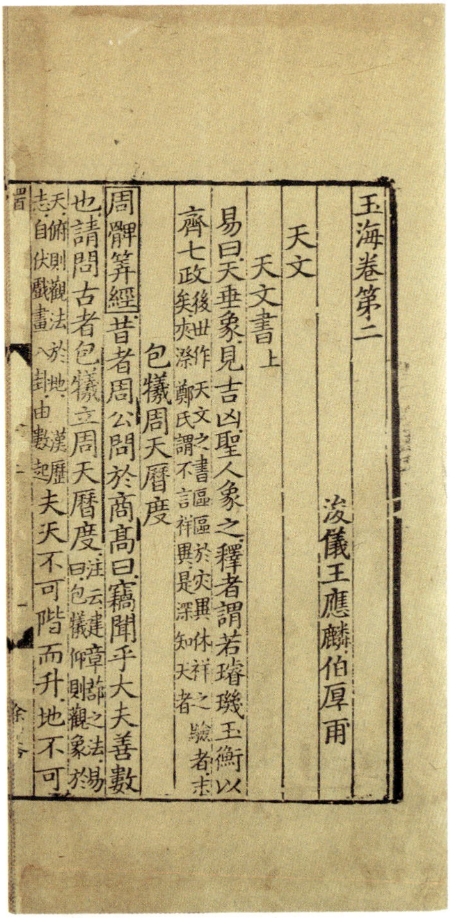

圖2　國圖藏元刻本《玉海》（索書號：0915）殘本卷二

佳”（《于湖居士文集》提要）等原因，收入《漢上易傳》《于湖居士文集》《芸居乙稿》《亞愚江浙紀行集句詩》等4種清影宋抄本，不妥。宋刻本與清代影宋抄本在版本體系中涇渭分明，版本價值也不可同日而語，該4種影宋抄本如欲選用，應該放到《清代編》中。實際上《再造·明代編》《清代編》中選用了《謝宣城詩集》《極玄集》《儀禮疏》《五經文字》《類篇》《班馬字類補遺》《重續千字文》《汲古閣景抄南宋六十家小集》等大量影宋抄本，爲什麽這些抄本不入《唐宋編》？從體例劃一的角度看，前述做法亦有問題。

二、影印牌記著録的欠缺

《再造》每一種影印本正文前均有一牌記，注明所用底本的版本、藏館和版框尺寸。例如《唐宋編》中《周易》，牌記曰：“據中國國家圖書館藏宋刻本影印，原書版框高十八·三厘米，寬十三·一厘米。”問題是，遇到宋刻本殘缺，配補其他版本，如元明清刻本抄本、影宋抄本等情況時，牌記亦衹記録宋刻本；即使宋殘本占比很低的古籍，仍舊如此。例如《外臺秘要方》，存三十六卷，宋刻本衹有五卷，其他三十一卷配補明、清抄本；《王黄州小畜集》宋本殘存僅三分之一，其他卷配補清吕無黨吾研齋抄本；等等。此類與實際使用底本大不相符的牌記，非但起不到版本提示作用，且有誤導讀者之嫌。究其原因，與傳統古籍編目思想中的“佞宋”情結不無關係。

半個多世紀以來，主流古籍善本書目和相關著述，在著録或説明宋版書配補他本古籍的行款和版框尺寸時，大多衹提及宋版書，例如《北京圖書館古籍善本書目》《中國版刻圖録》等。再往前追溯，清代著名藏書家黄丕烈的《百宋一廛賦注》亦如此。當然，《百宋一廛賦注》專講宋版書；《中國版刻圖録》按刻版朝代分類敘述，在宋代段落，凡遇多版本古籍，衹注宋本之行款和版框尺寸，尚有一定道理。而《再造》和《北京圖書館古籍善本書目》針對的是整部古籍，仍按古籍版本分類闡釋的方式處理，則不免失之偏頗。《四部叢刊》

在這方面則眼光開闊，做得比較到位，凡遇宋本配補他本之書，牌記一體記録。例如《四部叢刊》續編《圖畫見聞志》牌記云："上海涵芬樓借常熟瞿氏鐵琴銅劍樓藏宋刻配元鈔本景印。"《百衲本二十四史·舊唐書》牌記云："上海涵芬樓影印常熟瞿氏鐵琴銅劍樓藏宋刊本，闕卷以明聞人詮覆宋本配補。"再如《百衲本二十四史·梁書》牌記云："上海涵芬樓借北平圖書館藏宋蜀大字本景印，闕卷以涵芬樓藏元明遞修本配補。"等等。

三、《再造》提要之紕漏與訛誤

《再造》的提要撰寫稍晚於書的印製，前後有兩個版本：一爲單篇隨書發行；二是結集成書曰《中華再造善本總目提要》《中華再造善本續編總目提要》（以下簡稱"《提要》"），《唐宋編》《金元編》的《提要》於2013年7月出版，《明代編》《清代編》的《提要》於2017年12月出版。結集出版時對單篇提要做了統編和修訂，更正了一些錯誤。本文所述，皆以結集後的《提要》爲依據，涉及的問題主要有著録内容和提要叙述中的紕漏、訛誤等。

先説紕漏。後世藏書家及學者的題跋、題識、題款等是古籍書目或提要、叙録必須著録的基本信息，如《楹書隅録》還將題跋、題款録文排列，并標明位於原書何處。《藏園群書經眼録》對藏家題跋、題識也頗爲重視，凡重要者亦録文羅列。但《提要》在這方面做得不是很到位，遺漏現象比較突出。例如《公羊春秋》不分卷《穀梁春秋》不分卷漏記楊守敬跋；《輶軒使者絶代語釋别國方言》漏記楊守敬、内藤虎、李盛鐸、吴昌綬題跋和章鈺、袁克文題款；《切韵指掌圖》漏記佚名題跋（談及該書遞藏與書價等）；《忠文王紀事實録》漏記商衍瀛跋、題款，許寶蘅題款；《金石録》漏記趙明誠序後兩行題記"大德丙午二月十三日藏於讀易齋"，次葉"唐氏有匪堂秘藏許就讀不借"；《晦庵先生語録大綱領》漏記首葉孫儆仁題跋，該跋注明壬戌（1922）將該書轉讓孟蘋（蔣汝藻）；《景祐乾象新書》漏記陳鑾、許廷誥、錢泳、張步瀛題跋，陶廷杰、高世異、易順鼎、程淯等題款；《洪範政鑒》漏記傅增湘、邵章跋；《河東先生集》漏記羅振玉跋，鄭孝胥題詩和題簽"宋世彩堂本河東先生集　歲在昭陽大淵獻　鄭孝胥題"；《東萊先生詩集》漏記沈曾植跋；《文苑英華》漏記羅振玉跋及周叔弢收藏并捐獻北京圖書館事迹；《王荆公唐百家詩選》漏記潘承弼跋；《皇朝文鑒》漏記崇禎甲戌（七年，1634）秋日季仙王閬跋；《續資治通鑒》漏記沈彤跋；《山谷黄先生大全詩注》漏記佚名跋，該跋叙述源流甚詳；《山谷老人刀筆》漏記石齋老人跋；等等，不一而足。值得指出的是，上述題跋漏記之問題，大多在《北京圖書館古籍善本書目》《中國古籍善本書目》中即存在，蓋因《提要》撰者未查閱原書而照抄諸如以上書目所造成。

又，《提要》之體例於最後一段介紹古籍鈐印與遞藏關係，遺漏亦多。據統計，《中華再造善本》正續編共收唐、宋、金、元、明、清時期的古籍1341種，共有各類印章近7000方，但1341篇提要中僅著録印章2900餘方，不到全部印章的半數；直接或間接注明印主者衹有區區750餘方，多數提要著録印文後，便以"迭經名家收藏，流傳有緒"一類的文字收尾，不對印章做任何考釋。

藏家及學者之鈐印是考據古籍遞藏，以及研究古籍發展史的重要史料，也是古籍善本傳承有緒的首要依據，歷來爲人們所重視。清代藏書目録《天禄琳琅書目》及《天禄琳琅書目後編》，便在每個條目後羅列印章的印文、圖形和所在卷數。此後的私家藏書目録《愛日精廬藏書志》《鐵琴銅劍樓藏書目録》《楹書隅録》《傳書堂藏書志》《滂喜齋藏書記》《寶禮堂宋本書録》《藏園群書經眼録》《藏園群書題記》等，亦將書中鈐印作爲著録的内容之一。書中除羅列、識讀外，還常結合鈐印介紹該古籍之遞藏關係。周叔弢先生於《楹書隅録》批校中，增補并考證鈐印真僞亦爲重點之一。

然《提要》在這方面做得較差，這一點《中華再造善本總目提要》前言中即有顯露。前言曰："在工程啓動之初，就設計每選擇影印一部善本，就要爲其據以影印的底本配寫一篇提要，將各該書作者的里籍名貫、仕履行實、文風詩韵，作書緣起、編輯體例、主要内容、歷來評述，各該書的歷來著録、刊刻主人、版印時地、版刻源流、版本系統、版本優劣，以及各該書所鈐蓋的閑章雅印、遞藏關係等，一一向讀者作簡明扼要的交代。”這裏將“各該書所鈐蓋的閑章雅印、遞藏關係”與提要所述的其他各項相提并論，均“作簡明扼要的交代”，顯然不妥。鈐印是“硬貨”，是讀者最需要瞭解的信息之一，識讀與介紹印主的資料，多多益善，不可“簡明扼要”，否則便會大大降低《提要》的使用價值。

例如後面還將提到的宋臨安府陳宅經籍鋪刻本《朱慶餘詩集》，有據可考的第一位藏家是明末清初學者張雋（字文通），該書的前兩方印就是“張雋之印”和“一字文通”。該書之瞿中溶跋語，亦爲此兩印而發。提要却偏偏漏掉了這兩方藏書印。

再有國圖藏宋刻拓本《隸韵》，歷經明、清、民國五位藏書家遞藏，兩著名學者題跋，共有鈐印28方。然而提要僅籠統提到藏家及題跋者四人：范大澈、盧焯、錢大昕、錢維喬；鈐印三方：“范大澈印”“卧雲”“范大澈圖書印”，均爲范大澈所有，過於簡陋。故此，於本書之遞藏衹能語焉不詳。

再有宋本《新序》，提要所列鈐印及藏家極不全，明代朱大韶，王祖嫡、王延世父子等多人曾收藏該書，包括他們的藏書印，均未提及。《楹書隅録》於此記載甚詳。

又，宋刻本《皇朝文鑒》，提要提及印章不過五方，且不標明印主，然而本書收録印章多達100方，印主26家（圖3）。其中既有常見的藏書家、學者，如葉盛、吴寬、項篤壽、項元汴、毛晋、錢曾、錢大昕、張蓉鏡等，也有較少見的，如李東陽、李日華、張丑、王掞、楊希銓等。《吕氏家塾讀詩記》《周禮》《禮記》《春秋名號歸一圖》等書則漏記了所有鈐印，其中不乏元末明初學者楊維禎、明代藏書家周良金、清初學者張雋等人之藏書印。

值得注意的是，近幾十年來古籍鈐印及遞藏關係的考證與揭示，已然成爲古籍版本界的軟肋，楊紹和、傅增湘、瞿鏞等前賢相關著述幾成絶學。其中原因較爲複雜，因篇幅所限，不予贅述。

再説訛誤。《提要》介紹古籍鈐印，時有顛倒順序及印文誤讀之現象。例如《周易注疏》提要曰："此書有'宋本''綬珊經眼''汪士鐘讀書''孫修景芳''鐵琴銅劍樓''虞山瞿紹基藏書之印'等印。"有誤。本書陳鱣跋云"每卷首有'孫修景芳'印，似係明人"（徐按：從卷二開始；序、表、卷一配清陳氏士鄉堂抄本）；又，"孫修景芳"印鈐於版框内右下角最佳位置，故該印應居首位。"綬珊經眼"印印主王綬珊（1873—1938）按年代應往後放，《張先生校正楊寶學易傳》《禮記釋文》與此略同。《春秋公羊經傳解詁》提要云："書中鈐'毛晋''毛晋私印''汲古得修綆''楝亭曹氏藏書''陳氏明卿'等印。"陳明卿即陳仁錫（1581—1636），明後期著名學者，應該置於首位。《分門集注杜工部詩》提要云："此本鈐有'佞宋''毛氏子晋''廣圻審定''謙牧堂藏書記''寒雲秘笈珍藏之印'等印記。""佞宋"係袁克文之印，應與其"寒雲秘笈珍藏之印"相連，置於最後。《元公周先生濂溪集》提要："此書鈐有'三晋提刑''臣筠''健庵''乾學之印''昆山徐氏家臧''宋犖'等印記。""三晋提刑""臣筠"爲宋筠藏印，宋筠係宋犖之子，應置於"宋犖"後。《放翁先生劍南詩稿》提要云："此本鈐有'華亭朱氏''汪士鐘印''閬源真賞''横經閣收藏圖籍印''雙鑒

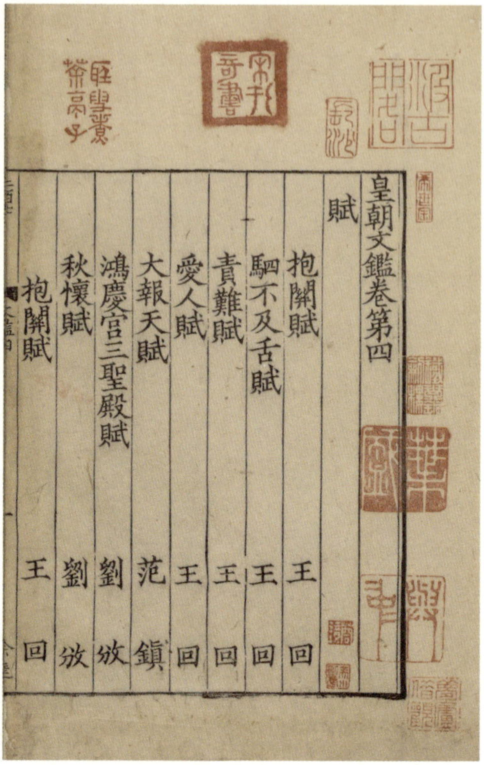

圖 3　宋刻本《皇朝文鑑》藏印較多

樓’等印記。”“横經閣收藏圖籍印”與“華亭朱氏”均係明人朱大韶之印，不應分隔顛倒，等等。

《禮記集説》提要謂：“此本鈐有‘華亭朱氏珍藏’‘秦蕙田味經氏’等印記，説明在明代曾爲朱大韶珍藏。”錯，“華亭朱氏珍藏”係朱大韶伯祖父朱恩之印，詳見本書《華亭朱氏藏書藏印略考》。

《古文苑》提要云：“此本鈐‘華亭朱氏珍藏’……等印記，表明其在明代爲朱之赤架上之物。”亦錯。“華亭朱氏珍藏”爲明代藏書家朱恩藏書印，與朱之赤無關。朱之赤爲明末清初藏書家、書畫鑒賞家，字守吾，號卧庵，别署烟雲逸叟。

《育德堂奏議》提要云：“此本鈐‘永嘉蔡昭祖文之印’‘蔡氏圖書子子孫孫永寶用’……等印。”有誤，當爲“永嘉蔡昭祖宗文印”“蔡氏圖書子子孫孫永寶藏”。

又，《提要》提及袁克文“寒雲鑒賞之鉨”藏印時，“鉨”多錯爲“鈢”，如《皇甫持正文集》《友林乙稿》《應氏類編西漢文章》等提要；《王狀元集百家注分類東坡先生詩》提要誤識爲“寒雲鑒賞之印”，又將“完顔景賢字亨父號樸孫一字任齋别號小如盦印”之“亨父”誤爲“享父”；等等。

《童溪王先生易傳》提要云：“此本鈐‘俞貞木’‘錫山秦汴’‘次山秦子思宋’‘少保秦端敏公仲子’‘唐白虎’‘立盦圖書’‘毛晋私印’‘汲古主人’‘乾學’‘徐健庵’……等印。俞貞木是明初吴縣（今屬江蘇）人，永樂初以勸蘇州姚善舉兵而論死。秦汴字思宋，無錫（今屬江蘇）人，秦金仲子。秦金字國聲，弘治進士，官刑部尚書，卒謚端敏。立庵是俞貞木的號，吴縣人，終於明洪武中。”此段話頗多問題。首先，一段文字中，俞貞木先是“永樂初以勸蘇州姚善舉兵而論死”，後又言“終於明洪武中”，自相矛盾。其次，該提要介紹本書鈐印，漏記了俞貞木家傳“石澗書隱”藏書印；又將其“立盦圖書”鈐印錯置於“錫山秦汴”等印之後。

《詩説》提要云：“（宋）劉克撰　宋刻本　吴寬跋　錢同愛題款。”“錢同愛題款”錯。該題款爲“吴郡錢同愛藏書”，題款者不是錢同愛，是他的朋友文徵明。理由有三：一是題款位於卷十二末倒數第三行，題款下方鈐蓋着文徵明“停云生”白文方印，是明顯的題識落款印；二是文獻記載，錢同愛富於藏書，與文徵明關係密切；三是“吴郡錢同愛藏書”經對照，確係文徵明筆迹（圖4）。

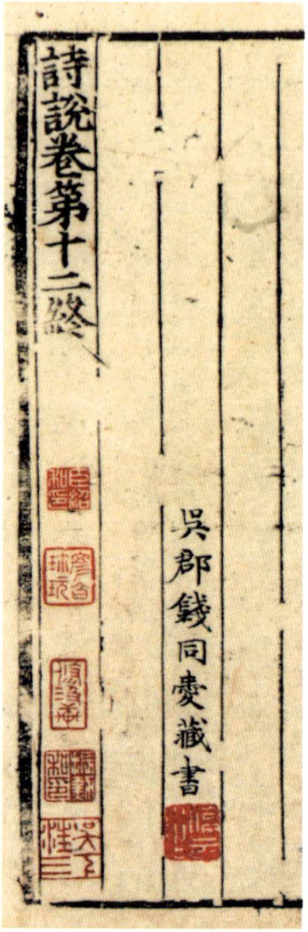

圖 4　《詩説》“文徵明題款”

《周禮疏》提要曰：“清末結一廬藏書樓主人朱澂，字修伯，仁和（今杭州）人。”誤甚。結一廬開創者爲朱學勤，字修伯，清仁和（今浙江省杭州市餘杭區）人。學勤子名朱澂，字子清，號復廬，繼承了父親的藏書事業。提要將父字與子名張冠李戴。

《禮記》提要曰：“此本有清嘉慶十一年（一八〇六）顧廣圻手跋，謂‘此撫州公使庫刻本《禮記》，是南宋淳熙四年官書，於今日爲最古矣。末有名銜一紙，裝匠誤分入《釋文》首，不知者輒認以爲舊監本，非也’。又謂‘近張古餘太尊開工重雕行世，嘉惠學子兼成先從兄收藏此書之志，良可感也’。然此本《釋文》已佚，那紙名銜亦隨之散佚。但顧氏跋文已説明近有張古餘曾影刻此本。按，張古餘即張敦仁，字古餘，乾隆進士。他影刻此書時名銜尚存，故其影刻本有名銜如下：‘撫州公使庫新刊注《禮記》二十卷并《釋文》四卷，福州鄉貢士陳寅校正，修職郎司户參軍教授趙善璿，修職郎司理參軍權推官余駒，從事郎軍事判官逄維翰，從政郎充州學教授張湜，朝奉郎權通判軍州事吴子康，奉議郎權發遣撫州軍州事趙煒。淳熙四年二月　日。’可證此本確爲當年撫州公使庫刻本。”錯甚！

顧廣圻謂“末有名銜一紙，裝匠誤分入《釋文》首”，有誤：一是裝匠誤分入“《釋文》首”，應爲“《釋文》末”。查《釋文》卷四末葉，確有此名銜（圖5）。二是裝匠并未“誤分”，該撫州公使庫刻本《禮記》《禮記釋文》本爲一書，一次刊印而成［徐按：《釋文》每卷結束均標記書名《禮記釋文》與經、注字數，卷四結束除標記書名、經注字數外，又次行標記“禮記”二字（圖6），表明《釋文》附屬於《禮記》］，《釋文》四卷在《禮記》二十卷後，名銜附《釋文》卷四之後，理所當然。顧廣圻誤“末”爲“首”，當屬筆誤。他寫此跋時見到了其從兄顧抱冲（之逵）所收《釋文》，并於書後跋曰：“抱冲續又收得單行《釋文》兩種，一《禮記》，一《左傳》，亦皆南宋槧本。《禮記釋文》即此也，與《禮記》板式、行字以至工匠、記數罔不相同，而名銜年月在焉。予於是始定《禮記》之即淳熙四年撫州公使庫刻也。”再造善本《禮記》提要作者未認真閱讀《禮記釋文》顧廣圻跋及《禮記釋

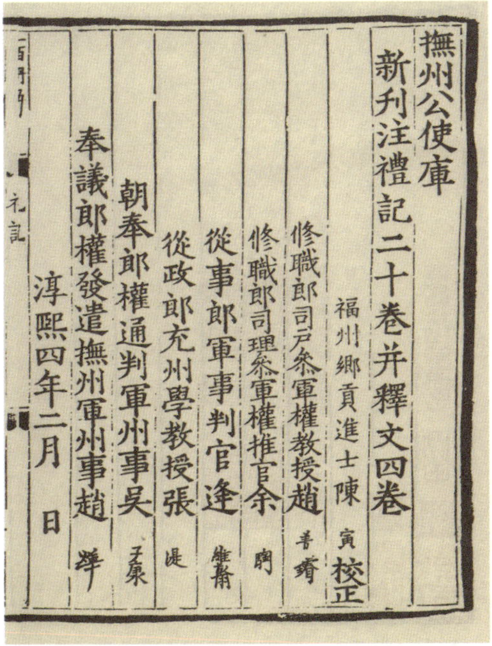
撫州公使庫
新刊注禮記二十卷并釋文四卷
福州鄉貢進士陳寅校正
修職郎司戶叅軍權教授趙
修職郎司理叅軍權推官余
從事郎軍事判官逢
從政郎充州學教授張
朝奉郎權通判軍州事吳
奉議郎權發遣撫州軍州事趙
淳熙四年二月 日

圖 5　《禮記釋文》卷末的“名銜”，并未佚失

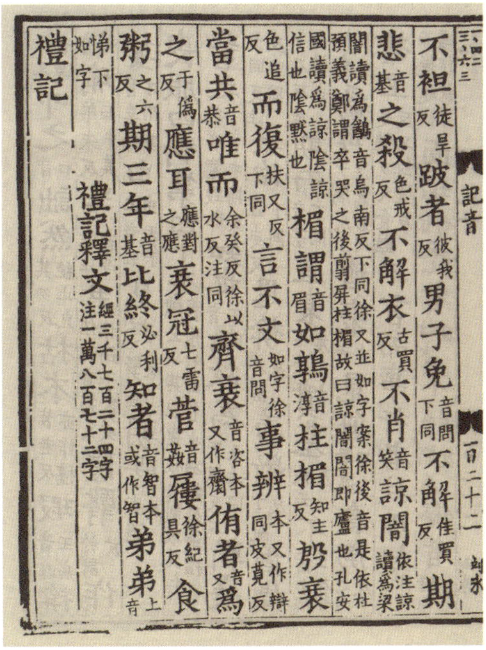
禮記釋文 經三千七百 注一萬八百七十二字
禮記

圖 6　《禮記釋文》卷尾以《禮記》書名結束

文》原書，故得出錯誤的結論。所謂“此本《釋文》已佚，那紙名銜亦隨之散佚”之説，全無根據，何需將名銜全文照録一過。

《禮記》提要又謂：“此本鈐有‘宜子孫印’‘徐健庵’‘乾學’‘顧汝修印’‘思適齋’‘汪士鐘曾讀’‘以增之印’‘四經四史之齋’‘聊攝楊氏宋存書室珍臧’‘楊紹和臧書’‘楊氏彦合’等印記，表明此本迭經季振宜、徐乾學、汪士鐘、楊氏海源閣等名家遞藏。”這段話多有紕漏。首先，此本既無季氏藏印，又無季氏題識，更無其他佐證，如何斷定季振宜曾藏？其次，叙述藏印順序紊亂，“宜子孫印”“顧汝修印”均係顧從德之印。顧從德字汝修，明正德、嘉靖時期人，應排序在前。再次，提要述遞藏源流漏掉顧抱冲（之逵）。此本顧廣圻從兄顧抱冲曾藏，對此，顧廣圻在本書題跋中明確提到：“近張古餘太尊開工重雕行世，嘉惠學子兼成先從兄收藏此書之志，良可感也。若古香醃䣶，原本獨絶，我小讀書堆中其永永寶之哉。”在《禮記釋文》題跋中云：“南宋槧本《禮記》鄭氏注六册，明嘉靖時上海顧從德汝修所藏，後百餘年，入昆山徐健庵司寇傳是樓。兩家皆有圖記。乾隆年間，予從兄抱冲收得之。”

《中興兩朝編年綱目》提要云“宋刻元修本……存十卷（卷一至七、十二至十四）”，照抄《北京圖書館古籍善本書目》。然此書收入《再造》後，已用國圖藏清影宋抄本補全。抄本鈐有“平陽汪氏”“汪士鐘藏”“鐵琴銅劍樓”三印。《鐵琴銅劍樓藏書目録》卷九編年類著録：“《中興兩朝編年綱目》十八卷，影鈔宋本。”此本後歸國家圖書館。提要作者未勘驗《再造》之本，僅憑老北京圖書館書目之著録撰稿，故出現差錯。

《朱慶餘詩集》提要云：“此本鈐有‘季振宜臧書’‘季滄葦圖書記’‘徐健庵’‘乾學’‘士禮居’‘宋本’‘蕘夫’‘汪士鐘印’‘閬源真賞’‘振勳’‘古里瞿氏’‘鐵琴銅劍樓’等印記。卷尾又有‘泰興季振宜滄葦氏珍藏’識語。又有黄丕烈跋。瞿中溶識語中又提到曾在張文通處一觀。其遞藏關係十分清晰。”此段文字可商榷之處頗多。第一，鈐印漏記正文卷端“梅溪精舍”和卷末的“梅溪精舍”“辛夷館印”“玉蘭堂”鈐印，文徵明似收藏過此書。若文徵明諸印有僞，亦應指明。第二，鈐印又漏記目録首葉“張雋之印”“一字文通”兩印（圖7），不妥。該兩印係明末清初學者張雋之印，證明張雋亦爲此書早期藏家，且與瞿中溶識語相關。第三，提要云“瞿中溶識語中又提到曾在張文通處一觀”，有誤。張雋（？—1663），一名僧願，字非仲，又字文通，號西廬，吴江人。莊廷鑨聘其修明史，案發被殺。瞿中溶與黄丕烈爲同時代人，距張雋被殺近百年，怎會“曾在張文通處一觀”此書？提要誤讀了瞿氏識語之意。識語曰：“張文通似是吴江人，復社中名彦也。予家藏其手札數通，乃與金孝章［徐按：即金俊明，蘇州人，明末清初以畫梅名著士林］者。癸亥三月晦日，蕘翁出宋刻《朱慶餘詩集》相賞，見卷首有文通圖記，因附識册尾，亦足爲是書珍重也。”大意爲，瞿中溶家藏有張雋（文通）致金孝章信札數通，因見《朱慶餘詩集》卷首有張雋鈐印，遂有感而發。

《禮記集説》提要謂：“（宋）衛湜撰　宋嘉熙四年（一二四〇）新定郡齋刻本（卷三十四至四十、九十三至九十五、一百至一百六配清抄本）　黄丕烈跋。”此書有二跋，均無落款，分别爲佚名録清何焯跋、清黄丕烈跋（見本書《我對“中華再造善本工程”的反思》圖20、22）。提要將何焯之跋誤定爲黄丕烈跋。提要雖未提及黄丕烈跋的數量，亦未明言哪一條

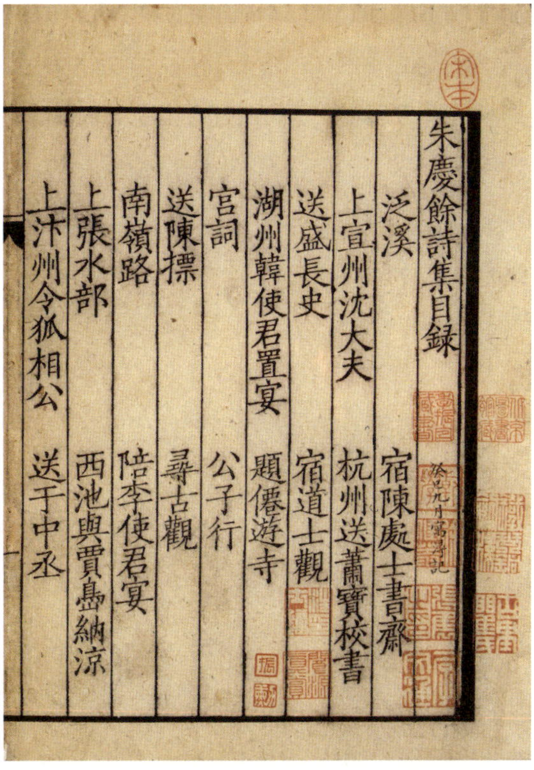
朱慶餘詩集目錄
泛溪　宿陳處士書齋
上宣州沈大夫　杭州送蕭寶校書
送盛長史　宿道士觀
湖州韓使君置宴　題僊遊寺
宫詞　公子行
送陳標　尋古觀
南嶺路　陪李使君宴
上張水部　西池與賈島納涼
上汴州令狐相公　送于中丞

圖7　《朱慶餘詩集》中的張雋藏印

是黄氏之跋，然而對照一下提要作者所著《宋版書叙録》中的《禮記集説》叙録，便知其將何焯題跋當作黄跋了。

該叙録曰：“又有乾嘉時著名藏書家黄丕烈短跋兩篇。其一曰：‘《禮記集説》一百六十卷，宋衛湜。《集説》從兩鈔本付刻，皆未盡善。伊人分校成部，大有乖誤。後數年，有項氏宋本，爲骨董家所得，中缺十餘卷。其版最精。且多鶴山序一首。屢勸東海借校，并補刻魏序，未之從也。其書今在金陵，應物色得之，真至寶也……’其二曰：‘衛湜《禮記集説》……一百六十卷。内缺十七卷。三十四卷後缺七卷，九十三後缺三卷，一百後缺七卷，俱舊時抄補。何焯《經解目録》注云“有項氏宋本，中缺十餘卷，其版最精”，即此是也。’”（北京圖書館出版社，1994，第151頁）

經核對，叙録所引黄丕烈跋一，與佚名録何焯跋的文字完全相同，而此跋在翁方綱編著的《通志堂經解目録》中，被認定爲何焯所撰。翁方綱與黄丕烈係同時代人，二人且有交往，應該不會搞錯。再有，上引黄跋二也提到“何焯《經解目録》注云‘有項氏宋本，中缺十餘卷，其版最精’”，正與何跋所説相符。

《宋季三朝政要》提要云：“此書目録前有‘理宗國史載之過北，無復可考。今將理、度兩朝聖政及幼主本末纂集成書，以備他日史官之采擇云’長方牌記形題録。”（圖8）引文斷句錯，文理不通。文中“北”當爲“此”之誤。應爲：“理宗國史

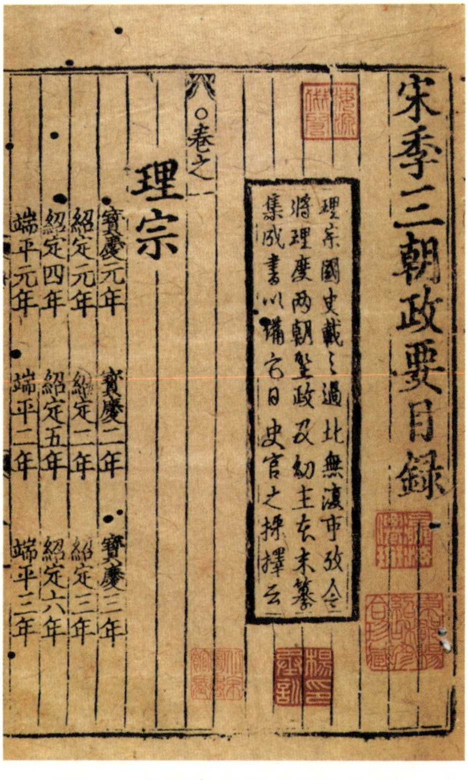

圖 8　《宋季三朝政要》木記

載之，過此無復可考。今將理、度兩朝聖政及幼主本末纂集成書，以備它日史官之采擇云。”大意爲理宗朝史實有國史記載，此後之事無記載，不可考。現將理宗、度宗兩朝政事和幼主事迹編輯成書，以備今後史官選用。

《雅頌正音》提要謂：“徐世章題識。”又謂：“是本鈐有‘徐端甫’‘端甫過目’印，可知爲徐世章（一八八六—一九五四）舊藏。”錯，題識者非徐世章，係徐受麐。徐世章（1889—1954），字端甫，號濠園居士。天津人。中華民國總統徐世昌堂弟。擅書法，一生致力於收集古硯、古玉、璽印、書畫、碑帖等。曾任天津工商學院、耀華中學、天和醫院董事長。徐受麐（1860—1947），字端甫、耑父，又字澹甫、丹甫，以字行。歙縣柘林人。後移居上海。工詩文，喜集魏碑字作詩賦，古雅有味。提要作者僅據書中“徐”“端甫”及“耑父過目”印，便斷定題識係徐世章所記，過於輕率。提要又將此三印錯爲“徐端甫”“端甫過目”。徐世章、徐受麐二人存世手迹均有不少，書中題識筆迹明顯與後者相同。此書原封面上所題書名和六行題跋，均係徐受麐書寫，跋文落款印爲朱文圓印“徐”、朱文方印“端甫”（圖9）。除上述印章外，書中尚有“臣受麐”“端父”“耑父過目”等徐受麐之印（圖10—13）。該書校語、題識，筆迹相同，均爲徐受麐書寫，其中有明確落款的兩處，分别爲“麐識”“徐受麐參”（圖14—15）。綜上，本書係徐受麐收藏并題識無疑。

《提要》對一些古籍題款的表述存在問題。如國圖藏《隸韵》提要曰：“隸韵十卷　（宋）劉球撰　宋刻拓本　錢大昕 盧焯 錢維喬跋　吴雲等題款。”核對原書發現，“吴雲等題款”的説法有誤。按其文意，吴雲當爲執筆人，并應有兩人以上分别題款。然而本書衹有一條題款且書寫者不是吴雲，而是吴大澂。該題款大意爲：光緒三年（1877）三月十八日，吴雲、杜文瀾、顧文彬、盛康、潘曾瑋、吴大澂六人，聚集網師園，同觀《隸韵》。這裏認定題款者爲吴大澂的理由：一是吴大澂在六人中政治地位和學術成就

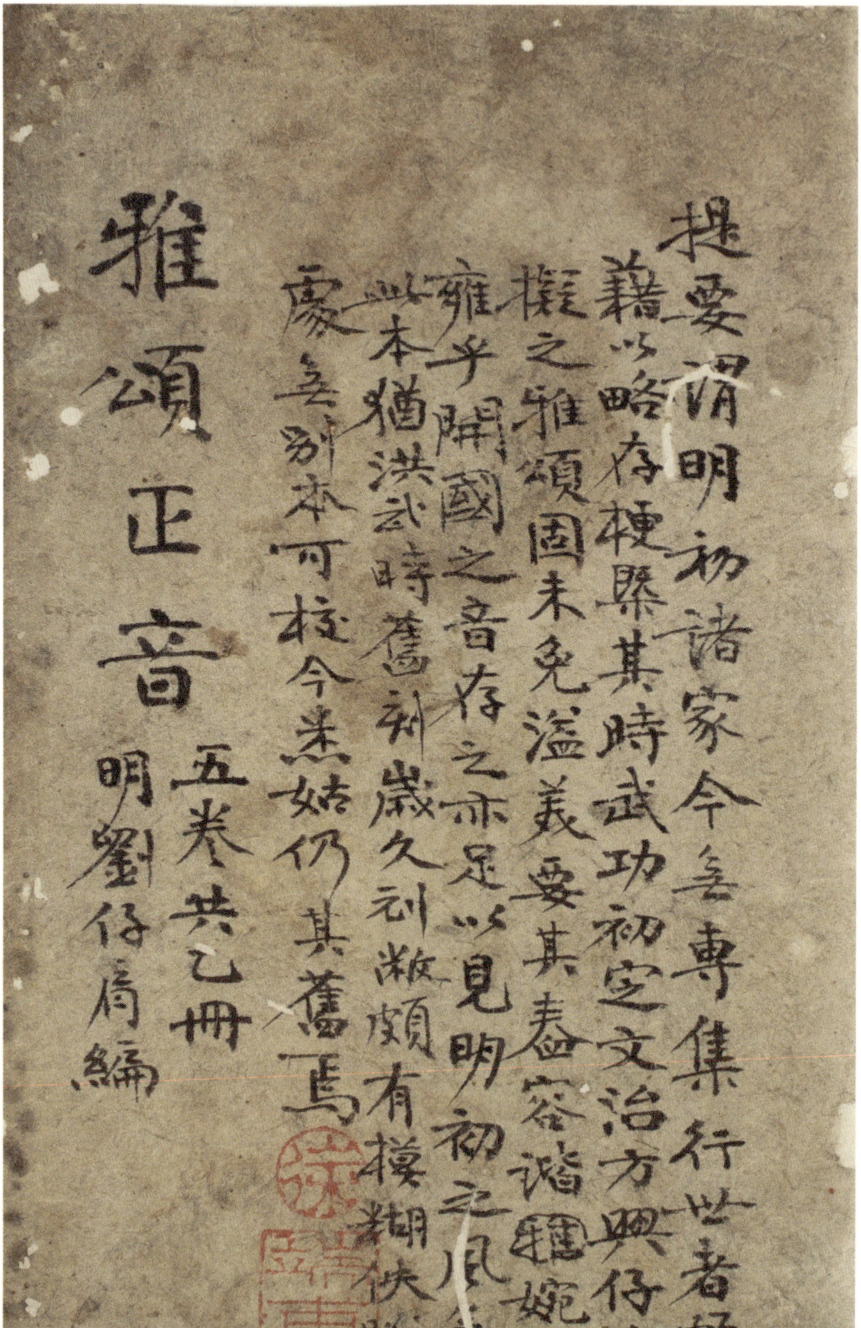

圖 9　《雅頌正音》封面，徐受麇題識、印章“徐”“端甫”

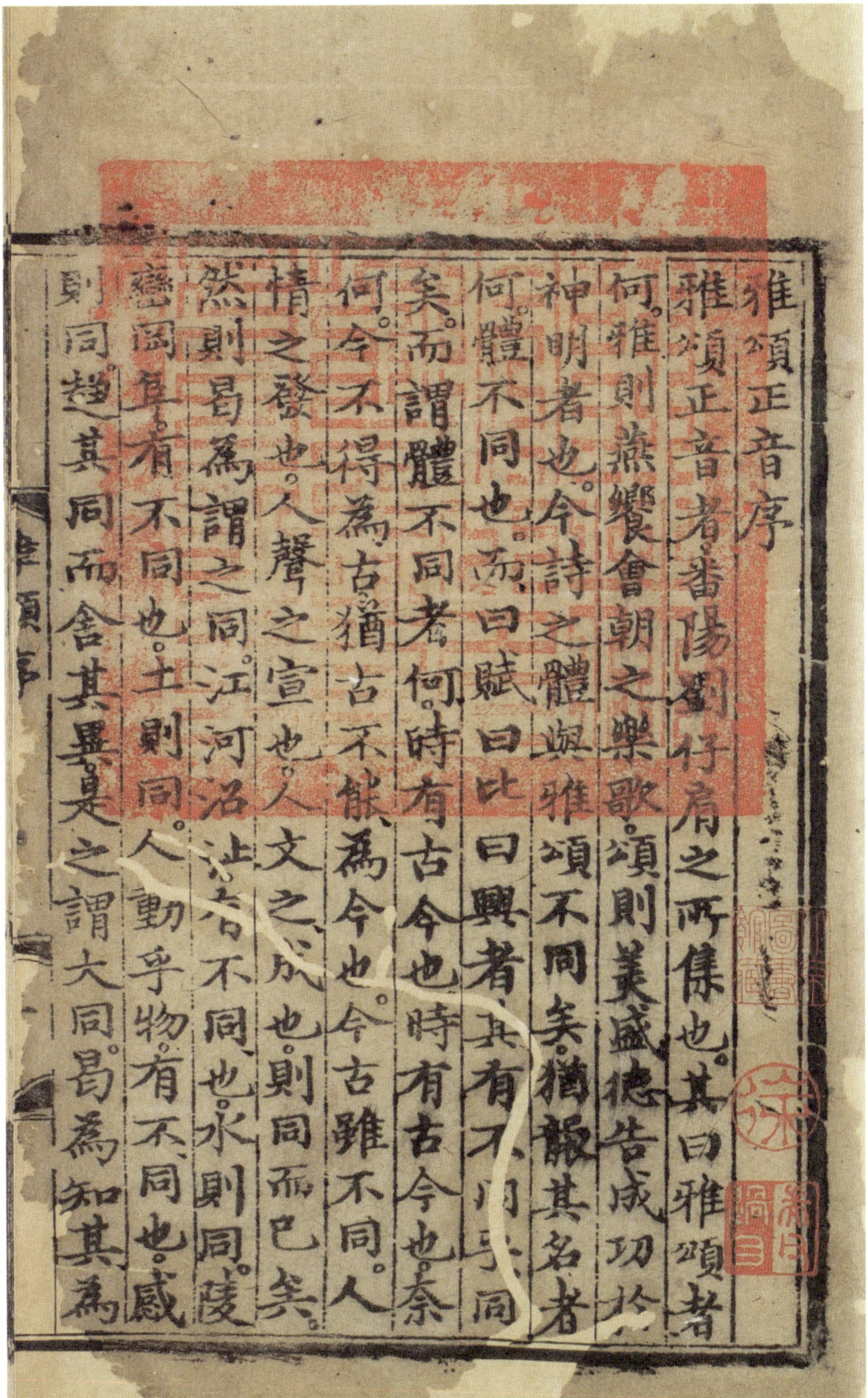
雅頌正音序
雅頌正音者番陽劉仔肩之所集也其曰雅頌者何雅則燕饗會朝之樂歌頌則美盛德告成功於神明者也今詩之體與雅頌不同矣猶襲其名者何體不同也而曰賦曰比曰興者其有不同乎同矣而謂體不同者何時有古今也時有古今也奈何今不得為古猶古不能為今也今古雖不同人情之發也人聲之宣也人文之成也則同而已矣然則曷為謂之同江河沼沚者不同也水則同陵巒岡阜有不同也土則同人動乎物有不同也感則同趨其同而舍其異是之謂大同曷為知其為

圖 10 《雅頌正音序》，徐受慶藏印“徐”“耑父過目”

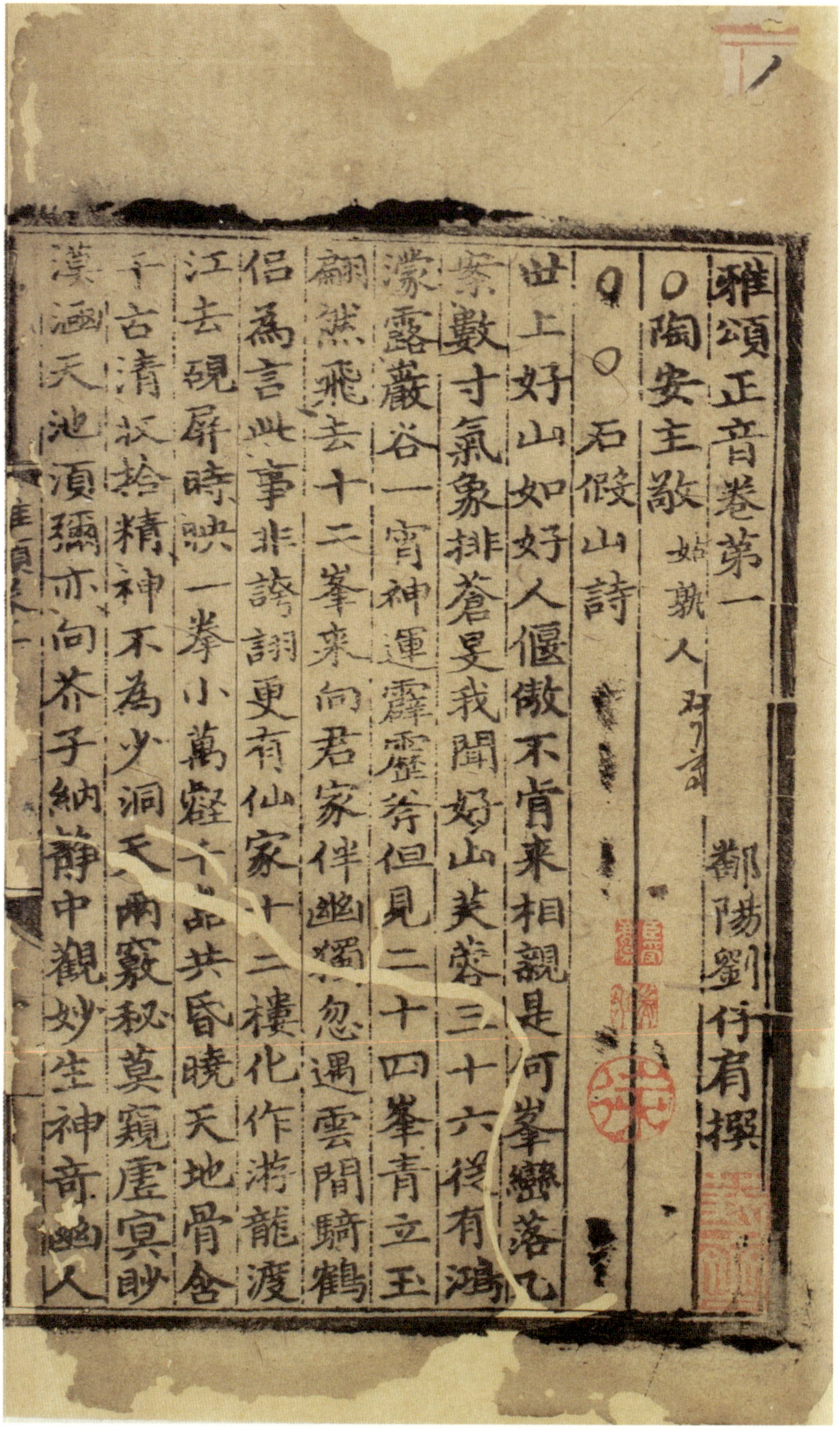

圖 11　《雅頌正音》卷一，徐受慶藏印“臣受慶”“端父”“徐”

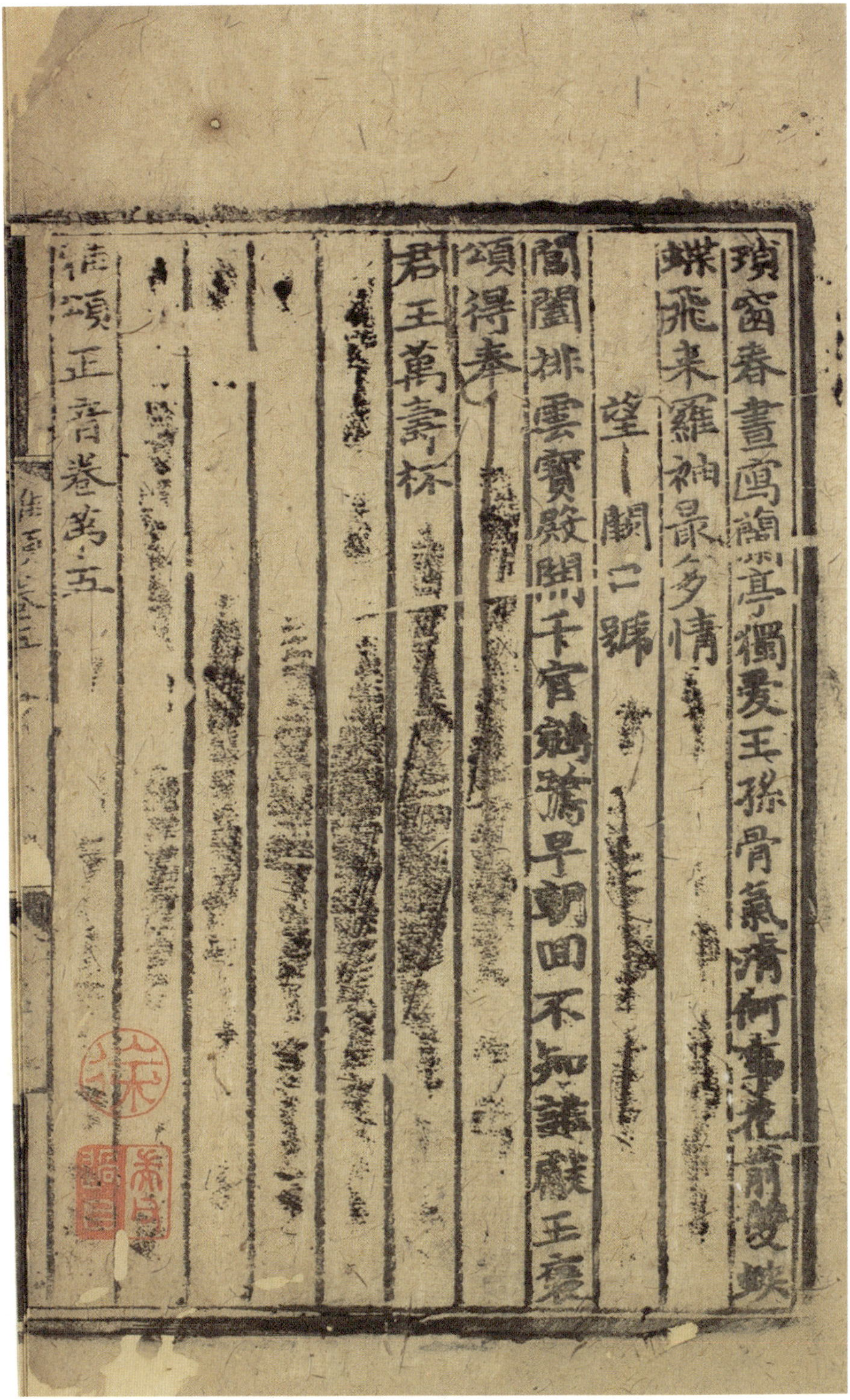
瑣窗春晝鳳鸞亭獨愛王孫骨氣清何事花前雙蛺
蝶飛来羅袖最多情
望闕口號
閶闔排雲寶殿開千官鵷鷺早朝回不知誰獻玉囊
頌得奉
君王萬壽杯
雅頌正音卷第五

圖 12 《雅頌正音》卷五末，徐受慶藏印“徐”“耑父過目”

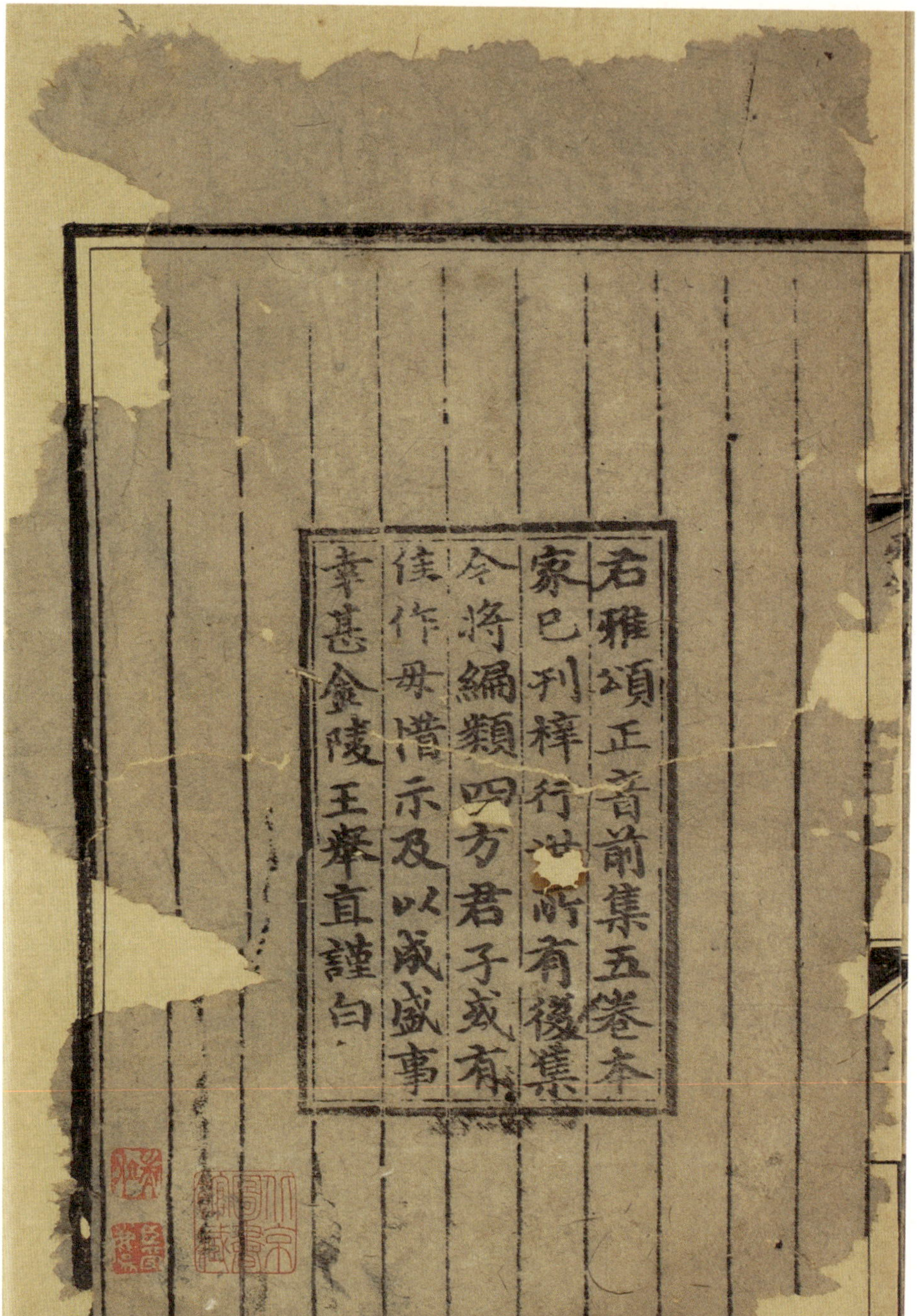
右雅頌正音前集五卷本
家已刊梓行世所有後集
今將編類四方君子或有
佳作毋惜示及以成盛事
幸甚金陵王舉直謹白

圖 13　《雅頌正音》卷尾，徐受慶藏印“端父”“臣受慶”

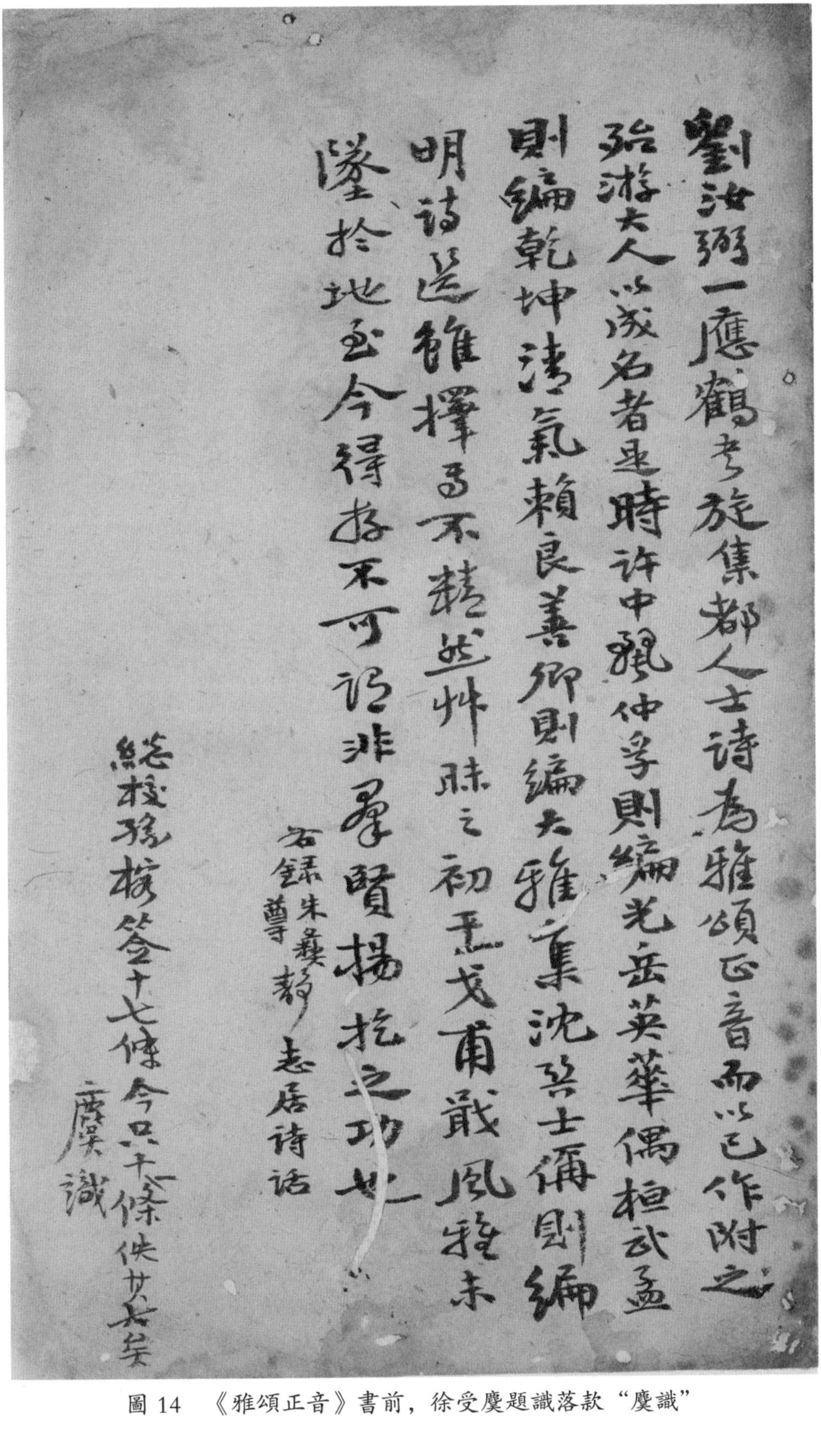
劉汝弼一應鶴考旋集都人士詩爲雅頌正音而以己作附之
殆游大人以成名者邪時許中翰仲孚則編光岳英華偶桓武孟
則編乾坤清氣賴良善卿則編大雅集沈啓士循則編
明詩選雖擇焉不精然草昧之初壬戈甫戢風雅未
墜於地至今得存不可謂非羣賢揚扢之功也
右錄朱彝尊靜志居詩話
總校孫樸簽十七條今只十一條佚廿六矣
慶識

圖 14　《雅頌正音》書前，徐受慶題識落款“慶識”

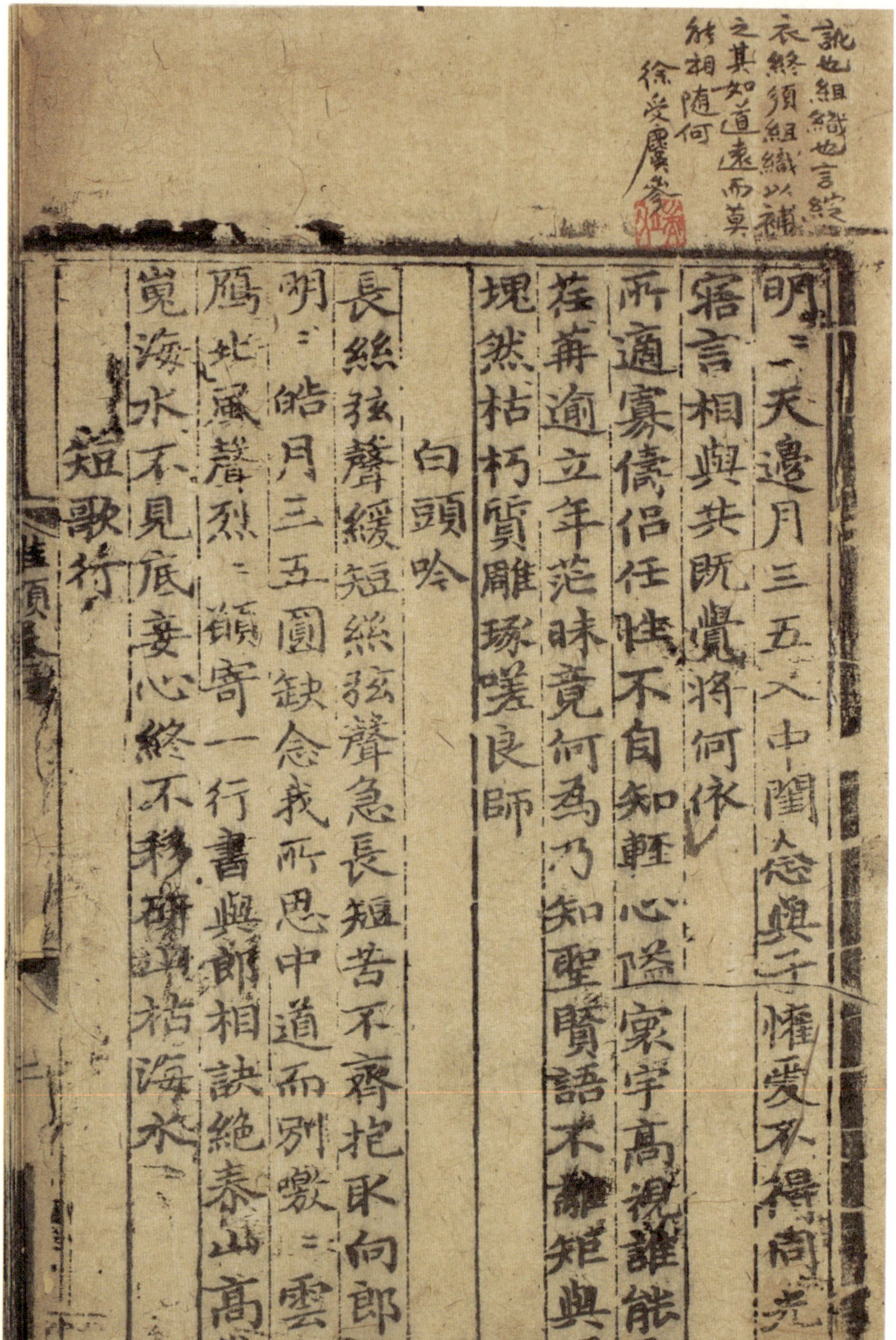

詭也組織也言綜
衣終須組織以補
之其知道遠而莫
能相隨何
徐受慶參

明〻一天邊月三五又中闕念與子懽愛不得周光
寤言相與共既覺將何依
所適寡儔侶任性不自知輕心隘寰宇高視誰能儔
荏苒適立年茫昧竟何為乃知聖賢語不離矩與規
塊然枯朽質雕琢嗟良師
白頭吟
長絲弦聲緩短絲弦聲急長短苦不齊抱取向郎泣
明〻皓月三五圓缺念我所思中道而別噭〻雲中
鴈北風聲烈〻嶺寄一行書與郎相訣絕泰山高嵬
嵬海水不見底妾心終不移研枯海水一
短歌行

圖 15　《雅頌正音》卷四第二葉，徐受慶眉批落款“徐受慶参”及藏印“端父”

最高，按照慣例應由他執筆。二是題款中六人的排序，執筆者一般居後。在等級森嚴的清代官場，若爲吴雲執筆，斷不敢將吴大澂之名置於最後。三是題款的書法風格、筆迹與其最接近。四是第一册首葉有後人手書“吴清卿題一葉”六字。吴大澂，字止敬，又字清卿，是爲大澂題款之佐證。據此，應著録爲“吴大澂題款”。同理，《唐宋編》中《編年通載》《参寥子詩集》提要，著録勒方錡、潘遵祁、李鴻裔、顧文彬、彭慰高、潘曾瑋、沈秉成等七人於吴氏聽楓山館觀書題款時，作“勒方錡等題款”，亦錯，應爲“沈秉成題款”。因勒方錡與沈秉成均爲朝廷封疆大吏，在觀書諸人中地位最高，即使勒方錡執筆，亦不會置沈秉成之名於最後。又經查閲二人存世手迹，該款確爲沈氏所題。此類問題在《提要》中尚有數處，且亦存在於《北京圖書館古籍善本書目》《中國古籍善本書目》中。

個别提要作者未核實原書及影印本，故叙述時出現紕漏。如《蘭亭續考》提要曰：“按，此書卷二後原有一篇跋文，由於卷二全缺而由勞健抄配，這道跋文的原來面貌已不可復見。但《四庫全書》及鮑廷博集刻的《知不足齋叢書》皆收此書，卷二後跋文猶存，當年勞健配抄卷二即采用《知不足齋叢書》本。現將這篇跋文移録如後。”豈知勞健抄補卷二時，已將該跋文一并抄下，與提要所引跋文一字不差。提要作者不查而重複抄録，有失允當。又，《新刊補注釋文黄帝内經素問》提要云：“目録後鎸‘□本二十四卷，今并爲一十二卷刊行’一行，‘□’爲殘缺處，依中國國家圖書館藏另一部相同版本之殘存六卷本證之，當爲‘元’字。”然查影印本目録後那行字“元本二十四卷，今并爲一十二卷刊行”，“元”字完好不殘，與提要不符。經查，係製作過程中，該殘字被“修復”所造成（徐按：《再造》體例，不得人爲修復此類殘缺之字）。

四、配補殘本出現的問題

影印古籍，有時需要將兩個或更多殘本配補成套，以方便使用。但如何配補，却大有講究。方法一，將所需殘本合并爲一書；方法二，保留原書格局，編爲叢書。第一種方法，僅適用於閱讀内容而未顧及其他；第二種方法，可以同時保留各本的内容和版本體系。

從版本學角度看，古籍善本的價值由自身價值和附加價值構成。自身價值包括書的刻印年代、稀缺性、編校質量，書版的書寫、鎸刻、印刷效果，以及存卷情况、初印後印、品相等。附加價值是在書的流傳過程中被陸續賦予的，例如遞藏者的身份、鈐印、批校、題跋（題款、題識、題詩）、遞藏逸事等。

對古籍殘本做配補時，要根據影印古籍的性質决定采用哪一種方法。清末、民國時期影印的大部分古籍，都以閱讀内容爲主，衹要求版面清晰、内容完整，此類書采用第一種方法即可。像《四部叢刊》等書就是如此配補的。

以古籍保護、“傳本揚學”爲目的的影印古籍，則需要采用第二種方法進行配補。如果采用第一種方法，簡單地將不同遞藏關係的宋元殘本整合爲一書，就會丟掉各本原有的附加價值，造成版本體系混亂，是一種得不償失、具有破壞性的做法。《中華再造善本·唐宋編》便有數種配補本存在上述問題。以下僅舉兩例予以説明。

宋刻本《王建詩集》，有兩部宋臨安府陳解元宅刻殘本，分藏於國家圖書館和上海圖書館，《再造》將二者配爲一書。《提要》評價曰：“此次以國圖、上圖兩館所藏互補，成爲完帙，實爲幸事。”“實爲幸事”？其實問題多多。

問題一，著録方面的錯誤。《提要》曰：“王建詩集十卷　（唐）王建撰　宋臨安府陳解元宅刻本（卷二至三、六至十配清抄本）　繆荃孫校跋并佚人補録佚詩　陳乃乾跋。”此段文字照抄《北京圖書館古籍善本書目》之《王建詩集》條目。《提要》結尾云："此本鈐有'宋本''汪士鐘曾讀''海鹽張元濟經收''涵芬樓''荃孫''繆荃孫臧''湘雲館''雲輪閣''海寧陳乃乾藏書'等印記。"《提要》前後兩段文字介紹的均爲國圖所藏《王建詩集》，全然不顧配補後版本發生的巨大變化。

例如卷六、卷七、卷八已更换爲上圖的宋刻本，却仍著録爲卷"六至十配清抄本"。配補後，原書正文部分國圖本爲目録第一、二、五至六葉，卷一第一至五葉，卷四第一至八葉，卷五第三至六葉，共二十一葉，約占全書的五分之一，上圖本占比高達五分之四，且有三卷完整的宋刻本，以及目録後"臨安府棚北睦親坊巷口陳解元宅刊印"木記。《提要》不僅對上圖本的版本信息語焉不詳，還混淆藏館信息，殊爲不妥。

問題二，《再造》將兩個藏本强行拼凑成一書，破壞了原有的版本遞藏體系。

對此，《上海圖書館藏宋本圖録》中《王建詩集》十卷提要做了詮釋："中華再造善本工程將國圖與上圖兩本相配影印，……影印本因采取朱墨套色印製而非四色彩印，其套紅及紙色一律，不辨新舊與配補之實，且經修描，原本面貌殊難踪迹。兹據上圖、國圖兩原本相較，其版本有以下數端或爲人所不知，或爲人所忽略：其一，國圖本目録葉三至四、七至九，卷一葉六至九，卷四葉九至十四，卷五葉一至二、七至十一原版亦缺如，以抄配使完；而國圖、上圖兩本皆鈐有'金忞仁氏'白文方（"忞"即"懋"之省體）、'湘雲館'朱文方、'汪士鐘曾讀'朱文長方印，知兩本原同爲一帙，初始僅缺卷二至三、九至十凡四卷，并無其他缺損。該殘帙析一爲二時（疑故意所爲），先以黄棉紙互爲影抄配補，猶可視爲影宋抄本；後復從他本補抄所缺四卷（國圖本爲黄棉紙，上圖本爲白棉紙），雖行款相同，宋諱'境''慎'等字缺筆，但字體與互爲影抄者不同，知兩次抄配不在同時，而後抄者係據宋本抑或明清本頗不可曉。"（上海古籍出版社，2010，第36頁）據此得知，國圖、上圖所藏宋本《王建詩集》原爲一書，僅缺四卷，書賈爲牟利，有意拆分爲二。這也算是此書流傳中的一段“佳話”吧。若不看《上海圖書館藏宋本圖録》，全然不曉。

問題三，上圖藏本中卷尾唐寅題識“俞子容家藏書，唐寅勘畢”之事，《提要》未做任何交代，讀者見此即認爲俞子容曾藏此本，并且是配補後的全本。實際情況大相徑庭。《上海圖書館藏宋本圖録》對此解釋道：“俞子容名弁，乃與唐寅同時之蘇州藏書名家。而此本既無俞氏印章，也無唐氏校語；又唐氏題識在卷十末之另紙，係粘接於卷十抄配紙之後（其接痕與紙色，影印本泯滅殆盡），除鈐有‘南京解元’‘唐寅私印’兩印外，又有‘季振宜藏書’之印；檢黄氏士禮居輯刻《季滄葦藏書目》，不見宋本《王建詩集》著録。由是觀之，唐氏手迹雖真，却係從季振宜所藏某本書中移易而來，則此本非俞氏舊藏也明矣。”（第37頁）《上海圖書館藏宋本圖録》指出唐寅題識存在問題的同時，再次提到“其接痕與紙色，影印本泯滅殆盡”的弊端。

除以上問題外，配補本《王建詩集》更大的隱患是，《提要》對兩原本（尤其上圖本）及配補後的情況語焉不詳，并且《提要》單行，未印製在書中，此本《王建詩集》將在今後的廣泛流傳中誤導他人。原國圖藏本中的陳乃乾、繆荃孫跋語，也因版本的改變而文不對題，宋元善本傳承有緒的特徵不復存在。

近日審閲《〈北京圖書館古籍善本書目〉配補本圖録》（待出版）書稿中《王建詩集》的提要，即發現問題。《〈北京圖書館古籍善本書目〉配補本圖録》針對的是國家圖書館所藏之書，由於提要作者參照《再造》本《王建詩集》撰寫提要，故謂“卷十後有手寫‘俞子容家藏書唐寅勘畢’幾字，并有‘南京解元’‘唐寅私印’‘季振宜藏書’印章”，將上圖藏本中的題識、藏印混入國圖本中。足見古籍善本殘本配補失當，後果十分嚴重。如此，再造善本的權威性將大打折扣。

宋刻本《注東坡先生詩》，《提要》曰：“注東坡先生詩

四十二卷　（宋）蘇軾撰　施元之 顧禧 施宿注　宋嘉泰淮東倉司刻本。……存六卷（卷十一、十二、二十五、二十六、四十一、四十二）。……此本由中國國家圖書館所藏兩殘本配成，前四册曾爲翁方綱蘇齋舊藏，又鈐‘劉承幹印’‘翰怡’‘張叔平’‘徐伯郊’等印記；後二册則經季振宜、周錫瓚、黄丕烈、汪士鐘、楊氏海源閣、周叔弢等名家遞藏。”

《再造》將國家圖書館黄丕烈藏、嘉業堂藏兩殘本《注東坡先生詩》合并出版，極爲不妥。黄藏本有黄丕烈題跋、題詩多篇，周錫瓚題跋，潘奕雋題詩，《提要》均未提及（詳見本書《宋刻〈注東坡先生詩〉版本考》）。蓋因兩殘本配補後，著録一本之題識，恐於體例不符。如此，與《王建詩集》配補國圖、上圖殘本後，僅著録國圖本題識之體例，又不一致。綜而言之，國圖《注東坡先生詩》二卷本與四卷本被强行配補爲一書後，非但版本體系被破壞，《提要》更是將諸多重要版本信息湮没殆盡。此種配補殘本之方式實不可取。

2018年9月24日初稿

2024年2月26日四稿

記與冀淑英先生交往的二三事

因年齡等方面的差异，我與冀淑英先生接觸不多，衹在重印《中國版刻圖録》、出版禮品書，以及影印《常熟翁氏世藏古籍善本叢書》時，與冀淑英先生直接或間接打過幾次交道，但收穫很大，終身難忘。

一、關於《中國版刻圖録》的編纂與出版

1999年初，我萌生了重印《中國版刻圖録》的念頭，想瞭解一點《圖録》編纂出版的歷史背景，但衹找到趙萬里先生撰寫的《圖録》序言，以及冀淑英先生寫的《我和中國版本學》中的兩段話。《圖録》序言云："三年前，我們曾計劃編輯一部版刻圖録，來系統地反映我國各時期版刻的發展過程，直到前年全國大躍進中，纔把這一計劃確定下來。由於各級黨組織的關懷和大力支持，這部書的計劃和編輯工作，纔能順利完成。"冀先生的文章説得更具體一些："1959年爲慶祝國慶十周年，我們搞了兩份獻禮項目，一是將抗戰期間收購書和建國以來進館的善本書編爲《北京圖書館藏善本書目》……再一個是趙萬里先生主編的《中國版刻圖録》，這是一部大型的反映中國雕版印刷發展的圖録，特點在於將歷代現存的有代表性的書籍，按時代按地區編排，展示了不同時代不同地區刻版印刷技術的發展特點，其中也引證了不少刻工資料。我在這項工作中協助做了部分選書工作，也學習了很多。"（冀淑英：《冀淑英文集》，北京圖書館出版社，2004，《我和中國版本學》第5—6頁）這一點資料當然是遠遠不够的。我從側面瞭解到，冀淑英先生

早在1945年便在趙萬里先生指導下，在北京大學參加了李盛鐸藏書的整理和編目工作；1948年調至北京圖書館善本部，師從趙萬里先生，繼續古籍善本的編目和研究工作；她還是《圖録》編纂出版的親歷者。我決定去拜訪冀先生，從她那裏瞭解更多關於《圖録》的信息。

1999年8月我第一次登門拜訪冀先生，表達了想重印《圖録》、瞭解《圖録》出版經過的願望，并懇請先生撰寫再版前言。冀先生十分高興，欣然允諾。冀先生回憶説，趙萬里先生很早便開始籌劃《圖録》的編纂出版工作，除了對國家圖書館（原北京圖書館）的古籍善本諳熟於心，還遍訪各地藏書家、書肆和圖書館，積纍了大量第一手資料。因此，當1958年上級主管部門將《中國版刻圖録》定爲國慶十周年的獻禮項目，要求兩年内必須出版時，他們纔能順利完成任務。冀先生從20世紀50年代初開始，既是趙萬里先生的學生，也是他的助手。趙先生經手的項目，她基本上没缺席過。但爲什麽冀先生的説法與《圖録》序言所説的“三年前［1957］，我們曾計劃編輯一部版刻圖録”不符，趙萬里先生到底是1957年還是更早開始籌劃《圖録》的編纂工作？這個問題困擾了我很長時間。最近幾年，有關趙萬里先生和《圖録》的資料陸續被公布，終於有了答案。

沈津《顧廷龍年譜》記載，1952年“一月十二日，趙萬里來，示《版本圖譜》樣張”（上海古籍出版社，2004，第496頁）。這是與《圖録》有關的最早文獻記載，表明趙萬里先生“版本圖録”的編纂方案那時即以成形。從鄭振鐸同年2月16日致徐森玉信函可以看出，趙先生甚至與上海出版公司就該書的出版事宜達成初步協議，準備印製500部：“斐雲的中國版本圖録，弟意現在決不會有銷路，能售出一百部已是吃力，但上海公司方面預計要印五百部，恐不易實現。向覺民之意，也以銷路困難爲慮，已勸斐雲暫時放弃這個計劃，他也已同意了。”（轉引自劉波：《趙萬里先生年譜長編》，中華書局，2018，第333頁）該信函透露出的另一個信息是，出於對銷路的顧慮，鄭振鐸希望暫時放弃圖録的出版計劃。其實，此前的

1月31日，鄭振鐸致信上海出版公司總經理劉哲民時，便表達了相同的意見，他説：“關於‘書版圖録’事，經與趙君商洽，并徵求向達諸位的意見，覺得銷路大成問題，能銷二百部已是不易了。此爲專門的書，且注意、研究的人很少，不可能多銷也。此事衹好打消‘計劃’矣。若出版，必將大爲虧本，且壓積資金甚多，對於公司極爲不利，故不如回絶趙君爲是。兄同意否？趙君也已同意不編了。”（轉引自劉波：《趙萬里先生年譜長編》，第332頁）

上述資料證明，早在1952年趙萬里先生便爲《圖録》的編纂做了大量前期準備工作，比《圖録》序言所説的1957年早了整整5年。其實，還有一件事可以佐證冀先生的説法，那就是1952年10月北京圖書館舉辦的中國印本書籍展覽。展覽書籍由趙萬里先生規劃挑選，并據此編纂了《中國印本書籍展覽目録》。《目録》引言係鄭振鐸撰寫；趙萬里撰寫《説明》，簡述了從寫本到近代印刷術興起的發展過程，其中最翔實的是古代印本部分的内容，即《雕版的興起和唐五代刻本》《宋金元雕版概況》《活字印刷術的發明和明清活字本》《木刻畫和彩色套印術》，第一次對中國印本書籍的發展脉絡進行了系統的梳理和表述。展覽説明還以《中國印本書發展簡史》爲名，在1952年第4期《文物參考資料》上發表。《圖録》序言的内容與《中國印本書籍展覽目録》説明大致相同，衹不過去掉了各部分的標題，彙爲一篇而已。

在追憶《圖録》最後的製作過程時，冀先生激動不已，仿佛回到了那個激情迸發的年代。她興奮地説，入選《圖録》的古籍善本書全部集中到故宫，在那裏拍照，他們多半時間也在那裏工作，每天都要加班加點，非常辛苦，但大家精神飽滿，幹勁十足，毫無怨言。她主要的工作是用古籍核對照相製版後的圖像，以及每一種古籍善本的提要。冀先生還説，《圖録》的編纂大綱、體例和序言都是趙先生親自製定、撰寫，500餘種古籍善本提要多數也出自先生之手。同時冀先生也幾次强調，因時間倉促，《圖録》難免會出現一些問題，重印時可以更正。

冀先生關於《圖録》在故宫中製作的説法，我起初并没在意，後來發覺此事不簡單。《圖録》第一次印刷和第二次補版重印，都是在文物出版社印刷廠采用珂羅版工藝印製的。這就牽扯出文物廠，甚至是北京珂羅版印刷早期歷史的問題了。文物出版社印刷廠最初的廠址在故宫内西北角樓，廠名也是1957年文物出版社成立之後變更的。文物廠成立前，故宫中的印刷所已經存在數十年了，該所民國時期的珂羅版印刷還曾小有名氣，但到20世紀40年代末已名存實亡。1949年，文化部文物局局長鄭振鐸開始籌劃在北京建一家特色印刷廠，承擔博物館藏品印刷工作。具體做法就是把他熟悉的兩家上海銅版、珂羅版廠遷至北京，恢復故宫印刷昔日的輝煌。上海那兩個廠家分别是鹿文波的開文銅版製版所和戴聖保的申記珂羅版印刷所。前者於1954年順利遷京，進入故宫；後者則遷延至1957年。不過戴聖保的珂羅版是隨人民美術出版社（上海分社）珂羅版車間遷京後落脚人民美術出版社，還是直接遷入故宫，一直有争議（葉康寧：《鄭振鐸與申記珂羅版印刷所》，《新文學史料》2019年第4期）。爲此，我近日拜訪了戴聖保當年的徒弟畢秀梅女士。她説："申記珂羅版印刷所到京後，先是在人民美術出版社印刷廠，後來轉到榮寶齋，1972年纔合并到文物廠，進了故宫。"她又補充道，戴聖保的哥哥戴申昌也精通珂羅版，他從上海來京後直接去了故宫。如此，文物廠早期的珂羅版印刷應該是戴申昌幫助恢復起來的。我對這段歷史的探究源於冀淑英先生，雖與她參加《圖録》編纂之事關係不大，亦屬《圖録》出版史料範圍，故在此贅述一二。

非常遺憾的是，冀先生因年事已高，寫作工作繁重，不便過多打擾，我一年多的時間衹去過她家幾次，還有其他問題要請教，故未瞭解到《圖録》更多的情況，先生便因病突然去世了。

二、關於禮品書的製作

國家圖書館出版社從1996年開始利用館藏古籍爲底本製作禮品

書，獲得了很好的社會影響和經濟效益。這個工作冀先生也給了我們不小的支持和幫助。1999年底，我去冀先生家繼續訪談《圖録》事，不經意提起社裏正在做禮品書。冀先生聽到後非常感興趣，她從書櫃中拿出一沓明信片和書簽給我看，介紹道："這些都是日本朋友寄給我的，是用古籍題材做的，既雅致又實用，還能普及古籍知識，你們不妨做一些。"回去後我們就印製了一批宋元善本明信片以及筆記本，效果不錯。按照現在的説法，那些都屬於所謂的"文創産品"，是很時髦的東西。可見冀先生雖然長年從事古籍研究工作，觀念上却一點不落伍。

在圖書方面，冀先生建議我影印一些古代著名版畫，肯定受歡迎。根據冀先生的提示，我社做了一批鄭振鐸收藏的版畫禮品書，如《水滸葉子》《水滸人物全圖》《紅樓夢圖咏》《唐詩五言畫譜》等，都很暢銷。其中《唐詩五言畫譜》還是冀先生親自寫的序。那是2000年的夏天，天氣很熱，我帶着《唐詩五言畫譜》的複製本來到冀先生家，想請她撰寫序言。看到她書桌上堆滿稿件，又值三伏酷暑，加上年底就要出書，時間緊迫，實在難以開口。當我吞吞吐吐地表達來意後，冀先生却毫不猶豫地答應了，并保證不會耽擱年底出書。此事令我非常感動：冀先生身爲海内外著名的專家學者，對人謙和、熱情，没有一點兒架子，衹要對學術和社會有益的事情她都盡力去做。

同年10月底，我如期拿到了冀先生撰寫的序言。序言雖然衹有2000餘字，却堪稱經典，將《唐詩五言畫譜》相關的信息悉數囊括：開篇明義對《唐詩五言畫譜》版本做介紹後，簡述了中國古代木刻畫的歷史，并强調在木刻畫發展中，萬曆時代可稱爲一個黄金時代。這時經過七八百年間積纍起來的技術和經驗，都施展出來了。《黄氏畫譜》（《唐詩五言畫譜》係其中的一種）在當時木刻畫集中稱得上是出色當行之作。這些畫譜既表現了高雅，又甚通俗，在當時流傳自然很廣。但流傳下來的印本雖多，初印本却十分少見，此畫譜正是初印本。接下來，冀先生提到了畫譜的收藏者鄭振鐸先生，指出：“西諦先生的藏書以插圖本戲曲、小説和版畫等書爲最精，對於同一種書，他十分注意初印、後印之不同，後印模糊甚至有挖改處，所以常常收得一種并不滿足，再遇到此書還要收入。比如《程氏墨苑》西諦先生就藏有三部，《黄氏畫譜》先生所藏也不止一部，有一部殘本，又有一種八册的全部。這一册雖祇存‘五言畫譜’一種，却是難得的比較早期的本子，在西諦先生目中，焉能不收。”（《影印本〈唐詩五言畫譜〉序》，載冀淑英：《冀淑英文集》，第217—218頁）最後，冀先生對此本畫譜的殘破配補情况，以及字幅書寫者、畫幅題名者的事迹做了簡明扼要的評述。

冀淑英先生的《影印〈唐詩五言畫譜〉序》，介紹版本、著者等基本情况的同時，還講述了木刻畫的歷史、收藏者的事迹，言簡意賅，内涵豐富，是一篇優秀的導讀文章，也成爲我此後編輯生涯中的工作學習範本。

三、關於翁藏《集韵》的影印説明

爲影印古籍寫序或出版説明，對不諳古籍版本的編輯來説是一件難事，專家學者往往又不屑於去寫。介紹古籍，無論是撰寫出版説明（序），還是書目提要、書志，最忌不認真閲讀原書，網羅二手資料堆砌而成。其結果就是剿襲舊説、味同嚼蠟，甚至錯誤頻出。近年來，此類例子并不少見。冀淑英先生在這方面始終堅守老一代學者認真讀書、博求實證的優良學風。對此，我不僅在《唐詩五言畫譜》一書中有所感受，在更早參與《常熟翁氏世藏古籍善本叢書》影印工作時便有深刻的體會。

1993年，翁同龢的五世孫、美國著名華人社會活動家翁萬戈先生携部分翁氏藏書複製稿來到北京。我社總編輯馮惠民通過傅熹年先生牽綫聯繫翁萬戈先生，翁先生同意將所携書稿在我社影印出版（《常熟翁氏世藏古籍善本叢書》後因故轉至文物出版社，於1996年出版）。翁先生爲此專門來過社裏一趟，我作爲古籍影印室主任，參加了會見與洽談。書稿很快便下廠製版；同時，馮惠民先生與傅先生一起找到冀淑英先生，共同商定書名爲《常熟翁氏世藏古籍善本叢書》，并請冀先生爲該書撰寫影印説明。冀先生當即應允。幾個月後，我見到了冀先生撰寫的稿件，讀完其中第一部宋刻本《集韵》的影印説明，便被她淵博的學識和一絲不苟的敬業精神打動了。

翁藏《集韵》，南宋初年刊本。清初藏常熟錢曾家，後輾轉至怡府，端華事敗，藏書流出，同治間被翁同龢收得。於是百餘年來鮮爲人知，僅有毛氏汲古閣、錢氏述古堂兩部影抄本流傳於世。清代學者段玉裁諸人據影抄本書中避諱字及慶曆牒文，謂原本爲北宋慶曆所刊。冀先生却認爲："實則南宋初年避諱制度未嚴，紹興初年思溪王氏刻《新唐書》，北宋英宗以下諱皆不避，即其一例。書中刻工多人名下有'重刁''重刊''换'等字樣，但亦有無'重刁'字樣者，如王寔、駱昪、徐彦、吴圭、王伸、張由等，其中大多數刻工爲南宋初期浙江刻書中習見良工。"隨後，冀先生詳列曾刻明州本《文選》者王伸、吴圭等21人，刻《白氏六帖事類集》者陳忠、蔣暉等21人，刻《陶淵明集》者王寔、洪茂等16人，刻《徐公文集》者徐彦、施章等14人，刻《水經注》者方成、洪茂等7人，刻《爾雅》者洪先、陳忠等6人，得出該本《集韵》曾經南宋中期修補的結論。冀先生還利用刻工互見之書中的相關史料，做進一步的推理，得出最終結論："明州本《文選》卷末有明州司户參軍盧欽後題，云：'《文選》板歲久漫滅殆甚，紹興二十八年冬十月直閣趙公來鎮是邦，首加修正，字畫爲之一新。'據寶慶《四明志》，直閣趙公名善繼，趙以直秘閣紹興二十八年知明州，二十九年六月罷任。因知《文選》刻版當在南宋初年，修版則在紹興二十八年趙善繼知明州時，與盧欽題記相合。《文選》刻工中多數皆有'重刊'字樣，與《集韵》情況同。《白氏六帖事類集》卷中遇'構'字，皆注'御名'，用明州官册紙印，可知亦明州刻本。《徐公文集》'構'字亦注'今上御名'。凡此皆可證《集韵》乃南宋初年明州所刊經南宋中期修補印行。”（《〈常熟翁氏世藏古籍善本叢書〉影印説明》，載冀淑英：《冀淑英文集》，第206—207頁）利用刻工考訂古書版本雖早已有人爲之，但“先生對刻工研究有素，宋代刻工每見必録，且均出於目驗，進而詳細辨别原版與補版刻工之不同”（王紹增：《王紹增序》，載冀淑英：《冀淑英文集》，《王紹增序》第4頁），成績更加顯著。翁藏《集韵》在影印出版14年後的今日，其版本價值已被學界廣泛認可，這與冀先生的辛勤付出密不可分。

在紀念冀淑英先生100周年誕辰之際，寫這篇小文是想鞭策自己及古籍界同人，學習繼承先生謙虚謹慎、脚踏實地、求實務真的治學精神，努力做好古籍整理研究工作。

（原載《文津學志》第14輯，國家圖書館出版社，2020）

關於翁氏藏書的一段往事

前兩天整理稿件核對《注東坡先生詩》，發現該書三種宋刻本中存卷最多的在常熟翁氏藏書中，翁氏藏書現藏於上海圖書館。隨後，一段與翁氏藏書相關的往事不禁在腦海中浮現出來。

那是1992年或1993年的事情，具體時間我想不起來了。爲此，我打電話給當事人馮惠民先生詢問，他也記不清了，但終歸是那兩年發生的事情。不過馮先生對事情的經過却記憶猶新，補充了不少細節。

20世紀90年代初，翁同龢的五世孫、美國著名華人社會活動家翁萬戈先生携部分翁氏藏書複製稿來到北京。我社（國家圖書館出版社，當時還是書目文獻出版社）總編輯馮惠民先生通過傅熹年先生牽綫聯繫翁萬戈先生，翁先生同意將所携書稿在我社影印出版。翁先生爲此專門來過社裏一趟，我作爲社古籍影印室主任，參加了會見與洽談。其後，書稿交給浙江富陽古籍印刷廠製版；同時，馮惠民先生與傅熹年先生一起找到冀淑英先生，共同商定書名爲《常熟翁氏世藏古籍善本叢書》，并請冀先生爲該書撰寫出版説明。冀先生欣然應允并很快就寫好了，我見到的是複印本。

《常熟翁氏世藏古籍善本叢書》共收入8種宋版古籍：《集韵》十卷，《邵子觀物内篇》二卷《外篇》二卷《後録》二卷，《邵子漁樵問對》一卷，《長短經》九卷，《重雕足本鑒誡録》十卷，《會昌一品制集》（存十卷），《丁卯集》二卷，《新刊嵩山居士文全集》（存四十二卷），均爲隱晦百年、世所稀覯之古籍珍品。

不久，富陽印刷廠廠長蔣放年先生親自把《常熟翁氏世藏古籍善本叢書》的版樣送到出版社。由於複製稿製作得極爲精細，版樣自然質量不錯，大家都很滿意。社裏開具委印單，講好印數和各種要求後，蔣廠長即匆忙返廠準備開印。

就在我們翹首以待之際，風雲突變，《常熟翁氏世藏古籍善本叢書》影印出版工作因故被取消了。可惜之極！（徐按：此書後來轉至文物出版社，於1996年出版。）前幾天我與馮惠民先生通電話談起此事，馮先生還不斷感嘆。

此後，翁萬戈先生曾與國家圖書館商議轉讓翁氏藏書之事，因館内有專家認爲書的價值不甚高而受挫。後雖經任繼愈館長多方奔走，事情有了轉機，終因上級遲遲未予批復而失之交臂。至此，不由想起胡適所藏甲戌本《紅樓夢》轉讓之事，胡家首先聯繫的也是國家圖書館，最後却花落上海博物館。不過，想起國家圖書館在甲戌本交易最後時刻，準備加價×萬美元，財政部某部門負責人的答復後，心中便釋然了。那位負責人説，書衹要回到了中國，無論是上海還是北京都一樣。

翁氏藏書共計80種542册，其中宋刻本11種156册、元刻本3種52册、明刻本12種、明抄本1種、清刻本27種、清抄本25種、清稿本1種。今日看來，僅11部宋版書之市場價值即遠超當年書的總價。何況翁氏藏書之社會文化方面的價值更是遠非金錢能够衡量的。令人扼腕！

2017年12月20日

《全國古籍普查登記目録》始末記

《全國古籍普查登記目録》從籌劃到出版即將完成，已過去了10年。我想，應該把這段歷史儘早整理記録下來，以免隨着時間的推移而面目全非。

2011年春節過後的一個周六（也許是周日）清晨，郭又陵社長給我打電話，説周和平部長請他去館裏開個小會，但他正在去外地的火車上，去不了，讓我代他去開會。我便立即動身去參加會議。會議的具體地點我忘記了，反正不是館領導經常召開會議的313會議室。出席者有周部長、副館長張志清、善本部主任陳紅彦和我（國家圖書館出版社總編輯）。出版社古籍編輯室主任殷夢霞因其他事等待領導召見，在後排列席旁聽。另外還有古籍保護中心辦公室的負責人，具體是誰記不清楚了，好像是王紅蕾或洪琰。業務處長高紅也許在場。

周部長主持會議。會議的主要議題是古保工作已有成果不够多，如此下去恐怕相關經費會被削減，請大家集思廣益，想想辦法。這裏所説的成果，是要落實到具體的項目上，例如編出個古籍目録、出版幾本書等。長話短説，輪到我發言的時候，我便把醞釀了多時的一個想法提了出來：改變以省、直轄市爲主體編纂古籍聯合目録的思路，讓各圖書館等藏書單位各自編纂本館的古籍目録。爲了加快進程，且留有今後不斷完善的餘地，先編製一套各館的《古籍普查登記目録》。這樣會極大地提高各館積極性，減少各種矛盾，很快便會見成果。我隨後陳述了編纂的體例等諸多細節問題。

我感覺周部長聽完我的發言，眼前一亮，他隨口便問志清副館長：“徐蜀的意見怎麽樣？”志清副館長回答説：“太好了！”周部長説：“好，這件事就這麽定了。”會後，周部長還請我們大家一起吃了個便飯。

周部長召開的小型會議後，古籍保護中心决定舉辦一期相關培訓班，張志清副館長請我寫一個東西，對《全國古籍普查登記目録》的具體做法及培訓班談一下意見。不久，我回復志清副館長，内容如下：

志清館長：

遵囑將有關方案及一些意見整理了一下，很不成熟。請批示。

古籍普查總目

一、機構等方面的有關問題

建議發布通知時，注明報酬外還要説明：此次古籍普查目録爲有史以來最大一次古籍普查活動的成果，意義深遠。所編目録將爲藏書單位或個人署名、爲目録編纂者署名；此目録將由國家古籍保護中心正式頒布、存檔、出版，并因此而彪炳史册。

希望出版社一開始就介入，參與組稿等活動。

應將韋力等私人藏書家納入總目。

二、凡例

1.一概以藏書單位或個人爲基本單元編纂目録。

2.有條件者按四部分類法分類，但又不一概而論。

3.著録書名、著者、版本年代、卷數、册數、副本等情况。建議不要行款，最好簡便易行。

4.珍貴古籍一部起即可入圍。最後可將散户統一編爲若干部目録。

三、開本

正32開平裝，建議以“皮書”（如藍皮書）的裝幀形式出版，以顯重視。横排繁體字，書名四號宋體字，其餘五號宋體字。一種目録凡滿30頁者，可獨立成册。

關於培訓的有關事宜

培訓祇是全部設想的一部分。所有的想法已在出版社的文件中詳陳。這裏僅簡要做一叙述。

一、參照古籍出版規劃領導小組的《古籍整理出版情况簡報》，出版《古籍保護工作簡報》。

二、成立古籍保護培訓基地，全方位培訓古籍保護人才。内容包括古籍基礎如版本、鑒定、編目、修復，古籍整理、出版（主要是影印出版）等方面的知識。最好有實踐内容。

當然，古籍影印方面的内容其實也很豐富，我先配合王紅蕾做個方案。

徐蜀

2011年4月28日

同年10月又改了一稿如下：

《古籍普查登記目録》編製説明

一、此次古籍普查目録，是有史以來規模最大一次古籍普查工作的總結，可以以最快的速度，最少的人力、物力、財力，對現存古籍的種數、總册數進行摸底，并有一個相對準確的數字，爲下一步古籍保護工作和高質量古籍總目的編纂奠定基礎。其他“古籍書目”不易收此效果。《古籍普查登記目録》將由國家權威部門正式刊布、出版，永載史册。

二、無論藏書單位（個人藏書規模）大小，一律獨立成册、刊布、出版。32開平裝，“皮書”裝幀。

三、參與普查目録工作的單位或個人，所提供目録經審核采用後，國家古籍保護中心將根據條目的數量支付費用。凡未曾整理編目過的古籍，費用應與其他古籍有所區别，以資鼓勵。

四、目録著録的基本項目：書名，版本，著者（如果有的話），卷數，册數。擴展項目（無條件可不填）：行款，藏書印情況，序跋情況等。

徐蜀

2011年10月8日

2012年2月，又根據張志清副館長的指示再次修訂體例，如下：

編製《古籍普查登記目録》的意見（修訂）

古籍普查登記目録的要點是“登記”二字，是一個賬簿式的目録，是爲下一步工作打基礎的目録。這個目録的目的是搞清楚全國古籍比較確切的數量和藏地。

在目前資金不足的情況下，操作步驟可分兩步進行。

第一步，登記階段。

一、由國家古籍保護中心分發古籍普查登記號段，每種古籍都有一個唯一的普查登記號。

二、每種古籍祇登記書名、著者、卷數、册數、版本（年代），著者、版本不確定的可空缺，或存疑。

三、各藏書單位的古籍登記成册後，直接上交國家古籍保護中心辦公室。第一階段工作規模初具，用時大約1年或1年半。

四、國家古籍保護中心辦公室根據情況組織相應人員檢查驗收。大中型圖書館的質量應該問題不大。對小館或力量薄弱館，中心根據情況組織專家進行驗收。驗收合格後，由文化部頒發證書。證書附該藏書單位的《古籍普查登記目録》（相當於古籍身份證），有了身份證的古籍，今後能優先享受古籍保護的專項經費。《古籍普查登記目録》爲“皮書”性質，大32開，每行連排，以節省版面。

第一階段工作全部完成，總共用時2至3年。

第二步，彙集成書階段。

同一地區的登記目録積纍至一定數量後，可彙集成書（可能與第一階段工作交叉進行）。書名即爲“某某地區古籍普查登記目録”，實爲各個目録的自然集合，并不打亂重編。彙編後正式出版的《古籍普查登記目録》16開精裝，每册600頁。

關於經費的使用。

因經費不能一步到位，且比較緊張，建議先根據各個單位的情況預發部分啓動經費，并向大館的“未編書”和小館適當傾斜。頒證後根據情況再補發部分費用。目録正式出版後發齊所有費用。

以上分兩步走的好處，一是見效快，先不管質量如何，登記完畢即可上交，成果即已顯現；二是靈活機動，因爲各個省市地區的情況差别極大，所有人員的使用、經費的發放，均由國家古籍保護中心根據各地實際情況直接控制。當然也要發揮省中心的作用，但并不矛盾，可通過國家古籍保護中心指派省中心去工作（如檢查驗收）。

徐蜀

2012年2月19日

2012年2月20日左右，張志清副館長通知我，將於本月底在静之湖度假酒店召開第一期全國古籍普查培訓班，請我準備一下，在培訓班第一天做一個主題發言。下面是會議安排（圖1）。

我於會議的第一天，即2月29日下午發言。發言稿如下：

《古籍普查登記目録》講稿

古籍保護首先要搞清楚古籍的家底（指數量和藏地，下同），古籍的家底不清楚，古籍的保護利用工作就不可能做好、做徹底。而古籍普查登記目録的作用，就是要完成這個任務。因此儘快編製出全國古籍普查登記目録，是當前刻不容緩的一項重要工作。

培训日程

时间		内容	地点
2月29日	9: 00-12: 00	学员报到	国家图书馆
	14: 00-14: 10	全体合影	静之湖酒店
	14: 10-15: 10	开班典礼 主持人：李翠薇（国家古籍保护中心办公室副主任） 1. 文化部社会文化司巡视员刘小琴讲话 2. 全国古籍保护工作专家委员会主任李致忠讲话 3. 国家古籍保护中心副主任、国家图书馆副馆长张志清讲话	第三会议室
	15: 10-17: 30	1. 古籍普查流程演示 （国家古籍保护中心办公室管理组副组长　王沛） 2.《全国古籍普查登记目录》出版工作 （国家图书馆出版社　徐蜀） 3. 古籍普查工作的组织与管理 （浙江图书馆　徐晓军）	第三会议室
	19: 30-21: 00	全国图书馆古籍整理与文献保护专业委员会工作会议	第三会议室

圖1　第一期全國古籍普查培訓班培訓日程

普查登記目録的重點是“登記”二字，登記的東西類似賬簿，應該是最原始、最簡單的東西。但是，簡單并不等於無用，或價值不高。恰恰相反，簡單的東西有時却有着不可估量的價值。就以普查登記目録爲例，雖然它登録的衹是每部古籍最基本的資料：索書號、書名、著者、卷數、册數和版本，版本不確定的甚至可以省略或存疑，但是可以藉此儘量快捷、全面地統計出全國古籍的數量：包括部數和册數，以及古籍的藏地，從而使我們的古籍保護工作能够順利地進行下去。有了這個目録，在今後編製古籍目録分省卷和全國統編卷時，也會容易得多。當前的古籍普查登記目録工作有兩大難點：一是力量薄弱的小館藏書，二是大型圖書館中存在的大量“未編書”。如果要求填報的項目太多，對“質量”的要求太高，上述兩類書將拖累整個古籍普查工作，致使普查工作或者延期數年甚至10年以上；或者缺失這兩塊，使普查的功效大減。

簡單著録編製而成的簡明目録，有多大的技術含量或價值？有人可能會産生這樣的疑問。我以爲，簡單或複雜，與技術含量或價值之間并無直接的因果關係，例如《四庫全書》的“簡明目録”和“總目提要”，後者的内容要比前者豐富得多，但“簡明目録”的使用者和使用頻次，却大大超過了“總目提要”，證明“内容翔實”有時也是纍贅。當然，《古籍普查登記目録》簡明扼要的優點和必要性，遠不是《四庫全書簡明目録》所能涵蓋的，需要從目録學的基本定義中去尋找答案。

中國古典目録學已有2000年的歷史，目録“即類求書，因書究學”及“辨章學術，考鏡源流”的作用，日益深入人心。目録的其他功用，乃至最原始、最基本的作用反而被人們淡忘了。例如，按照編製目的和社會功能，很早之前目録便具有了登記，甚至財産登記宣示的作用：最早可以追溯到西元前668—前627年時期的亞述巴尼拔圖書館，及至近現代的各類財産登記賬簿，均有章可尋。《古籍普查登記目録》即屬於此種目録。唯有此種目録，纔能徹底摸清古籍的家底。至於“總目”“聯合目録”，雖然複雜得多，内容豐富得多，但受體例的限制，在這方面反而不如登記目録。并且，在没有徹底摸清古籍家底的情况下，也不可能編製出真正理想的古籍總目。

接下來再談談摸清古籍家底方面的一些問題。我是搞古籍出版的，古籍出版界由於古籍整理出版的需要，也很重視摸清古籍家底的問題，有關領導經常强調這一工作的重要性，并且曾就該問題多次發表過意見。有篇文章曾説："中國古籍有多少？可以依據的，有《叢書綜録》《四庫全書總目》，以及近人的《販書偶記》正續篇，合計起來，仍用舊的經、史、子、集的分類法，大約可得6.3萬種。此外，《清史稿·藝文志》及補編著録的清人著作，就有2萬種。但：（1）還有不少的書不在這些書目之内；（2）把古籍的下限算到清末（1911年），則所謂古籍的種類大約會增加到8萬種，或10萬種。"另一種看法是，要做好古籍整理工作，"第一項任務是清理總數，分清檔次，采取不同的整理方式。這個工作非常重要，總數到底有多少，是10萬種，12萬種，15萬種，還是20萬種？知道了總數，摸清了家底，纔能把工作做好"。

對以上兩種説法加以分析，可以看出其中存在着一些問題。

首先，文章所説的種數，顯然定義的是古籍的内容，應該是删除了内容版本相同的圖書。因爲文章提到的6.3萬種中包含了《叢書綜録》所收子目之書，而《叢書綜録》所收子目之書不剔重的話爲7萬多種，剔重之後餘近4萬種，顯然是剔重之後的數字。這個種數和我們今天所講的"摸清家底"是兩個不同的概念。

其次，後一種看法對古籍的總數提出了10萬種、12萬種、15萬種和20萬種的概念，但没有進一步説明根據是什麼，也没有解釋"種"的具體含義。不過也應該是按照古籍的内容劃分的。

總而言之，以上兩種摸清中國古籍家底方法的思路有兩大問題：一是對古籍的單位名稱采用了意義含混的"種"；二是預估古籍數量的所有資料都不是實際清點的結果，而是來源於幾種大型古籍書目，這是絶對不可靠的。因爲那些目録本身就不是爲統計古籍的數量而做的，在"種數"的概念上是含混不清的；即使落實到數量，上述書目也缺漏甚多。難怪文章説古籍的總數有10萬種之後十幾年，新的看法中便將這個數字的上限翻了一番，變成了20萬種。

我以爲，隔行如隔山，“摸清古籍家底”的難題恐怕還得依靠實際收藏古籍的圖書館來解决。早在1992年6月17日，《中國文化報》就披露了幾個比較有價值的數據，該數據來源於圖書館管理部門，比較可靠：“我國僅公共圖書館就藏有古籍2702萬册，占文獻收藏量的9.2%，其中又有珍貴的善本圖書244.5萬册，涉及幾乎所有的省級、計劃單列市圖書館和部分地（市）縣圖書館。”

自國家古籍保護中心成立以來，古籍普查工作成績斐然，碩果纍纍，通過實地調查，將古籍的數量進一步明確在5000萬册，比1992年的統計數字增長了近一倍；并如前所述，確定現有古籍藏書單位2700多家，預計全國有4000家左右。當前將要開展的編製《古籍普查登記目録》的計劃，意在厚積薄發，趁熱打鐵，一鼓作氣地完成古籍普查，即摸清古籍家底的任務，爲古籍保護的下一步工作奠定堅實的基礎。

在古籍普查登記工作中，要儘量减少抽象思維方式引起的干擾，避免使用“種”這個概念易於混淆的稱謂。因爲“種”的含義較多，如幾部版本完全相同的《史記》，我們可以稱它爲一種，等等；工作人員的意識裏衹可以有“部”和“册”的物理概念，每一部（册）書之間的關係都是平等的，相互之間没有從屬關係。此次制定的《古籍普查登記目録》規則，就是要保證做到這一點。值得注意的是，“聯合目録”和“總目”都或多或少地摻雜了“種”的概念，并且有主有從，容易湮没部分有用的信息。

會後，張志清副館長對我説：“您的發言太好了。”第二天早餐時，張志清副館長對我説：“徐老師，古籍普查目録的事做成後，您就是首功。”不久後我就退休了。

2021年2月10日

《永樂大典》再造記

今天上午去國家圖書館（以下簡稱“國圖”）善本部辦事，看見大家都在忙碌下午的一個活動：“珠還合浦　歷劫重光——《永樂大典》的回歸和再造”展覽開幕式。見此，不禁心潮澎湃，想起了20年前的那段往事：我親歷的《永樂大典》再造工作。藉此機會回憶一下，記録下來，還是很有意義的。

2000年年中某日，周和平館長把我和郭又陵社長叫到了他的辦公室，談接收《文獻》編輯部原某編輯到出版社工作之事。事畢臨走時，周館長又把我們叫住，對我們説：“浙江的蔣放年先生想影印館裏的《永樂大典》，你們想不想做？如果想做，儘快拿出一個方案，一定要做好。”我們當即表態願意做，并且一定做好。回到社裏，我們冥思苦想之後決定，一步到位，仿真製作。周館長很快就批復：“同意。”

説起來容易做起來難。《永樂大典》四開本，國家圖書館及國内（不含港澳臺）其他館共藏有160多册，朱墨雙色、宣紙、包背裝，費用肯定不低，還不知賣不賣得出去。當時社裏的經濟狀況不太好，年銷售回款也就幾百萬元。爲了節省開支，我首先想到了縮微攝影的工藝。我從1986年做《北京圖書館古籍珍本叢刊》開始，便與縮微膠捲打交道，對其特性比較瞭解。我請縮微複製中心按照我的要求，減小反差，拍攝了20多拍，然後拿着膠捲去找加工單位。當時能够掃描縮微膠片的地方很少，本館雖然能做，却没有時間，最後我找到了電影研究所下屬的一個單位，具體名稱和地點都記不清了，在工人體育場附近。我拿到掃描圖像後，回家研究起來。掃描件是黑白單色的，而《永樂大典》是朱墨套印的，版框、欄綫及個别文字是紅色，其餘文字爲黑色，需要把紅色和黑色版分離開，難度不大却很煩瑣，太費時間，并且個别紅字較難把握，容易出錯。最終還是放弃了這一方案，準備直接上彩色印刷，但對成本心中無數，不知社裏能否承擔。

果然，經過一番詢價，都是天價。最後社裏决定，對出版社的珂羅版車間進行改造，購置膠印機，自己印製。但首先要解决底本複製的問題，那時的善本部可没有現在的條件，一切都得社裏自行解决。爲此，我們購買了一臺A3幅面的平板掃描儀，型號忘了，是深藍色的，花了兩萬元。掃描儀放在善本部辦公室。當時善本部主任是張志清，副主任是陳紅彦和蘇品紅。他們三位，還有負責資料管理工作的金靖，同在一個辦公室。掃描儀就放在一進門左邊的角落，每天在他們的眼皮底下掃描《永樂大典》。

説起掃描員苑麗紅，頗有戲劇性，她是我從北三環雙榆樹一家家政公司找來的。之前我們在正規渠道招不到合適的人，都嫌工作單調、收入低（每月600元）。後來我想，索性就找一位保姆，現教她掃描。我那天到家政公司（就一間門臉，很小），發現小苑一人在屋裏坐着，我説明來意後，她馬上説很想幹，衹是從未使用過電腦。我説，不會没關係，一教就會。她是稻香湖地區農村的，人看着很樸實。第二天她就來上班了。我教她從開機到掃描，再到存檔，不到一個小時她就學會了。爲了保險起見，我把開機後的所有操作流程寫在一張紙上，供她參考。第二天張志清問我："你從哪個村招來的人啊？"有點挖苦我的意思。過了一個星期，張志清偷偷對我説："你招的這位保姆太棒了，做事認真，吃苦耐勞，還特機靈，幫我們也招一個吧。"

從那之後，我隔一天就去善本部拷一次盤。那時還没有移動硬盤，外挂一個機内用的金屬硬盤，容量80兆，今天看起來不免可笑。要把電腦主機殼側板拆掉，用數據綫和電源綫把硬盤連接到主機板上，有時還要"跳綫"纔能"找到"外接硬盤。拷好的硬盤交給劉學康、王永玲兩口子的排版公司，他們爲社裏修圖排版多年，非常好學，經常和我一起探討技術問題。他們修圖後出紅、黑兩套軟片交給社裏珂羅版車間印刷。

印《永樂大典》的宣紙是姜紅和曉燕兩位同志去浙江采購，按照社裏提供的樣張定做的，一張正好是《永樂大典》一葉，當時的價格是0.5元一張（到2010年漲到了3元一張）。包裹封面的黄色綾子比較貴，我們去産地湖州買的白色綾子再染色，就便宜了不少。印刷完畢，是任寶全先生的大興古籍印刷廠裝訂的。在裝訂過程中還有一個小插曲：《永樂大典》160多册在圖書館上架後，無論立式插架還是平放，均看不到册號，不便使用。我曾腦洞大開地在書脊上印上册號，後覺不妥，便采用銅版“壓字”不上色的方法，既可辨識册號，又不顯眼。但最終還是屈服於原貌之説，放弃了。十幾本印了或壓了册號的樣書存放在出版社樣書室，不知是否還保存着，我自己衹保留了一本“壓字”的。

2003年底，仿真印製的163册零一葉的《永樂大典》竣工，全套定價16萬元，差不多1000元一册，因爲定價有點“超前”了，所以銷售不暢，一度將折扣降到五折。2004年5月，在國家圖書館召開《永樂大典》編纂600周年國際研討會，會上專家發言狠批我們做的《永樂大典》，説做得如此豪華，學者根本不需要，也買不起，等等。搞得我們相當狼狽。但晚上就餐時，與我一桌的黄永年先生却大加稱贊，説做得太好了！《永樂大典》就要做成原汁原味的。聽了黄永年先生的話，我們心中就有底了。果然，後來這部《永樂大典》成了熱門貨，150部售罄後又重印了。另外，2004年國際研討會之前，郭又陵社長請任繼愈先生以國家圖書館館長的名義，呼籲海外所藏《永樂大典》以數字化的形式回歸祖國，同時影印再造。2007年國家古籍保護中心成立後，亦加强了《永樂大典》回歸的工作。

仿真印製的《永樂大典》質量確實不錯，雖然它出自一間不到100平方米的印刷車間。車間就在文津街分館院内東墻，緊挨着北海公園，後來因環保問題搬走了。我們是館藏、編輯、印刷三位一體，稍有一點早期商務印書館的味道，所以仿真的效果很好。淘汰下來的廢書葉，每張10元，賣了不少。二道販子買走一部分做舊，裝訂成册，冒充原裝書，在潘家園出售，我就看見過。河北省某電視臺總編室主任上當，花4萬多元買了兩册。他拿來讓我社和善本部鑒定，知道是假貨後非常氣憤，説我們不應該出售廢書葉，要求社裏賠償他的損失。此事也佐證了這部《永樂大典》的質量達到了可以亂真的程度。

還有一事需要説明。對古籍影印如何保留原貌的問題，我一直强調要保留古籍現存狀態下的原貌，不要去除底色，試圖恢復古籍初始狀態時的原貌。爲什麽《永樂大典》可以呢？其實我談到上述問題時也提到，衹有品相較好的刻本，或者明清時期的官修寫本，如《永樂大典》《四庫全書》等可以做到。《永樂大典》和《四庫全書》均爲官修寫本，紙張和書寫用墨質量上乘，加上寫本的墨汁深入紙張纖維，色澤不易蜕變，文字的顔色與紙色反差較大，底色較淺，去除底色對文字、版框影響不大。事實證明，我們采用去底色工藝先後仿真印製的《永樂大典》和《四庫全書》（輯本），都取得了很好的效果。

2021年6月1日

附：《〈永樂大典〉再造記》訂補

前幾日寫了《〈永樂大典〉再造記》，經與參加再造工作的同志交流，以及查閱手頭資料發現，我將2002年4月召開的《永樂大典》編纂600周年國際研討會暨《永樂大典》首發式錯記爲2004年5月，其他無誤。以下再增補一些相關信息。

出版社的珂羅版車間爲承攬《永樂大典》的仿真製作，於2001年3月升級爲北京文津閣印務有限責任公司，公司地址仍在文津街7號國圖分館院内。

截至2002年4月國際研討會召開時，這部《永樂大典》大概出版了一半多，所以纔敢開首發式。南京圖書館的一葉、四川大學圖書館的一册和上海圖書館的一册均是研討會之後開印的。

説起《永樂大典》海外回歸之事，美國普林斯頓大學教授艾思仁、國家圖書館國際交流處原處長孫立平功不可没。

2000年9月，艾思仁在互聯網上發表《一封關於〈永樂大典〉的公開信》。艾思仁在信中提議，將散藏於世界30多家圖書館的《永樂大典》殘卷，悉數歸還中國國家圖書館。對此我們雖然非常興奮，但也知道是不可能的事情。出版社認爲，通過數字化回歸，與國内藏本一起仿真影印應該是最現實的辦法。爲達到此目的，郭又陵社長請任繼愈先生以中國國家圖書館館長的名義，向海外發出了呼籲書。

與此同時，國家圖書館國際交流處處長孫立平也做了大量工作。艾思仁提議《永樂大典》回歸中國之事，孫立平是做了工作的，她與海外諸多東亞圖書館館長及漢學家關係密切，有較高的號召力。她還利用與海外東亞圖書館的關係，查找綫索，爲我社穿針引綫。在她的引薦下，郭社長和我兩次去美國，拜訪了普林斯頓大學、康奈爾大學、哈佛大學等藏有《永樂大典》的圖書館。她還爲我們聯繫了日本的相關藏書機構，洽談影印《永樂大典》之事，等等。2002年國際研討會的成功召開，也與孫立平的努力密不可分。研討會的晚宴是孫立平主持的。

當然，國家圖書館出版社（以下簡稱“國圖社”）能够將大量海外所藏《永樂大典》影印成書，是國家古籍保護中心不懈努力的結果，否則是不可能做成的。古籍保護中心自2007年成立，便開始大力推動此項工作。但是，對於最初參與《永樂大典》仿真影印工作的人和事，我們也不應忘記，應該如實將這段歷史記録下來。好在參與此事的人大多在世，有關過程還能梳理清楚，再過若干年恐怕就難説了。

最後，再簡要叙述一遍此事的經過：2000年某月，浙江華寶齋的蔣放年先生提出，想影印國圖藏《永樂大典》。周和平館長把此項目交給了國圖社。國圖社啓動影印國圖藏《永樂大典》時，便將影印海外藏《永樂大典》列入工作計劃，得到了孫立平處長和艾思仁先生的鼎力支持。2002年4月，《永樂大典》印製工作完成一半（稍多）之際，召開了《永樂大典》編纂600周年研討會暨首發式。10餘年後，在國家古籍保護中心的大力推動下，海外所藏《永樂大典》的數字化回歸及影印工作取得了重大成果。

2021年6月8日

試論古籍校勘學目録學與版本學的關係

無論哪家出版社，都不可能配備過細的專業人員，編輯往往就是“萬金油”，要面對許多自己不太熟悉的專業的稿件。例如國家圖書館出版社就没有專門學習或從事古籍版本學研究的編輯，責編過此類書稿的編輯，除了圖書館學專業就是學歷史文獻學的（例如我），但無一例外，我們責編過不少古籍版本學著作，其中不乏著名版本學者的著述，都能够發現問題并提出解决方法。我印象較深的是我社1990年出版的《古書版本學概論》，作者是知名古籍版本學者，責編畢業於圖書館情報學專業（本科生）。起初我認爲那位專業并不十分對口的編輯，也就是挑幾個錯别字，搞個版式發排而已。没想到的是，半年後，責編寫出了上千字的審稿意見，指出幾十處需要校改的問題，顯得十分老道、内行。最後，該書作者專門休假，認真修改書稿後纔得以出書。我曾好奇地問那位編輯：“你不是學古籍版本的，怎麽能發現那麽多問題，讓作者心服口服？”他説，他雖然没有專門學習過版本學，也没看過多少古籍善本，寫書肯定不行，但挑毛病還行。他接着介紹經驗道，接手書稿後首先去翻閲和熟悉相關資料，如校勘學、目録學、書史等，然後下功夫核對稿件的引文，以及各種名詞、説法和觀點，自然就發現問題了。

其實，即使是版本學方面的問題，作爲一名古籍社的編輯，嚴格按照流程審稿，也能發現問題。僅舉兩例：其一，某古籍版本學著作著録宋刻宋元遞修本《禮記正義》時謂：“此本爲宋賈似道舊藏，書中鈐有‘秋壑圖書’印記。”稍有一些古籍常識的話，就知道宋元遞修本是元代印刷之本，南宋後期已經身亡的賈似道，怎會收藏此本？“秋壑圖書”係僞印無疑。其二，某版本學著作提到一部宋刻本時說，一眼看去便知此書的紙張不是宋紙，而是明紙，當爲明本。先不説那部書的紙張到底是宋紙還是明紙，其説法就有問題。因爲真正的宋刻宋印本少之又少，大部分是元代甚至明代修版後（宋元或宋元明遞修本）重印的，書的紙張自然不是宋紙；但這并不説明不是宋刻本。

這又從反面證明了一個問題：幾十年來我們對版本學性質、範圍的界定，對從業者需要具備的能力的要求，是否合理？不過，考慮到以下情况後，心中也就釋然了。

版本學作爲一門獨立學科，即有了自己的名稱，總共也没有多少年，正如黄永年先生在《古籍版本學·緒論》第一章《研究對象》中所言：“‘古籍版本學’這個名詞是什麽時候出現的，是誰制定的，我確實鬧不清楚。估計不會太古老，至少清末民國初年還没有人使用這個名詞。當時衹稱某些喜歡藏書、能鑒别宋元本的人爲‘版本專家’，稱他們‘精於版本之學’。‘版本學’這個名詞，大概就是這樣來的。”（黄永年：《古籍版本學》，江蘇教育出版社，2005，第1頁）

我們再看版本學著作的架構，大都離不開“雕版印刷的出現”“書册制度”“宋刻本”“元刻本”“明刻本”“清刻本”“套印本”“版畫”等，書史、印刷史、校勘學、目録學，甚至中國古代文化史等專業學科中，都有相似的内容，衹不過側重點不同而已。

版本學成爲一門獨立的學科，不早於民國中後期，而且民國時期通常將版本學與校勘學、目録學并稱。傅增湘1930年6月12日致信張元濟，介紹趙萬里去涵芬樓觀書，謂：“趙君萬里將回南一行，欲求觀涵芬藏書。此後生之最英特者，届時當令持函奉謁，乞公延接，以慰其望。其人方任中海采訪科清宫專門員，於版本校勘均在行。可喜也。”（《張元濟傅增湘論書尺牘》，商務印書館，1983，第233—234頁）同年6月21日，傅增湘致函徐乃昌，介紹趙萬里南下拜訪云：“兹愬者，友人趙君萬里，現任北平圖書館事，兼充北平大學教授，夙研求版本目録之學，聞見賅博。”（轉引自劉波：《趙萬里先生年譜長編》，中華書局，2018，第74頁）同年7月25日，張元濟接待趙萬里後回函傅增湘謂：“趙君於版本目録之學確有心得，承公紹介，弟已切托同人，在館之書，恣其翻閲。”［張樹年、張人鳳編：《張元濟書札》（增訂本），商務印書館，1997，第1171頁］可見，那個時期人們的觀念中，版本學與校勘學和目録學是緊密相連的。

但近幾十年來的版本學界談到版本學時，很少提及與校勘學、目録學的關係，更多的是强調其獨立性，這一點從多種古籍版本學著述中即可看出。比較典型的一種觀點認爲，所謂版本學，主要的功能與特徵是鑒定版本，這是它與校勘學、目録學最本質的區别。校勘學的主要任務是發現與糾正書籍文字的訛誤，目録學的主要任務是解决如何對圖書分類與編目（即目録組織）的問題，兩者皆不承擔鑒定版本的任務。果真如此嗎？當然不是。我以爲恰恰相反，版本學的形成，源自并受益於校勘學和目録學；離開了校勘學和目録學的版本學，便失去了根基而走向空心化。

先説校勘學與版本鑒定的關係。“校勘學的主要任務是發現與糾正書籍文字的訛誤”，此話没錯；問題是，如何去判斷書籍文字的訛誤，以及判斷文字訛誤的目的是什麽？這裹所説的校勘，就是對一部書不同的版本，用科學方法互校，厘清版本源流，辨明版本優劣，指出字句訛誤，供人們參考使用。這不是版本鑒定又是什麽？這裹不妨舉一個簡單的例子，説明校勘與目録之學在鑒别版本中的作用。

宋刻配清吕氏吾研齋抄本《王黄州小畜集》，《中華再造善本總目提要》謂：“此吾研齋抄本實轉抄自明謝肇淛小草齋抄本。據書後謝跋，他起初‘既知有版梓於黄州，托其州人覓之，又不得’，後‘從相國葉進卿先生借得内府宋本’‘抄而藏之’。”我以爲，小草齋本所抄“内府宋本”并非現存黄州本，吾研齋本也不是抄自小草齋本。理由如下：

1.謝氏所抄若是黄州本，其跋應是"'既知有版梓於黄州，托其州人覓之，又不得'，後'從相國葉進卿先生借得（之）''抄而藏之'"，不應强調借得"内府宋本"。顯然，黄州本與"内府宋本"不是一回事。

2.小草齋本行款爲半葉十行，行二十字，與黄州本、吾研齋本半葉十一行，行二十二字（徐按：《北京圖書館古籍善本書目》錯注爲"十行二十二字"）不同。抄書通常與原書行款相同，不易出錯，據此，"内府宋本"行款與黄州本可能不同，版本亦不相同。

3.吾研齋本（黄州本）書前總目每卷下無細目，細目在每卷正文前，如總目卷一爲"第一卷　古賦"，正文前先列細目"王黄州小畜集卷第一　古賦：籍田賦、園陵犬賦、大閲賦、三黜賦、罔極賦"，然後另起一行爲標題"籍田賦并序"；小草齋本書前總目有細目，且字與吾研齋本不同，如總目卷一爲"第一卷　古賦：籍田、園陵犬、大閲、三黜、罔極"，正文前爲"王黄州小畜集卷一　古賦：籍田賦并序"。

4.小草齋本與吾研齋本字句多有不同。因條件所限，我僅對校了卷三十内《監察御史朱府君墓志銘并序》一篇文章，即可略見一斑。吾研齋本："服闋，業文不捨晝夜，二十四，爲權勢所抑。周顯德初，翰林承旨兵部侍郎徐公典貢舉。"小草齋本："服闋，業文不捨晝夜，二十四應進士，凡四上，爲權勢所抑。周顯德初，翰林旨兵部侍郎徐公典貢舉。"吾研齋本："新帥汾郭公從義，素聞公名，留佐戎政。辭避，僶俛就位汾陽一幕。"小草齋本："新帥汾陽郭公從義，素聞公名，留佐戎政。辭避不獲，僶俛就位汾陽一幕。"吾研齋本："奏秦州銀坑比多逋負，……歲滿，相率守闕乞留。"小草齋本："奏秦州銀冶比多逋負，……歲滿，夷獠相率守闕乞留。"

綜上，從吾研齋本、小草齋本總目的情况看，後者總目詳載全書細目，全書篇目一覽無餘，更加合理、實用，應爲翻刻黄州本時更新，這與宋嘉定六年（1213）刻《注東坡先生詩》細目分列各卷，景定三年（1262）再版時將細目集中於書前的情況相同。另外從字句异同看，小草齋本顯然更加合理、貼切。後出轉精，符合學術發展的一般規律。故小草齋本蓋爲黄州本的重刻本，或重刊本底稿的抄本。據此，屬黄州本體系的吾研齋本，書後本無謝肇淛跋，謝跋乃畫蛇添足之筆。

古籍版本學的名詞雖然出現較晚，但相關的研究工作，至少在黄丕烈生活的年代就已如火如荼地進行了。而且，歷史上精於版本鑒定的版本學家，大多是熱衷於校勘古書者，如清代的黄丕烈，近人傅增湘、張元濟等；就連著名藏書家，同時又是實業家、社會活動家的周叔弢先生，也要花費大量業餘時間校書。他們對古籍版本的鑒别和評價，都是建立在對書進行廣泛、認真校勘基礎上的。

《士禮居藏書題跋記》及《續》《再續》收録黄丕烈藏書題跋400多篇，直接提到校書的即占總篇幅的80%以上。題跋對版本的斷代、初印、復刻，版本的優劣、源流，諸家校勘情況等，做了詳細考證及評介。這些都是建立在校書基礎之上的。

傅增湘先生幾十年校書、抄書不止，學界盡人皆知，其中“用善本手自校勘的約一萬六千卷”（傅熹年：《整理説明》，載傅增湘：《藏園群書題記》，上海古籍出版社，1989，《整理説明》第9頁）。其不朽之作《藏園群書經眼録》《藏園群書題記》便是多年校書的結晶。

張元濟先生也有校書并撰寫校記的良好習慣，除了編纂《寶禮堂宋本書録》校勘宋版書上百種，在《四部叢刊》出版中做了大量校勘和鑒别工作外，在《百衲本二十四史》長達20年的編輯出版過程中，付出了更多的心血，前後校勘、更换各史版本數十種。其中黄善夫本《史記》，張元濟先生將其與清武英殿本互校一遍，校出异文近5000條，寫成《史記校勘記》六册。值得指出的是，杜澤遜先生將《史記校勘記》六册逐條對照涵芬樓影印黄善夫本、清乾隆武英殿刻本覆校一過，同時取日本水澤利忠《史記會注考證校補》參訂之，對黄善夫本《史記》、涵芬樓影印本做出了一個全面客觀的評價。他説："黄善夫本《史記》刻印精美，三注俱全，古帙罕傳，選入《衲史》當無不可。但校勘不精，訛奪殊甚，評價不容過高。涵芬樓影印時經過細心的校勘，汲收以殿本爲主的幾個善本的長處，修改了約兩千處明顯的訛奪，已使這個本子焕然神明，兼有數本之長。但也因而喪失了黄本原貌，造成版本系統的某些混亂。"（杜澤遜：《論南宋黄善夫本〈史記〉及其涵芬樓影印本》，載《中國典籍與文化》編輯部編《中國典籍與文化論叢》第3輯，中華書局，1995，第315頁）可見校勘在古籍版本鑒定中所起到的重要作用。

周叔弢先生一生亦校書不止，因此對古書版本不乏真知灼見。他藏有兩部宋刻《監本纂圖重言重意互注點校毛詩》，分别爲黄丕烈士禮居和楊敬夫海源閣藏本（以下簡稱"黄本""楊本"）。弢翁藏黄本在前，該本卷五至七配補清抄，後購得海源閣殘本，欲以其卷五至七與黄本合璧，但經兩書對校後發現并非同本而作罷。弢翁於黄本跋曰："細審楊本，與余本［徐按：指黄本］實非一刻，楊本《圖譜》板心作'詩譜'；誤字：二卷一葉八行'匪席'誤'匪石'、三卷十七葉八行'市朱'誤'市宋'，余本皆改正。宋諱缺筆，楊本較謹嚴，余本或依楊本翻雕也。"經查，黄本、楊本的字體、筆畫差别也很明顯，確如弢翁所言，兩書"實非一刻"。相比之下，《中華再造善本總目提要》謂"此本現存兩部，一部原是黄丕烈舊物，有黄跋及藏書印可證，後歸天津自莊嚴堪主人周暹，最後入藏中國國家圖書館。另一部原是陳鱣舊物［徐按：即楊本］，後亦歸自莊嚴堪主人周暹，再入藏中國國家圖書館"，對兩本未加區别，則要遜色許多。

再説版本學與目録學的關係。前引某典型觀點謂"目録學的主要任務是解决如何對圖書分類與編目（即目録組織）的問題"，"不承擔鑒定版本的任務"。此話本身就有問題：古籍編目著録的版本項，難道不需要標注書的刊印朝代和地點嗎？當然需要。即使最簡單的古籍目録，也藴含着版本鑒定的元素。需要指出的是，古籍目録發展至今已形式多樣，既有衹著録書名、卷數、著者、版本信息的簡明目録，又有詳引序、跋、校記、鈐印，考證著者、版本源流的提要、叙録、書志型目録，乃至配備了古籍書影的圖録型目録。古籍目録由簡到繁的發展，很大程度上就是爲了適應版本鑒定的需求，早已超越了辨章學術、考鏡源流的功能界限。例如《中華再造善本總目提要》前言，將提要的内容規定爲："將各該書作者的里籍名貫、仕履行實、文風詩韵，作書緣起、編輯體例、主要内容、歷來評述，各該書的歷來著録、刊刻主人、版印時地、版刻源流、版本系統、版本優劣，以及各該書所鈐蓋的閑章雅印、遞藏關係等，一一向讀者作簡明扼要的交代。"這些内容，已然超出了古籍版本鑒定的範圍。這足以證明：1.目録學在很多方面涵蓋了版本鑒定的功能；2.版本學，或者説版本鑒定，是目録學的工具之一。

其實早期的古籍目録，在版本鑒定中就有出色的表現。

照相技術出現前，古籍目録的著者爲更好地區别不同版本，除標注書葉的行款、版框尺寸外，還詳述卷端版式。如《鐵琴銅劍樓藏書目録》卷四宋刊殘本《周禮注》："此書首題'周禮卷第一'，次行頂格題'天官冢宰第一'，越四格題'周禮'，越一格題'鄭氏注'，下五官同。余仁仲本亦同此式。"

在考證版本源流、卷帙完整等方面，早期書目亦表現不俗。同樣是《鐵琴銅劍樓藏書目録》，卷四收録的宋淳熙四年（1177）撫州公使庫刻本《禮記釋文》，提要開篇明義，第一段話就指明此書與宋淳熙四年撫州公使庫刻本《禮記》爲一書，云："題'唐國子博士兼太子中允贈齊州刺史吴縣開國男陸德明撰'。此淳熙四年撫州公使庫本，刻附《禮記》二十卷後。卷中有銜名七行，歲月一行。"比起近幾十年來的各種古籍目録將該《禮記》二十卷與《禮記釋文》四卷割裂著録，且於提要中屢屢出錯的闡述，已有天壤之别。

再看《寶禮堂宋本書録》（以下簡稱"《書録》"）史部，

對《史記集解》一百三十卷（四十册）版本的考證堪稱經典。《書録》針對黄丕烈《百宋一廛賦注》、張金吾《愛日精廬藏書志》認定該《史記集解》係蜀大字本之説質疑，謂：“然《建元以來王子侯者表》《曆書》《李斯列傳》《樊酈滕灌列傳》《匈奴列傳》《滑稽列傳》，其末葉均有‘左迪功郎充無爲軍軍學教授潘旦校對、右承直郎充淮南路轉運司幹辦公事石蒙正監雕’二行。曰‘無爲軍’，曰‘淮南路’，均不在蜀境之内。……余非敢謂前人爲誤，特未得其左證，不能無所懷疑耳。”《書録》又據字體之特點，將宋刻、元代補刻及覆刻之葉加以區分，謂：“是本字體渾厚端凝，避宋諱較嚴者，余認爲最初刊本。卷末有校對、監雕銜名二行者，均在其中。其後來補刊之葉亦分數類，有書法勁瘦、時露鋒棱者，猶是宋代所刊；而用筆圓活、饒有姿態者，恐已漸入元世；又有僅存字形、全無筆意者，則必用原版覆刻。”又謂：“上不記字數者爲原刊之葉，後來補刊者則多記字數。”《書録》詳録原刊刻工68人，補刊刻工55人，原刊補刊均出現者2人；全姓名者外，又有單字刻工56人。記宋諱60餘字，録藏印32方。此本《史記集解》後入藏國家圖書館，被定爲宋紹興淮南路轉運司刻宋元明初遞修本，即得益於《書録》所做大量考訂鑒别工作。

以上事例充分説明，校勘學、目録學無論是過程還是結果，都藴含着大量版本鑒定的元素，是版本學的立學之本。過度强調版本學的獨立性，試圖跳過校勘學和目録學去走捷徑的做法是行不通的，一定會出問題。

近幾十年來的版本學界還有一個比較突出的問題：過度强調版本鑒定的作用。版本鑒定需要過手、過目大量古籍善本，歷來都是極少數人纔有幸參與的事情。以往的版本鑒定又多局限於宋版書，能够大量、頻繁接觸到宋版書的人更是少之又少，因此古籍版本鑒定成了“陽春白雪”，能够從中脱穎而出的版本鑒定專家，自然成爲炙手可熱的人物，在圖書館或相關業務圈子中居於主導的地位。然而，當古籍鑒定的作用被無限放大後，圖書館的基礎業務建設、人才隊伍培養必然會受到衝擊，甚至會波及古籍整理出版工作。

回顧半個多世紀以來的古籍庋藏、編目等工作，聽聞了許多善本古籍被專家鑒定、重新確認身份的故事：一些北宋刻本，通過對刻工、避諱的檢驗，證明是南宋的本子；將大量的南宋刻本明確爲某地、某年，或元、明時期遞修本的事例更多；也有曾受冷落的明刻本恢復了宋本、元本的身份；又有識破書賈奸商用明本僞造宋本，將殘本變造爲全本之事；等等。但是，所有這些被鑒定、更改了版本身份的古籍，在數十萬種古籍中，充其量不過萬分之幾，却牽扯了我們大量的時間和精力。

再有，以往版本學界過度强調版本鑒定作用的同時，還存在着版本鑒定的“版本”範圍過窄問題。比較流行的説法是：鑒定版本，説得稍許具體點，就是揭示一種書不同版本的面目、性質——或真或僞，或原稿或傳抄，或原刻或翻刻，或重刻或增刻，或初印或後印，或修版或補版，或原校（包括題跋）或過録，等等。其中，鑒定真僞最爲關鍵。相比較而言，前面提到的《中華再造善本總目提要》前言要求考證的“作者的里籍名貫、仕履行實、文風詩韵，作書緣起、編輯體例、主要内容、歷來評述，各該書的歷來著録、刊刻主人、版印時地、版刻源流、版本系統、版本優劣，以及各該書所鈐蓋的閑章雅印、遞藏關係等”，範圍要寬泛得多，我也認同此種説法。因爲古籍善本傳到今日，都已是稀罕之物，尤其是宋元本，貌似版本相同的書，不僅有原刻、遞修、重刻之分，同一版次也有印次的區别；另外，有無配補、配補本的版本價值、後人題識多少、何人題識、是否批校本、何人批校、歷來藏家等，均構成某一部書的版本特徵，并成爲鑒定的對象。衹有如此，纔能真正將中國古籍及其發展的脉絡徹底搞清楚，對古籍的使用和保護起到促進作用。

2023年5月

關於影刻本和影抄本的若干問題

影刻本和影抄本是中國古籍中非常重要的兩種版本，它們是如何製作的，歷來説法較多。本文試對其中相關問題進行探討。

一、影刻本

GB/T 31076.1—2014《漢文古籍特藏藏品定級　第1部分：古籍》（以下簡稱“《標準》”）對影刻本的定義爲：“依據某一底本覆紙影摹其圖文及版式，再行雕刻木版，經敷墨覆紙刷印而成的古籍傳本。”此定義似有以偏概全之嫌。

首先，清晚期不少影刻古籍采用了照相技術，印出紙樣直接覆版雕刻。《古逸叢書》是最早大量利用照相技術影刻古籍的圖書。《古逸叢書》前期的製作方式有影、覆、集字三種，都離不開照相。例如《古逸叢書》之《影舊鈔卷子原本玉篇零卷》，原本爲日人柏木探古藏，相傳爲唐宋間物，柏木秘惜殊甚，承柏木提供照相本，始得刊入《古逸叢書》。“影”本自不必説，即使標明了“覆”本的書，也同樣離不開照相。黎庶昌《古逸叢書叙目》中，《影宋本莊子注疏》（徐按：“影”爲“覆”之誤，《古逸叢書》影印正文作《覆宋本莊子注疏》）十卷提要云：“此本爲日本新見旗山所藏，字大如錢，作蝴蝶裝，僅存十分之五。予見而悦之，以金幣爲請。新見氏重是先代手澤，不欲售，願假以西法影照上木，而留其真。”《覆宋本重修廣韵》五卷提要曰：“此即張氏士俊澤存堂所出之本。……日本町田久成所藏，亦假用西法影照付刻。”黎庶昌在悼念日本刻工木村嘉平的《重修廣韵》識語中感嘆道：“此宋本《重修廣韵》，町田久成所藏。假用西洋印相法，影照壽梓。自來刻書仿宋者，但聞撫摹，不聞影照。今創新法爲之，實自此書始矣。”（〔日本〕石田肇著、孔繁錫譯、張新民校：《〈古逸叢書〉的刊刻及刻工木村嘉平史略》，《貴州文史叢刊》1992年第3期，第44頁）。黎氏這裏明確指出，照相技術開創了影宋刻本的新紀元。

黎庶昌、楊守敬言及《古逸叢書》時，大多着眼於版本的選擇、校勘，以及刻工方面，較少提到照相，但并不影響我們對該書製作中普遍采用照相技術的判斷。那一時期的日本，在翻刻（印）舊籍或編製圖録時，廣泛運用照相技術，且受益匪淺。照相法的功用主要有兩點：其一，通過照相將底本圖像複製到相紙上，替代底本，消除了珍貴典籍覆紙影寫時可能被損壞的風險，從而擴大了底本使用範圍。其二，照相底片可翻印多份，供多人同時校改、修版、重新組版、刻版，大大提高了工作效率。《古逸叢書》能在短短的三年時間，完成選目、尋找底本、編輯、校勘、組版、刻字、印刷、裝訂工作，與采用照相技術是密不可分的。

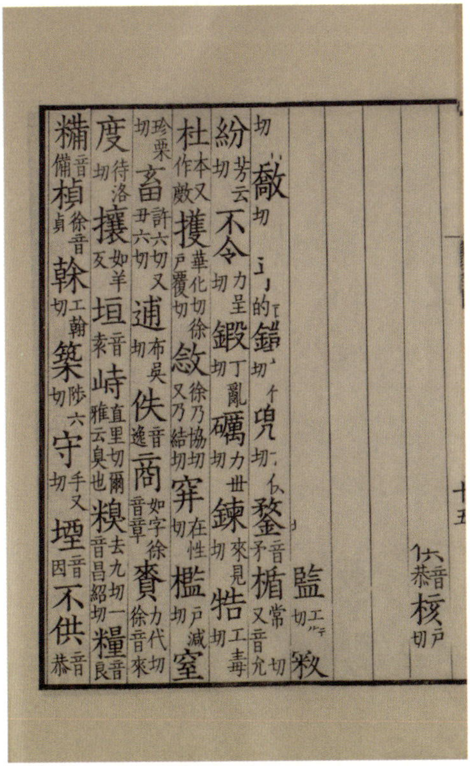
核 戶切
監 工切 敎
切 敵 切 的 錯 切 兒 切 鍪 音矛 楯 常 切 又音允
紛 芳云切 不令 力呈切 鍛 丁亂切 礪 力世切 鍊 來見切 牿 工毒切
杜 本又作𢿱 擭 華化切 徐戶覆切 斂 徐乃協切 又乃結切 穽 在性切 檻 戶減切 窒
珍栗切 畜 許六切 又丑六切 逋 布吳切 佚 音逸 啇 音章 如字 徐 賚 力代切 徐音來
度 待洛切 攘 如羊反 垣 音袁 峙 直里切 爾雅云 臬也 糗 去九切 一音昌紹切 糧 音良
糒 音備 楨 音貞 徐音 榦 工翰切 築 陟六切 守 手又切 堙 音因 不供 音恭

圖 1 《影宋大字本尚書釋音》殘葉，按字數留空

《古逸叢書》雖屬影刻之書，但由於照相技術的介入，在保留底本原貌方面，比傳統的影刻之書有了新的進展。例如早期的影刻本，没有保存缺行少字或版面殘損痕迹的意識和做法，《古逸叢書》則開始有了。黎庶昌見到攝影圖像後，顯然從中受到啓發，試圖模擬影像中的情景，更真實地再現底本原貌：《影宋大字本尚書釋音》葉面文字凡有缺失，均按字數多少及位置留空（圖1）；《影舊鈔

卷子原本玉篇零卷》《影唐寫本漢書食貨志》等殘卷，不但殘損文字如實照録，還用綫條勾畫出文字及版面殘損的位置，甚至蟲蛀的痕迹，比單純留空更加精準、形象（圖2—3）。《古逸叢書》在古書翻刻本中，保留殘損葉面的痕迹，在觀念上是一種進步，爲此後古籍影印工作的發展，起到了一定的推動作用。

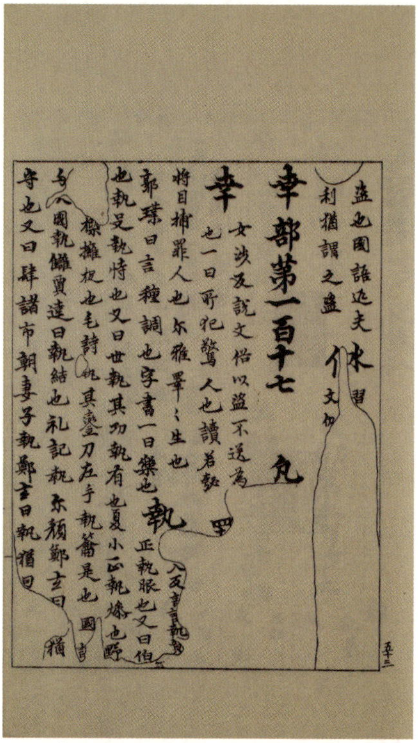
幸部第一百十七
幸
執

圖2 《影舊鈔卷子原本玉篇零卷》殘葉，用綫條勾畫出文字及版面殘損的位置

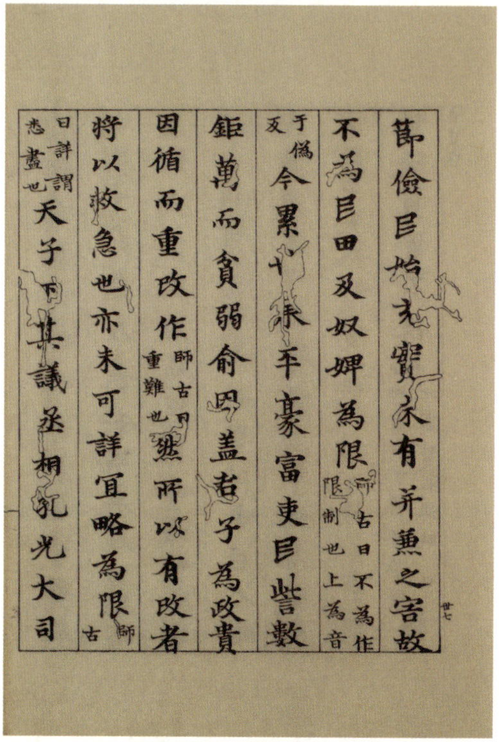
節儉㠯始充實亦有并兼之害故
不爲㠯田及奴婢爲限
今累世承平豪富吏㠯訾數
鉅萬而貧弱俞困蓋君子爲政貴
因循而重改作然所以有改者
將以救急也亦未可詳宜略爲限
天子下其議丞相孔光大司

圖3 《影唐寫本漢書食貨志》殘葉，勾畫出蟲蛀的痕迹

其次，用“底本覆紙影摹”的方式儘管存在，但數量不會多。因爲明清時期的宋版書已成稀罕之物，用薄紙直接覆在書葉上描摹，極易污染底本。而且綫裝書不易鋪平固定紙張，遇訂口較緊的書更難操作。爲此，多數情況下會采用非接觸式的摹寫法複製原書，如臨寫法。所謂“臨寫法”，就是非接觸描摹法，這種技術早在宋代就已出現了。北宋黄伯思《東觀餘論》“論臨摹二法”對此做了一個非常形象的説明：“世人多不曉臨摹之別。臨謂以紙在古帖旁，觀其形勢而學之，若臨淵之臨，故謂之臨；

摹謂以薄紙覆古帖上，隨其細大而拓之，若摹畫之摹，故謂之摹。……臨之與摹二者迥殊，不可亂也。”南宋張世南《游宦紀聞》卷五所説相近：“今人皆謂臨摹爲一體，殊不知臨之與摹，迴然不同。臨謂置紙在傍，觀其大小、濃淡、形勢而學之，若臨淵之臨；摹謂以薄紙覆上，隨其曲折宛轉用筆，曰摹。”臨與摹各有其優缺點，南宋姜夔《續書譜》説：“臨書易失古人位置，而多得古人筆意；摹書易得古人位置，而多失古人筆意。”其大意爲，臨寫的文字保留了底本原有的精氣神，但字形（位置）差别較大；摹寫的文字雖顯呆板，但字形與底本非常接近。宋人能够精到地論述臨、摹的區别，證明那一時期兩種方式争奇鬥艷，均被大量采用。

總體上看，“易得古人位置”的摹書方法更受金石、法帖界的歡迎，這一點在宋人著述中即有説明。《金石録》卷十三“齊鐘銘”條云：“右齊鐘銘，宣和五年，青州臨淄縣民於齊故城耕地，得古器物數十種。……初，鐘既出，州以獻於朝，又命工圖其形製及臨仿此銘。刻石既非善工，而字有漫滅處，皆以意增損之，以此頗失真。今余所藏，乃就鐘上摹拓者，最得其真也。”《嘯堂集古録》李邴序：“晚見《宣和博古圖》，然後愛玩不能釋手。蓋其款識悉自鼎器移爲墨本，無毫髮差。然流傳人間者，纔一二見而已。近年好事者亦刊鼎文於石，從而辨識，字既失真而立説疏略，殊可怪笑。”然而“多得古人筆意”的臨書，則被古籍翻刻者奉爲圭臬。臨書多用於複製古籍的原因，除防止污損原書外，主要是古籍的字數通常遠多於法帖，需儘量提高效率，并且一般古籍的文獻價值高於版面的藝術價值，因此對字形與底本的仿真程度要求也相對較低。下面就以古倪園影宋刻本《梅花喜神譜》爲例，説明影宋刻本多爲臨摹製作。

黄丕烈曾收藏宋刻本《梅花喜神譜》，題跋道：“是譜之副本有二，皆余姻袁壽階從此影抄者，一贈浙江阮雲臺中丞，一藏五硯樓。壽階作古，余向其孤取付雲間古倪園沈氏翻行，非特慶是譜之流傳，且壽階手迹亦藉以不朽也。”袁廷檮係黄丕烈姻親，又同爲著名藏書家，按説可以采用他希望的摹寫方式，但他并未覆紙摹寫，而是臨寫了兩份，説明覆紙摹書并非最佳方式。廷檮去世後，黄丕烈用藏於袁氏五硯樓的抄本，付古倪園沈氏雕版印行，此本便是古倪園影刻本。影刻本通篇文字盡力摹仿原書筆意，一氣呵成；字形筆畫（即所謂“位置”）與宋本却差别較大，個别字甚至完全失真。例如自序第二葉下半葉首行最後一字“考”，宋本較爲規範，袁氏則簡化爲兩筆畫的草書（圖4）；目録“大藥八枝”中的“爵”，袁氏書寫規範，宋本左下寫作“耳”；下卷第九葉下半葉的“老菊披霜”圖，宋本下方竪枝從中間横枝長出，影刻本竪枝則從上横枝長出，二者差别甚大（圖5）。

圖 4　宋本、影刻本“考”字的區别

不僅《梅花喜神譜》，清影宋刻本《友林乙稿》雖與原本高度相似，但亦爲臨寫而成，最明顯的地方如宋刻本目録第十葉最後一行有“飛”“字”二字，其他所有影刻和影抄本衹有“字”一個字。究其原因，目録每行十四字，但宋刻本第十葉倒數第二行少了一個字，遂使下一行多出了一字（圖6）。此後的影刻本和影抄本發現了宋刻本的失誤，并予糾正。這説明《友林乙稿》影刻本紙樣及影抄本，均係臨寫而成，臨寫最注重每葉的行數和每行字數，以免出錯，因此很容易發現原本的差錯，并予糾正。又，宋刻本“韋”字寫法不規範，如第二十八葉上半葉倒數第二行倒數第二字“圍”寫作“圍”、第三十九葉下半葉倒數第三行倒數第七字“違”寫作“違”等，有别於其他各本，如覆紙摹寫不當如此。

其實影宋刻本不但對字形的仿真度要求不高，恣意改動文字甚至行款的現象也非個例。如《古逸叢書》影刻古籍時，就曾對其

圖 5　宋本與影刻本的區别

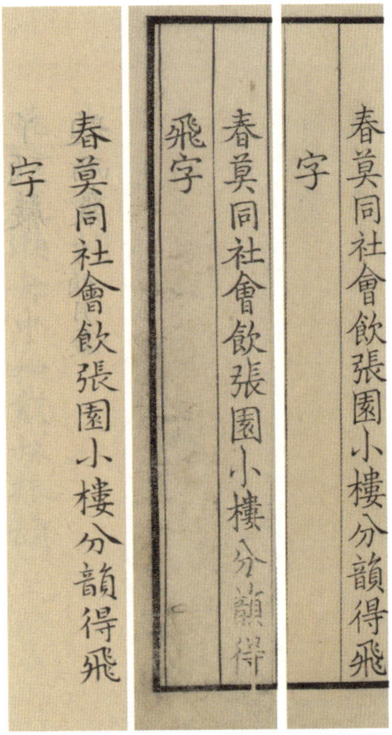

圖 6　中間爲宋刻本，
“飛”字移到下一行

中《莊子注疏》《廣韵》等進行改動（見《日本訪書志》卷七宋刊本《莊子注疏》殘本提要、《文禄堂訪書記》卷一元泰定刻本《廣韵》五卷提要引楊守敬手跋）。張元濟在宣傳《四部叢刊》忠實於原作時説：“近代影刻舊本，如黄丕烈《士禮居叢書》改小原書（重刻明嘉靖本《周禮》）、黎庶昌《古逸叢書》移動行款（《杜工部草堂詩箋》），兹編力矯斯弊，識者鑒之。”（《四部叢刊例言》）黄丕烈影刻明本《周禮》將原書尺寸縮小，在照相技術出現前，衹有采用臨寫方法，纔能獲得等比例縮小的刻版。

影刻本有時會將原刻的藏書印予以保留，也會刻上自己的相關印章。但因技術上的原因，印章與葉面上的文字和欄綫是不能相交的，爲此，有兩種處理方法：一是移動原刻印章的位置，二是去掉局部相交的欄綫。

除了標明影宋刻本的版本以外，還有一類仿宋刻本，也是采用臨寫法翻刻的，實際就是影刻。此類書甚多，這裏僅舉一例，清嘉慶九年（1804）孫氏五松書屋仿刻的《説文解字》（圖7—8），仿刻的祖本爲國家圖書館藏宋刻元修本。

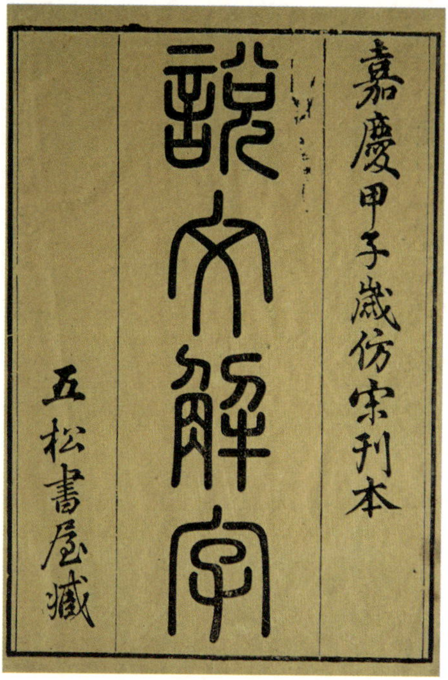
嘉慶甲子歲仿宋刊本

說文解字

五松書屋藏

圖 7　清嘉慶九年五松書屋仿宋刻本《説文解字》一

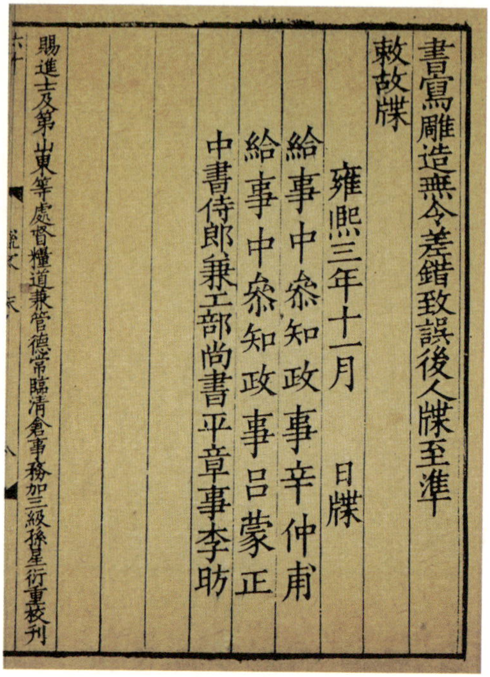
書寫雕造無令差錯致誤後人牒至準

敕故牒

雍熙三年十一月　日牒

給事中參知政事辛仲甫

給事中參知政事呂蒙正

中書侍郎兼工部尚書平章事李昉

賜進士及第山東等處督糧道兼管德常臨清倉事務加三級孫星衍重校刊

圖 8　清嘉慶九年五松書屋仿宋刻本《説文解字》二

二、影抄本

《標準》對影抄本的定義是：“依據某一底本覆紙影摹其圖文及版式而成的古籍傳本，又稱影寫本。”這個定義顯然是站不住脚的。實際考察的結果是，影抄本更多采用了臨寫法。根據是我查閱了國家圖書館和他館大量影宋抄本，書葉紙張較厚，根本透不過字，如何覆紙摹寫？

影抄本相對於影刻本來説，少了刻版和刷印兩道工序，成書的難度小了不少，因此數量比影刻本多得多。影抄本的仿真度不如影刻本，因刻版自有其特殊的雕鑿痕迹，與書寫的筆迹是有區别的。

總體上看，影抄本的筆畫比原刻本纖細，棱角不明顯，易有筆鋒。并且，影抄本由於工藝相對簡單，成書較易，不免隨意性大增。例如清影元抄本《國朝名臣事略》字體字形獨樹一幟，與原書相距甚遠，這還能算作影抄本嗎？但有關古籍目録就是如此著録的。而且目前也没有一個明確的標準來界定影刻或影抄本與原刻的相似度，大概行款不錯、文字内容照舊即可（圖9—10）。

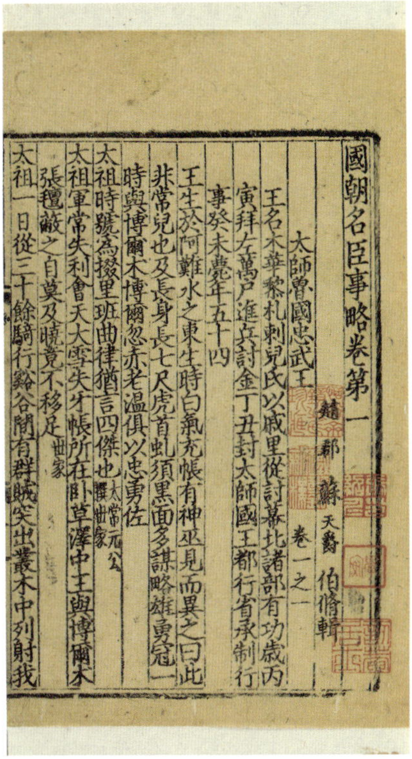
國朝名臣事略卷第一
趙郡蘇天爵伯脩輯
太師魯國忠武王 卷一之一
王名木華黎札剌兒氏以戚里從討幕北諸部有功歲丙
寅拜左萬户進兵討金丁丑封太師國王都行省承制行
事癸未薨年五十四
王生於阿難水之東生時白氣充帳有神巫見而異之曰此
非常兒也及長身長七尺虎首虬須黑面多謀略雄勇冠一
時與博爾木博爾忽赤老溫俱以忠勇佐
太祖時號爲掇里班曲律猶言四傑也 太常元公撰世家
太祖軍常失利會天大雪失牙帳所在卧草澤中王與博爾木
張氈蔽之自莫及曉竟不移足 世家
太祖一日從三十餘騎行谿谷間有群賊突出叢木中列射我

圖 9　元刻本《國朝名臣事略》

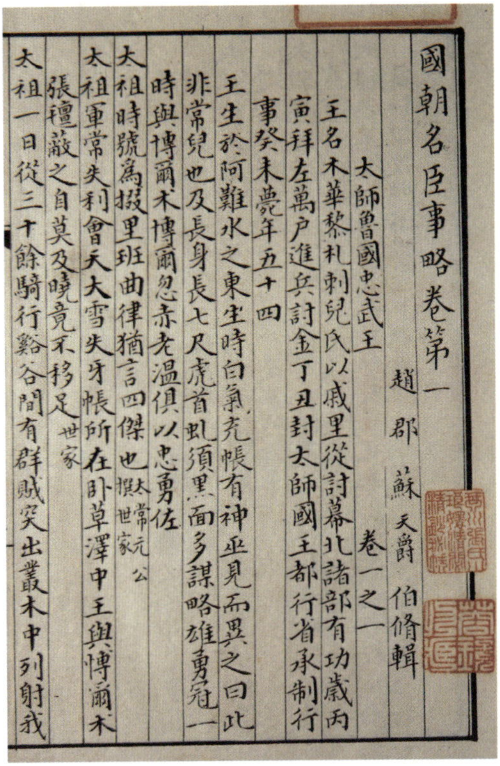
國朝名臣事略卷第一
趙郡蘇天爵伯脩輯
太師魯國忠武王 卷一之一
王名木華黎札剌兒氏以戚里從討幕北諸部有功歲丙
寅拜左萬户進兵討金丁丑封太師國王都行省承制行
事癸未薨年五十四
王生於阿難水之東生時白氣充帳有神巫見而異之曰此
非常兒也及長身長七尺虎首虬須黑面多謀略雄勇冠一
時與博爾木博爾忽赤老溫俱以忠勇佐
太祖時號爲掇里班曲律猶言四傑也 太常元公撰世家
太祖軍常失利會天大雪失牙帳所在卧草澤中王與博爾木
張氈蔽之自莫及曉竟不移足 世家
太祖一日從三十餘騎行谿谷間有群賊突出叢木中列射我

圖 10　清影元抄本《國朝名臣事略》

明末著名藏書家、出版家毛晋曾影抄宋版書數十部，對質量要求極高，但晚年遭遇戰亂，抄書高手難覓，影抄殘宋本《杜工部集》時，衹得以“蒼頭”劉臣操筆爲之。後毛晋將此影寫本《杜工部集》授予其子毛扆時曰：“其筆畫雖不工，然從宋本抄出者。今世行杜集不可以計數，要必以此本爲祖也，汝其識之。”（《杜工部集》毛扆跋）毛晋以爲，影抄之“不工”并不影響其“從宋本抄出者”的價值。其實抄書衹要按照原書的行款抄寫，就不容易出錯，故不少明清抄本雖未注明“影宋”，亦實爲影宋抄本，如清抄本《王黄州小畜集》、明抄本《外臺秘要方》等。

《自莊嚴堪善本書目》中有一部《劉賓客文集》三十卷，冀淑英先生著録爲“明范氏卧雲山房照宋抄本”（天津古籍出版社，1985，第74頁）。該文集就衹保留了版式行款和文字内容，并未摹仿原刻的字形，説其“照抄”比較貼切，但僅見此一例，恐難以推廣（圖11）。明代早期的影抄本常見無格白底的，但文字字形的仿真度很高，略具刻本之風貌。

2024年4月三稿

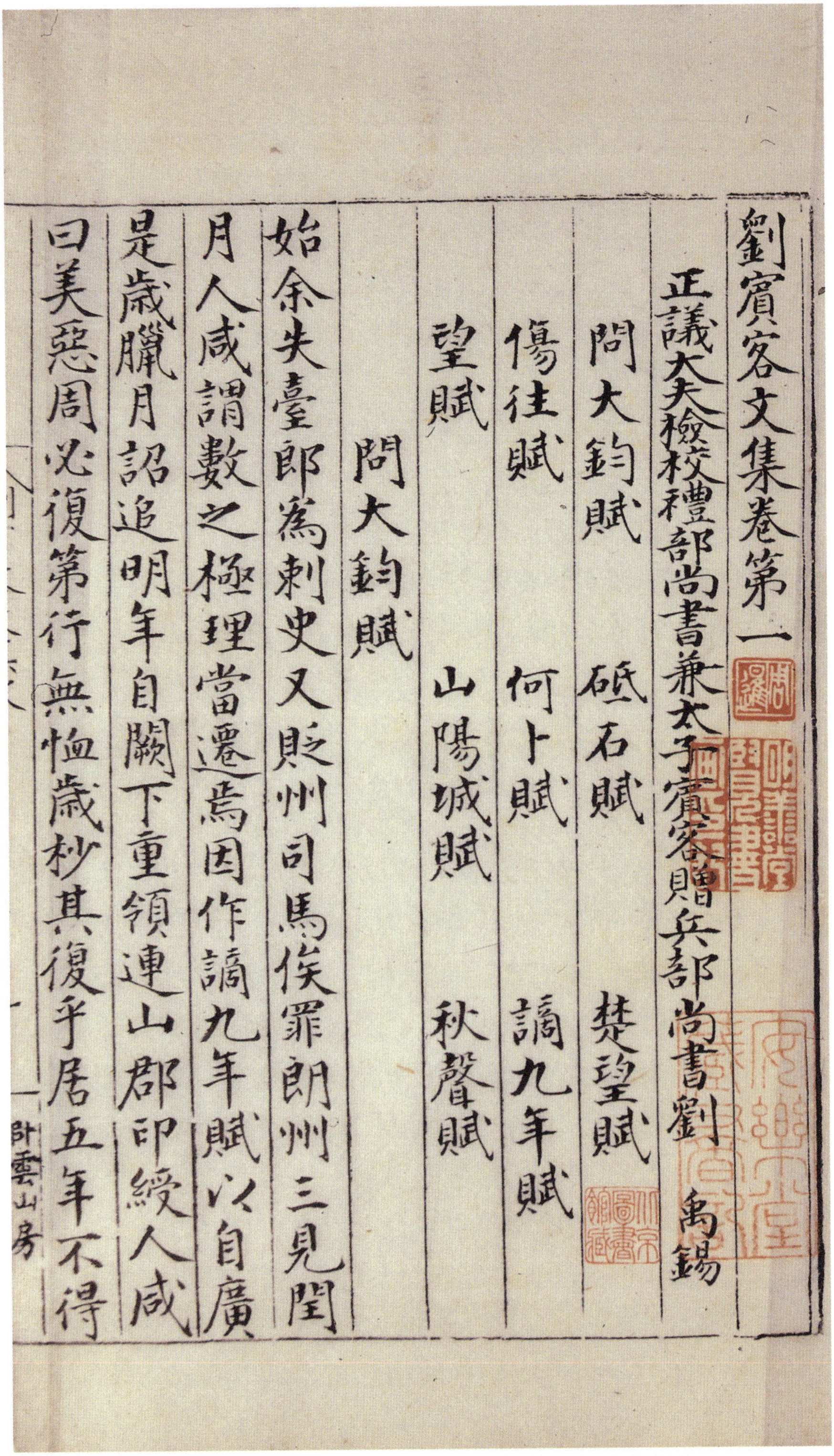

劉賓客文集卷第一

正議大夫檢校禮部尚書兼太子賓客贈兵部尚書劉禹錫

問大鈞賦　砥石賦　楚望賦

傷往賦　何卜賦　謫九年賦

望賦　山陽城賦　秋聲賦

問大鈞賦

始余失臺郎爲刺史又貶州司馬俟罪朗州三見閏月人咸謂數之極理當遷焉因作謫九年賦以自廣是歲臘月詔追明年自闕下重領連山郡印綬人咸曰美惡周必復第行無恤歲杪其復乎居五年不得

卧雲山房

圖 11　明范氏卧雲山房照宋抄本《劉賓客文集》

華亭朱氏藏書藏印略考

近30年來，古籍版本學論述提到華亭朱氏藏書的主人，多半指明代朱大韶，提及他的藏書印，大致有“華亭朱氏”“朱文石史”“文石朱象玄氏”“横經閣收藏圖籍印”“華亭朱氏珍藏”等。然而，我瀏覽大量史料後發現，朱大韶之伯祖父朱恩係華亭朱氏藏書的創始者，亦爲藏書大家，其藏印更是名目繁多。并且，前面所舉“華亭朱氏珍藏”印爲朱恩所有，與朱大韶無關。“華亭朱氏珍藏”印的張冠李戴，造成了古籍善本書目及相關著述中不少差錯。

一

最早將“華亭朱氏珍藏”印歸到朱大韶名下的是李致忠先生，他在《宋版書叙録·禮記集説》中説：“此本明代曾爲華亭朱氏收藏，以書中鈐有‘華亭朱氏珍藏’印記可證。華亭朱氏就是朱大韶。朱大韶字象玄，明代松江華亭人。嘉靖二十六年（1537）［徐按：應爲1547］進士。性好藏書，尤愛宋時鏤版。嘗有美婢换宋槧的掌故，可見朱氏已愛宋版成性。此本經他收藏，當更加珍貴。”（北京圖書館出版社，1994，第150頁）《中華再造善本總目提要》中《禮記集説》提要同。《宋版書叙録·春秋傳》又云：“鐵琴銅劍樓一部［徐按：指《春秋傳》］，有‘華亭朱氏［徐按：脱“珍藏”］’、‘顧氏從義’、‘顧’、‘從德’及‘宗伯’、‘袨［徐按：當爲“旅”］溪’、‘袨［徐按：當爲“旅”］溪後樂園得閑堂［徐按：脱“印”］’等印記。説明此書自明朝即流傳有緒。‘華亭朱氏［徐按：脱“珍藏”］’是朱大韶的藏書印。”（第210頁）

先説《禮記集説》，該書共有五種朱恩藏印：“華亭朱氏珍藏”“㳺溪”“㳺溪草堂”“宗伯”和“子孫世昌”，并且五種藏印分别以較固定的組合，反復出現在各册的卷端或卷末十數次以上（圖1—3）。例如“華亭朱氏珍藏”“宗伯”“子孫世昌”三連

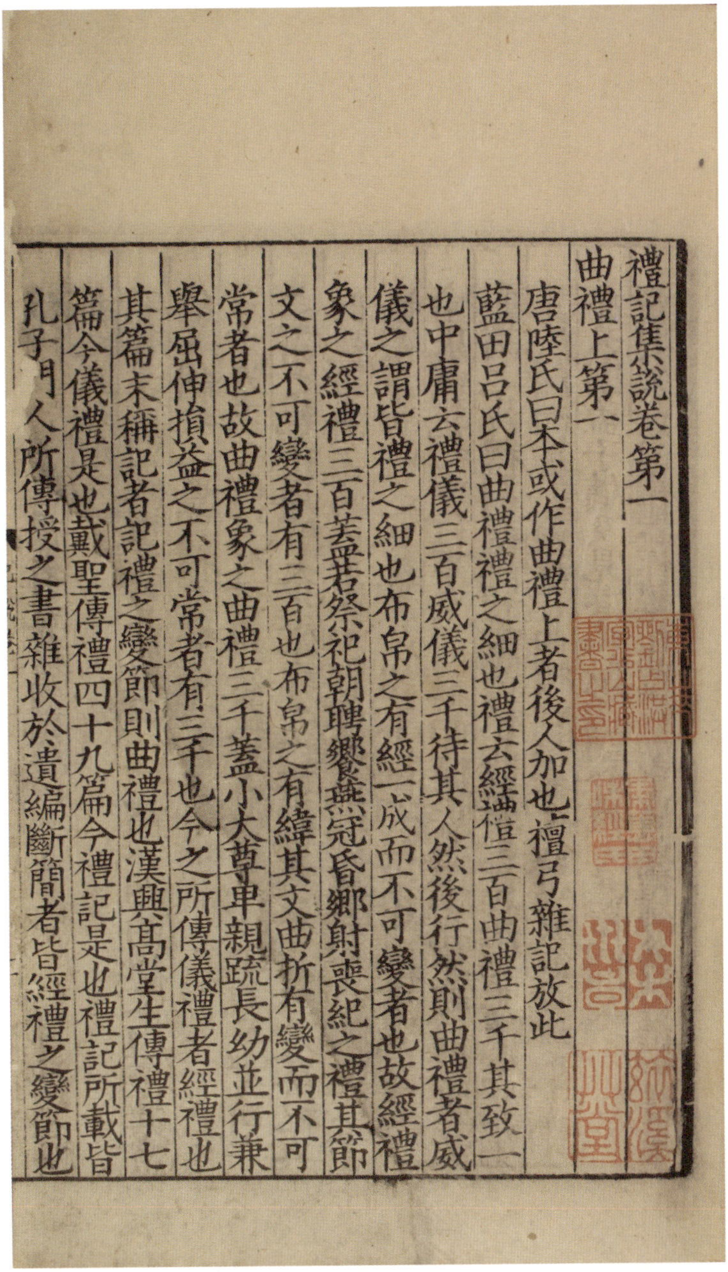
禮記集說卷第一
曲禮上第一
唐陸氏曰本或作曲禮上者後人加也檀弓雜記放此
藍田呂氏曰曲禮禮之細也禮云經禮三百曲禮三千其致一
也中庸云禮儀三百威儀三千待其人然後行然則曲禮者威
儀之謂皆禮之細也布帛之有經一成而不可變者也故經禮
象之經禮三百蓋若祭祀朝聘饗燕冠昏鄉射喪紀之禮其節
文之不可變者有三百也布帛之有緯其文曲折有變而不可
常者也故曲禮象之曲禮三千蓋小大尊卑親疏長幼並行兼
舉屈伸損益之不可常者有三千也今之所傳儀禮者經禮也
其篇末稱記者記禮之變節則曲禮也漢興高堂生傳禮十七
篇今儀禮是也戴聖傳禮四十九篇今禮記是也禮記所載皆
孔子門人所傳授之書雜收於遺編斷簡者皆經禮之變節也

圖 1 《禮記集説》“㳺溪草堂”“子孫世昌”藏印

禮記集說卷第十二
天子有后有夫人有世婦有嬪有妻有妾
鄭氏曰妻八十一御妻周禮謂之女御以其御序於王之燕寢

圖2 《禮記集説》
“菉溪”藏印

禮記集說卷第十四

圖 3 《禮記集説》“華亭朱氏珍藏”
“宗伯”“子孫世昌”藏印

印就在書中出現29次之多。“子孫世昌”印以往未曾被人關注，是朱恩早期藏書印之一，此印在國家圖書館藏宋本《後漢書》中亦多次與“華亭朱氏珍藏”印聯袂出現。三連印均出現在卷末，下一卷首葉則會鈐蓋“菉溪”或“菉溪草堂”印，而朱恩號“菉溪”，證明五印確係朱恩所有。因“華亭朱氏珍藏”印高頻次地與朱恩其他兩印組合現身，不會是朱大韶後期鈐蓋（圖4—6）。

再説鐵琴銅劍樓《春秋傳》，現藏國家圖書館，《國家圖書館宋元善本圖録·春秋傳》謂：“此本……鈐有……‘菉溪’‘菉溪後

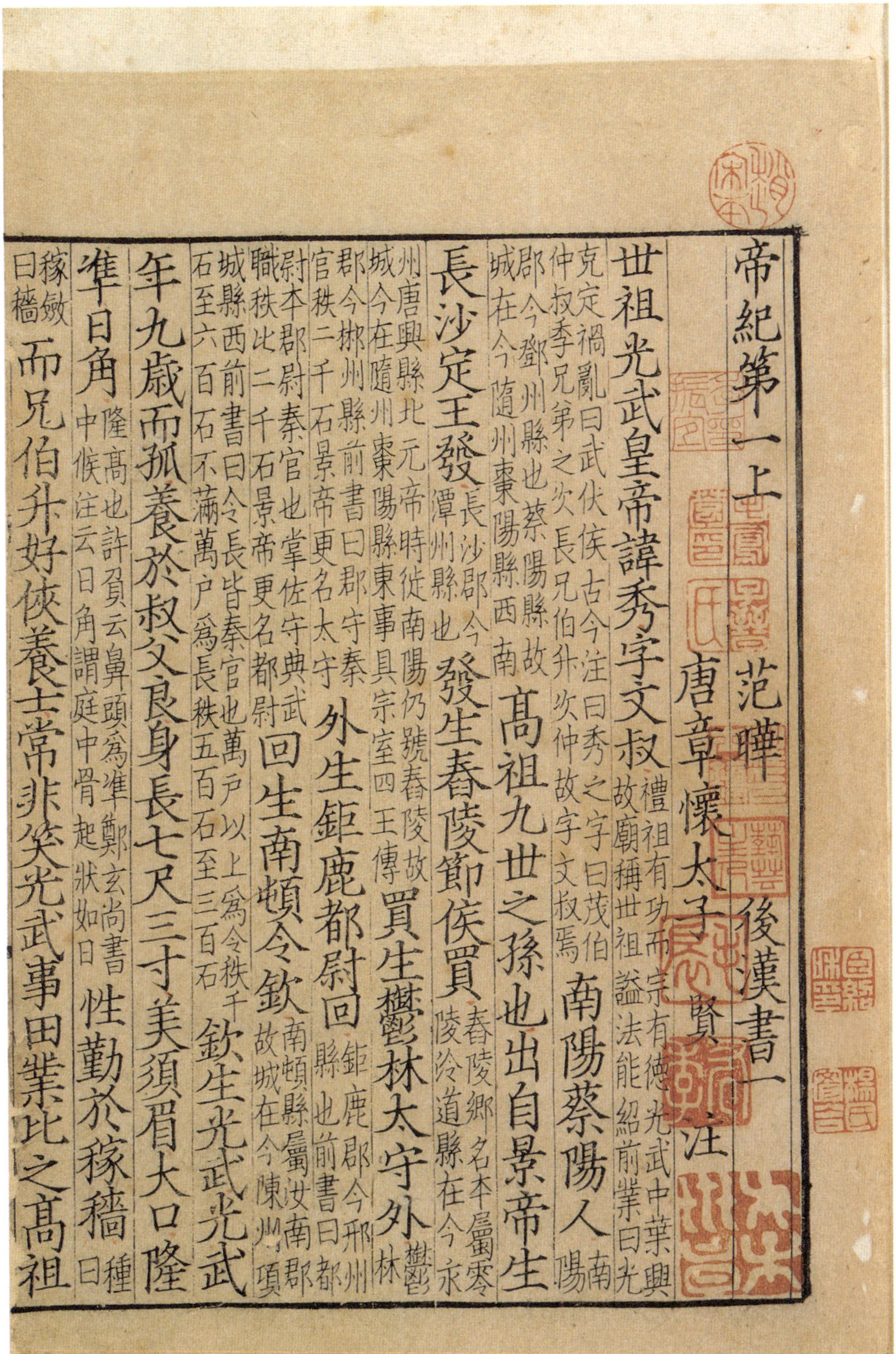
帝紀第一上　范曄　後漢書一

唐章懷太子賢注

世祖光武皇帝諱秀字文叔禮祖有功而宗有德光武中興故廟稱世祖謚法能紹前業曰光克定禍亂曰武伏侯古今注曰秀之字曰茂伯仲叔季兄弟之次長兄伯升次仲故字文叔焉南陽蔡陽人南陽郡今鄧州縣也蔡陽縣故城在今隨州棗陽縣西南高祖九世之孫也出自景帝生長沙定王發長沙郡今潭州縣也發生舂陵節侯買舂陵鄉名本屬零陵泠道縣在今永州唐興縣北元帝時徙南陽仍號舂陵故城今在隨州棗陽縣東事具宗室四王傳買生鬱林太守外鬱林郡今郴州縣前書曰郡守秦官秩二千石景帝更名太守外生鉅鹿都尉回鉅鹿郡今邢州縣也前書曰都尉本郡尉秦官也掌佐守典武職秩比二千石景帝更名都尉回生南頓令欽南頓縣屬汝南郡故城在今陳州項城縣西前書曰令長皆秦官也萬戶以上爲令秩千石至六百石不滿萬戶爲長秩五百石至三百石欽生光武光武年九歲而孤養於叔父良身長七尺三寸美須眉大口隆準日角隆高也許負云鼻頭爲準鄭玄尚書中候注云日角謂庭中骨起狀如日性勤於稼穡種曰稼斂曰穡而兄伯升好俠養士常非笑光武事田業比之高祖

圖 4　《後漢書》"子孫世昌"藏印

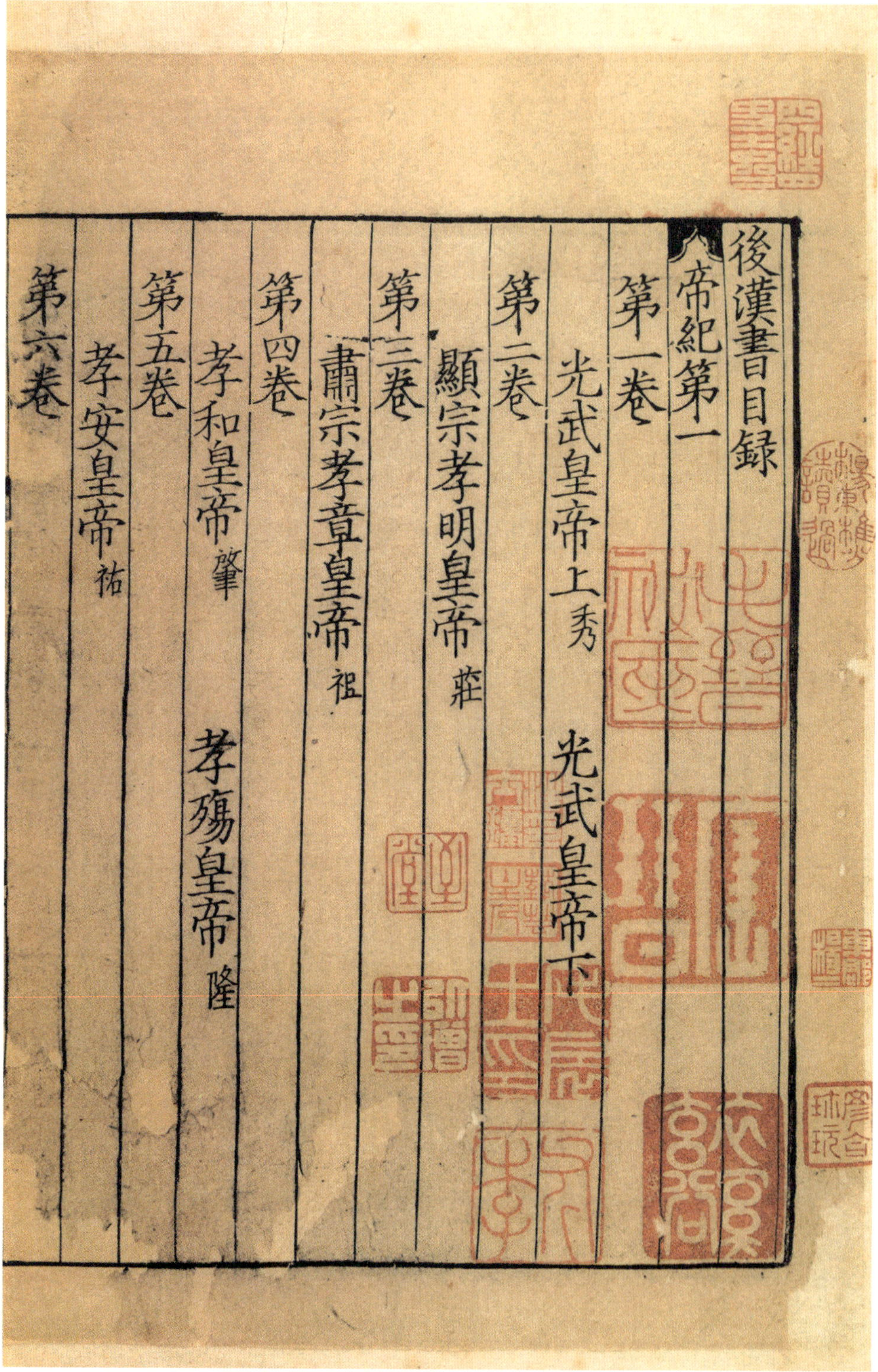
後漢書目録
帝紀第一
第一卷
光武皇帝上秀
光武皇帝下
第二卷
顯宗孝明皇帝莊
第三卷
肅宗孝章皇帝炟
第四卷
孝和皇帝肇
孝殤皇帝隆
第五卷
孝安皇帝祜
第六卷

圖5 《後漢書》“竦溪”藏印

樂園得閑堂印’‘宗伯’‘華亭朱氏珍藏’等印記。”（浙江古籍出版社，2019，第748頁）然而，李致忠先生叙述時將後三印與“華亭朱氏珍藏”印分離，放到“顧氏從義”“顧”“從德”印之後，説明李先生不知“菘溪”等三印係朱恩藏印。

綜上，李致忠先生没有將兩書中與“華亭朱氏珍藏”印相關聯的鈐印考證清楚，因此得出了該印屬於朱大韶的錯誤結論。下面通過對朱恩生平的瞭解，進一步探討其藏書、藏印的概况。

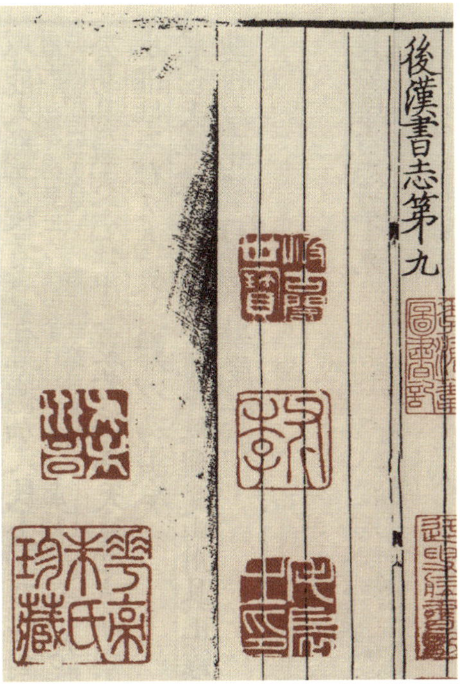
圖 6 《後漢書》“華亭朱氏珍藏”“子孫世昌”藏印

二

朱恩（1452—1536），字汝承，號菘溪，成化二十年（1484）進士，官至南京禮部尚書。有關朱恩生平事迹的文獻不多，最詳細的是明李紹文著《雲間人物志》，云：“公名恩，字汝承，號菘溪，瑄之子。成化甲午登科，甲辰舉進士。授行人，遷刑部員外郎、郎中。是時承平日久，士大夫鄙俗職業，公獨守吏事，不通門謁，京師遂稱公‘關門朱郎中’。聞於孝皇，亦時時稱‘關門朱郎中’云。擢河南憲副，尋進按察使，轉大方伯。時部下有礦利，中官廖欲以奇羨自盈，啖當路請開之，公抗章得罷。擢南京督察院副都御使，巡視江防。沿江要害，置立水寨。又立賞格，捕獲者多得金錢重糈，寇盜不敢入境。遷南京少宰，進大宗伯。尋歸，家居三十年，未嘗言及寵辱事。惟搜剔水石，樹藝果蔬，多蓄法書名畫。晚歲喜延方士，探討清净，雅不治生産。易簀之日，惟存圖書數千卷而已。享年八十有五。”（劉永翔等整理：《明清上海稀見文獻五種》，人民文學出版社，2006，第111頁）所言“大方伯”，明代布政使别稱；“少宰”，副職代稱，指朱恩所任南京禮部侍郎；“大宗伯”，禮部尚書之别稱。嘉慶《松江府志》卷五十二可爲佐證及補充：“朱恩，字汝承，華亭人，居莘莊，副使瑄子。……聞於孝宗，擢河南副憲，尋晋按察使。擢布政。……遷南吏［徐按：當爲“禮”］部侍郎，進尚書。”上海圖書館藏宋本《史記》明人許初跋，也記有朱恩史料，曰：“此故老禮部尚書菘溪朱公家藏物也。嘉靖甲寅、乙亥［徐按：當爲“卯”］間，倭夷内擾，涉歷於公族故土者累年，此書竟遺失之，流於吴下，幾落好事者之手，公之從孫英以厚值購歸。庚午九月，余過其舊雨軒，出以相示，用識卷末。”此部《史記》卷末鈐有“華亭朱氏珍藏”與“宗伯”二印，印證許初跋語，當爲朱大韶與“華亭朱氏珍藏”印無關之鐵證（圖7）。

朱恩藏印最初與姓氏名號相關，如“菘溪”“菘溪草堂”“菘溪後樂園得閑堂印”“朱氏家藏”“華亭朱氏珍藏”等，時間在其出任南京禮部侍郎之前。第二階段體現出其身份，即宗伯（禮部侍郎）和大宗伯（禮部尚書）。其任南京禮部尚書起，“宗伯”印即被“大宗伯印”取代，故“宗伯”之印使用較少。第三階段爲隱退（大約在1506年）之後，“多蓄法書名畫”，“喜延方士，探討清净”，相關藏印有“平生真賞”“太史氏印”“榮慶堂”“廣乘山人”“天和堂印”等。其中“華亭朱氏珍藏”印出現的頻次最高，幾乎貫穿於三個階段的全程。以下僅就我經眼的朱恩藏書藏印舉例説明（未標明藏館者均爲國家圖書館藏）：

宋本《記纂淵海》（索書號：3517），鈐有“菘溪草堂”“子孫世昌”二印（圖8）；宋本《古文苑》（索書號：12372），鈐有“華亭朱氏珍藏”“菘溪後樂園得閑堂印”二印（圖9—10）；上海圖書館藏宋本《孫子算經》《張丘建算經》，均鈐有“菘溪”“菘溪草

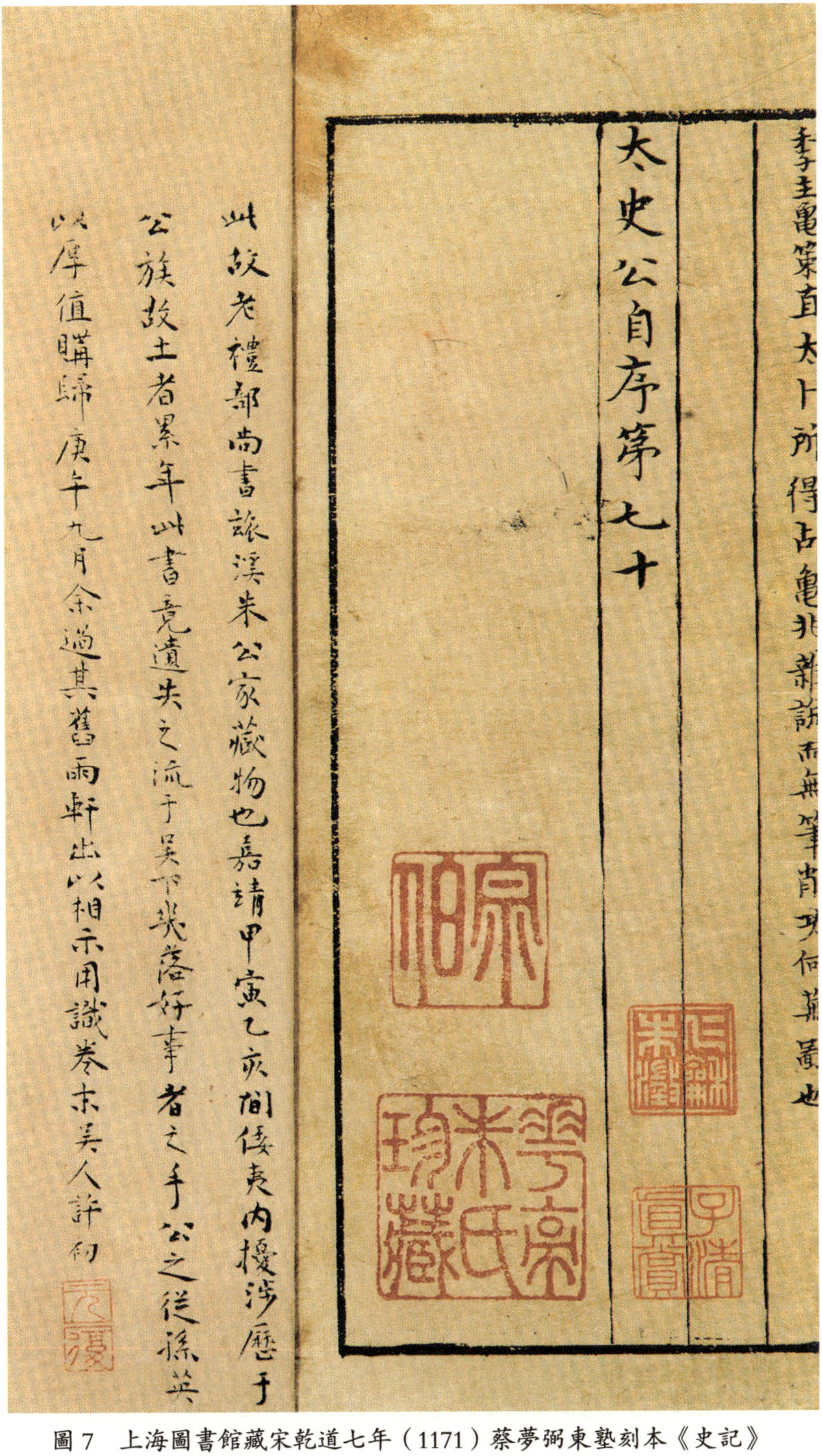

圖 7　上海圖書館藏宋乾道七年（1171）蔡夢弼東塾刻本《史記》
“華亭朱氏珍藏”“宗伯”藏印、許初跋

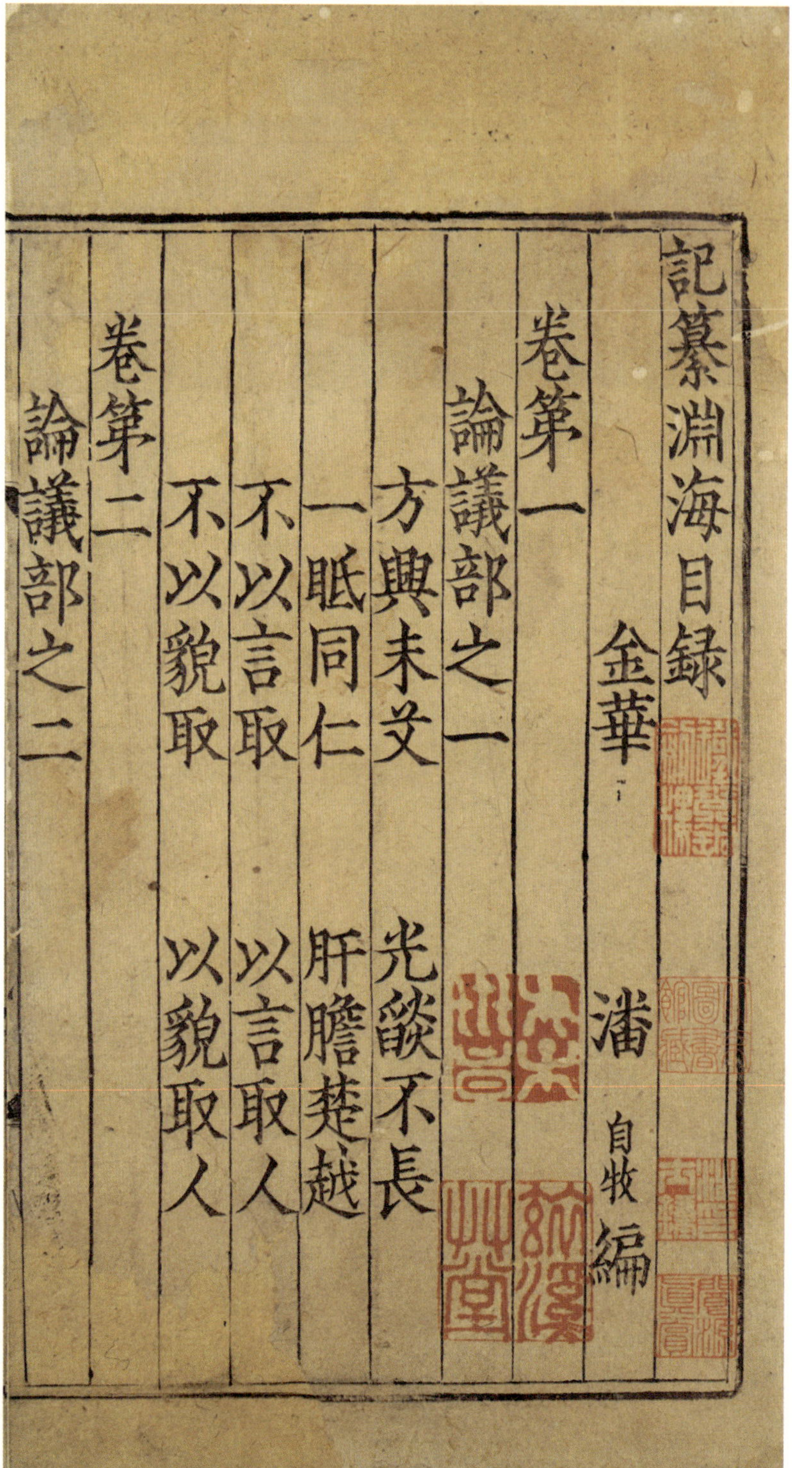

圖 8　《記纂淵海》“子孫世昌”“竦溪草堂”藏印

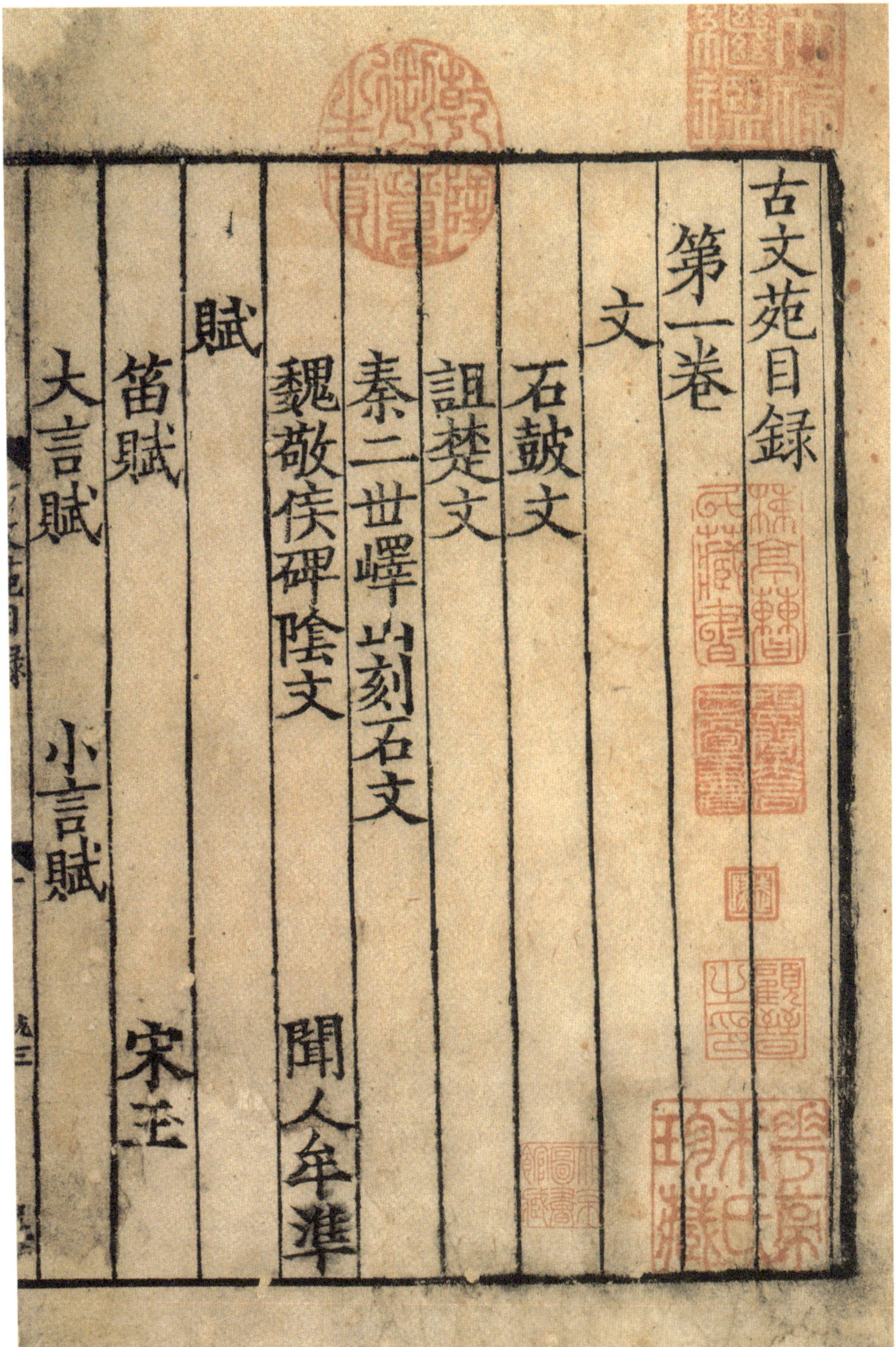
古文苑目録

第一卷

文

石鼓文

詛楚文

秦二世嶧山刻石文

魏敬侯碑陰文　聞人牟準

賦

笛賦　宋玉

大言賦　小言賦

圖 9　《古文苑》“華亭朱氏珍藏”藏印

堂”“宗伯”三印；宋本《吕氏家塾讀詩記》（索書號：12340），鈐有“旅溪”“旅溪草堂”二印（圖11—12）；宋本《應氏類編西漢文章》（索書號：8735），鈐有“旅溪”“旅溪草堂”“旅溪後樂園得閑堂印”“華亭朱氏珍藏”“宗伯”五印；宋本《禮記集説》（索書號：7881），鈐有“旅溪”“旅溪草堂”“華亭朱氏珍藏”“宗伯”“子孫世昌”五印；宋本《春秋傳》（索書號：6705），鈐有“旅溪”“旅溪後樂園得閑堂印”“華亭朱氏珍藏”“宗伯”四印；宋本《三國志》（索書號：7346），鈐有“旅溪草堂”“忠孝傳家”“朱氏家藏”“華亭朱氏珍藏”“大宗伯印”“榮慶堂”六印；宋本《杜工部草堂詩箋》（索書號：7617），鈐“大宗伯印”“華亭朱氏珍藏”“榮慶堂”三連印（圖13）；宋本《外臺秘要方》（索書號：9373），鈐“大宗伯印”“華亭朱氏珍藏”“榮慶堂”三連印（圖14）；蒙古定宗四年（1249）刻本《重修政和經史證類備用本草》（索書號：9374），鈐“大宗伯印”“華亭朱氏珍藏”“榮慶堂”三連印（圖15）；宋本《資治通鑒綱目》（索書號：8664），鈐有“廣乘山人”“天和堂印”“松郡朱氏”“平生真賞”“太史氏印”五印（圖16—20）；宋本《晋書》（索書號：5827），鈐有“松郡朱氏”“廣乘山人”“華亭朱氏珍藏”“大宗伯印”“榮慶堂”“天

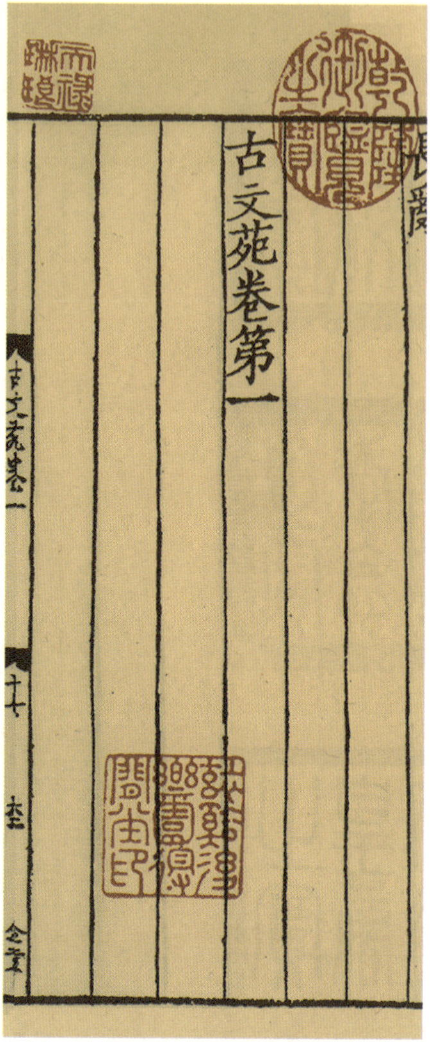

圖 10 《古文苑》
“旅溪後樂園得閑堂印”藏印

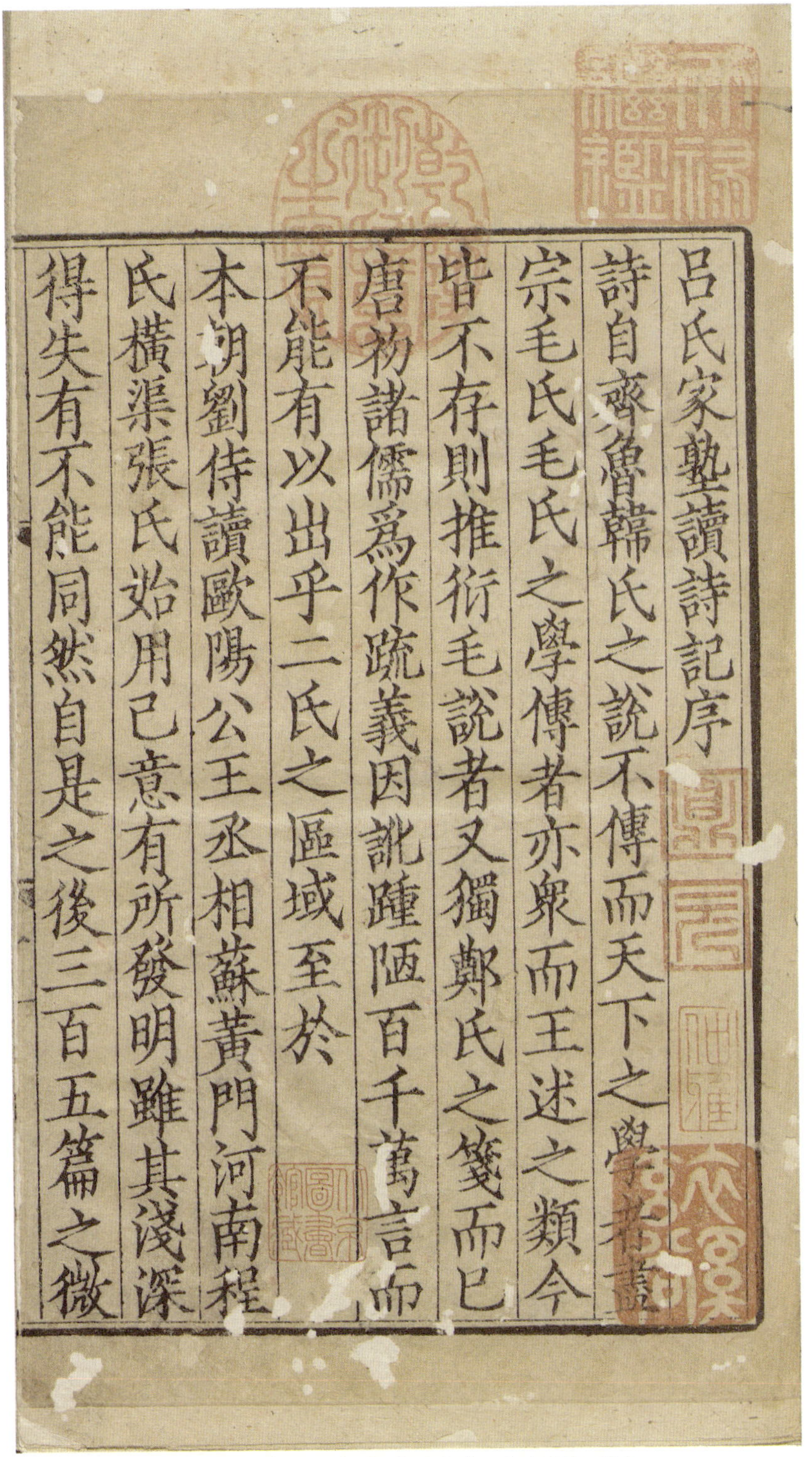

呂氏家塾讀詩記序
詩自齊魯韓氏之說不傳而天下之學者盡
宗毛氏毛氏之學傳者亦衆而王述之類今
皆不存則推衍毛說者又獨鄭氏之箋而已
唐初諸儒爲作疏義因訛踵陋百千萬言而
不能有以出乎二氏之區域至於
本朝劉侍讀歐陽公王丞相蘇黄門河南程
氏横渠張氏始用己意有所發明雖其淺深
得失有不能同然自是之後三百五篇之微

圖 11 《吕氏家塾讀詩記》“玈溪”藏印

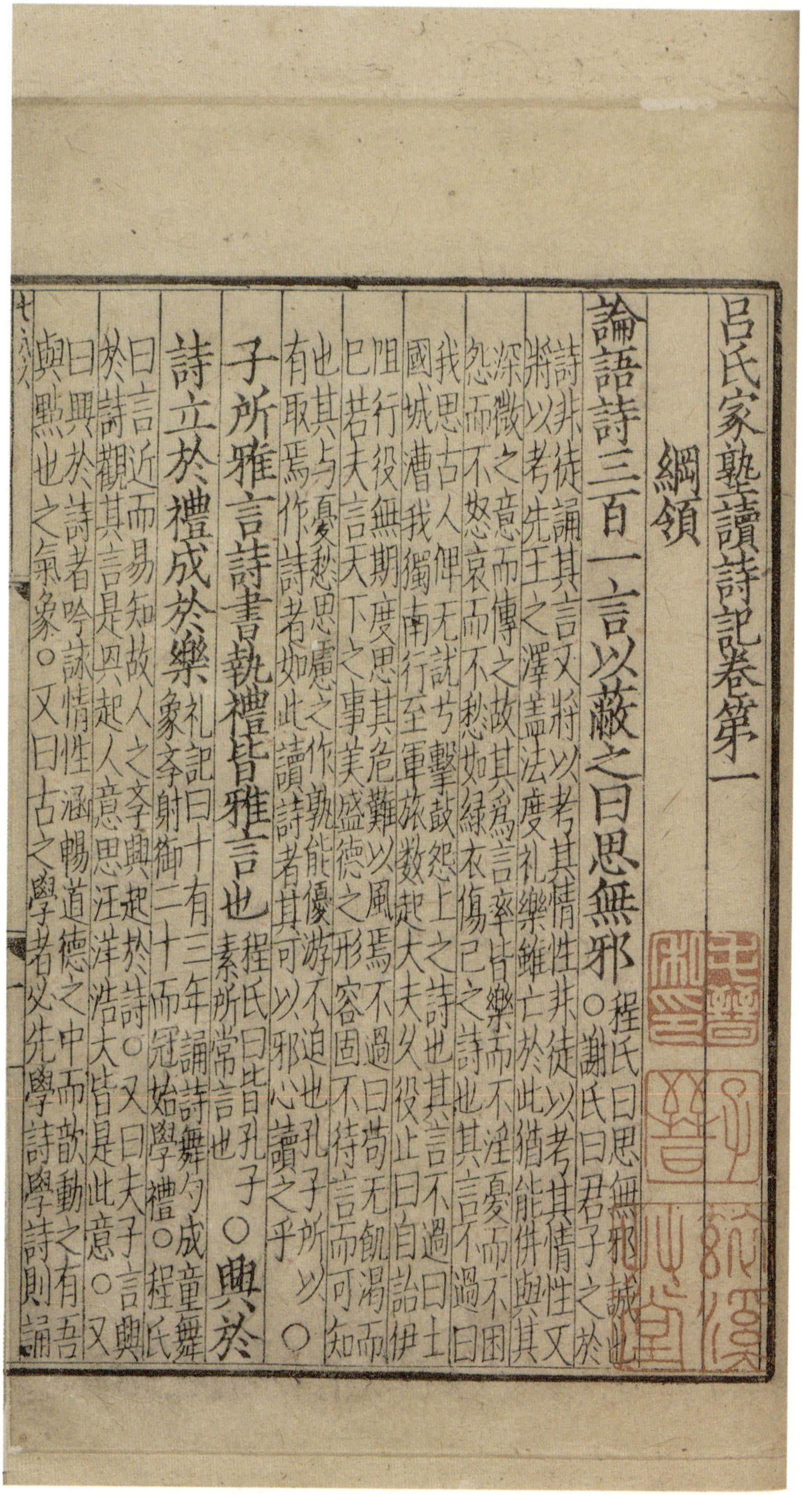

圖 12　《吕氏家塾讀詩記》"㳂溪草堂"藏印

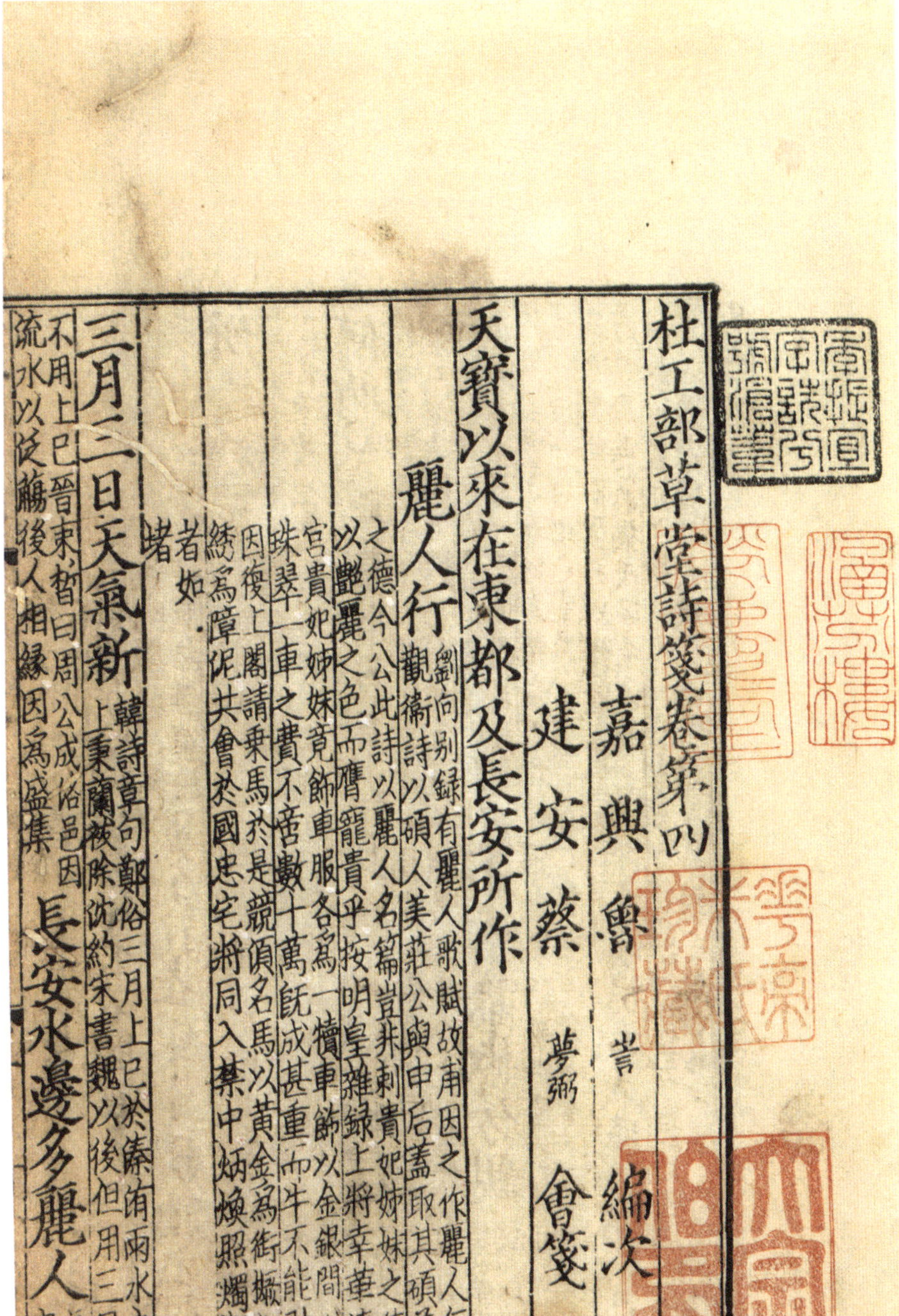

杜工部草堂詩箋卷第四

嘉興魯　訔　編次

建安蔡　夢弼　會箋

天寶以來在東都及長安所作

麗人行 劉向別録有麗人歌賦故甫因之作麗人行觀衛詩以碩人美莊公與申后蓋取其碩美之德今公此詩以麗人名篇豈非刺貴妃姊妹之徒以艷麗之色而濟寵貴乎按明皇雜録上將幸華清宮貴妃姊妹竞飾車服各爲一犢車飾以金銀間以珠翠一車之費不啻數十萬既成甚重而牛不能引因復上聞請乘馬於是競頒名馬以黄金爲銜𩎚組綉爲障泥共會於國忠宅將同入禁中炳煥照燭觀者如堵

三月三日天氣新 韓詩章句鄭俗三月上巳於溱洧兩水之上秉蘭祓除沈約宋書魏以後但用三日不用上巳晉束晳曰周公成洛邑因流水以泛觴後人相緣因爲盛集

長安水邊多麗人 長安

圖 13　《杜工部草堂詩箋》"大宗伯印""華亭朱氏珍藏""榮慶堂"三連印

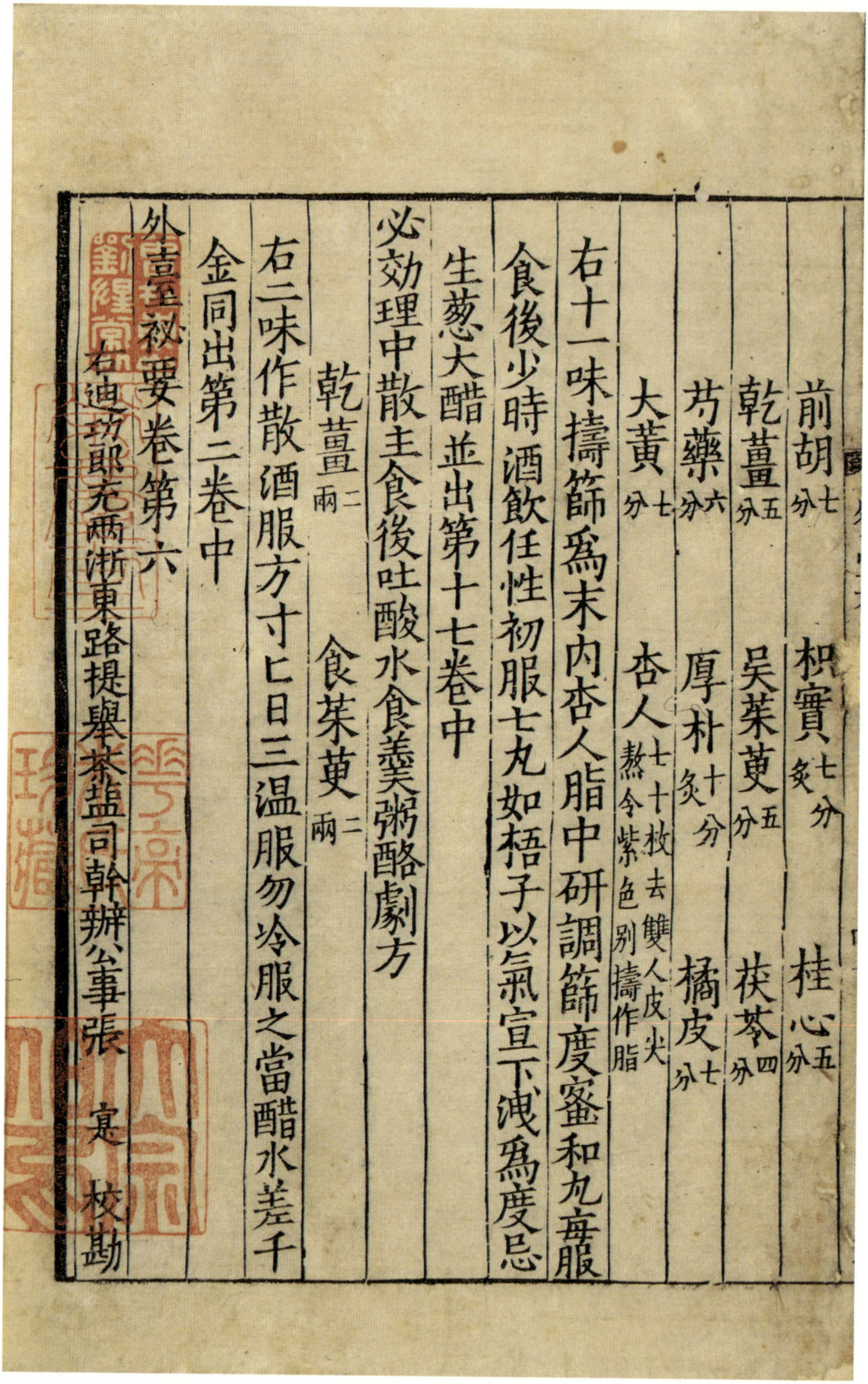
前胡七分 枳實七分炙 桂心五分
乾薑五分 吴茱萸五分 茯苓四分
芍藥六分 厚朴十分炙 橘皮七分
大黄七分 杏人七十枚去雙人皮尖熬令紫色别擣作脂
右十一味擣篩爲末内杏人脂中研調篩度蜜和丸每服
食後少時酒飲任性初服七丸如梧子以氣宣下洩爲度忌
生葱大醋並出第十七卷中
必効理中散主食後吐酸水食羹粥酪劇方
乾薑二兩 食茱萸二兩
右二味作散酒服方寸匕日三温服勿冷服之當醋水差千
金同出第二卷中
外臺秘要卷第六
右迪功郎充兩浙東路提舉茶塩司幹辦公事張寔 校勘

圖 14 《外臺秘要方》“大宗伯印”“華亭朱氏珍藏”“榮慶堂”三連印

和堂印”“平生真賞”七印（圖21—23）。

那麽，我是如何斷定上述藏印均屬於朱恩呢？

首先，與朱恩姓氏名號、身份相關，且關聯緊密的藏印自不必説，如“菰溪”“菰溪草堂”“菰溪後樂園得閑堂印”“朱氏家藏”“華亭朱氏珍藏”“子孫世昌”“宗伯”“大宗伯印”等。再如“榮慶堂”印，宋本《三國志》《杜工部草堂詩箋》《外臺秘要方》、蒙古定宗四年刻本《重修政和經史證類備用本草》，均與“大宗伯印”“華亭朱氏珍藏”連用，亦可證明爲朱恩之印。比較複雜的是第三階段的藏印，如“廣乘山人”“天和堂印”“平生真賞”“太史氏印”等，需要多費一些筆墨。

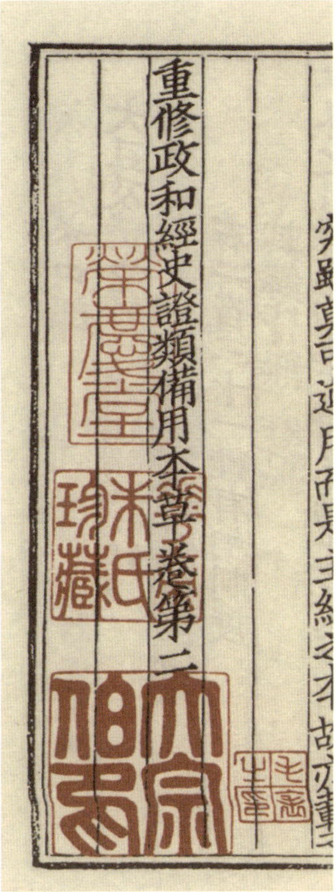

圖15 《重修政和經史證類備用本草》“大宗伯印”“華亭朱氏珍藏”“榮慶堂”三連印

需要説明的是，此前我曾將“廣乘山人”“天和堂印”“平生真賞”“太史氏印”四印歸到朱大韶名下。起因是大韶在其所藏宋本《金石録》的題跋中自稱“前史官華亭文石主人”，與“太史氏印”相契合，并且他也具有一定的道家思想。但經綜合考察後發現，明代官制，翰林院官員掌管修史、著述等事務，故可稱“太史”“史官”。明代進士大多要經翰林院歷練再轉任他職，故朱恩稱己爲“太史氏”亦無錯。并且，弃用官位更高的“大宗伯印”，代之以“太史氏印”，與“廣乘山人”“天和堂印”搭配，更接近其“晚歲喜延方士，探討清净”的思想境界；“平生真賞”印，則與其退隱後“多蓄法書名畫”相關。當然，這些説法尚不足以證明上述四印屬於朱恩，還需進一步舉證。通過對《資治通鑒綱

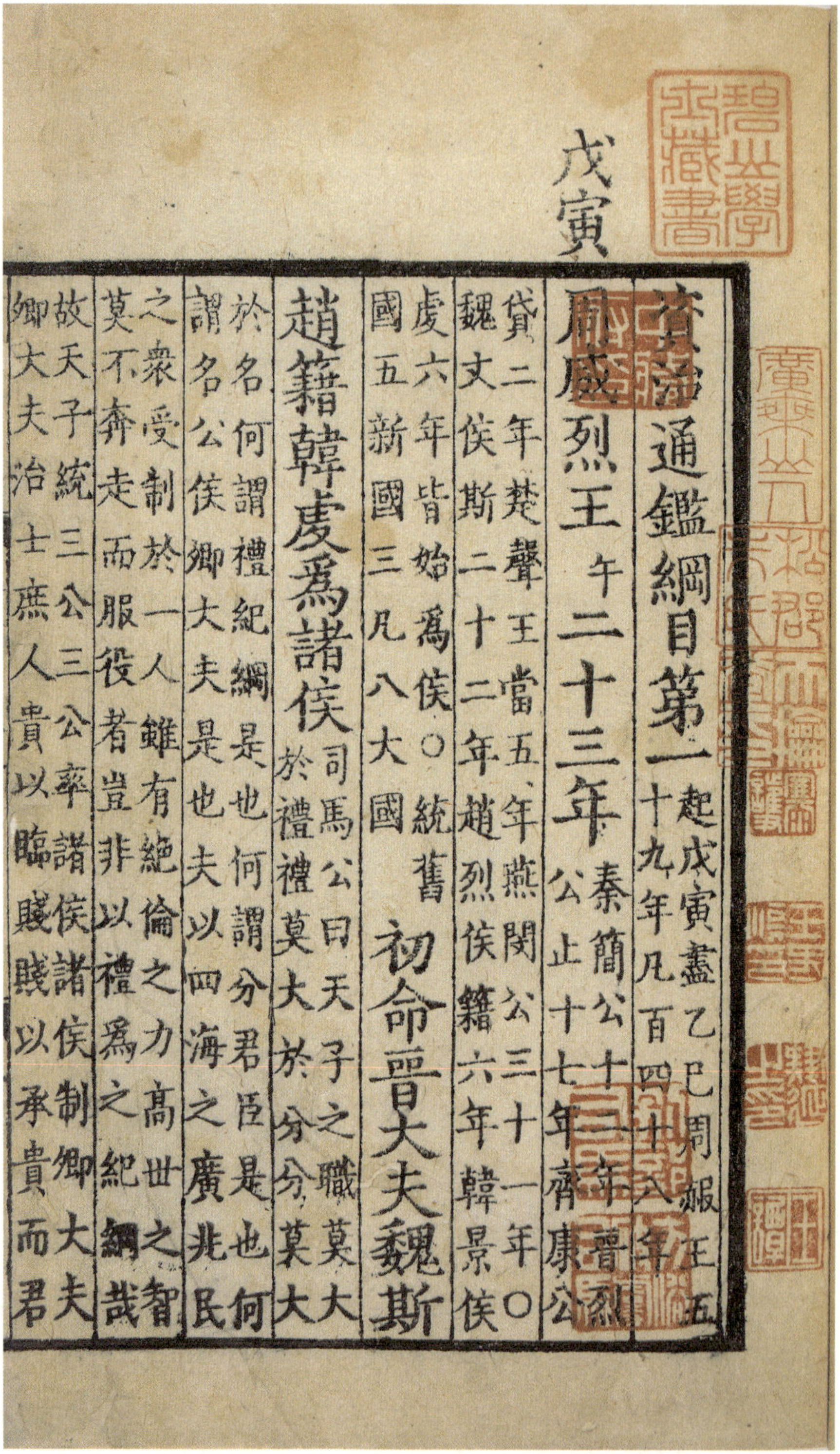
戊寅

資治通鑑綱目第一 起戊寅盡乙巳周赧王五十九年凡百四十八年

周威烈王二十三年 秦簡公十三年晉烈公止十七年齊康公貸二年楚聲王當五年燕閔公三十一年○魏文侯斯二十二年趙烈侯籍六年韓景侯虔六年皆始爲侯○統舊國五新國三凡八大國

初命晉大夫魏斯趙籍韓虔爲諸侯

司馬公曰天子之職莫大於禮禮莫大於分分莫大於名何謂禮紀綱是也何謂分君臣是也何謂名公侯卿大夫是也夫以四海之廣兆民之衆受制於一人雖有絶倫之力高世之智莫不奔走而服役者豈非以禮爲之紀綱哉故天子統三公三公率諸侯諸侯制卿大夫卿大夫治士庶人貴以臨賤賤以承貴而君

圖 16　《資治通鑑綱目》卷一首“廣乘山人”“松郡朱氏”“天和堂印”藏印

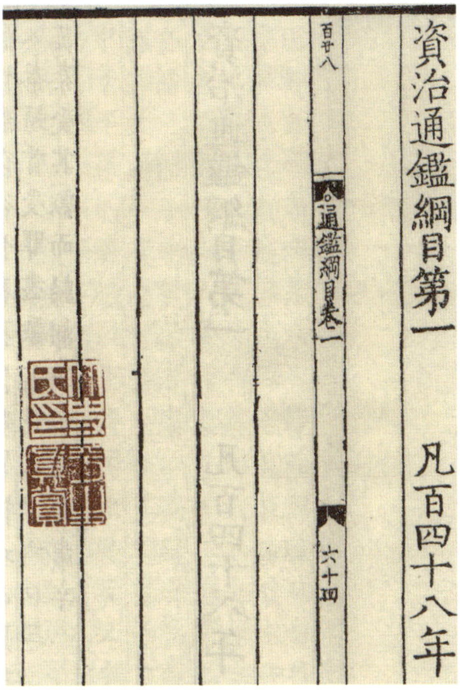

圖 17 《資治通鑑綱目》卷一尾“太史氏印”“平生真賞”藏印

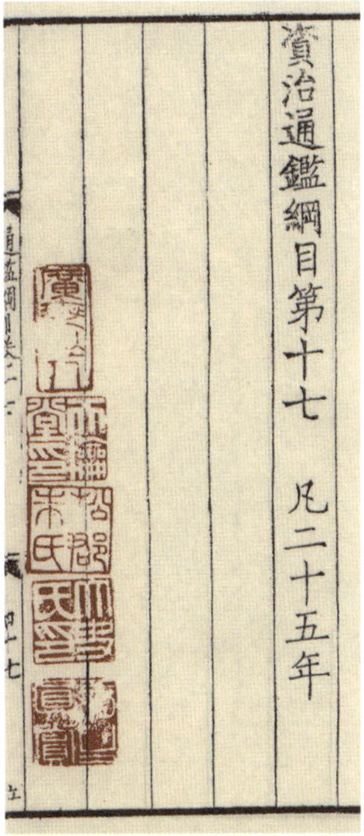

圖 18 《資治通鑑綱目》卷十七尾“松郡朱氏”與“天和堂印”藏印位置顛倒

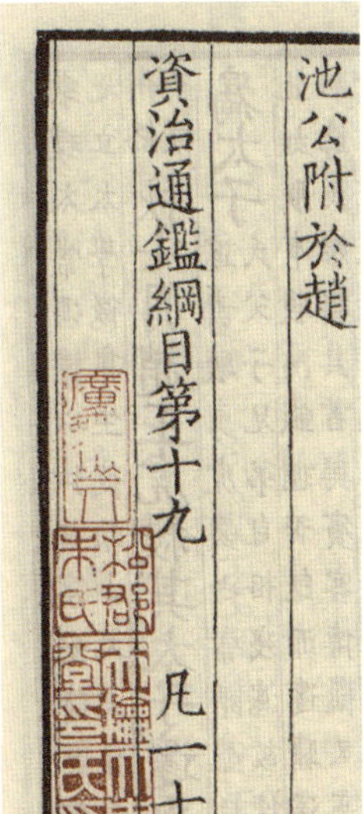

圖 19 《資治通鑑綱目》卷十九尾“松郡朱氏”與“天和堂印”藏印位置恢復

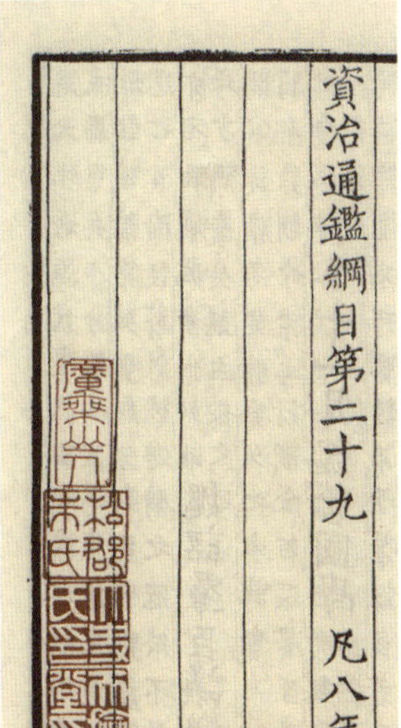

圖 20 《資治通鑑綱目》卷二十九尾“天和堂印”與“太史氏印”藏印位置顛倒

圖 21 《晉書》卷二十六首“廣乘山人”“松郡朱氏”藏印

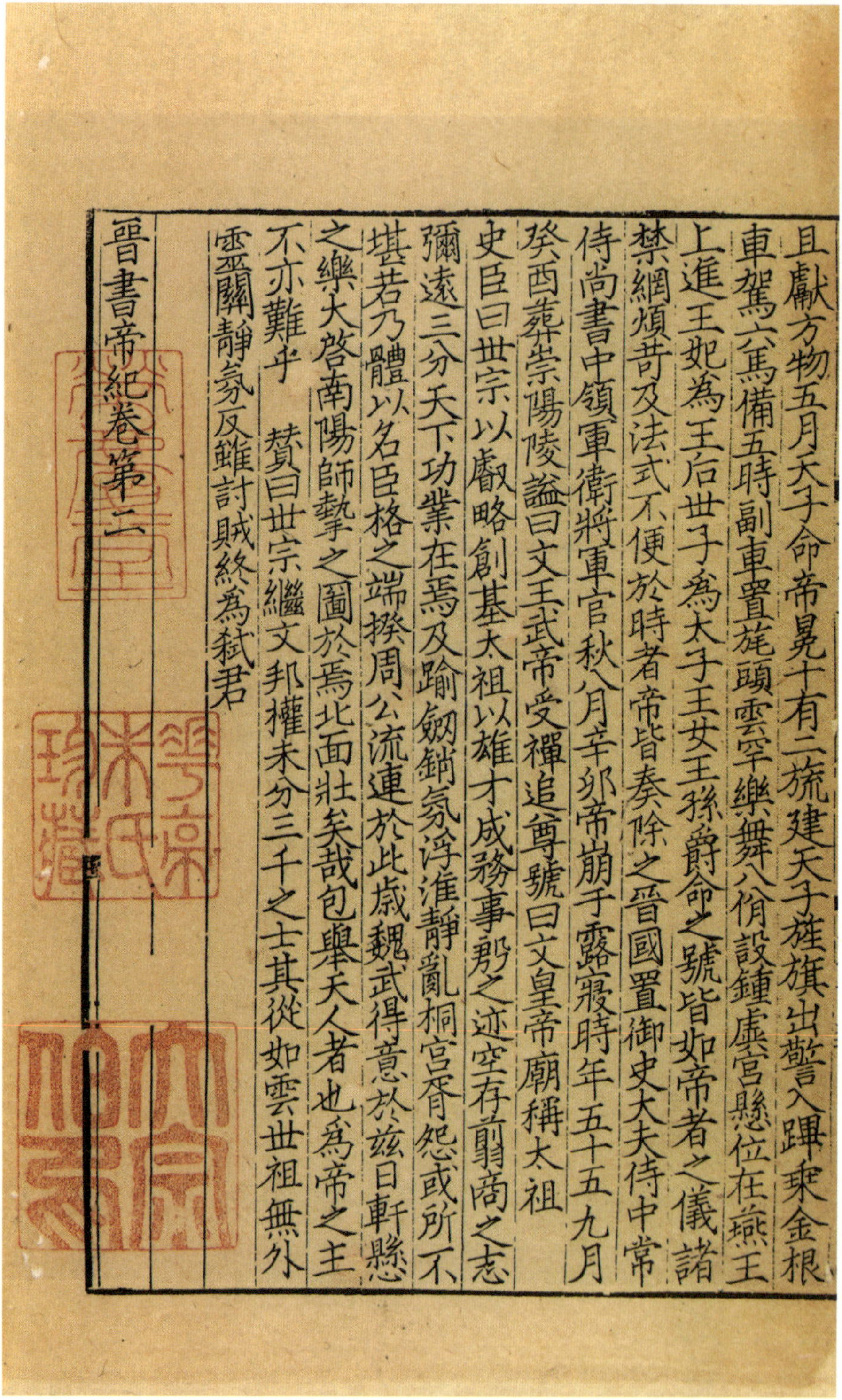
且獻方物五月天子命帝冕十有二旒建天子旌旗出警入蹕乘金根
車駕六馬備五時副車置旄頭雲罕樂舞八佾設鍾虡宮懸位在燕王
上進王妃為王后世子為太子王女王孫爵命之號皆如帝者之儀諸
禁網煩苛及法式不便於時者帝皆奏除之晉國置御史大夫侍中常
侍尚書中領軍衛將軍官秋八月辛卯帝崩于露寢時年五十五九月
癸酉葬崇陽陵謚曰文王武帝受禪追尊號曰文皇帝廟稱太祖
史臣曰世宗以叡略創基太祖以雄才成務事殷之迹空存翦商之志
彌遠三分天下功業在焉及踰劒銷氛浮淮靜亂桐宮胥怨或所不
堪若乃體以名臣格之端揆周公流連於此歲魏武得意於茲日軒懸
之樂大啓南陽師摯之圖於焉北面壯矣哉包舉天人者也為帝之主
不亦難乎　贊曰世宗繼文邦權未分三千之士其從如雲世祖無外
靈關靜氛反雖討賊終為弒君

晉書帝紀卷第二

圖 22　《晉書》卷二尾“榮慶堂”“華亭朱氏珍藏”“大宗伯印”藏印

目》和《晉書》中鈐印的梳理，我找到了新的證據。

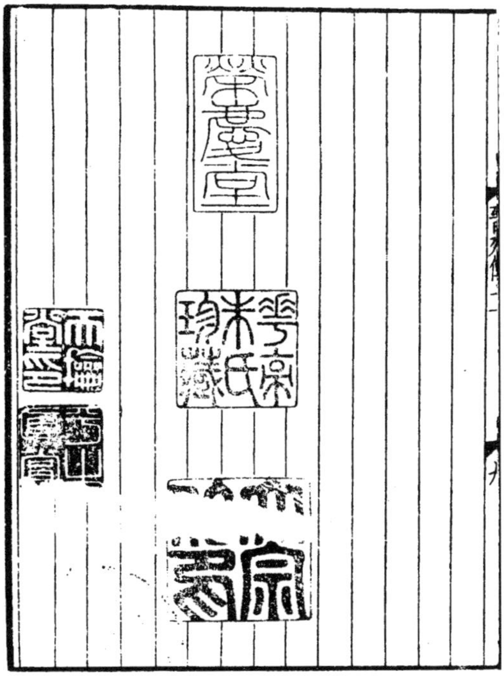

圖 23　《晉書》卷四十一尾“大宗伯印”“華亭朱氏珍藏”“榮慶堂”“天和堂印”“平生真賞”五印

三

國家圖書館藏宋刻本《資治通鑒綱目》五十九卷（索書號：8664）由三部宋本，至少四家藏書配補而成（詳見拙文《弢翁配補及轉售宋刻〈資治通鑒綱目〉略考》）。其中卷一至卷二十九爲藏家之一，有兩組鈐印較有規律地出現在某些卷首及卷尾，它們是：卷一至卷九，卷首有“廣乘山人”“松郡朱氏”“天和堂印”，卷尾爲“太史氏印”“平生真賞”（圖16—17）；卷十七至卷二十九，上述五印緊密相連地鈐於卷尾。我以爲，此五印當爲一人所有。

爲什麽説此五印爲一人所有？首先，諸卷首三印鈐蓋時均緊密相連，移到卷尾後依然如此，并且卷十七鈐蓋時還將“松郡朱氏”與“天和堂印”的位置顛倒，此後各卷又恢復如初，非一人之印不可能如此（圖18—19）。其次，卷尾的“太史氏印”和“平生真賞”二印，在卷尾鈐蓋的位置變化較多，但始終在一起，順序亦無變化，當爲一人之印。再次，自卷十七五印鈐蓋於卷尾後，不但卷十七出現“松郡朱氏”與“天和堂印”顛倒的情況，卷二十九還發生了“天和堂印”與“太史氏印”位置交換的狀況，兩組鈐印的組合順序竟然被打亂，若非一人之印，絶不可能（圖20）。既然此五印爲一人所有，且印主係松郡朱氏，那麼此松郡朱氏是否就是朱恩呢？還需要從《晋書》中去尋找答案。

《晋書》中的朱氏藏印也分爲兩組，分别鈐蓋於卷首和卷尾。卷首一組爲“廣乘山人”“松郡朱氏”，共十九卷（其中一卷衹有“松郡朱氏”）；卷尾一組爲“榮慶堂”“華亭朱氏珍藏”“大宗伯印”，共十六卷（圖21—22）。至此可以證明，“松郡朱氏”與“華亭朱氏珍藏”鈐印同屬朱恩一人。另外，在卷尾一組中，其中一卷三方印的左側出現了“天和堂印”和“平生真賞”二印，又一卷的三方印左側鈐有“太史氏印”“平生真賞”二印。“華亭朱氏珍藏”與“廣乘山人”“松郡朱氏”“太史氏印”“天和堂印”“平生真賞”鈐印同時出現在朱恩收藏的一書之中且相互關聯，證明後五印的印主正是朱恩。除此之外，《晋書》中卷尾的朱恩諸印，還有一蹊蹺之事，亦可作爲“廣乘山人”等五印係朱恩所有之佐證。

在書的葉面上鈐蓋印章，衹要鈐於版框内，印文均會與欄綫和文字相交。蹊蹺的是，《晋書》有七卷卷尾的“大宗伯印”“華亭朱氏珍藏”“榮慶堂”三連印、一卷卷尾的“太史氏印”“平生真賞”二連印、一卷卷尾的“大宗伯印”“華亭朱氏珍藏”“榮慶堂”“天和堂印”“平生真賞”五印（圖23），鈐印邊框内僅有印文而無欄綫，欄綫全部止於印章邊框外，因此葉面美觀，獨具特色。此種效果肯定是藏家針對自己藏印特意爲之，極爲罕見，亦可佐證所涉六印均爲朱恩所有。又，清代著名學者邵懿辰也認可朱恩曾藏此本《晋書》，跋曰：“此本小字十四行，行二十六字或二十七八字。確是宋刻，舊爲華亭朱尚書及季滄葦所藏。”

四

接下來介紹朱大韶的藏書和藏印。

朱大韶（1517—1577），字象元，一作象玄，號文石。原居莘莊，後遷松江府東馬橋。朱大韶自幼好讀書，嘉靖二十六年中丁未科進士，開始步入仕途。嘉靖三十四年乙卯（1555），朱大韶上書欲回家贍養老人，未獲准，任南雍司業。這一年，朱大韶39歲。嘉靖三十五年丙辰（1556），朱大韶收得《金石録》，并作跋。隆慶三年己巳（1569），朱大韶好友何良俊刻所著《四友齋叢説》三十卷時，請朱大韶撰寫序言。這一年也是朱大韶解國子監職回鄉之年，是年53歲。萬曆五年丁丑（1577），朱大韶卒，享年61歲。

以下是我所經眼的部分朱大韶藏書藏印（未標明藏館者均爲國家圖書館藏）：

金刻本《壬辰重改證吕太尉經進莊子全解》（索書號：8352），鈐"文石讀書臺印"印（圖24）；宋本《資治通鑒外紀詳節》（索書號：6745），鈐"横經閣收藏圖籍印""華亭朱氏""朱文石史"三印（圖25）；上海圖書館藏宋本《曹子建文集》，鈐"華亭朱氏""朱文石史"二印；宋本《帝王經世圖譜》（索書號：7563），鈐"經術堂印""朱象玄印"二印（圖26）；宋本《盤洲文集》（索書號：7693），鈐"華亭朱氏""横經閣收藏圖籍印"二印（圖27）；宋本《放翁先生劍南詩稿》（索書號：11405），鈐"華亭朱氏""横經閣收藏圖籍印"二印；宋本《新序》（索書號：8138），鈐"經術堂印""華亭朱氏"二印；宋本《輶軒使者絶代語釋别國方言》（索書號：11274），鈐"横經閣收藏圖籍印""華亭朱氏"二印；宋本《諸史提要》（索書號：7421），鈐"文石朱象玄氏""横經閣收藏圖籍印""華亭朱氏"三印（圖28）；宋本《春秋繁露》（索書號：12348），鈐"經術堂印""華亭朱氏"二印；元本《北山録》（索書號：8700），鈐"華亭朱氏文石山房藏書印"（圖29）。

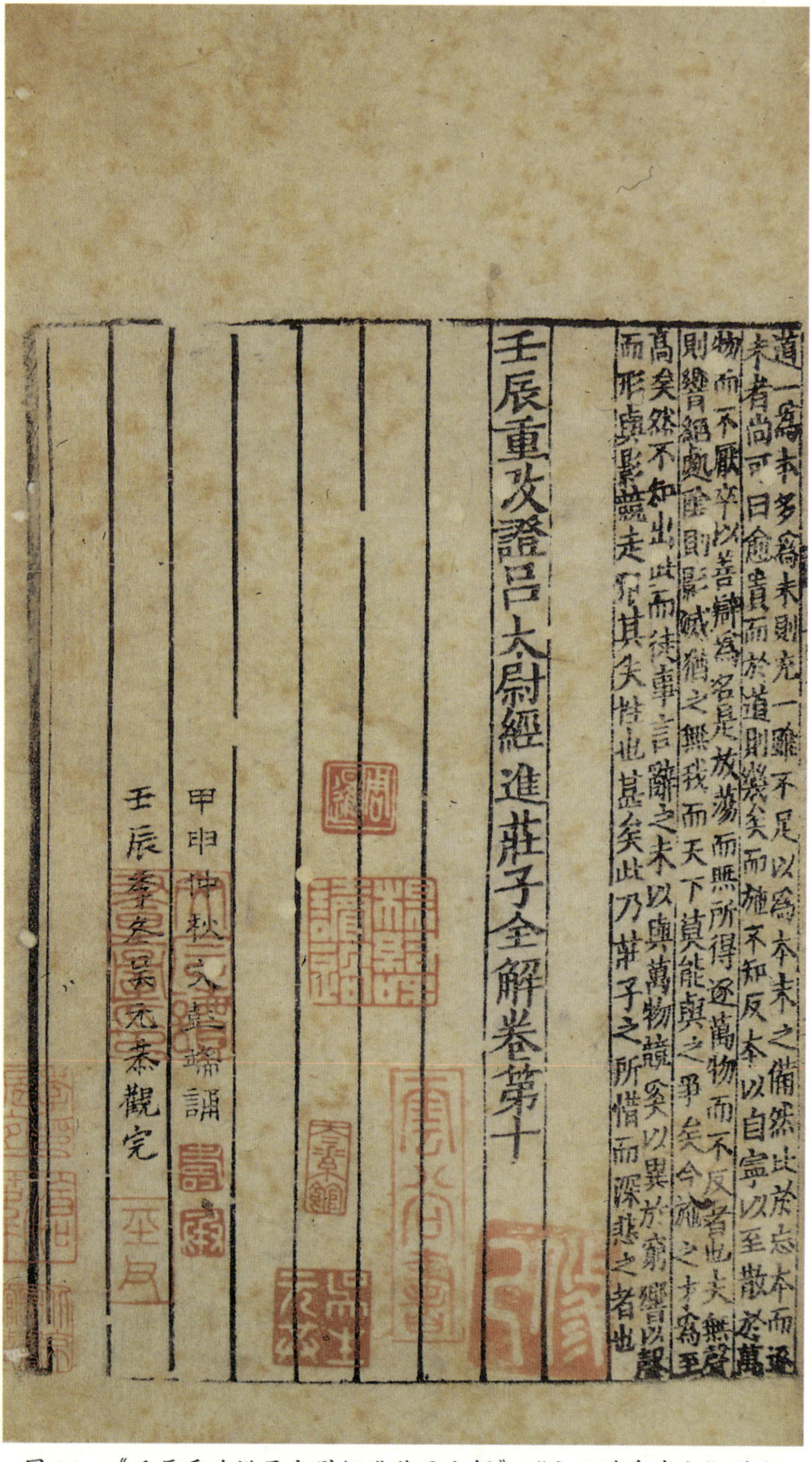

圖 24 《壬辰重改證呂太尉經進莊子全解》“文石讀書臺印”藏印

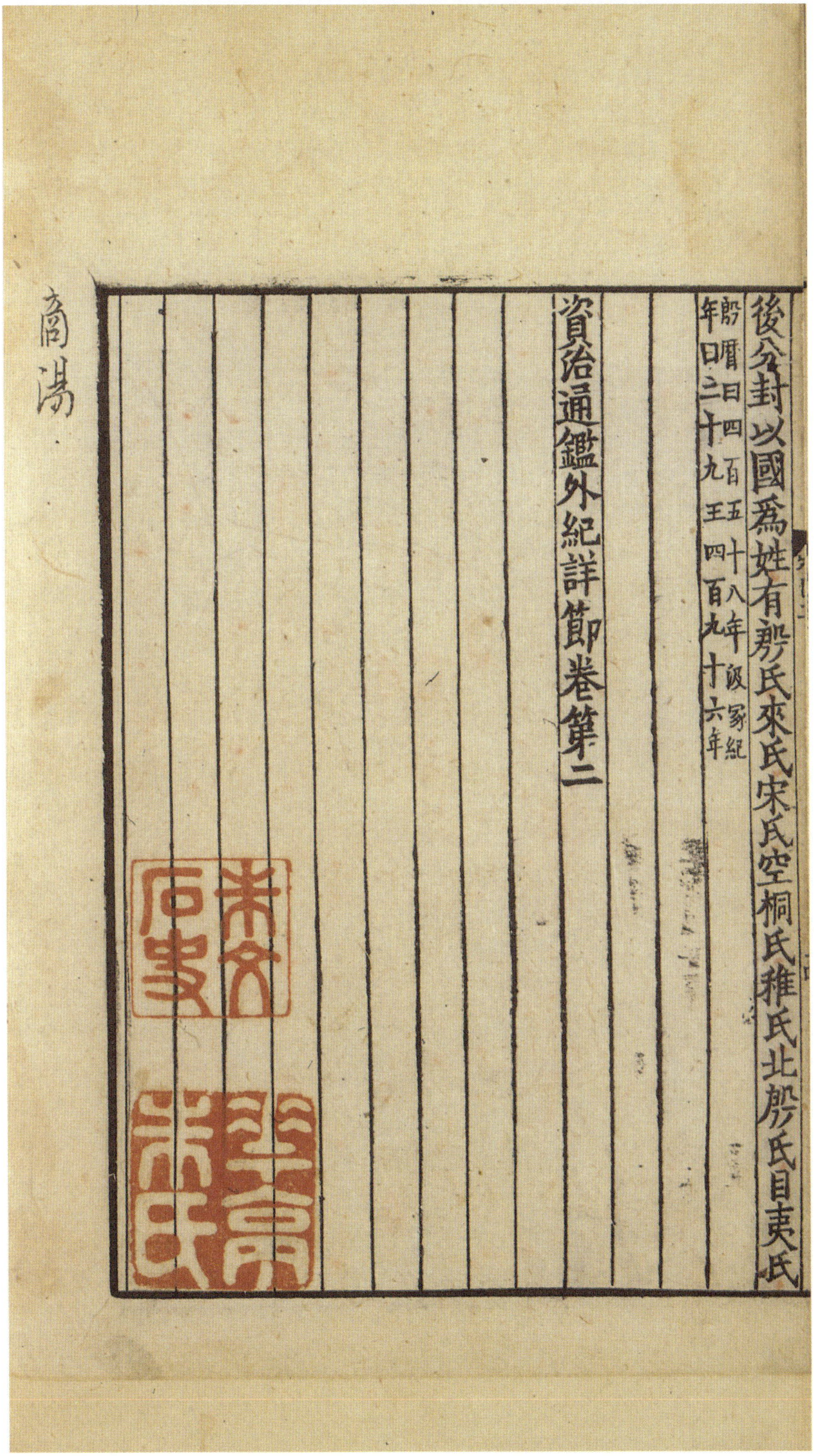
後分封以國爲姓有殷氏來氏宋氏空桐氏稚氏北殷氏目夷氏
殷曆曰四百五十八年汲冢紀年曰二十九王四百九十六年
資治通鑑外紀詳節卷第二

圖 25 《資治通鑒外紀詳節》“朱文石史”“華亭朱氏”藏印

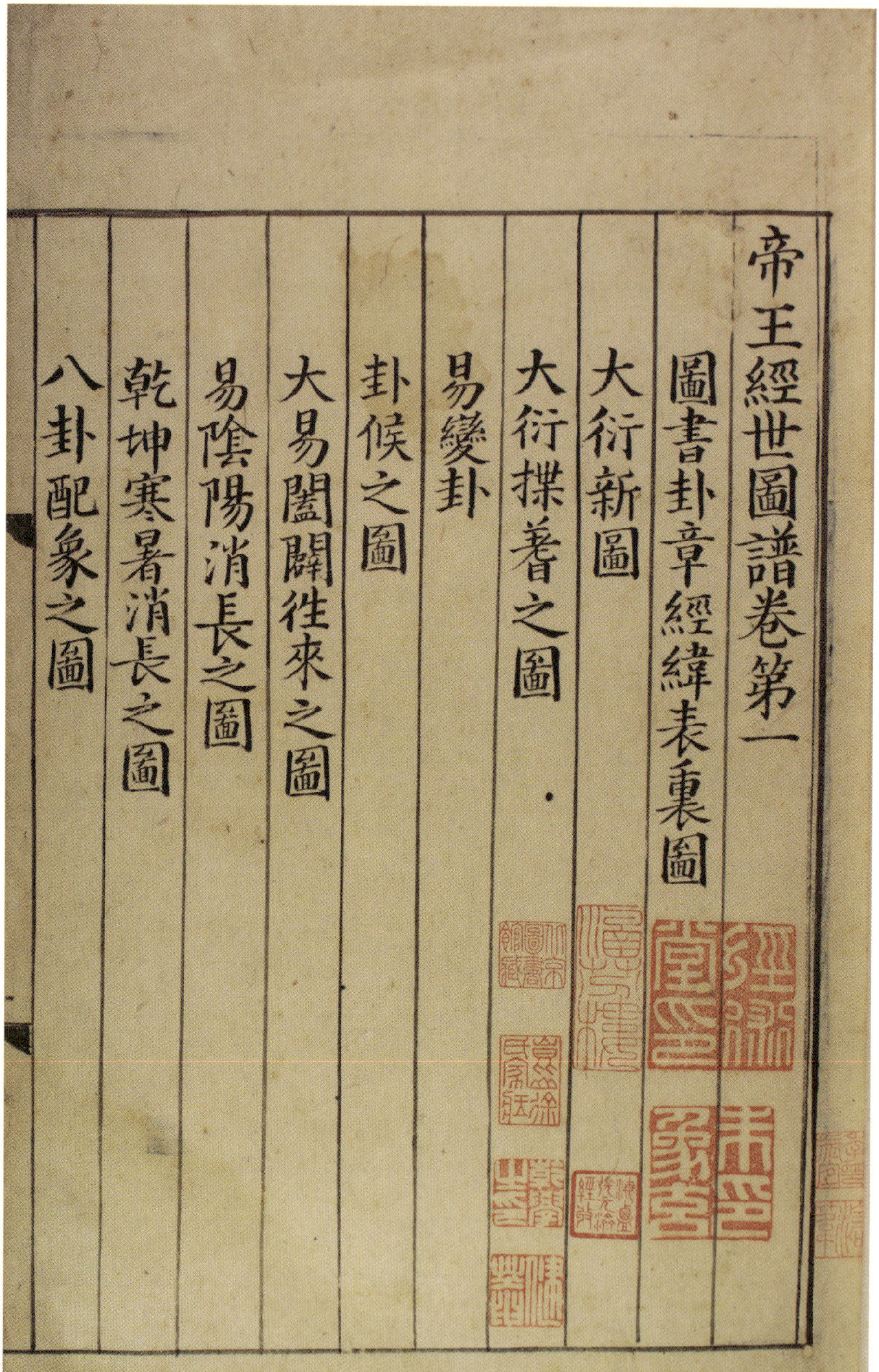
帝王經世圖譜卷第一
圖書卦章經緯表裏圖
大衍新圖
大衍揲蓍之圖
易變卦
卦候之圖
大易闔闢往來之圖
易陰陽消長之圖
乾坤寒暑消長之圖
八卦配象之圖

圖 26 《帝王經世圖譜》“經術堂印”“朱象玄印”藏印

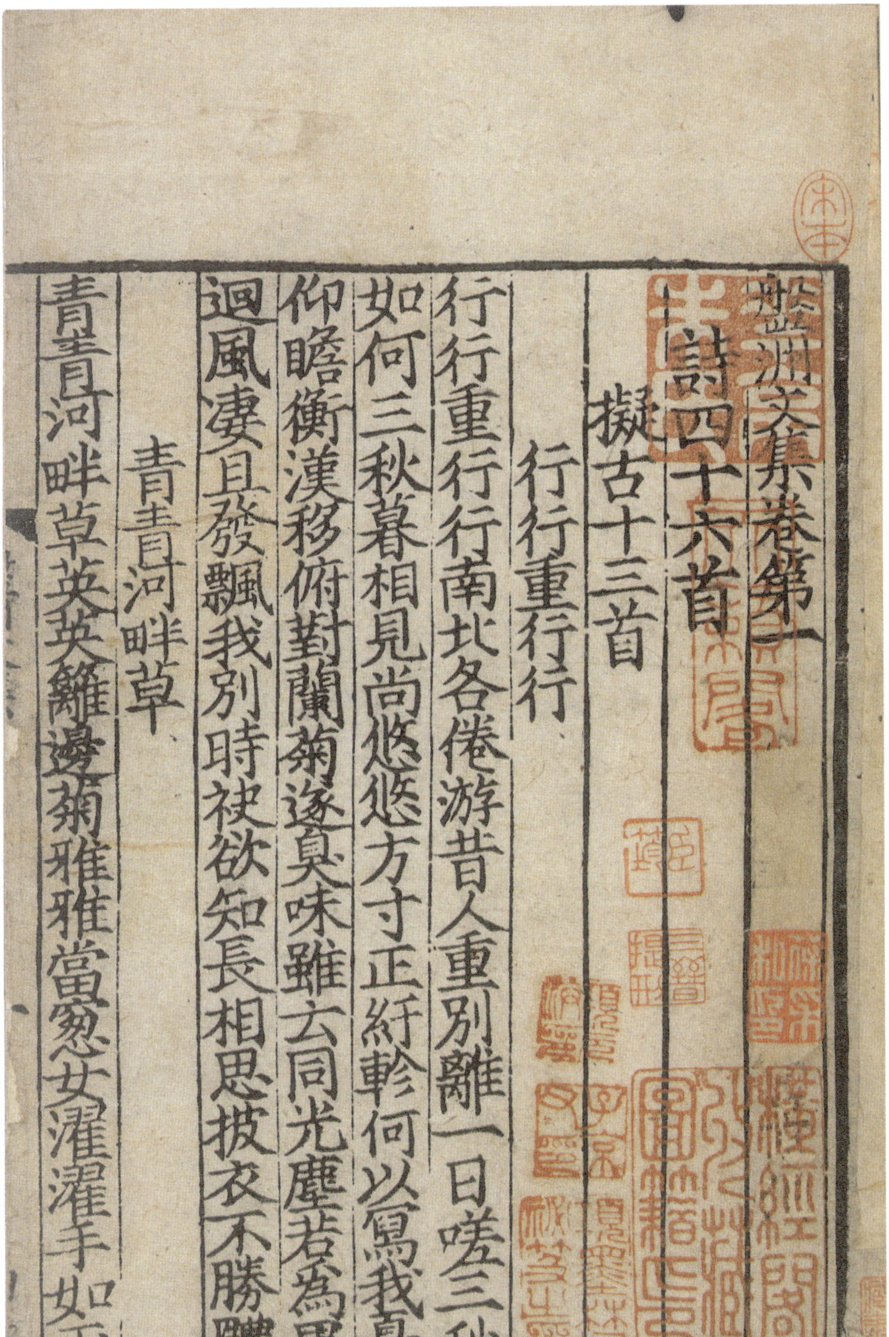
盤洲文集卷第一
詩四十六首
擬古十三首
行行重行行
行行重行行南北各倦游昔人重別離一日嗟三秋
如何三秋暮相見尚悠悠方寸正紆軫何以寫我憂
仰瞻衡漢移俯對蘭菊遂臭味雖云同光塵若爲異
迴風凄且發飄我別時袂欲知長相思披衣不勝體
青青河畔草
青青河畔草英英籬邊菊雅雅當窻女濯濯手如玉

圖 27 《盤洲文集》“華亭朱氏”“橫經閣收藏圖籍印”藏印

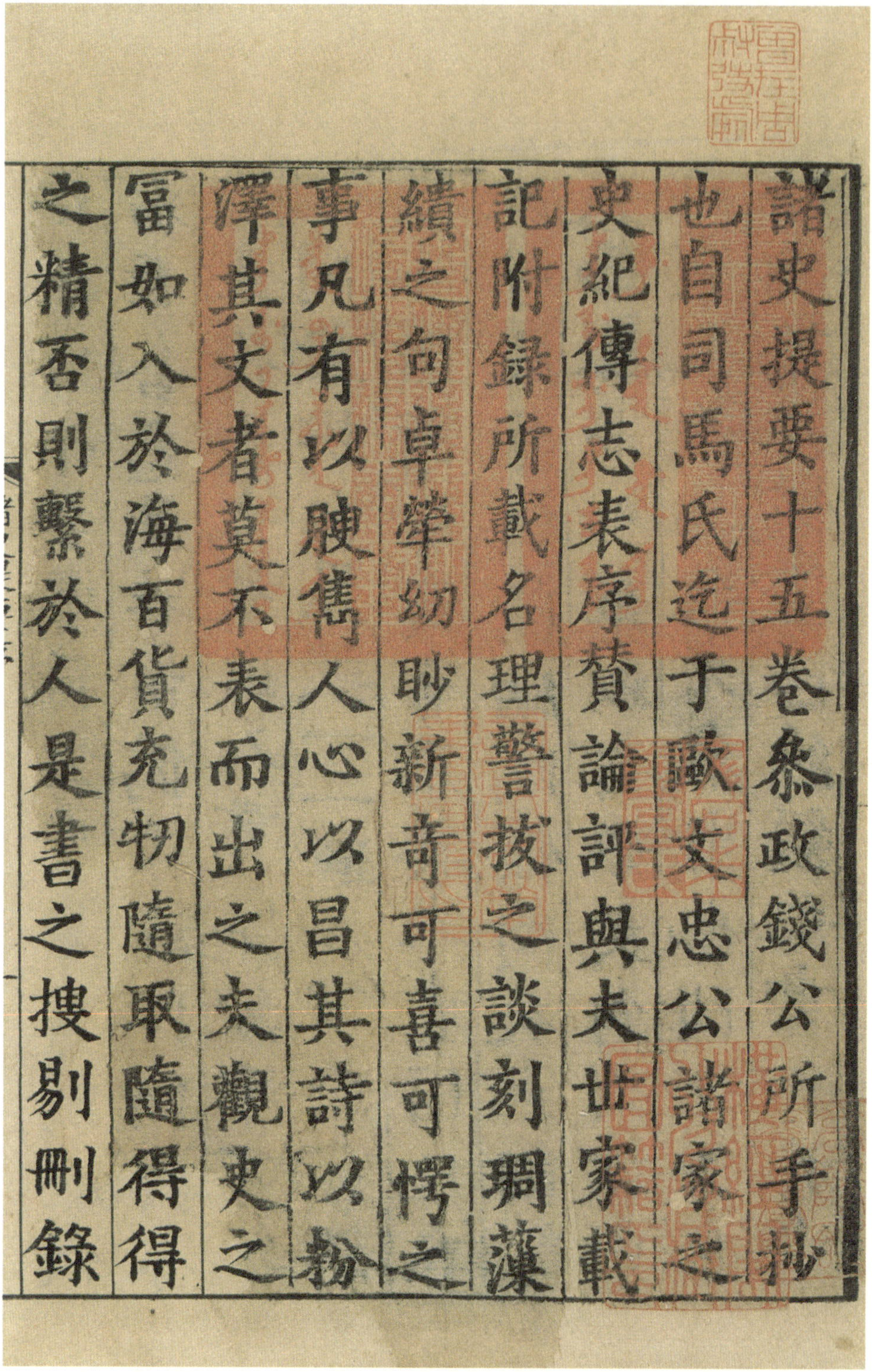
諸史提要十五卷參政錢公所手抄
也自司馬氏迄于歐文忠公諸家之
史紀傳志表序贊論評與夫世家載
記附錄所載名理警拔之談刻琱藻
績之向卓犖幼眇新奇可喜可愕之
事凡有以駴儁人心以昌其詩以黺
澤其文者莫不表而出之夫觀史之
富如入於海百貨充牣隨取隨得得
之精否則繫於人是書之搜剔刪錄

圖 28　《諸史提要》“文石朱象玄氏”“橫經閣收藏圖籍印”藏印

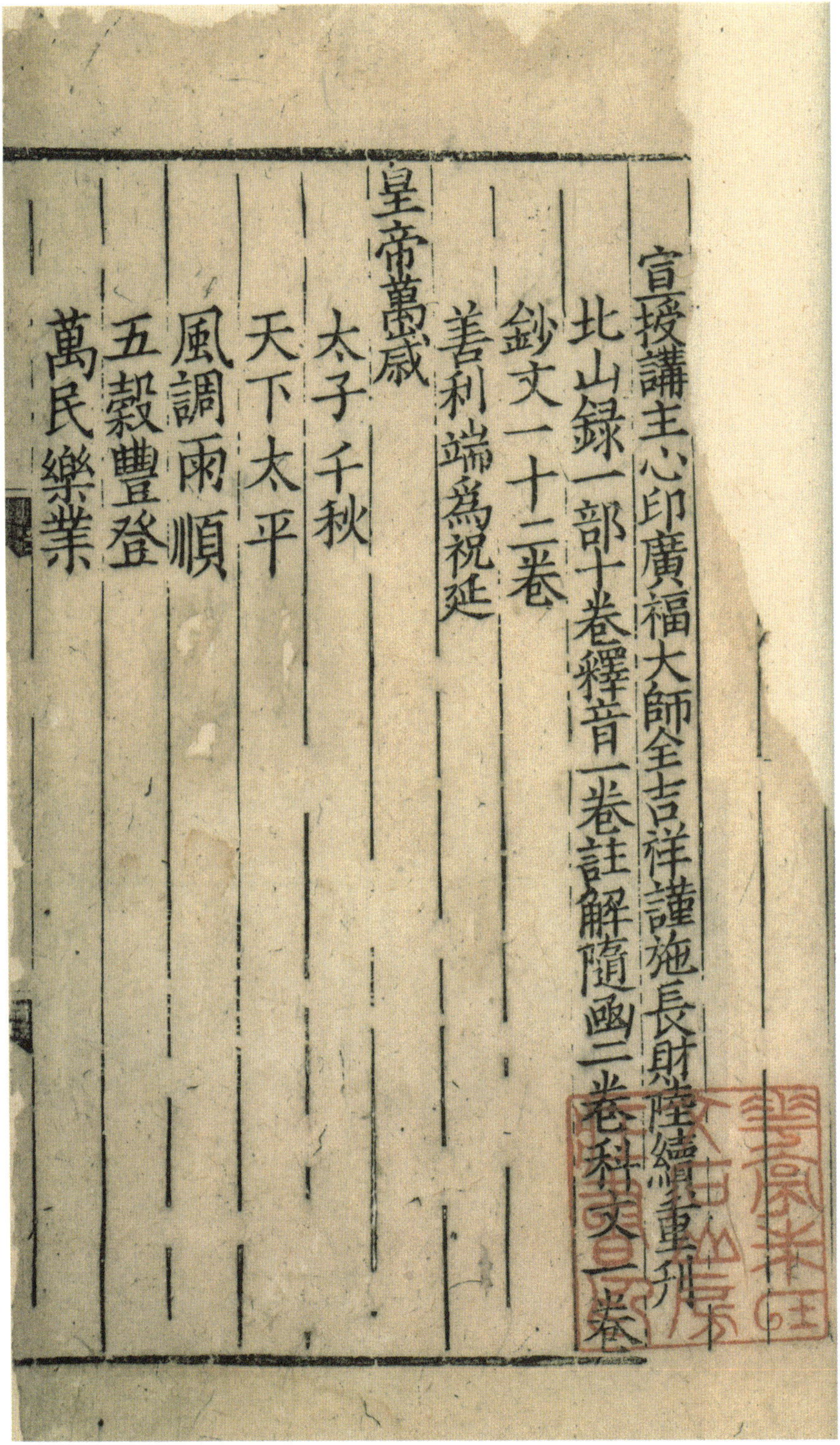
宣授講主心印廣福大師全吉祥謹施長財陸續重刊
北山録一部十卷釋音一卷註解隨函三卷科文一卷
鈔文一十二卷
善利端爲祝延
皇帝萬歲
太子千秋
天下太平
風調雨順
五穀豐登
萬民樂業

圖 29　《北山録》“華亭朱氏文石山房藏書印”藏印

朱大韶比其伯祖父朱恩小了整整65歲。朱恩“遷南京少宰，進大宗伯。尋歸”時約59歲，大韶尚未出生，因此朱恩任禮部侍郎（宗伯）、禮部尚書（大宗伯）之前便已有的“華亭朱氏珍藏”印，與大韶無關。并且，朱大韶最常使用的“華亭朱氏”“横經閣收藏圖籍印”“朱文石史”等藏印均未與“華亭朱氏珍藏”同書出現過，故“華亭朱氏珍藏”印與朱大韶無關。以往僅依據該印便斷定爲大韶藏書或朱恩、朱大韶家族藏書者，均屬誤判。

2022年2月三稿

宋刻《注東坡先生詩》版本考

《注東坡先生詩》四十二卷，宋蘇軾撰，宋施元之、顧禧、施宿注。此書刻於宋嘉定六年（1213），宋景定三年（1262）修補重印。目前存世宋刻《注東坡先生詩》（以下簡稱"《坡詩》"）四部，分藏四處，均係殘本，分别爲：1.黄丕烈舊藏本二卷，現藏中國國家圖書館；2.嘉業堂舊藏本四卷，亦藏中國國家圖書館；3.常熟翁同龢舊藏本三十二卷，現藏上海圖書館；4.翁方綱舊藏本二十一又三分之一卷，分藏於臺北"國家圖書館"、中國國家圖書館（卷四十二）和私人藏書家韋力處（卷四十一）。其中黄丕烈、嘉業堂本係嘉定六年刻本。翁同龢、翁方綱本則爲景定三年修補重印本。

從版本學角度看，古籍的版本價值由自身價值和附加價值構成。自身價值包括書的刻印年代、稀缺性，書版的書寫、鎸刻、印刷效果，以及存卷情况、初印後印、品相等。附加價值是在書的流傳過程中被陸續賦予的，例如遞藏者的身份、鈐印、批校、題跋（題款、題識、題詩）、遞藏逸事等。本文試圖按以上標準，對四種殘本《坡詩》的版本及價值，略加考述。

一、黄丕烈舊藏本

黄丕烈舊藏本《坡詩》存卷四十一至四十二，即《追和陶淵明詩》（以下簡稱"《和陶詩》"），内容相對獨立，可以單獨成書，故其價值超過其他任何兩册存卷。四部《坡詩》中竟然就有三部《和陶詩》，足以證明歷代藏家對其重視的程度。黄藏《和陶詩》作爲唯一一部初刻本，其地位自然更高。對此，清代著名藏書家海源閣主人楊紹和評價道："此本雖衹《和陶》二卷，然是武子嘉定時初刻，尚可考見本來面目。……吉光片羽，實賴此碩果之僅存。六百餘年滄桑屢變，獨未與劫火同銷，豈偶然哉！昔人云：'鳳凰一毛，麒麟一甲，終是希世之寶。'信已！"（《楹書隅録》卷五）

對這兩卷的文獻、版本價值，黄丕烈比較翁方綱藏本相同卷帙後，也得出了與楊紹和相似的結論，他説："是晚宿吾與庵，向庵僧澄谷借商丘新刻《施注蘇詩》勘之，注語竟無一首完全者。豈向所收宋刻，雖非缺卷而亦多殘損耶？……觀此益信宋刻之可貴。蘇齋所藏商丘昔得於吴中者，彼猶遜於此矣。"（黄藏本黄丕烈跋）

原來，翁方綱藏本《坡詩》，康熙年間爲商丘宋犖購入，宋犖命邵長蘅、李必恒等删補、翻刻爲《施注蘇詩》，成爲通行本。黄丕烈所對比者，正是此本。《施注蘇詩》中"注語竟無一首完全者"，皆源於翁方綱藏本自身的殘缺。翻閲翁方綱藏本可以發現，殘破缺字的葉面過半（并非過火造成）。蘇詩殘缺，尚可以他書彌補；施注則難以尋獲，故注語缺失較多。反觀黄藏本，僅卷四十二末葉個别字殘損，書品遠超前者。周叔弢先生也在其所藏《楹書隅録》卷五"《坡詩》"條目上方批注曰："紙印極精。"

黄丕烈藏本的自身版本價值如上所述，再看它的附加價值。

首先，此本曾爲明内府思政軒舊藏，後經季振宜、周錫瓚收藏，再轉手著名藏書家黄丕烈，從而成就了一段精彩的書林佳話。黄丕烈在《坡詩》第一篇題跋中，對其收書過程做了生動的描述：

> 《注東坡先生詩》出吴興施氏、吴郡顧氏者，宋刻不多見。余往年游都中，見之於翁覃溪先生所，即商丘宋中丞得諸吴中本也。書多剥落，原缺十二卷。覃溪愛之甚，藏弆之室名曰"蘇齋"，誠重其世無二本耳。此外有奇零之本，未及記所存卷，今藏小讀書堆。惟《和陶詩》二卷，係全部之第四十一、四十二卷，雖不全而自可單行，香嚴書屋中有之。主人亦肯割愛，而需直昂，且余謂非商丘本所缺卷，不急急購

之。然往來於懷，已三年矣。

辛未立冬日，榕皋潘丈拉游天平觀紅葉，道出來鳳橋，順訪香嚴主人。榕丈云："聞其有宋刻《東坡和陶詩》，可往借一觀乎？"余曰："言借未必可得，吾當詭言，得以取之。"既見，談及是書并與議直，竟許可，遂携至舟中。與榕丈欣賞者累日，榕丈慫恿余得之。余亦以己巳冬新葺"陶陶室"，貯宋刻兩陶集，而此《東坡和陶》宋刻亦當并儲，以爲宋廛盛事。特因力有不足，故遲之三年而願未遂。兹一旦以旁人借觀之言，無意中成之，可爲奇事。是晚宿吾與庵，向庵僧澄谷借商丘新刻《施注蘇詩》勘之，注語竟無一首完全者。豈向所收宋刻，雖非缺卷而亦多殘損耶？……乘興書此，謂三年宿願，一旦了之也。

本已放弃之書，受邀出游路過周家，黄丕烈以欲購爲由，將書借回。經潘奕雋竭力慫恿，再與康熙年間宋犖、邵長蘅的重刊本校勘，發現重刊本注釋内容多有殘缺，遂知此本之珍貴，而下决心購買。黄丕烈如願以償，將書重新裝幀，并配製楠木書匣，存入"陶陶室"，與兩部宋刻《陶淵明集》合藏。隨後又引出一段"開函拜讀，題詩紀事"（《楹書隅録》卷五録黄丕烈書於櫝面上之跋）的故事。

黄丕烈辛未十二月十九日（1812年2月1日，十二月十九日爲蘇東坡生日）跋曰：

十二月十有九日，往訪潘丈榕皋，知赴友人之招，爲東坡生日修瓣香之祝。晚歸，意欲同修此典，獨居寡歡，不復爲此，因出此《和陶詩》諷誦一過，并題四絶句於後。蘇齋翁學士歲例出宋刻《注東坡詩》，於今日開筵宴客，致祝髯蘇，故詩及之。

黄丕烈因訪潘奕雋未遇，知其赴友之招，爲東坡生日修瓣香之祝。本想在家中同修此典，因獨居寡歡而作罷，改爲諷誦《和陶詩》，并賦詩"致祝"，從而創作出以"東坡生日是今朝"開頭之絶句，曰：

東坡生日是今朝，愧未焚香與奠椒。却羡蘇齋翁學士，年年設宴話通宵。

東坡生日是今朝，一老衝寒赴友招。聞道春風來杖履，凌雲意氣正飄飄。

東坡生日是今朝，我獨閑居苦寂寥。但把《和陶詩》熟誦，樽無濁酒也愁消。

東坡生日是今朝，助我清吟興轉饒。誰復景蘇同此意，縣橋人又憶花橋。

數天後，潘奕雋看到黄丕烈的題詩，亦和詩四首，云：

東坡生日是今朝，薊北蘇齋歲奠椒。何以宋廛人獨坐，《和陶》一卷咏深宵。

東坡生日是今朝，有客城南置酒招。早覺春風來杖履，篆烟濃傍鬢絲飄。

東坡生日是今朝，可有朝雲慰寂寥。想到六如亭下路，蠻風暖處雪全消。

東坡生日是今朝，斗室長吟興自饒。善本流傳期共賞，一瓻擬致縣東橋。

黄丕烈之前没有“於東坡生日陳書設筵，邀朋儕爲文字之飲”（《楹書隅録》卷五録黄丕烈書於櫝面上之跋）的習慣，却因此書而“致祝髯蘇”，破了先例。

其次，黄丕烈收得《坡詩》後還做了兩項工作：

一、將書重新裝幀（黄丕烈辛未冬至日題跋末謂“辛未冬至日，求古居重裝并記，復翁”）。此書紙張係典型的宋代薄紙（厚度不及“單宣”的一半），薄如蟬翼，質地細膩，白净。爲保護書葉，黄丕烈在修復時進行了“接鑲”處理，即用兩條同樣厚度的紙，分别與書葉的天頭、地脚粘連“搭接”，搭接處不足二毫米，看上去酷似“金鑲玉”，但與一般“金鑲玉”却有很大不同，“接鑲”處極爲平整，書葉渾然一體。裝訂時，每一筒子葉下面襯了兩張薄紙，以便更好地保護書葉。此本裝幀簡潔，却工藝難度極大，是黄丕烈修書案例中的杰作。

二、此本被書估將卷四十一、四十二剜改爲卷上、卷下，以冒充完本，黄丕烈予以糾正。他在書櫝上題識云："此書舊藏香嚴書屋，標題及分册俱未愜意，因櫝已製成，毁之可惜，且存之，以見授受源流。遂於櫝上聊志數語，以諗來者。標題當云'《注東坡先生詩》卷第四十一、卷第四十二'，分册當云'二册全函'。蓋此係《東坡先生詩》宋刻殘本，不過《和陶淵明詩》爲全璧耳。余藏諸'陶陶室'中，尤爲兩美之合。……辛未十二月十九日，識於百宋一廛之南窗。"（《楹書隅録》卷五）

四部宋刻《坡詩》殘本的遞藏者中，翁方綱、翁同龢的政治地位雖高於黄丕烈，但後者在藏書界却是絶對的頂尖人物。黄丕烈不僅藏書，還校書、抄書、修書、刻書，撰寫了大量藏書題跋，這更是他人難以企及的，僅此便爲此本增色不少。

黄丕烈藏本散出後，又經汪士鐘、楊氏海源閣和周叔弢先生收藏。書中鈐印纍纍，有"思政軒收藏""季振宜印""滄葦""周錫瓚印""仲漣""黄丕烈印""復翁""陶陶室""無雙""花橋老圃""潘奕雋印""守愚""汪文琛印""臣文琛印""汪厚齋藏書""厚齋""汪士鐘印""汪士鐘讀書""宋本""三十五峰園主人""民部尚書郎""楊以增字益之又字至堂晚號冬樵行弌""關西節度系關西""楊東樵讀過""墓田丙舍退思廬主人記""楊氏海原閣藏""宋存書室""東郡楊氏海源閣珍藏""東郡楊氏宋存書室珍藏""聊攝楊氏宋存書室珍藏""楊氏彦合""彦合珍玩""東郡楊紹和字彦合藏書之印""楊紹和讀過""東郡楊氏鑒藏金石書畫印""楊氏協卿平生真賞""楊紹和審定""協卿珍賞""四陶居""楊保彝藏本""先都御史公遺藏金石書畫印""周暹"等印。（圖1—17）

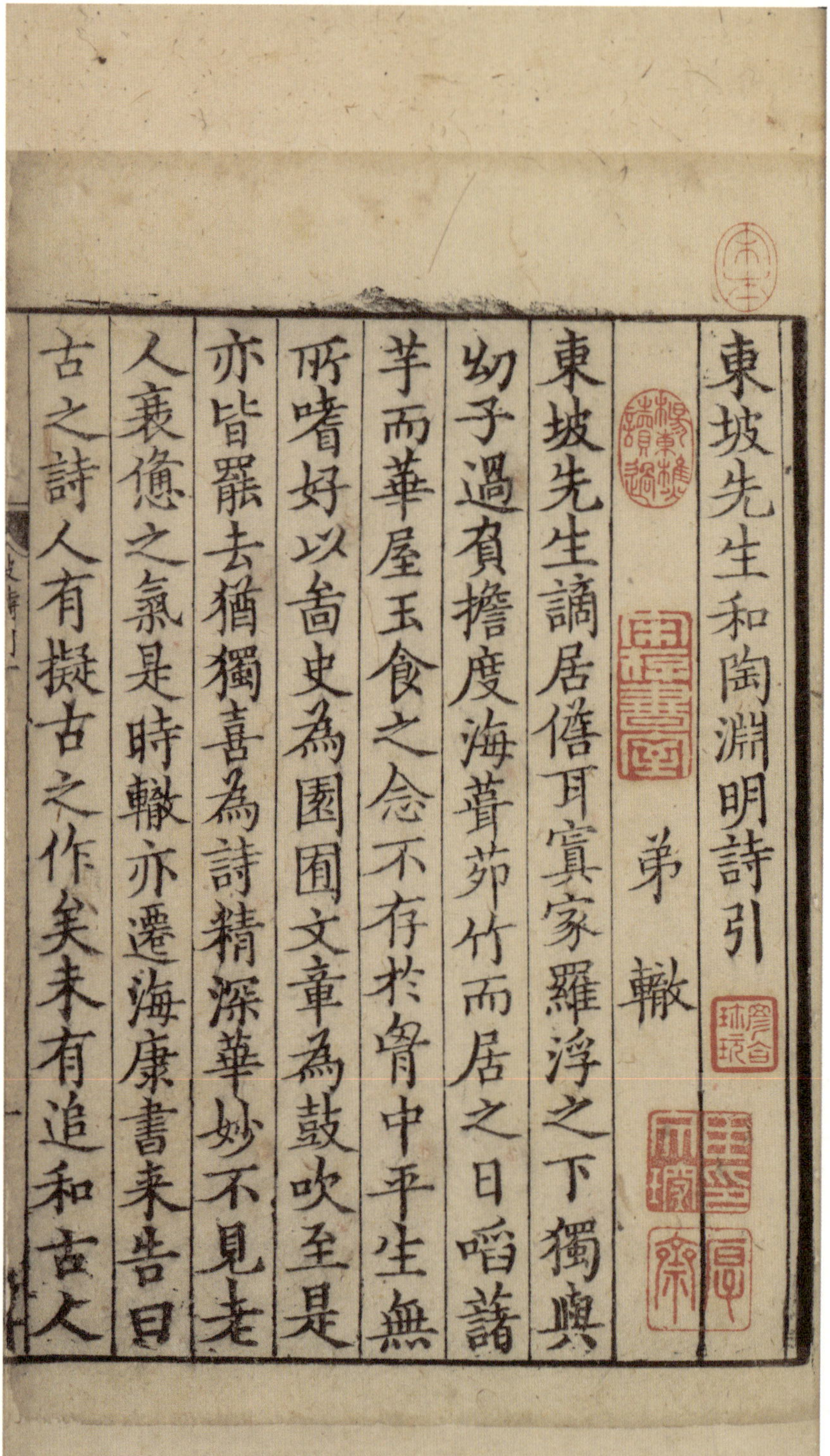
東坡先生和陶淵明詩引
弟　轍
東坡先生謫居儋耳寘家羅浮之下獨與
幼子過負擔度海葺茆竹而居之日啗藷
芋而華屋玉食之念不存於胸中平生無
所嗜好以圖史為園囿文章為鼓吹至是
亦皆罷去猶獨喜為詩精深華妙不見老
人衰憊之氣是時轍亦遷海康書來告曰
古之詩人有擬古之作矣未有追和古人

圖 1　黄丕烈藏《坡詩》詩引

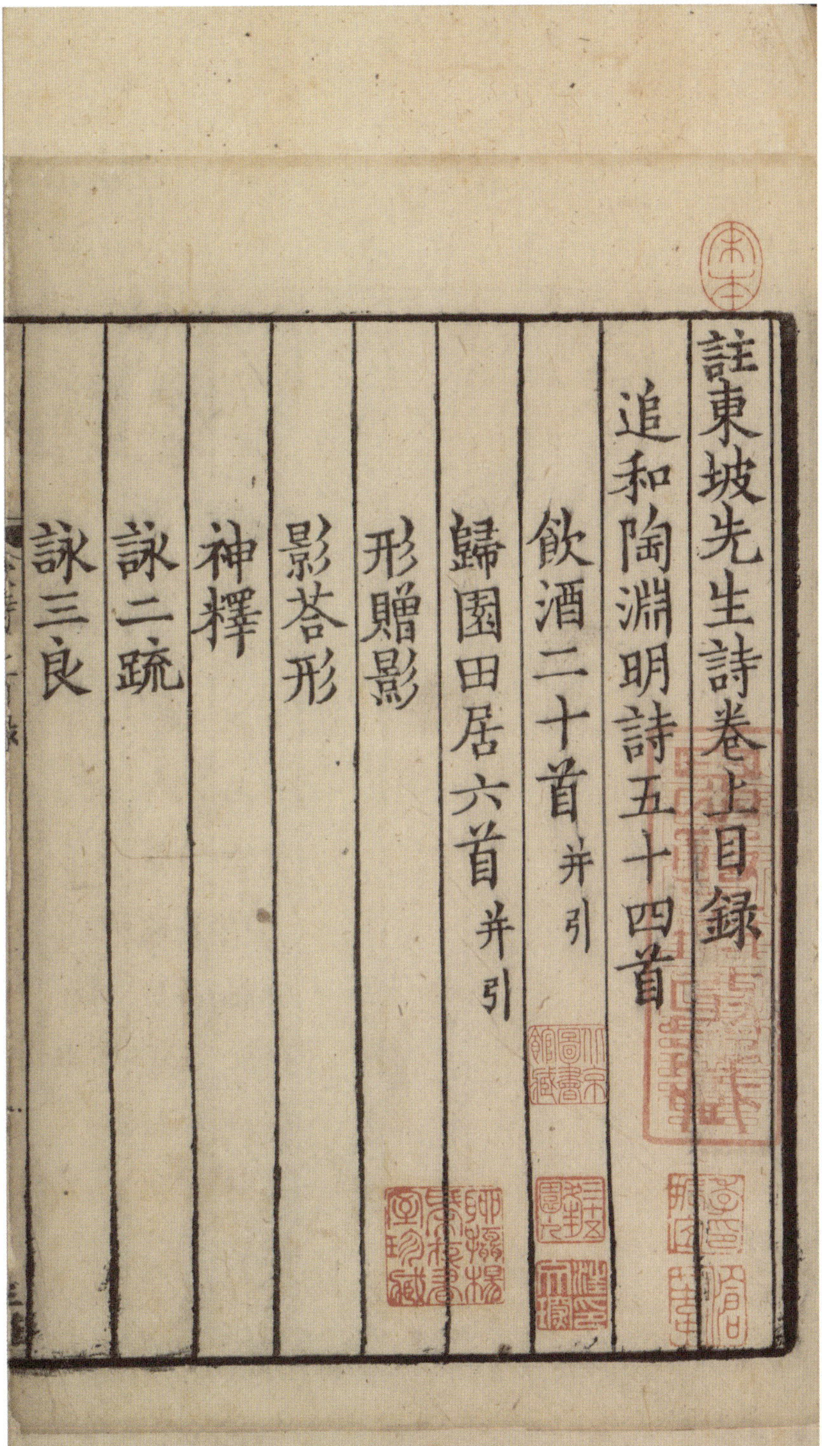
註東坡先生詩卷上目録
追和陶淵明詩五十四首
飲酒二十首并引
歸園田居六首并引
形贈影
影荅形
神釋
詠二疏
詠三良

圖 2　黃丕烈藏《坡詩》卷四十一目録

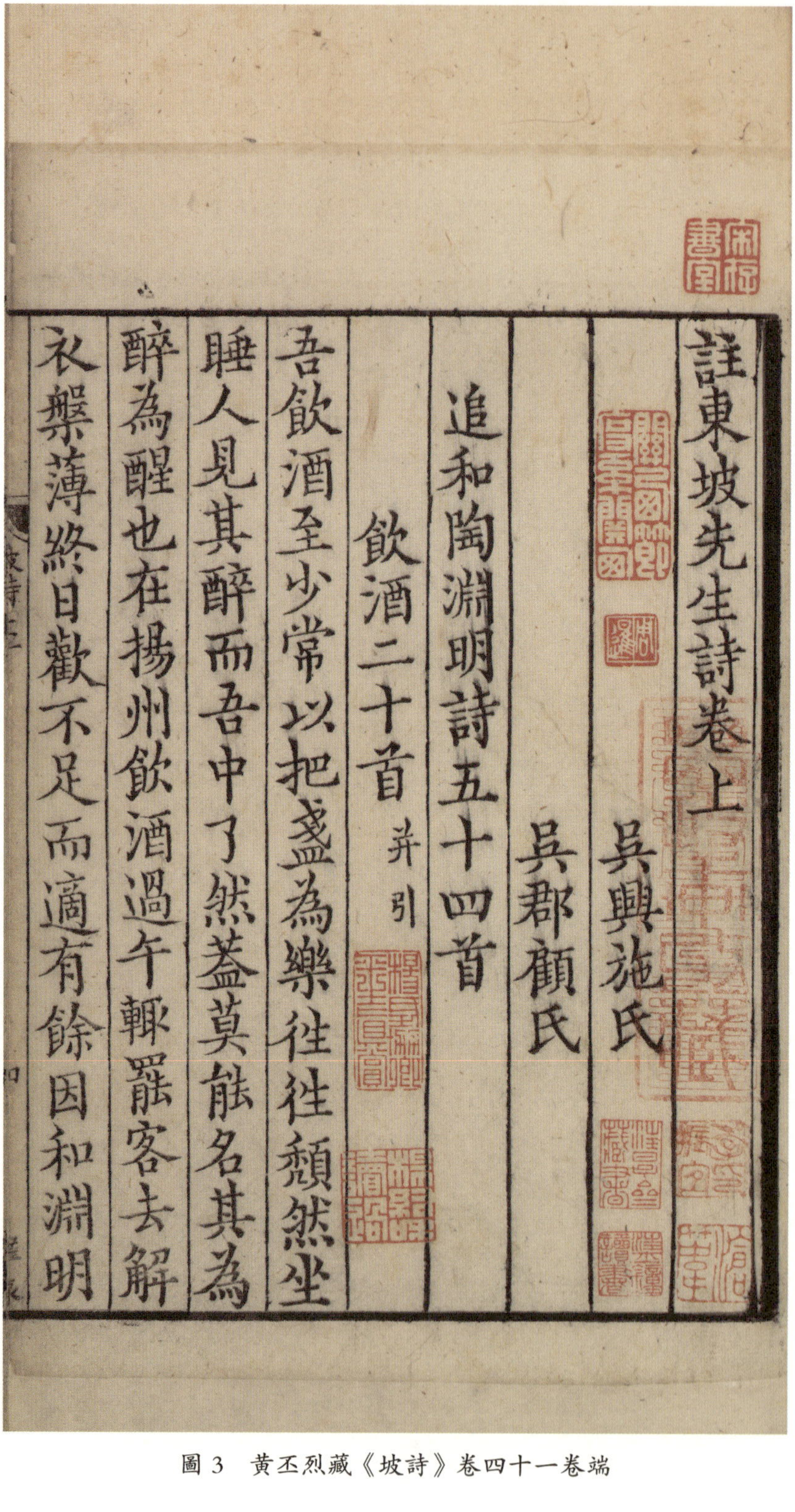

註東坡先生詩卷上

吳興施氏

吳郡顧氏

追和陶淵明詩五十四首

飲酒二十首并引

吾飲酒至少常以把盞為樂往往頹然坐睡人見其醉而吾中了然蓋莫能名其為醉為醒也在揚州飲酒過午輒罷客去解衣槃薄終日歡不足而適有餘因和淵明

圖 3　黃丕烈藏《坡詩》卷四十一卷端

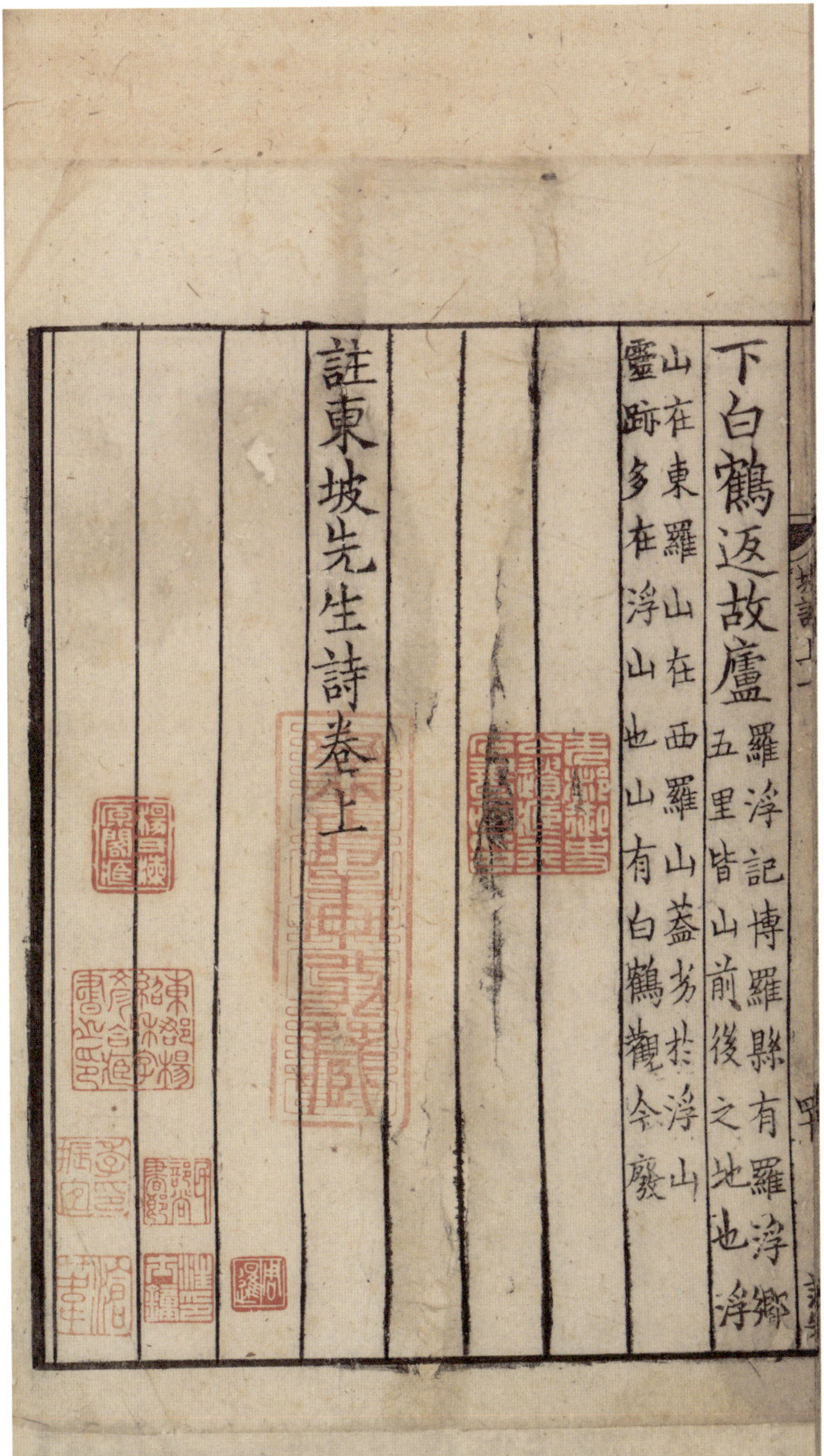
下白鶴迒故廬 羅浮記博羅縣有羅浮鄉五里皆山前後之地也浮山在東羅山在西羅山蓋附於浮山靈跡多在浮山也山有白鶴觀今廢

註東坡先生詩卷上

圖 4　黃丕烈藏《坡詩》卷四十一卷尾

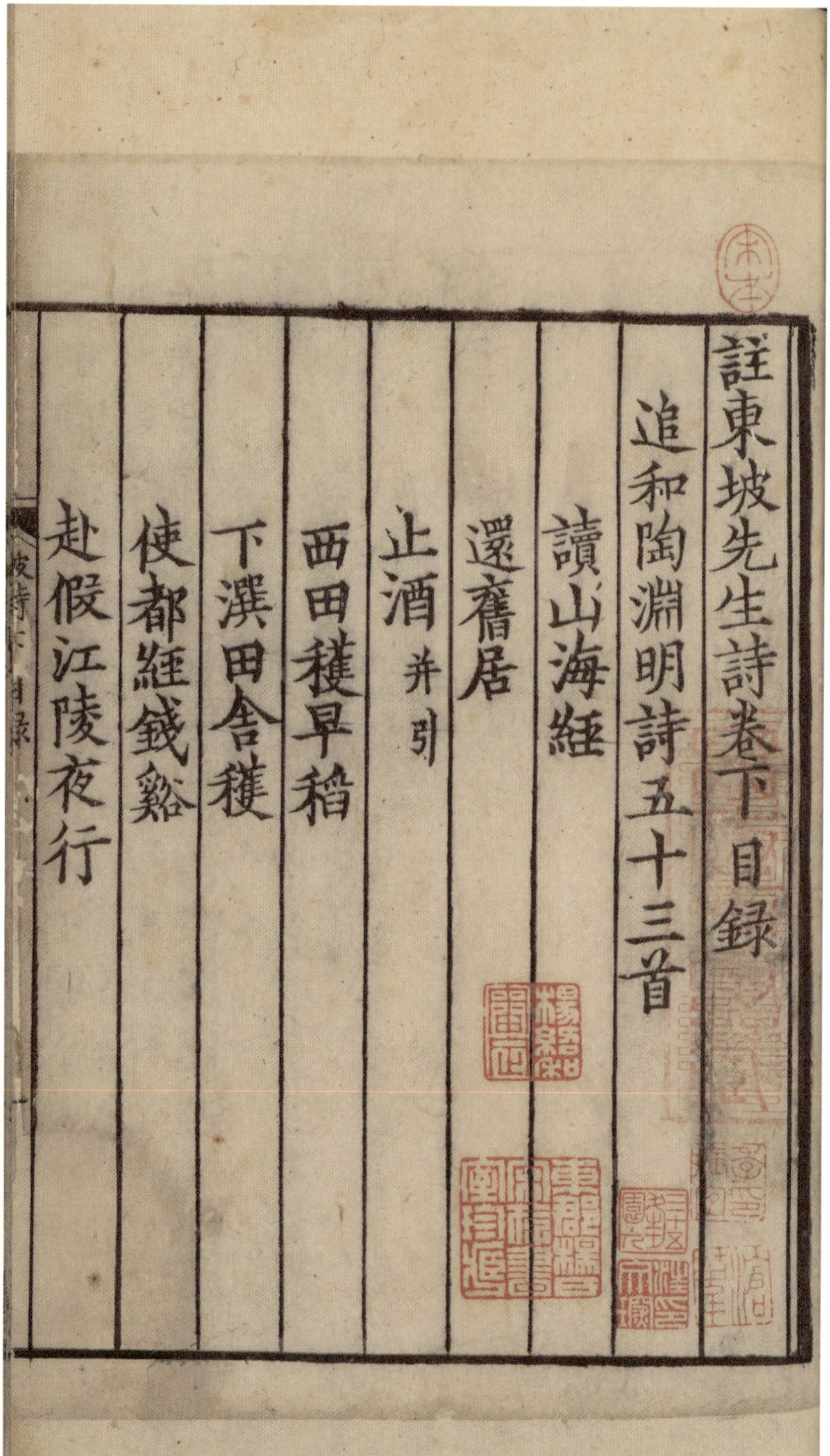
註東坡先生詩卷下目録
追和陶淵明詩五十三首
讀山海經
還舊居
止酒 并引
西田穫早稻
下潠田舍穫
使都經錢谿
赴假江陵夜行

圖 5　黄丕烈藏《坡詩》卷四十二目録

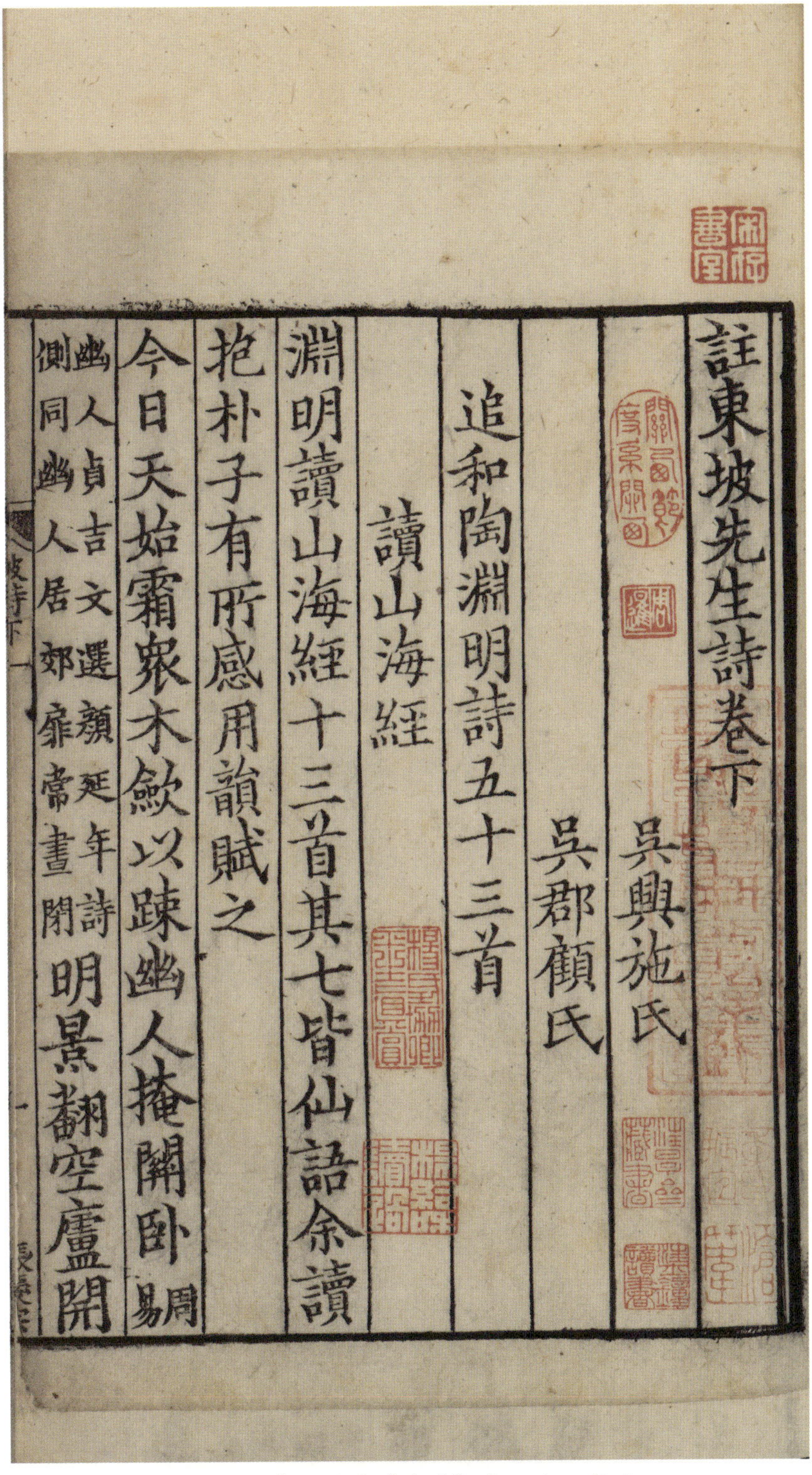
註東坡先生詩卷下
吳興施氏
吳郡顧氏
追和陶淵明詩五十三首
讀山海經
淵明讀山海經十三首其七皆仙語余讀
抱朴子有所感用韻賦之
今日天始霽衆木斂以疎幽人掩關卧周易幽人貞吉文選顏延年詩側同幽人居郊扉常晝閉明景翻空廬閑

圖 6　黄丕烈藏《坡詩》卷四十二卷端

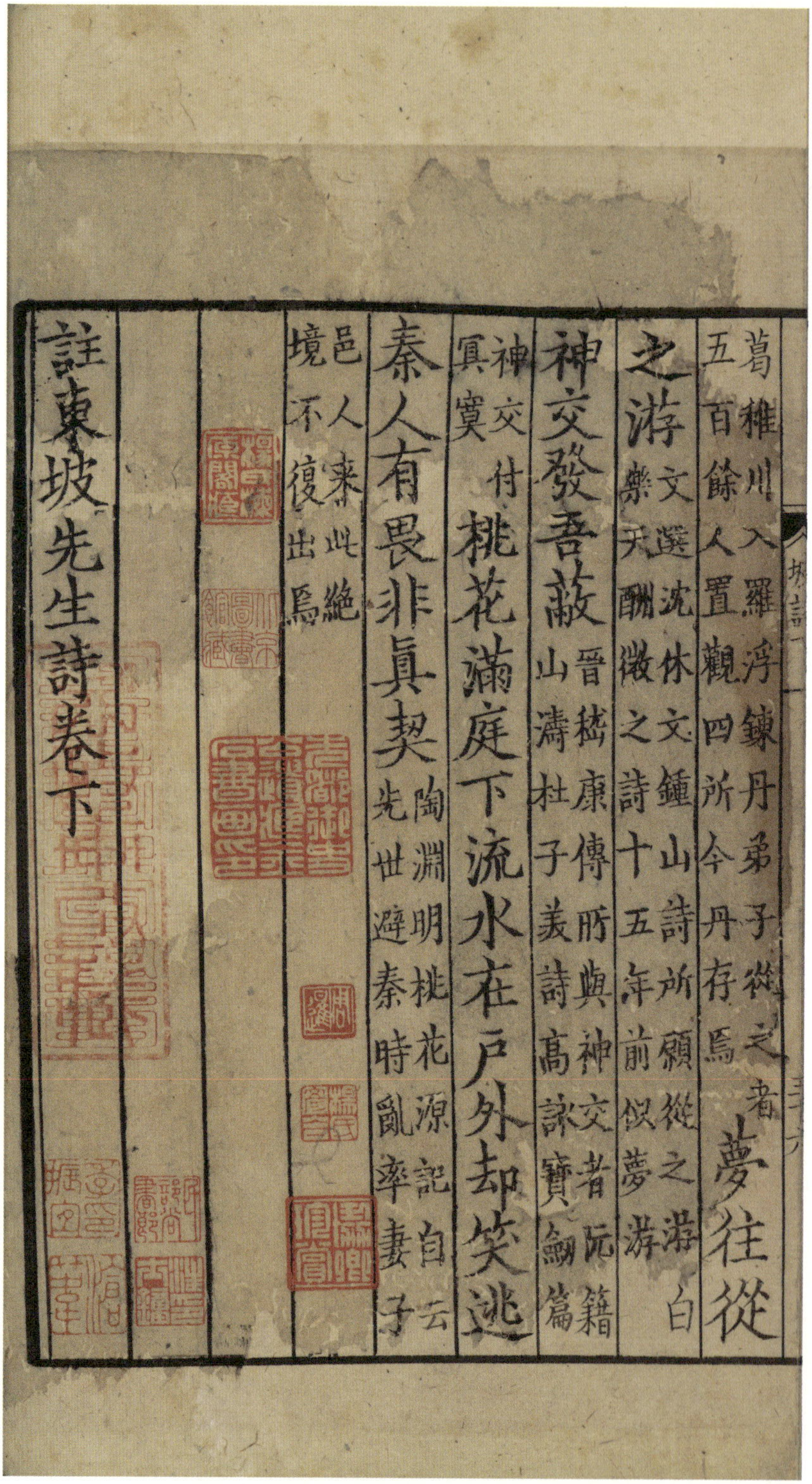
葛稚川入羅浮鍊丹弟子從之者五百餘人置觀四所今丹存焉夢往從之游文選沈休文鍾山詩所願從之游白樂天酬微之詩十五年前似夢游

神交發吾蔽晉嵇康傳所與神交者阮籍山濤杜子美詩高詠寶劍篇神交付冥漠

桃花滿庭下流水在戶外却笑逃秦人有畏非眞契陶淵明桃花源記自云先世避秦時亂率妻子邑人來此絕境不復出焉

註東坡先生詩卷下

圖 7　黄丕烈藏《坡詩》卷四十二卷尾

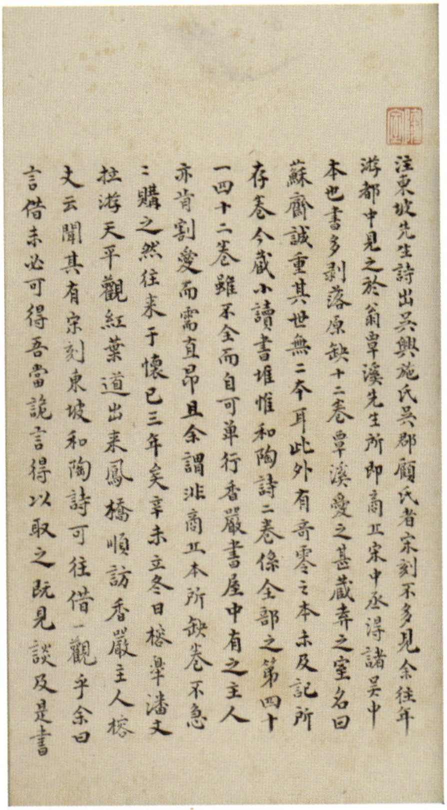

圖 8　黃丕烈藏《坡詩》黃丕烈跋一之一

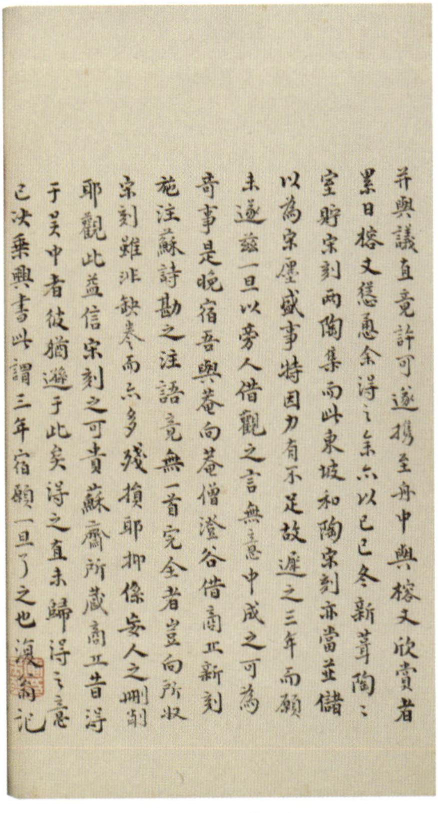

圖 9　黃丕烈藏《坡詩》黃丕烈跋一之二

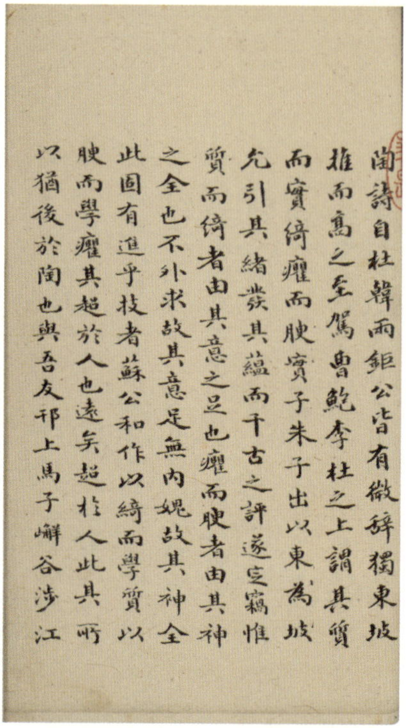
陶詩自杜韓而鉅公皆有微辭獨東坡
推而高之至駕曹鮑李杜之上謂其質
而實綺癯而腴實子朱子出以東為坡
允引其緒發其蘊而千古之評遂定竊惟
質而綺者由其意之足也癯而腴者由其神
之全也不外求故其意足無內媿故其神全
此固有進乎技者蘇公和作以綺而學質以
腴而學癯其超於人也遠矣超於人此其所
以猶後於陶也與吾友邗上馬子嶰谷涉江

圖 10　黃丕烈藏《坡詩》周錫瓚跋之一

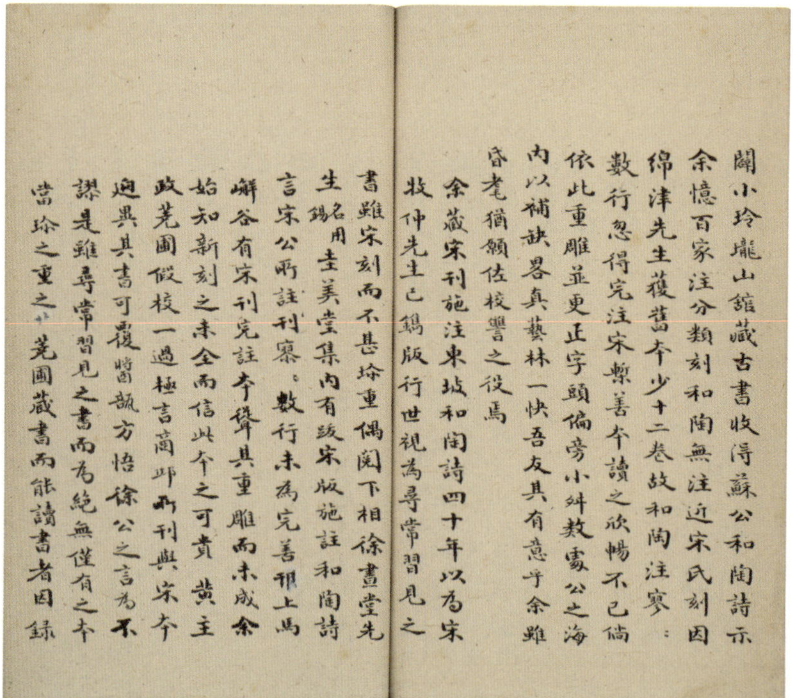
闗小玲瓏山館藏古書收得蘇公和陶詩示
余憶百家注分類刻和陶無注近宋氏刻因
綿津先生獲舊本少十二卷故和陶注寥：
數行忽得完注宋槧善本讀之欣暢不已倘
依此重雕並更正字頭偏旁小舛數處公之海
內以補缺略真藝林一快吾友其有意乎余雖
昏耄猶願佐校讐之役焉
余藏宋刊施注東坡和陶詩四十年以為宋
牧仲先生已鐫版行世視為尋常習見之
書雖宋刻而不甚珍重偶閱下相徐晝堂先
生（名用錫）圭美堂集內有跋宋版施註和陶詩
言宋公所註刊寥寥數行未為完善邗上馬
嶰谷有宋刊完註本聳其重雕而未成余
始知新刻之未全而信此本之可貴　黃主
政蕘圃假校一過極言商邱所刊與宋本
迥異其書可覆醬瓿方悟徐公之言為不
謬是雖尋常習見之書而為絕無僅有之本
當珍之重之　蕘圃藏書而能讀書者因錄

圖 11　黃丕烈藏《坡詩》周錫瓚跋之二、之三

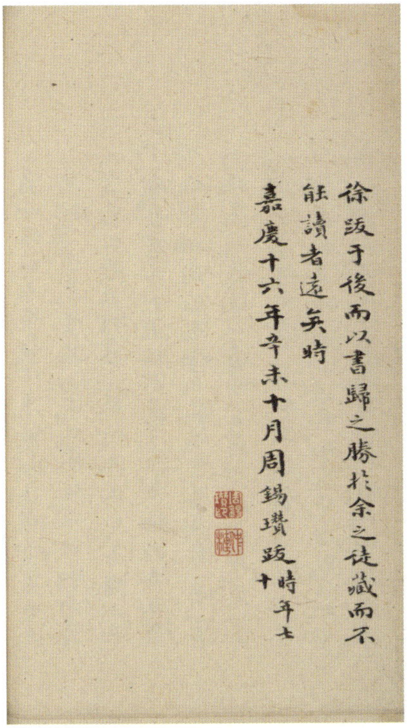
徐跋于後而以書歸之勝於余之徒藏而不
能讀者遠矣時
嘉慶十六年辛未十月周錫瓚跋時年七十

圖 12　黄丕烈藏《坡詩》周錫瓚跋之四

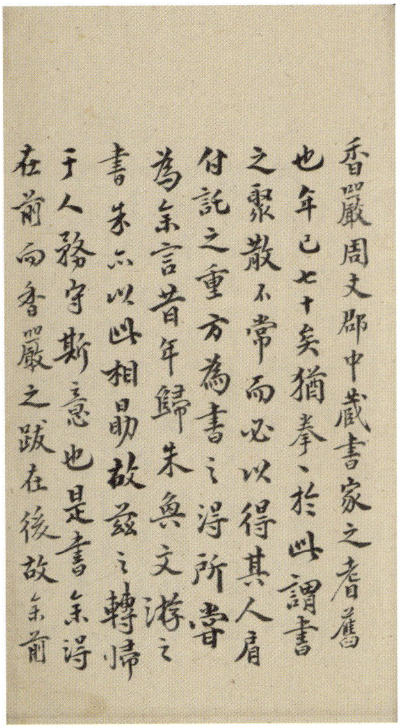
香嚴周丈郎中藏書家之耆舊
也年已七十矣猶拳拳於此謂書
之聚散不常而必以得其人肩
付託之重方為書之得所嘗
為余言昔年歸朱奐文游之
書朱亦以此相助故益之轉歸
于人務守斯意也是書余得
在前而香嚴之跋在後故余前

圖 13　黄丕烈藏《坡詩》黄丕烈跋二之一

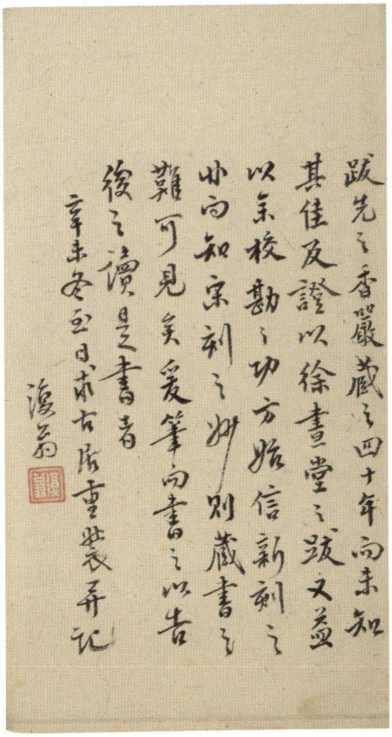
跋先之香嚴藏之四十年而未知
其佳及證以徐晝堂之跋又益
以余校勘之功方始信新刻之
非而知宋刻之妙別藏書之
難可見矣爰筆而書之以告
後之讀是書者
辛未冬至日甫古居重裝并記
復翁

圖 14　黄丕烈藏《坡詩》黄丕烈跋二之二

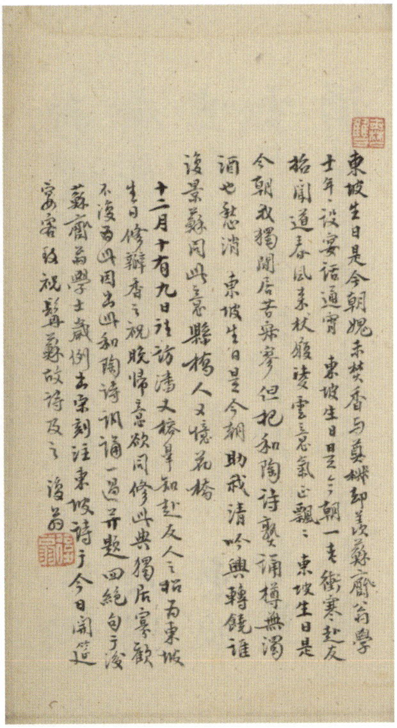
東坡生日是今朝愧未焚香與奠椒卻羨蘇齋翁學
士年年設宴話通宵　東坡生日是今朝一夜衝寒赴友
招閑道春風來杖履陵雲意氣正飄飄　東坡生日是
今朝我獨閒居苦寂寥但把和陶詩褒誦樽無濁
酒也愁消　東坡生日是今朝助我清吟興轉饒誰
復景蘇同此意縣橋人又憶花橋
十二月十有九日往訪濤文橋早知赴友人之招而東坡
生日修瓣香之祝暇歸意欲同修此典獨居寡歡
不復為此因出此和陶詩諷誦一過并題四絕句于後
蘇齋翁學士藏例出宋刻注東坡詩于今日闢筵
宴客故祝髯蘇故詩及之　復翁

圖 15　黄丕烈藏《坡詩》黄丕烈題詩、題跋三

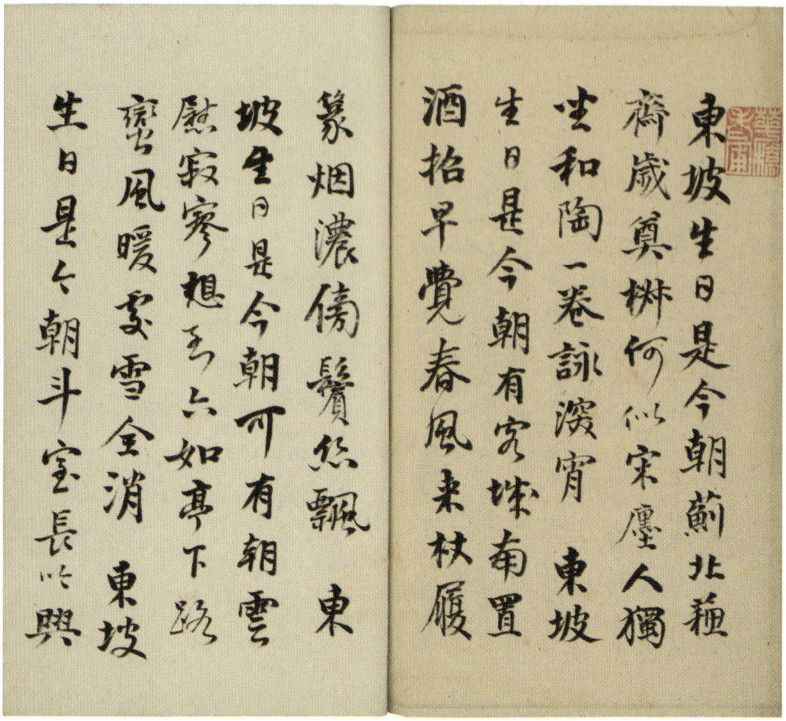

圖 16　黃丕烈藏《坡詩》潘奕雋題詩之一、之二

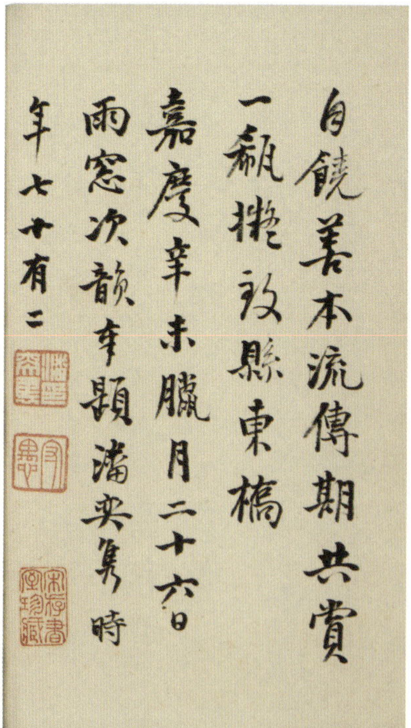

圖 17　黃丕烈藏《坡詩》潘奕雋題詩之三

二、嘉業堂舊藏本

嘉業堂舊藏本四卷（卷十一至十二、二十五至二十六），亦藏國家圖書館。此本在四殘本中是唯一没有《和陶詩》的本子，卷數又少，故整體價值低於其他三種。但此本與黄丕烈舊藏本一樣，也是宋嘉定六年刻本，可以佐證目録分散於各卷者是初刻本的重要標志；并且此本墨色飽滿、筆畫清晰，宋代傅穉手書上版的書法特徵非常明顯，勝過其他三本。

此本鈐有"劉承幹印""翰怡""翰怡欣賞""張叔平""人間孤本""徐伯郊""徐伯郊藏書記""伯郊""伯郊所藏""吴興徐氏""詩外簃藏書"等印章，迭經劉承幹、張叔平、徐伯郊遞藏。又，傅增湘《藏園群書題記》卷十三集部三《宋刊〈施顧注蘇詩〉跋》謂："此外余所見者尚有殘本兩帙：一爲繆藝風所藏，存卷十一、十二、二十五、二十六，凡四卷，今歸南潯劉君翰怡，而影寫副本則歸余齋。"（上海古籍出版社，1989，第690頁）然書中并無繆荃孫印章或題識。

《中華再造善本》出版時將此本與黄丕烈舊藏本合爲一書，客觀上混淆了兩個本子的遞藏體系，以致《中華再造善本總目提要》（以下簡稱《提要》）中對黄丕烈藏本中黄丕烈、周錫瓚、潘奕雋等人的大量題跋、題詩隻字未提。再有，《提要》謂"此本由中國國家圖書館所藏兩殘本配成，前四册曾爲翁方綱蘇齋舊藏"，有誤。"前四册"即嘉業堂藏本四卷。《提要》説該本曾爲翁方綱蘇齋舊藏的依據是書中每册卷尾均鈐有"蘇齋"印章，但該印實爲僞印。在對此印做進一步闡述前，有必要對嘉業堂舊藏本卷十二末所附《注東坡先生詩》卷十六首葉做一個解釋。該葉從葉面破損的痕迹，"大明錫山桂坡安國民太氏書畫印""毛晋之印”“商丘宋犖收藏善本”“謙牧堂藏書記”“蘇齋墨緣”“蘇齋”“荷屋”“筠清館印”“德畲”“潘仕成”“海山仙館主人”“葉志詵”等藏印，以及現存焦尾本《坡詩》卷十六的存葉恰好缺了首葉看，正是焦尾本流失出來的一葉。如此明顯的事實，《提要》作者不會不知道，故其所説嘉業堂本“曾爲翁方綱蘇齋舊藏”，根據就是每册卷末的“蘇齋”印章。

説嘉業堂本中的“蘇齋”印爲僞印的根據：首先，此印的尺寸比焦尾本中的“蘇齋”印大了近三分之一，字形也差异較大；而後者與天一閣藏《明史稿》、國家圖書館藏《嘯堂集古録》中的“蘇齋”印，尺寸、字形相同。并且，從已見翁方綱藏焦尾本《坡詩》，以及《明史稿》《嘯堂集古録》看，翁氏所鈐印章均不止“蘇齋”一方，同時鈐蓋的至少還有“覃溪”或“蘇齋墨緣”；鈐印也不會僅在卷尾。其次，翁方綱對宋本《坡詩》珍愛有加，如果他收藏過書品更優的嘉業堂本，本人和其他人不會没有留下隻言片語。更重要的是，嘉業堂本中的卷二十五至二十六正是焦尾本所缺之卷，翁方綱如果收藏了，爲什麼不予配補，其書反而不知所踪？（圖18—23）

三、常熟翁同龢舊藏本

常熟翁同龢舊藏本三十二卷（卷三至四、十一至十八、二十一至四十二），曾由翁氏後人携往美國，2000年入藏上海圖書館。清翁同龢、潘祖蔭跋，清沈瑜慶、汪鳴鑾題識。

翁同龢藏本是四部宋刻《坡詩》殘本中存卷最多（多於其他三部的總和）、書品較好的本子，翁同龢、潘祖蔭評價甚高。翁同龢同治十年（1871）跋曰：

曩嘗於葉潤臣家得見嘉泰本《施顧注蘇詩》，嘆爲瑰寶。一日坐殿廬中，桂侍郎以怡邸殘書見視，忽睹此本，以二十金

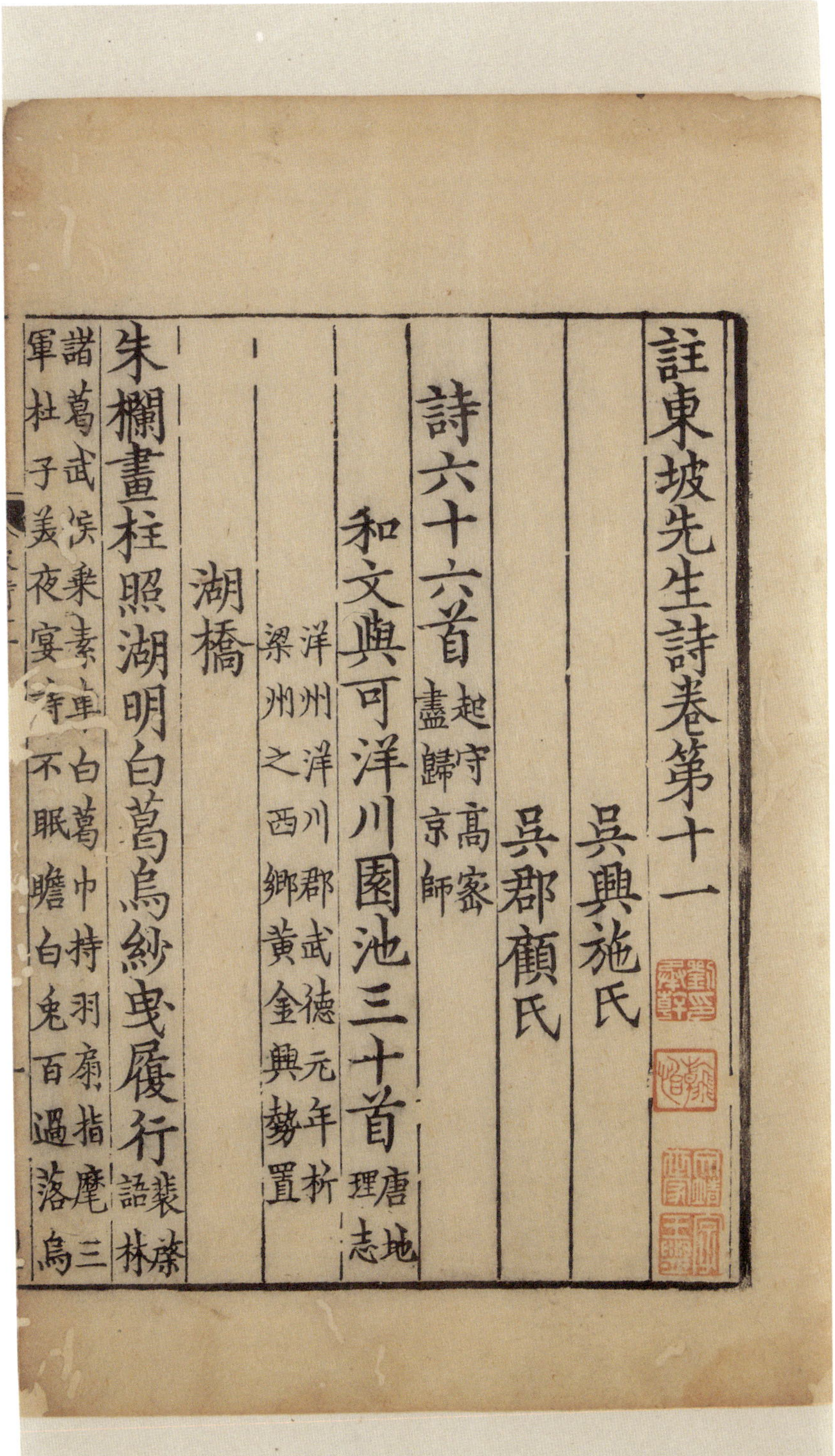
註東坡先生詩卷第十一
吳興施氏
吳郡顧氏
詩六十六首 起守高密盡歸京師
和文與可洋川園池三十首 唐地理志洋州洋川郡武德元年析梁州之西鄉黃金興勢置
湖橋
朱欄畫柱照湖明白葛烏紗曳履行 裴啓語林諸葛武侯乘素車白葛巾持羽扇指麾三軍杜子美夜宴詩不眠瞻白兔百遍落烏

圖 18　嘉業堂藏本《坡詩》卷十一卷端

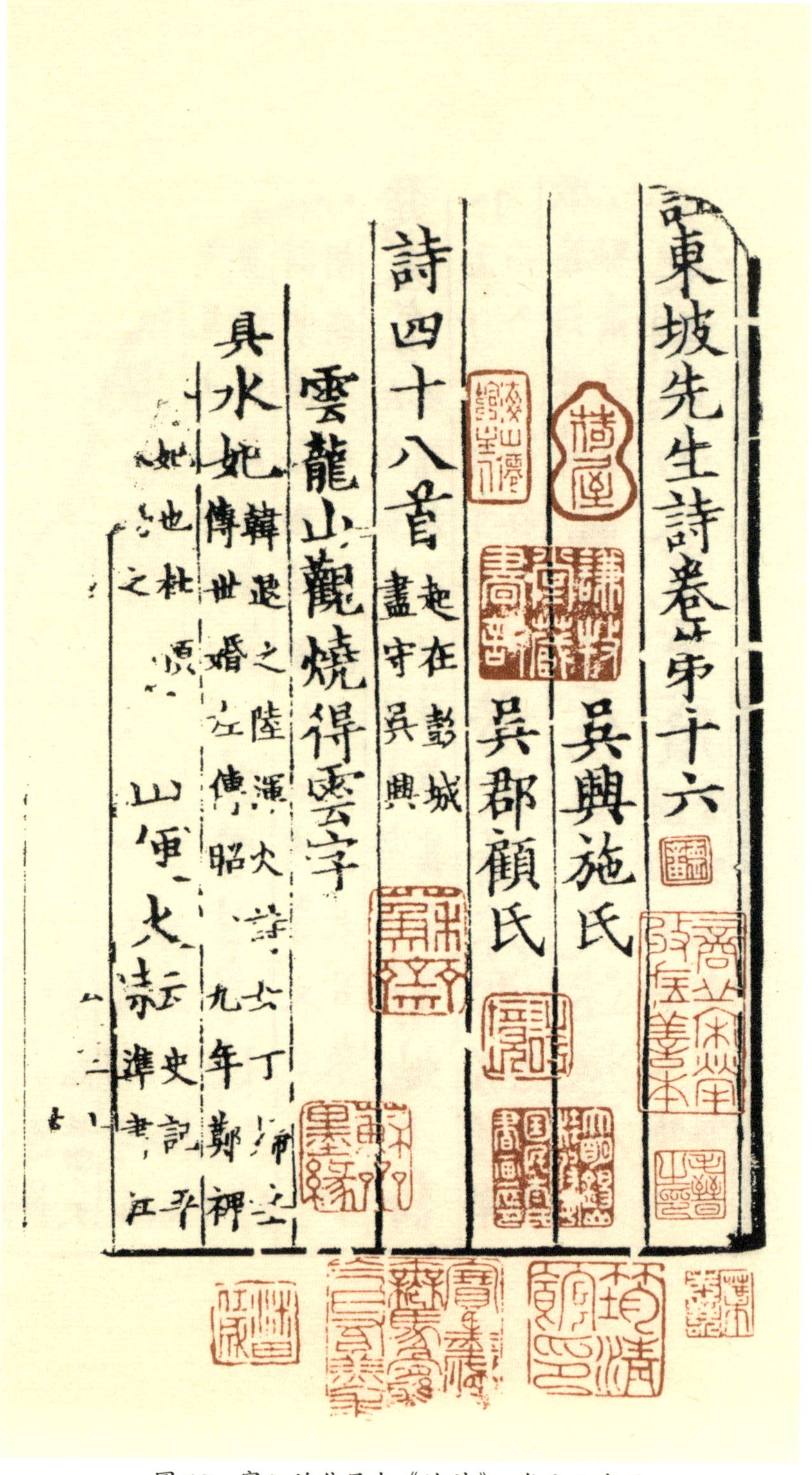

圖 19　竄入的焦尾本《坡詩》卷十六卷端

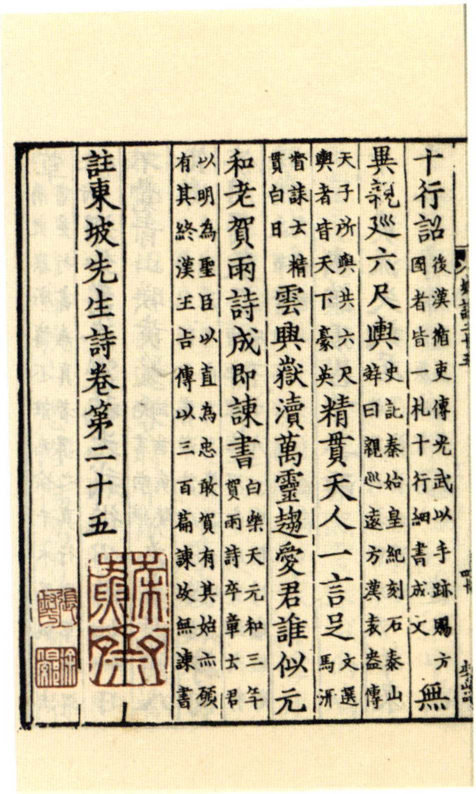

圖 20　嘉業堂藏本《坡詩》
每卷卷尾的“蘇齋”僞印

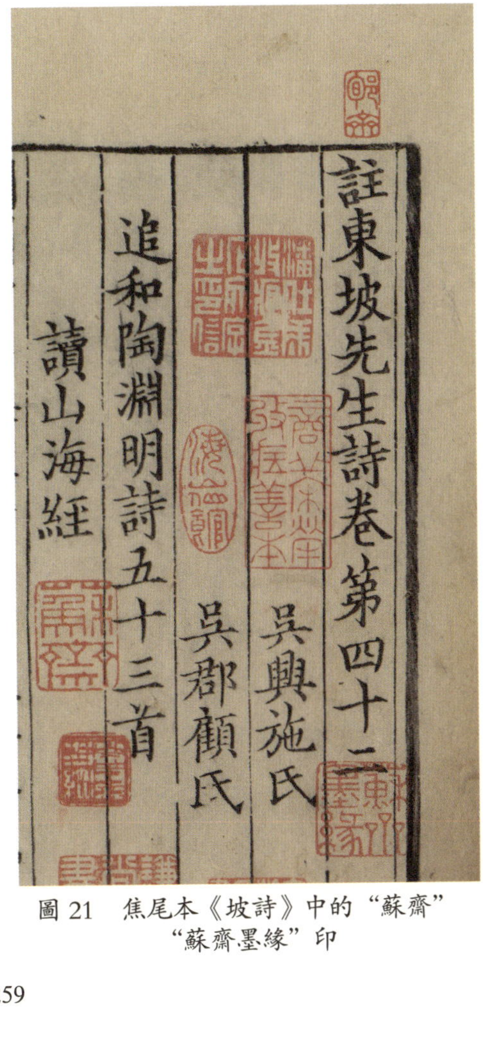

圖 21　焦尾本《坡詩》中的“蘇齋”
“蘇齋墨緣”印

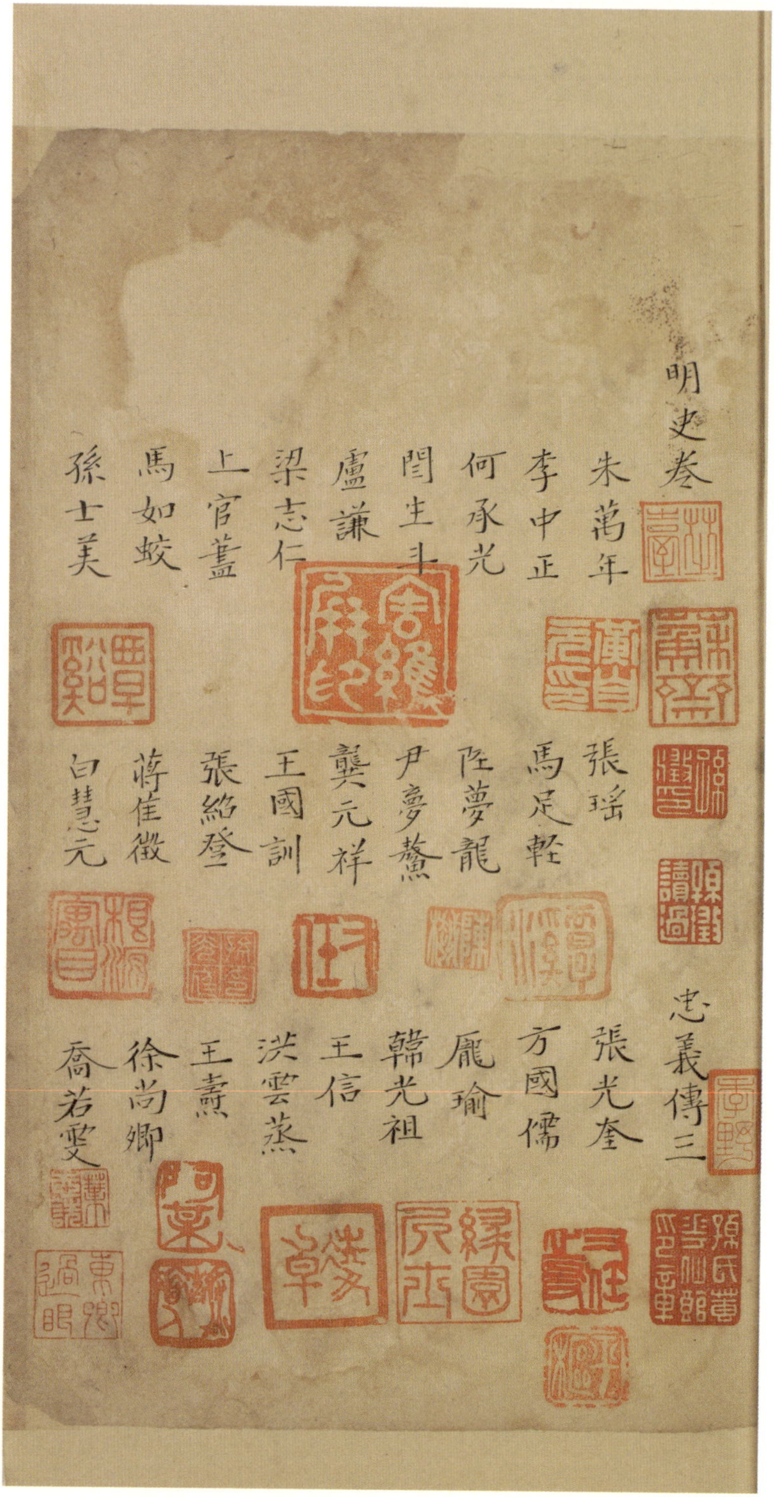
明史卷

朱萬年
李中正
何承光
閆生斗
盧謙
梁志仁
上官藎
馬如蛟
孫士美

張瑶
馬足輕
陸夢龍
尹夢鰲
龔元祥
王國訓
張紹登
蔣佳徵
白慧元

忠義傳三
張光奎
方國儒
龐瑜
韓光祖
王信
洪雲蒸
王燾
徐尚卿
喬若雯

圖 22 《明史稿》中的“蘇齋”“覃溪”印

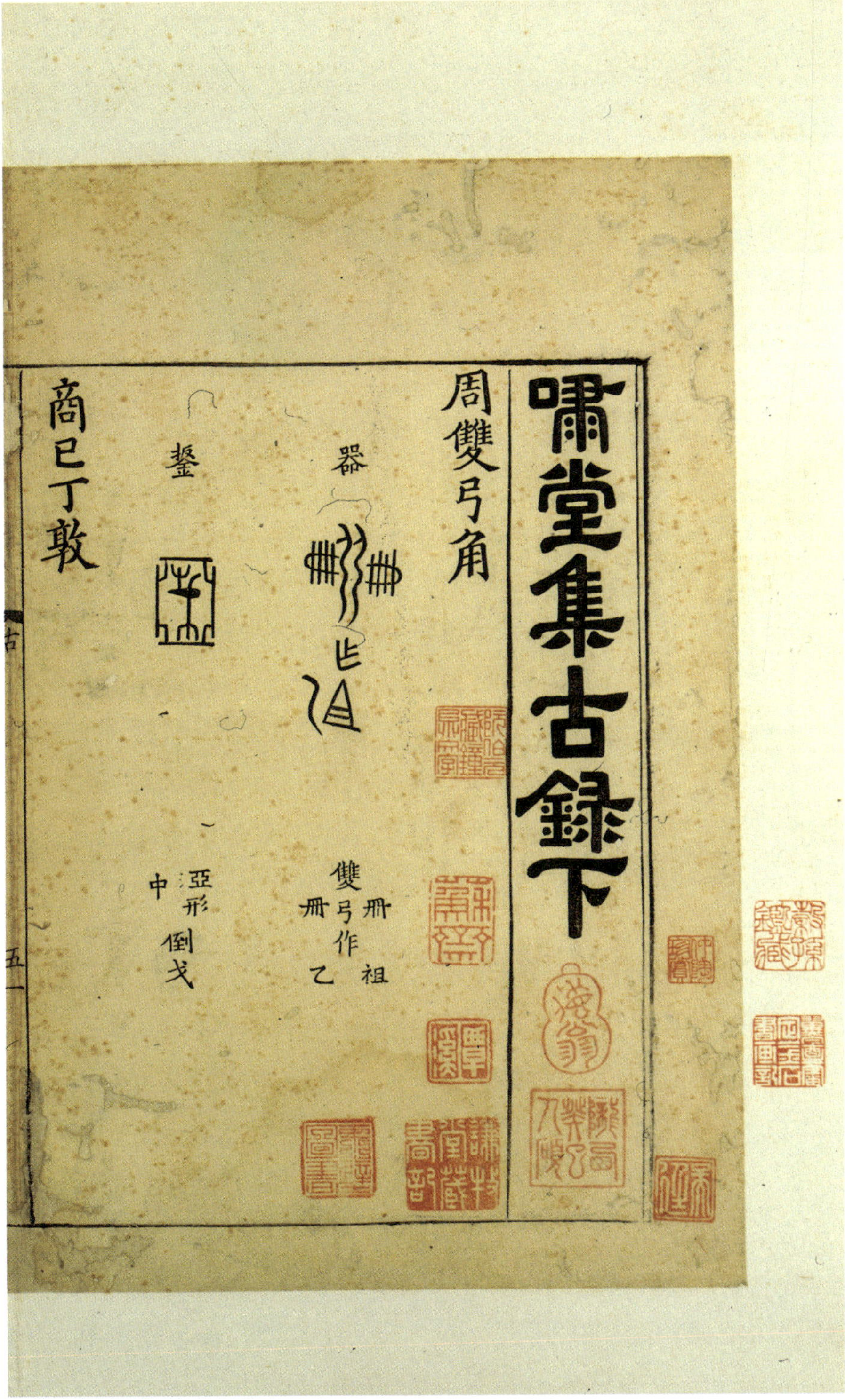

圖 23　《嘯堂集古録》中的“蘇齋”“覃溪”印

購之。前後缺八卷。此雖景定補本，然字畫清勁，粲若明珠，恐人間無復數本矣。

潘祖蔭同治十年六月跋曰：

> 此景定壬戌吴門鄭羽補刻於淮東倉司之本，叔平六兄得於安樂堂散出之書者也。按：《施顧注蘇詩》傳世者，一爲絳雲樓藏本，已歸庚寅一炬；一爲汲古閣、傳是樓藏殘本，後歸宋牧仲、翁覃溪、吴荷屋、葉潤臣，即嘉泰殘本也。嘉泰本缺十二卷，是本缺卷五、六、七、八、九、十，又缺卷十九、二十。卷尾鄭氏一跋，馮星實亦未見刻本，僅從人鈔得。玩跋中語，是就施武子原刊板修補其漫漶，非重刊也。此本在世亦希如星鳳矣。昔宋牧仲得嘉泰殘本，屬幕客補足刊行，其書爲人齒冷，不足置議。覃溪以查氏所補有未盡，曾爲《補注》八卷。今此本較嘉泰殘本多原注四卷，叔平欲再補之，以留原注真面。文字因緣，非偶然也。叔平得此本不輕示人，獨屬蔭爲之跋，其爲忻幸何可勝言，而嘉泰殘本猶在人間，或者旦莫遇之乎。

潘祖蔭贊嘆此本“在世亦希如星鳳”“較嘉泰殘本多原注四卷”的同時，也指出以翁方綱藏本爲底本刻印的宋牧仲本，“其書爲人齒冷，不足置議”。

此本因書後鄭羽的一篇跋文，使後人得知《坡詩》除宋嘉定六年初刻本外，宋景定三年還曾修補重印。跋曰：

> 坡詩多本，獨淮東倉司所刊，明净端楷，爲有識所寶。羽承乏於兹，暇日偶取觀，汰其字之漫者大小七萬一千五百七十七，計一百七十九板，命工重梓。他時板浸古，漫字浸多，後之人好事必有賢於羽者矣。景定壬戌中元，吴門鄭羽題。

修補重印本與初刻本的區别，除了重刻179塊版外，還將原先每卷之前的目録彙輯到書前，更便於讀者檢索查找。目録的位置成爲辨别《坡詩》殘本初刻、重刻的重要依據。

此本曾經清怡親王府和翁同龢收藏，鈐有怡親王“安樂堂藏書記”、翁同龢“常熟翁同龢藏本”“同龢私印”、潘祖蔭“鄭盦”“説心堂”“龍自然室”等印。

翁同龢藏本由於存卷最多，文獻價值自然最高，加之有鄭羽題跋，因此具有較高的版本價值。此本雖然是修補重印本，但綜合考量，在四部殘本中的排序應居首位。（圖24）

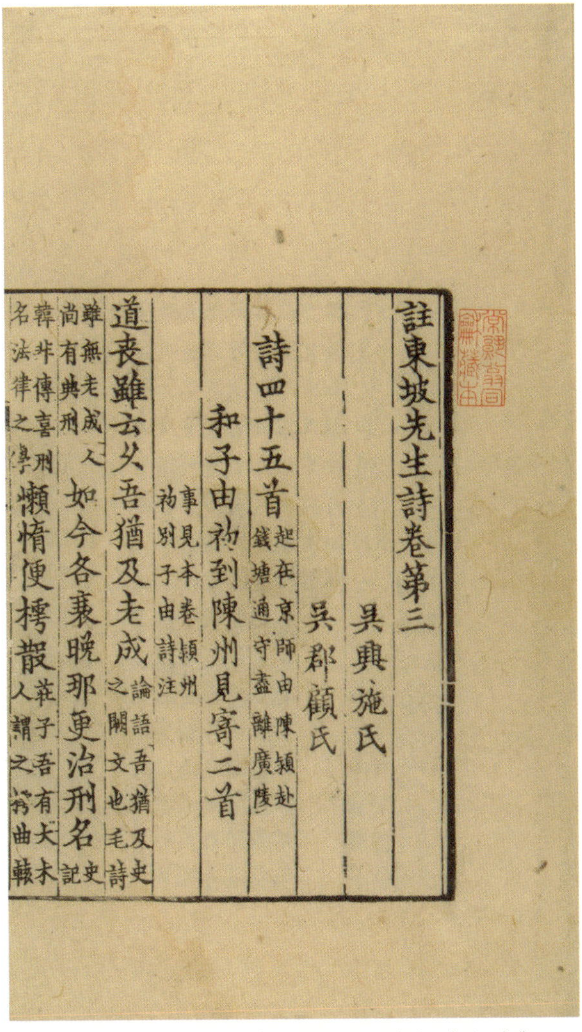
註東坡先生詩卷第三
吳興施氏
吳郡顧氏
詩四十五首起在京師由陳潁赴錢塘通守盡離廣陵
和子由初到陳州見寄二首事見本卷潁州初別子由詩注
道喪雖云久吾猶及老成論語吾猶及史之闕文也毛詩雖無老成人尚有典刑
如今各衰晚那更治刑名史記韓非傳喜刑名法律之學
懶惰便樗散莊子吾有大木人謂之樗曲轅

圖 24　上海圖書館翁同龢藏本《坡詩》

四、翁方綱舊藏本

翁方綱舊藏本存二十一又三分之一卷［目録下半卷，卷三至四、七、十至十三、十四（三分之一）、十五至二十、二十九、三十二至三十四、三十七至三十八、四十一至四十二］，分藏於臺北“國家圖書館”、中國國家圖書館（卷四十二）和私人藏書家韋力處（卷四十一）。其中黄丕烈、嘉業堂本係嘉定六年刻本，翁同龢、翁方綱本則爲景定三年修補重印本。然而，以往論者均將翁方綱藏本納入嘉定初刻之列，其實不然。

前文曾提到，初刻、修補本最大的區别就是前者的目録分散在各卷，後者則將各卷目録集中到書前。另外，修補重刻的“一百七十九板”的刻工姓名與初刻本不同。翁方綱藏本書前存目録下半卷，各卷則没有目録，符合重修本的特徵。至於刻工，因書葉漫漶、文字缺失，刻工姓名基本上見不到。不知認爲此本屬於嘉定初刻的論者，根據何在？

翻閲此本，書葉破損殘缺嚴重（不算火燒之處），尤其是書的中縫處大面積缺失，周邊呈碎片狀，整葉托裱修復，魚尾及緊鄰欄綫多半是描畫上去的。葉面上還有不少蟲蛀過的痕迹，很多葉面的文字不能卒讀。此本無疑是四部殘本中書品最差、版本價值相對較低的。但其附加價值却是最高的，原因如下：

翁方綱（1733—1818），字正三，一字忠叙，號覃溪，晚號蘇齋，順天大興（今屬北京市）人。乾隆十七年（1752）進士，授編修，官至内閣學士。曾主持江西、湖北、江南、順天鄉試，歷任廣東、江西、山東三省學政，門生衆多。翁方綱爲清代著名書法家、文學家、金石學家。翁氏的履歷及學養、專長，都决定了他的社會地位之高、交游之廣泛，遠非通常的藏書家（哪怕是黄丕烈之輩）可比。這從給此本題跋過的人數及地位就可看出。

題跋者除翁方綱自己外，還有張塤、葉觀國、梁同書、蔣士銓、李文藻、周震榮、謝啓昆、陸費墀、黃易、顧宗泰、桂馥、吴典、錢坫、王友亮、吴錫麒、張錦芳、趙懷玉、宋葆淳、陳崇本、法式善、江德量、伊秉綬、宋畹春、石韞玉、阮元、顧蒓、何元錫、英和、吴榮光、王篤、陳鴻寶、張岳崧、金學蓮、温肇江、李璋煜、張祥河、何紹基、何紹業、潘仕成、蔡錦泉、邵懿辰、曾國藩、馮應榴、方楷、張宗祥等60多人。每卷（册）首尾各有一面黑色護葉，用金粉或銀粉調色後，題記或繪畫。加上數十葉的墨書題記、繪畫和上百方藏印，全書猶如一部名人墨迹、藏印集，具有極高的藝術和版本價值。

鈐有“大明錫山桂坡安國民太氏書畫印”“毛晋私印”“汲古得修綆”“子晋”“汲古閣”“謙牧堂藏書記”“商丘宋犖收藏善本”“翁方綱”“蘇齋”“蘇齋墨緣”“覃溪珍賞”“寶蘇室”“提督江西學政關防”“張塤借看”“張塤審定”“潘仕成印”“潘氏德畬珍賞”“藏之海山仙館”“海山仙館主人”“曾在潘德隅家”“伯夔”“剛伐邑齋”“吴興張氏圖書之記”“聽雨樓印”“南海吴榮光書畫之印”“荷屋”“方楷”“邵蓮私印”“伊秉綬印”“墨卿”“張炯”“郁齋”等印。（圖25—30）

2023年6月

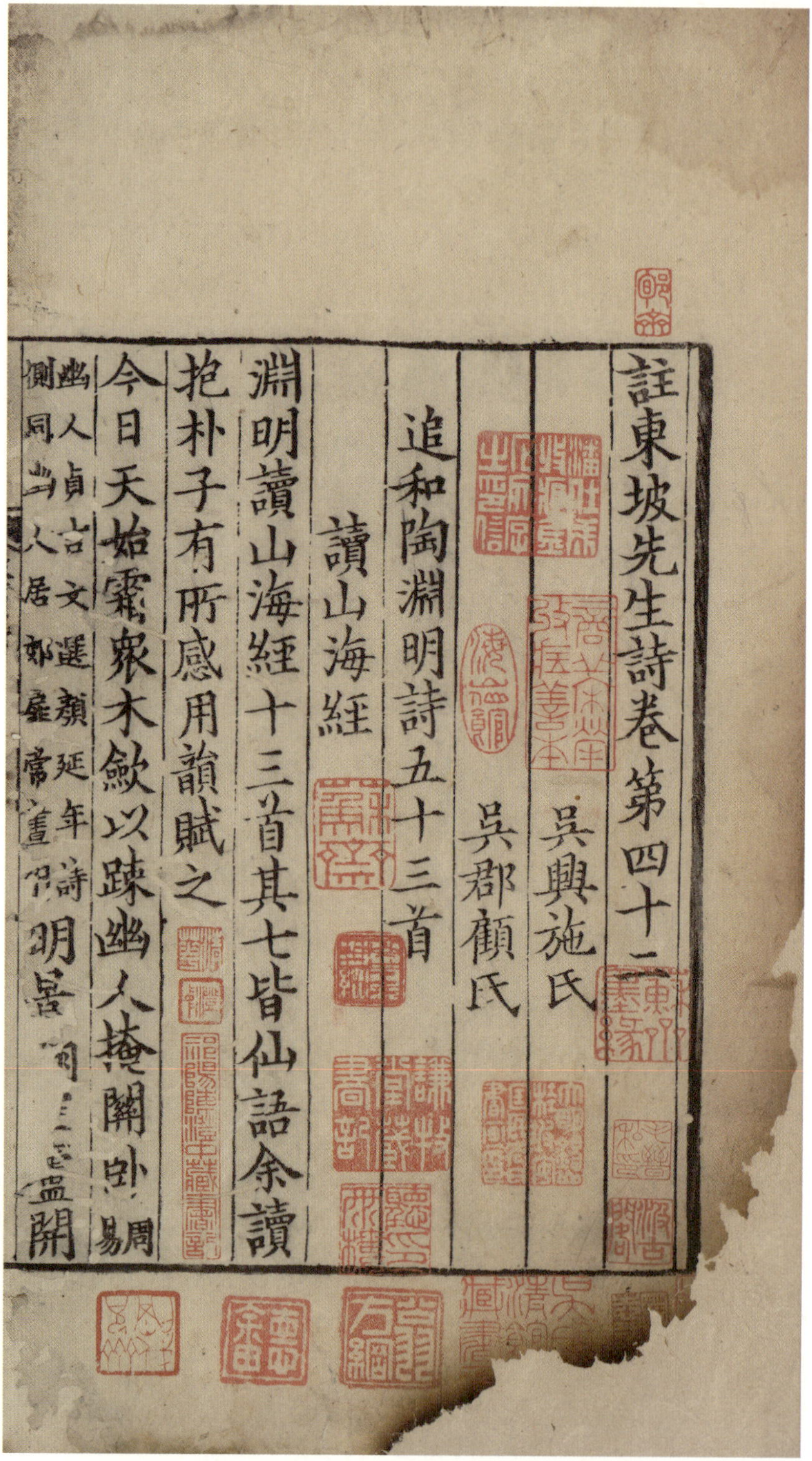

圖 25　翁方綱藏本《坡詩》卷四十二卷端

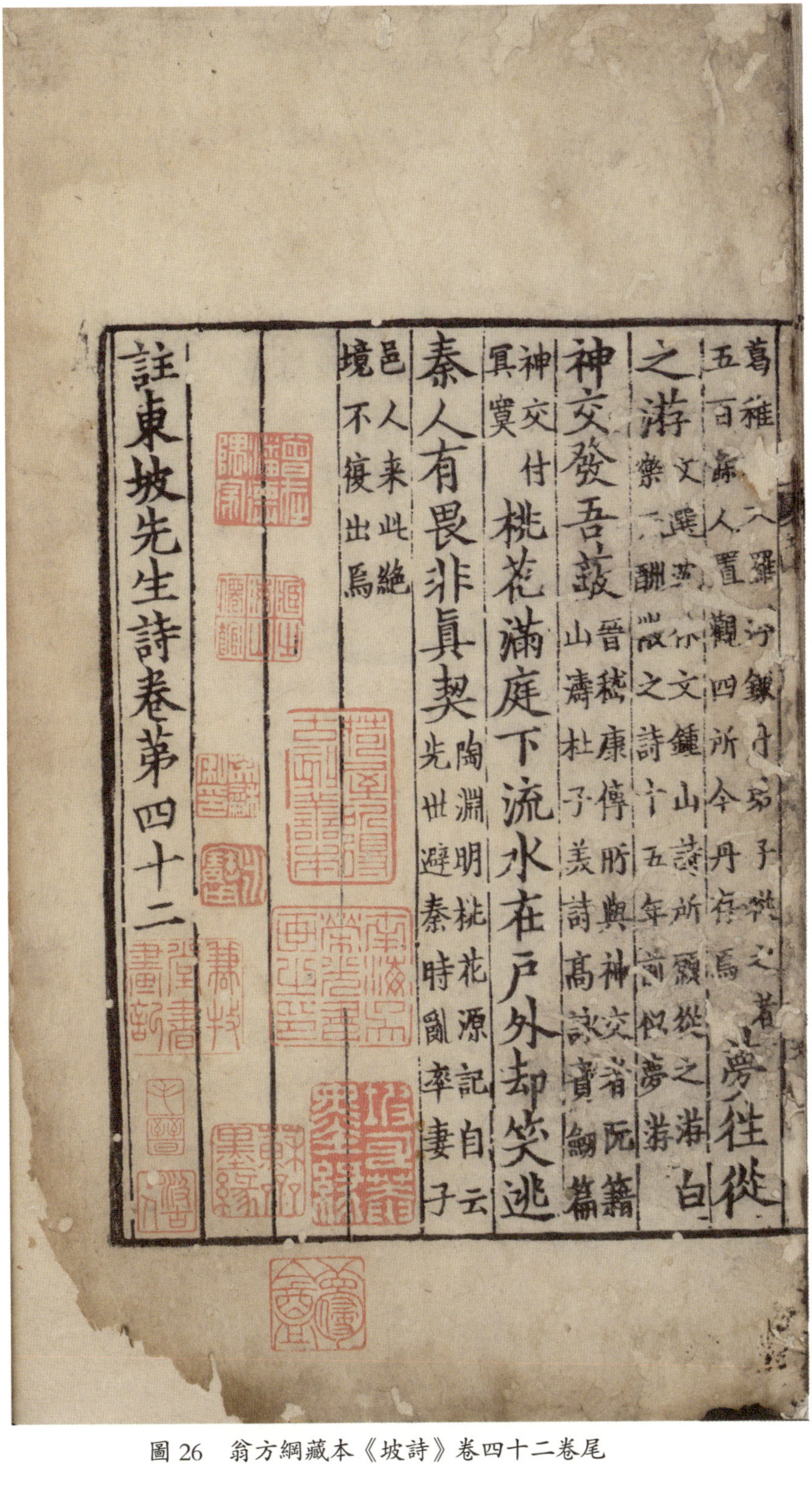
葛稚川入羅浮鍊丹弟子從之者五百餘人置觀四所今丹存焉夢往從之游文選江文通鍾山詩所願從之游樂天酬微之詩十五年前似夢游白神交發吾藪晉嵇康傳所與神交者阮籍山濤杜子美詩高詠寶劒篇神交付冥寞桃花滿庭下流水在戶外却笑逃秦人有畏非真契陶淵明桃花源記自云先世避秦時亂率妻子邑人來此絶境不復出焉

註東坡先生詩卷第四十二

圖 26　翁方綱藏本《坡詩》卷四十二卷尾

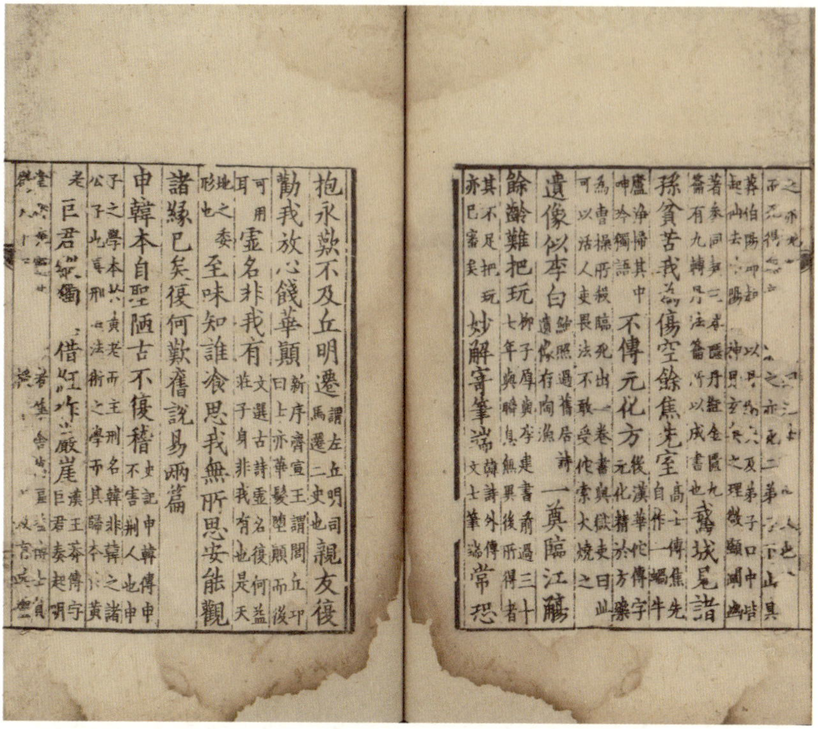

圖 27　翁方綱藏本《坡詩》書葉殘破一

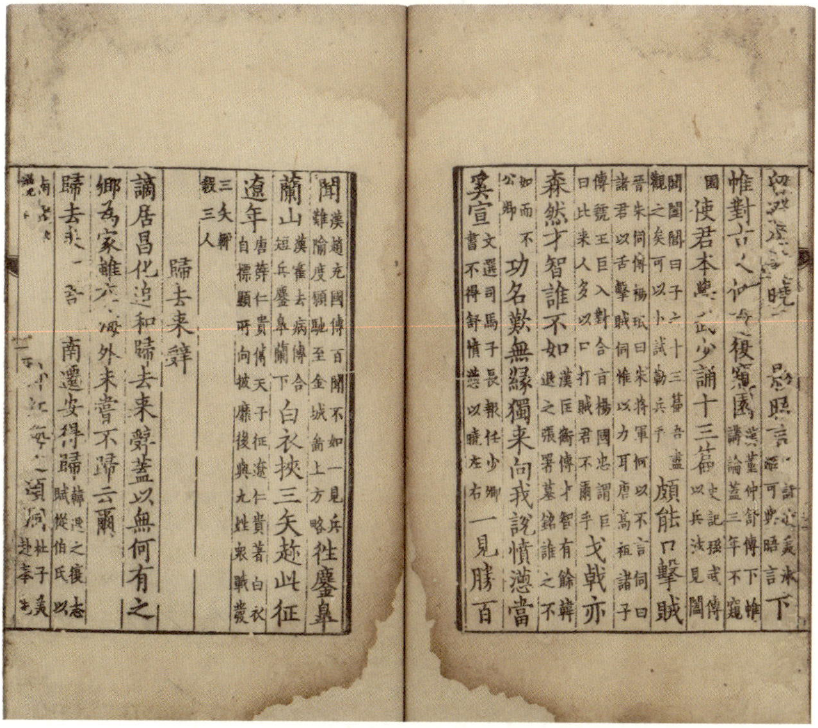

圖 28　翁方綱藏本《坡詩》書葉殘破二

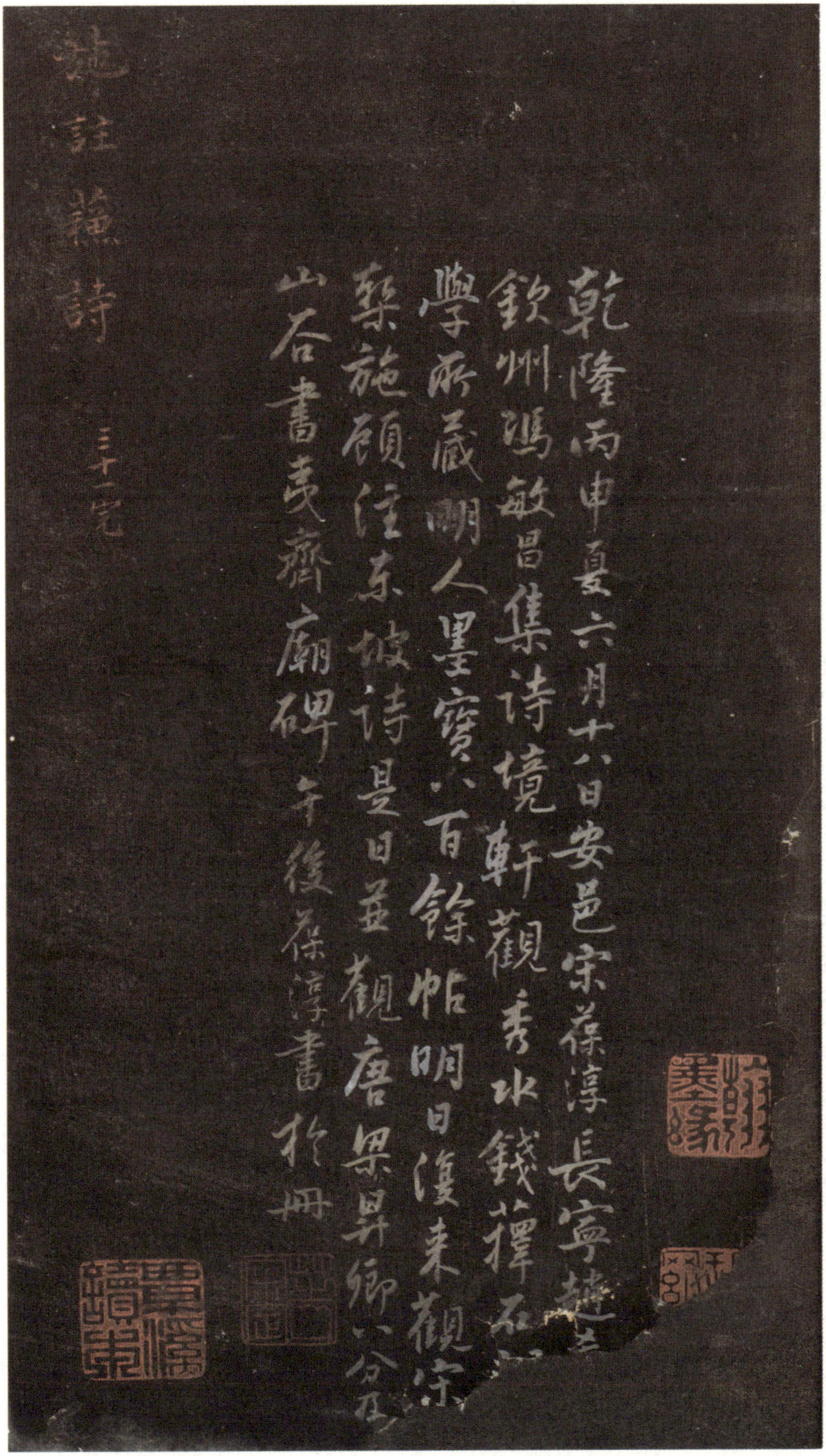

圖 29　翁方綱藏本《坡詩》卷四十二前護葉宋葆淳題記（泥金）

圖 30　翁方綱藏本《坡詩》葉恭綽題記，陳子清、吴湖帆繪畫、題記（泥金）

清末古籍影印之一瞥

一、印刷業主導下的古籍影印

古籍影印是清末隨着西方的照相石印術傳入我國而產生并發展起來的。賀聖鼐《三十五年來中國之印刷術·平版印刷術》云："吾國之有石印術，發創於上海徐家匯土山灣印刷所，時在光緒二年（即西曆一八七六年）。前此在寧波之花華聖經書房顧爾達（Mr. Coulter）亦曾擬辦石印於中國，然未見諸事實。土山灣印刷所之首辦石印者，爲法人翁相公及華人邱子昂二人。然其所印者，僅限於天主教之宣教印刷品，如唱經等件而已。石印書籍以上海點石齋石印書局爲最先。……書商見其獲利之巨且易，於是至光緒七年（即西曆一八八一年）粵人徐裕子（鴻復）有同文書局之設，購備石印機十二架，雇用職工五百名，專事翻印古之善本，《二十四史》《康熙字典》及《佩文齋書畫譜》等書尤其著者。"（張静廬輯注：《中國近現代出版史料初編》，群聯出版社，1954，第269—270頁）

從賀聖鼐所述及相關資料來看，古籍影印起源於光緒五年（1879）的點石齋石印書局，此後的近20年，唱主角的是點石齋和同文書局，確定無疑。這個時期古籍影印活動的主體是印刷機構，如各石印書局、書莊等，目的是充分利用先進的照相石印設備，更快、更多地獲取利潤。自身没有印刷設備的書局、書莊，原以銷售圖書爲業，此時亦跟風影印舊籍，衹是印製工作需要外包，性質與前者相同。

民國時期，古籍影印的主體變爲出版機構，例如商務印書館、中華書局等。經營者的目光更長遠、專業性更强，開始重視影印古籍的社會效益，因此獲得了更高的經濟效益和知名度；印刷則淪爲圖書製作的一個技術環節。中華書局創始人陸費逵，對那個時期印刷業與出版業的關係有過經典論述：“我國習慣，對於出版業和印刷業，向來界限不分。古昔不必説了，就現在兩個大的出版印刷業説：商務印書館誰都知道它是我國惟一的出版家，它的營業，出版占十分之六，印刷占十分之三，但是它最初是專辦印刷的，所以它的牌號到現在還有‘印書館’三字。中華書局在印刷業也占着全國第二的位置，彩印且占第一的位置。但是它最初衹營出版業，不從事印刷，所以到現在仍是以書局爲名。”（陸費逵：《六十年來中國之出版業與印刷業》，載張静廬輯注《中國出版史料補編》，中華書局，1957，第273頁）

印刷業與出版業界限不分的主要表現就是印刷機構大肆翻印古書。陸費逵先生接下來對印刷業印行古書的方式做了説明：“當時的石印書局，因自己不編譯，專翻印古書，所以没有甚麽編譯所的名稱。大概在發行所或印刷所另闢一室，專從事校閱。總校一人，一定要翰林或進士出身，月薪三十兩。分校若干人，舉人或秀才出身，月薪十兩左右。搜覓到一種書，經理决定要印，便照像落石，打清樣校對，校過便印訂，所以出書是很快的。”（陸費逵：《六十年來中國之出版業與印刷業》，載張静廬輯注《中國出版史料補編》，第275頁）從事校閲的總校、分校，有時還要負責爲翻印之書撰寫序言，但落款署名的往往是書局老闆。如點石齋影印本《皇清經解》序言，述該書内容、修撰歷史甚詳，顯然不是英人美查所能勝任，却落款“點石齋主人撰并書”，還鈐有“美查”之印。同文書局所印之書的序言也經常落款爲“同文書局主人”。

“自己不編譯”，印什麽書完全跟着潮流走，什麽書賺錢快就印什麽書，是印刷業做書或者説清末古籍影印的重要特徵。

二、清末影印古籍的特點

陸費逵先生在《六十年來中國之出版業與印刷業》中，對清末影印古籍做了概述："石印業印書多而營業盛。因爲科舉時代携帶便利的緣故，各種經書及《大題文府》《小題十萬選》一類的書，都縮成極小的版本。後來科舉改革，要考史鑑策論，於是《廿四史》《九通》《綱鑒》以及各種論説，又復盛行一時。"（張静廬輯注：《中國出版史料補編》，第275頁）

陸費逵先生總結那一時期影印古籍的特點有二：其一是科舉參考類書數量大，其二是便於携帶的縮印本多。可謂一語中的。我們隨意翻閲一下清晚期的有關書目即可發現，諸如《大題文府》《小題文府》《小題三萬選》《小題四萬選》《小題五萬選》《小題十萬選》《小題正鵠》《小試金丹》《四書典制類聯音注》《五經備旨》《增訂四書備旨》《策學備纂》《經學輯要》《增廣詩韵全璧》等應試石印書種類繁多、版本豐富；史鑒策論之書，如《廿四史》《綱鑒易知録》等，各出版機構亦紛紛涉足，翻印之書比比皆是。上述圖書的一大特色，便是"袖珍版式，以其便於舟車誦讀"。

此時的"袖珍"書，開本小得出奇。例如同文書局光緒甲申（十年，1884）印製的《典林琅嬛》正續編，開本高9.5厘米、寬6.9厘米；點石齋光緒五年縮印的《四庫全書簡明目録》，開本更小到高9.2厘米、寬6.1厘米。此時之"袖珍版式"，已非宋元巾箱本可比。傳統的中國古籍普遍字大行稀、版面舒朗，故早期的巾箱本書品雖小，字却不小。石印袖珍本縮小原書開本的同時，有時還采用"四拼頁"甚至"九拼頁"的方式，在本就很小的半葉版面上，拼接了兩個或者四個半筒子葉。書商大幅度縮印古籍的真實用意是爲了搶占市場，獲取更多的經濟利益。正如醒醉生《莊諧選録》卷六所云："近年石印書盛行，然業此者射利爲主，貪縮小則書少易售，遂至小如絲縷，因此傷目者多矣。”

清末社會動蕩，法紀鬆弛，導致圖書出版陷入無序甚至惡性競爭的狀態，作爲翻印快捷便利的石印書更是首當其衝。除《通鑒輯覽》《佩文韵府》《佩文齋書畫譜》《淵鑒類函》《駢字類編》《三國演義》《水滸傳》《紅樓夢》等大路貨被衆多書莊搶印外，號稱“第一獲利之書”的《康熙字典》，競争尤爲激烈。據不完全統計，清末參與影印《康熙字典》的機構有點石齋、同文書局、錦章書局、廣益書局、寶善書局、寶文書局、澄衷學堂、復和書局、久敬齋、鴻文書局、鴻章書局、積山書局、寶文閣、凌雲閣、文盛書局、文星書局、文玉山房、瀛華書局、章福記書局、上洋鴻寶齋、慎記書莊、月育文書局、商務印書館等，多達二十幾家。其中市場行情較好的點石齋、同文書局版本被多家書莊克隆印製。點石齋的三欄本《康熙字典》甚至被文玉山房、瀛華書局翻製成銅版印刷，後來居上。

即使是篇幅巨大的《二十四史》也不乏競争者。點石齋動手最早，於光緒癸未（九年，1883）推出了仿汲古閣本《史記》《漢書》《後漢書》《三國志》，光緒戊戌（二十四年，1898）重印；至光緒癸卯（二十九年，1903）印行了《遼史》，行款相同，均爲每半葉二十二行，行五十字的割裱本。因資料不全，點石齋本《二十四史》不知最終是否完成。同文書局的乾隆殿版《二十四史》，於光緒甲申（十年）面世，版式依照殿本，開本略小。同文本《二十四史》因内容完整并附考證，字迹清晰，先後被竹簡齋、上海文瀾書局、五洲同文局翻印。其中竹簡齋采用逐行割裱方式，將同文本710册縮減至200册，開本有大小之分（16開、32開），至少印刷過4次；上海文瀾書局更以三欄九拼頁的方式，縮至80册；衹有五洲同文局版式未變。另外，上海蜚英館、久敬齋也分别影印了前四史，二者版心均標注“乾隆四年校刊”，貌似殿本，但行款差异較大，似爲逐字割裱，蜚英館本每半葉十五行，行三十二字；久敬齋本每半葉二十三行，行四十八字。

陸費逵先生在《六十年來中國之出版業與印刷業》中提到清末影印古籍衰敗的原因時説："三十年前清朝廢科舉，於是石印書一落千丈。考試的書原售一、二元的，此時一、二角也無人要。大的石印書莊，因考試書的倒霉，都關門了。"（張静廬輯注：《中國出版史料補編》，第276頁）其實，當年石印業一落千丈的原因，固然同廢科舉有關，但更主要的還是印刷業主導下的古籍影印主持者目光短淺且唯利是圖，又缺乏古書版本、出版專業方面的知識，注定了其曇花一現的命運。下面僅以同文書局爲例，略加説明。爲什麽以同文書局爲例？因同文書局在清末的古籍影印活動中成績和影響最大，而且是國人開辦的首家石印書局，其停業的時間又在廢除科舉的8年之前，更具代表性。

三、同文書局啓示録

光緒七年（1881），粤商徐鴻復、徐潤開設了同文書局，購備石印機12架，雇用職工500名，專事翻印古籍善本。《徐愚齋自叙年譜》光緒八年（1882）"附記"對同文書局的始末做了簡要概括："查石印書籍，始於英商點石齋，用機器將原書攝影石上，字迹清晰，與原書無毫髮爽，縮小、放大悉隨人意，心竊慕之，乃集股創辦同文書局，建廠購機，搜羅書籍以爲樣本，旋於京師寶文齋覓得殿板白紙《二十四史》全部、《圖書集成》全部，陸續印出，《資治通鑒》《通鑒綱目》《通鑒輯覽》《佩文韵府》《佩文齋書畫譜》《淵鑒類函》《駢字類編》《全唐詩文》《康熙字典》，不下十數萬本，各種法帖、大小題《文府》等，十數萬部，莫不惟妙惟肖，精美絶倫，咸推爲石印之冠。迨光緒十七年辛卯，内廷傳辦石印《圖書集成》一百部，即由同文書局承印，壬辰年開辦，甲午年全集告竣進呈，從此聲譽興隆。唯十餘年後，印書既多，壓本愈重，知難而退，遂於光緒二十四年戊戌停辦。"（江西人民出版社，2012，第43—44頁）

説同文書局影印之書“莫不惟妙惟肖，精美絶倫，咸推爲石印之冠”，絶非妄言，就以當時最具影響力的兩部書《康熙字典》《二十四史》爲例，便可證明。先説《康熙字典》。

同文書局從清光緒癸未（九年）開始影印《康熙字典》，當年出了兩個版本，其中一種在天頭排列了篆字。原版《康熙字典》是没有篆字的，這一版大概是《康熙字典》影印本中首次增加了篆字。此後增篆《康熙字典》便成爲主流産品，廣受歡迎。光緒庚寅（十六年，1890）季春，同文書局推出了半葉十八行，行二十四字本《康熙字典》，在字體縮小不明顯的情况下，比殿版十六行本節省近十分之一的篇幅，又增加了篆字，且編校精當，字迹清晰，很快受到追捧。至遲在1925年，中華書局便開始影印同文書局十八行本《康熙字典》，强强結合，由此開啓了同文書局本《康熙字典》暢行百年的輝煌史。1949年之前，中華書局本《康熙字典》封面書簽均標有“同文書局原版”字樣，書前牌記爲“同文書局原版中華書局精印”。1958年1月，中華書局出版發行了精裝本《康熙字典》，并在每頁下方標注“同文書局原版”字樣，至今重印了上百萬册。

再説《二十四史》。武英殿《二十四史》是中國早期石印業者最爲看重的熱門貨，捷足先登的是同文書局。同文書局《股印二十四史啓》云：“欲窺全史者，非殿版不可，而殿版又非乾隆初印不可。蓋重修晚出之本，往往漸失其真，不足貴也。道光以前，累世承平，人文蔚起，通都大邑，必有庋藏全史，以備大雅觀摩者；兵燹而後，斯文浩劫，志學之士欲求全史而讀之，蓋有登天之難焉。本局現以二千八百五十金購得乾隆初印開化紙全史一部，計七百十一本，不敢私爲己有，願與同好共之，擬用石印，較原版略縮，本數則仍其舊。”光緒十年，同文書局本《二十四史》陸續面世。該書高20厘米、寬12.6厘米，屬於32開本尺寸；半葉版框高15厘米、寬10厘米；半葉十行，行二十一字。開本不大字却不小，既便於庋藏，又省料利於降低書價。

民國學者錢基博對同文本《二十四史》頗有微詞，他說："光緒間，泰西石印法初傳至中國時，粵之徐氏創同文書局，印精本書籍；最著名者爲覆印武英殿《二十四史》，皆全張付印。徒以所得非初印本，字迹漫漶，乃延人描使明顯，便於付印；又書手非通人，遇字不可解者，輒改以臆，訛謬百出！尤可笑者！自明所據乾隆四年本，而不知四年所刻，固無《舊五代史》，又未見乾隆四十九年殿本，輒依殿板行款，别寫一通，板心亦題乾隆四年，書估無識，有如此者！然世乃以其字迹清朗，稱爲佳本！竹簡齋印《二十四史》，遂用同文書局本，故錯字一仍其舊。"（錢基博：《版本通義》，商務印書館，1933，第61—62頁）

錢基博所云多不屬實。首先，謂"徒以所得非初印本，字迹漫漶，乃延人描使明顯，便於付印；又書手非通人，遇字不可解者，輒改以臆，訛謬百出"，似證據不足。自殿本《二十四史》面世至光緒十年同文書局影印之時不過百年，《舊五代史》則又晚40年，"字迹漫漶"應屬個例；"延人描使明顯，便於付印"，係當時石印業普遍之流程，即後來商務印書館亦無例外；至於"遇字不可解者，輒改以臆，訛謬百出"，不但錢氏未能舉證，後來也無人指出。其次，"又未見乾隆四十九年殿本，輒依殿板行款，别寫一通"，此説絶非事實。徐潤爲清末著名實業家，"四大買辦"之一，兼任招商局會辦（其個人持股50%以上），與李鴻章、張蔭桓等朝廷權貴關係密切，搞到一部初印殿本《二十四史》應該不難。前引《徐愚齋自叙年譜》即明言"於京師寶文齋覓得殿板白紙《二十四史》全部"，同文書局《股印二十四史啓》又謂"本局現以二千八百五十金購得乾隆初印開化紙全史一部，計七百十一本"，《舊五代史》自當在其中。并且，《舊五代史》皇皇一百五十卷二十四册，"依殿板行款，别寫一通"，寫後尚需雕版，談何容易！從時間上看，《舊五代史》與《史記》等均係"光緒十年甲申仲春"首版之書，根本没有"别寫一通"的可能。實際情況是同文書局編印者誤以爲所購之《舊五代史》［乾隆四十九年

（1784）校刊本］非初印，特將中縫“乾隆四十九年”改爲“乾隆四年”，冒充“初印”。此舉雖屬無知妄爲，但與“依殿板行款，别寫一通”性質不同，同文本《舊五代史》係乾隆四十九年殿本是没有問題的。同文本《二十四史》因印製精良，後爲竹簡齋、中華書局多次翻印，銷量多達上千部。

總體上看，同文書局影印書的質量在當時堪稱一流，因而《康熙字典》《二十四史》等書成爲同行翻印的底本，并標注“同文原版”以提高身價。另外，同文書局影印書品種繁多，凡當年熱門之書應有盡有，除前文徐潤自述之書外，能見到者尚有《三禮圖》《經學輯要》《四書經史摘證》《宋本説文解字》《説文解字雙聲叠韵譜》《爾雅音圖》《切韵指掌圖》《韵史》《紀元編》《欽定四庫全書簡明目録》等上百種，皆紙張白净，字迹清晰，質量上乘。

然而，細查之下可以發現，同文書局所印之書，與其他大小書莊之書并無本質區别，多爲重複出版，版本也是常見的清代通行本，所謂《宋本説文解字》《宋本切韵指掌圖》實爲清代翻刻本。在此情況下，同文書局精心校閲、印製及使用優質的紙張材料反而增加了成本，在“劣幣驅除良幣”的大環境下，“印書既多，壓本愈重”，直至關張停業，就不足爲怪了。無獨有偶，情況與同文書局相似的點石齋石印書局也於宣統元年（1909）停業，并入上海集成圖書公司。

發人深省的是，歷經清末30餘年數十家書局書莊翻印古籍的熱潮後，張元濟先生在1920年寫就的《四部叢刊啓》中感嘆道：“自咸同以來，神州幾經多故，舊籍日就淪亡，蓋求書之難，國學之微，未有甚於此時者也。……此其所收，皆四部之中，家弦户誦之書，如布帛菽粟，四民不可一日缺者。”這段話幾乎全盤否定了此前的古籍影印成果，雖略顯武斷，却也八九不離十。

清末古籍影印最大的成績是在照相石印技術及古籍版式設計等方面積纍了不少經驗，爲民國時期古籍影印的大發展打下了一定的基礎。例如，同文書局殿本《二十四史》、十八行本《康熙字典》等書的開本堪稱“黄金尺寸”，商務印書館的《四部叢刊》與此相仿，大概受到啓發。張元濟先生對此開本的評價甚高，曰：“雕版之書，卷帙浩繁，藏之充棟，載之專車，平時翻閲，亦屢煩乎轉换。此則石印，但略小其匡而不并其葉，故册小而字大；册小則便庋藏，字大則能悦目。”（《四部叢刊啓》）再有，“四拼頁”“九拼頁”等割裱縮印方式也爲後人大量采用，如中華書局影印的《古今圖書集成》、開明書店的《二十五史》都是“九拼頁”，將鴻篇巨製的古代名著大幅縮小，爲大部頭古籍圖書的普及做出了貢獻。

2022年1月

清末民國影印《康熙字典》略考

《康熙字典》是清末民國時期影印出版參與者最多、印行數量最大的典籍，能够見到實物的就有100多種版本，涉及出版機構30多家。點石齋石印書局最早影印《康熙字典》，所印版本也最多，并且第一版還是“改編本”，影響巨大。

我國首先采用照相石印影印古書的機構是清光緒五年（1879）創辦於上海的點石齋石印書局，創辦者爲英國商人美查（1841—1908）。美查於同治元年（1862）與兄弟弗萊得利克來滬經商；同治十一年（1872）與3名英國人合股創辦《申報》，又編印《瀛環瑣記》《四溟瑣記》《寰宇瑣記》《點石齋畫報》等刊物；同治十三年（1874）在申報館設立出版發行部門申昌書畫室，統籌書刊出版發行業務，故點石齋早期影印書的牌記外多有一行小字“申報館申昌書畫室發兑”。

點石齋書局開辦的當年便“縮印”出版了《四庫全書簡明目録》，這是目前已知點石齋最早的影印書，牌記爲“光緒五年閏三月上海點石齋照相石板縮印”。該本半葉九行，行二十一字，與殿本行款相同；但開本高9.3厘米、寬6厘米，大大小於殿本，可見“縮印”指的是縮小開本的尺寸。縮印的目的是降低定價、便於携帶和庋藏，從而增加銷量，搶占市場。因此清末民初的古籍影印出版商在如何做好古書的“縮印”方面投入了大量精力。那一時期的“縮印”，僅縮小開本尺寸的較少，多數情況下是通過拼頁和割裱，减少書的篇幅，甚至還有在此基礎上再精簡部分文字的，例如點石齋某些版次的《康熙字典》。

點石齋翻印的古書中最著名的是《康熙字典》。姚公鶴《上海閑話》云："聞點石齋石印第一獲利之書爲《康熙字典》，第一批印四萬部，不數月而售罄；第二批印六萬部，適某科舉子北上會試，道出滬上，率購五六部，以作自用及贈友之需，故又不數月即罄。"（轉引自賀聖鼐：《三十五年來中國之印刷術》，載張静廬輯注《中國近現代出版史料初編》，群聯出版社，1954，第270頁）姚公鶴此説百餘年來流傳甚廣，成爲研究中國早期印刷史必須引用的經典史料。其實，姚公鶴謂《康熙字典》爲點石齋"第一獲利之書"没錯，所言分兩批印10萬部則過於籠統，没有將點石齋在《康熙字典》上的作爲全面揭示出來。

按姚公鶴的説法，點石齋印行兩批書的兩個"不數月"，加在一起不過一兩年的時間。然而，據不完全統計，點石齋第一版《康熙字典》問世於光緒六年（1880）仲春，此後的光緒六年孟冬，七（1881）、八（1882）、九（1883）、十（1884）、十一（1885）、十三（1887）、十五（1889）、十九（1893）、二十（1894）、二十二（1896）、二十九年（1903）均有印製。點石齋前後印行的《康熙字典》共有大、中、小3種開本，三欄九拼頁、單欄割裱兩個系統，多種版本。其中，三欄九拼頁版至少印刷12次；單欄割裱二十三行本至少印刷8次，單欄割裱十六行本至少印刷3次；光緒二十年代印久敬齋版，光緒壬午（八年）版借上海文玉山房、光緒甲申（十年）版借上海瀛華書局、光緒甲辰（三十年，1904）版借上海錦章書局印刷各1次；等等。點石齋印行《康熙字典》的時間前後長達20多年，印數遠不止10萬部。

點石齋第一版《康熙字典》采用三欄九拼頁的方法縮印：每半葉分成上、中、下三欄，每欄二十四行，三欄共七十二行；點石齋《康熙字典》的底本爲殿本，每半葉八行，影印本半葉可放置殿本四葉半，總篇幅縮至原書的九分之一，力度不可謂不大。但經與原書相校後發現，此本并非單純的九拼頁，一般的九拼頁每行依次的文字應該相同，而此本除正文第一行與原書對應，其後差异甚大，證明影印本的内容有所改動，因此實際上又加入了逐字割裱的方式。

割裱分爲逐行割裱和逐字割裱兩種。逐行割裱是整行移動，例如將原書的兩行并爲一行，一般情況下行數也加倍，竹簡齋版《二十四史》就是將殿版《二十四史》半葉十行，行二十一字，逐行割裱爲半葉二十行，行四十二字，縮減的幅度與四拼頁相同，但因爲去掉了原來各葉的版框和版心，空間增大，文字也就更大一些，有利於閱讀。逐字割裱有兩種情況：一是不改變原有每行的字數，但文字有改動；二是不改動文字，重新規劃每行的字數，儘可能增加每行字數，使縮減篇幅的功能達到極致。逐字割裱加工的難度和錯誤率均高於整行割裱。此本《康熙字典》采用的是第一種方式。

點石齋三欄版《康熙字典》省略了康熙四十九年（1710）“上諭”、“辨似”、“切字樣法”、“檢篇卷數法”等内容，“檢字”衹有前面的凡例十七行半，没有後面的筆畫檢字功能。正文的子集改動較大。例如子集上“一部”之“一”，殿本小字注釋二十四行，行二十四字，減去空格，共556字；點石齋本十六行，行二十四字，減去空格，共364字，比殿本少192字。“个”，殿本三十二行，行二十四字，減去空格，共748字；點石齋本二十四行，行二十四字，減去空格，共554字，比殿本少194字。點石齋本“四且”前删除“𠀉”字；殿本“丘”的古文爲“丠”，點石齋本作“北”；點石齋本“丙”字後比殿本增“𠀨”字及其釋文；殿本“𠀑”字後增“丽”字，點石齋本則爲“肖”字；殿本“𠄏”字，注釋曰“《廣韵》：‘都了切。’《集韵》：‘丁了切。’厹音，鳥懸也”，點石齋本仍作“了”，注釋亦爲“鳥懸也”，明顯有誤。又，殿本子集上“二部”最後一字爲“十二”增“𠁀”字，點石齋本多“十六”增“𠁁”字。

以上僅舉少數事例，點石齋三欄本與殿本文字上的差异幾乎無所不在，非常之多，因該本無出版説明，其動機和過程不得而知。這番操作，已摻雜進了排版工藝，實際上逐字割裱本身就與排版性質類似，衹不過是就地取材，利用了原書的文字而已。在那個年代，上述做法全部依靠剪刀糨糊實現，實屬不易。

點石齋《康熙字典》三欄本有高19.7厘米和26.5厘米兩種版本，後者極爲少見。根據實物，三欄本《康熙字典》分别印製於光緒六年仲春月、孟冬月，以及光緒七、八、九、十一、十五、二十二年，至少印行了十幾次。上述版本中有時會標注印次，如"光緒八年歲在壬午春三月上海點石齋第四次縮印""光緒十一年歲在乙酉秋七月上海點石齋第七次印""光緒十一年歲在乙酉秋九月上海點石齋第八次印""光緒十五年歲在己丑夏五月上海點石齋十一次印"等，其他各本則未標印次。其中光緒八年孟秋所印高26.5厘米的大開本較爲珍貴，其餘都是高19.7厘米的本子。點石齋《康熙字典》牌記中所標"第×次印"都是針對同一版本而言的，與他本無關，例如"光緒十五年歲在己丑夏五月上海點石齋十一次印"，指的就是三欄本印刷的版次。

此後，上海瀛華書局采用銅版影覆了點石齋三欄本，字迹清晰，質量超過了點石齋本。瀛華版子集下"十部"最下一欄，割裱拼接錯誤，從拼錯版的文字可以看出：每八行一塊銅版，一欄由三塊版拼成，拼錯的是第一和第二塊版，次序顛倒。也就是説，每半葉是由九塊銅版組成，小塊銅版製作起來應該更容易一些，若出現問題返工，損失較小。光緒壬午年（八年），上海文玉山房影印了上海瀛華書局本，書前牌記稱"壬申晚秋上海文玉山房縮印"，清晰度略差。此本子集下"十部"最下一欄，割裱拼接錯誤與瀛華本相同，故知其源自後者。

點石齋光緒十一年乙酉秋九月之《康熙字典》，雖爲半葉二十三行單欄，但文字與點石齋三欄本完全一樣（天頭增加了篆字），説明此本與點石齋三欄本係同一位編者的同一部書稿，衹不過采用了不同的版式而已。從每半葉容納的字數看，單欄本多於三欄本，"縮印"的功能更强，然而，由於每行注文小字字數太多，閲讀换行時容易看串行，不如三欄本眉目清晰。這部書稿應該是

《康熙字典》的第二次改編本。再一次比較大的改編，大概就是1949年張元濟先生的節本《康熙字典》了。後者改編（刪減）的力度很大，但仍然利用原書割裱而成。另外，上海錦章書局光緒甲辰（三十年）“西法石印”之《康熙字典》，版式和文字内容與上述點石齋單欄本完全一樣，係前者租版而爲。

點石齋《康熙字典》的單欄本，有高16.7厘米和19.7厘米兩種開本。其中高16.7厘米者行款爲半葉十六行，行二十四字，小字雙行四十八字，是殿本《康熙字典》兩行并一行的逐行割裱本。高19.7厘米者有兩種版本：一種與高16.7厘米的行款相同；另一種即前面提到的光緒十一年乙酉秋九月印本，半葉二十三行，行三十四字，小字雙行六十八字，文字與三欄本相同。

總而言之，點石齋是最早影印《康熙字典》的出版機構，在清末民國時期的同類產品中版本最多，早期印行的數量也最大。相對而言，三欄本和二十三行單欄本改動了原版的文字，難以服衆，故後期被淘汰出局；高19.7厘米的十六行本質量較好，篇幅亦適中，尤其光緒甲申年（十年）春正月本，每兩行之間有欄綫相隔，眉目清晰，便於使用。點石齋在《康熙字典》傳播中的篳路藍縷之功值得稱贊。然而，成立時間較晚、存在時間也短於點石齋的同文書局却後來居上，同文本《康熙字典》印行120餘年而不衰。

《徐愚齋自叙年譜》光緒八年“附記”對同文書局的始末做了簡要介紹：“查石印書籍，始於英商點石齋，用機器將原書攝影石上，字迹清晰，與原書無毫髮爽，縮小、放大悉隨人意，心竊慕之，乃集股創辦同文書局，建廠購機，搜羅書籍以爲樣本，旋於京師寶文齋覓得殿板白紙《二十四史》全部、《圖書集成》全部，陸續印出，《資治通鑒》《通鑒綱目》《通鑒輯覽》《佩文韵府》《佩文齋書畫譜》《淵鑒類函》《駢字類編》《全唐詩文》《康熙字典》，不下十數萬本，各種法帖、大小題《文府》等，十數萬部，莫不惟妙惟肖，精美絶倫，咸推爲石印之冠。迨光緒十七年辛卯，内廷傳辦石印《圖書集成》一百部，即由同文書局承印，壬辰年開辦，甲午年全集告竣進呈，從此聲譽興隆。唯十餘年後，印書既多，壓本愈重，知難而退，遂於光緒二十四年戊戌停辦。”（江西人民出版社，2012，第43—44頁）

從現已掌握的資料看，同文書局從清光緒癸未（九年）開始影印《康熙字典》，當年出了兩個版本：

其一係“癸未重九”版，該本書口下方有“同文書局石印”標注，半葉十六行，行二十四字，版式與點石齋十六行本相同。

其二爲“癸未”版，書簽、牌記、序文、康熙四十九年上諭均爲紅色；書口下方無“同文書局石印”標注，半葉二十一行，行三十一字，天頭增加了篆字。原版《康熙字典》是没有篆字的，這一版大概是《康熙字典》影印本中首次增加了篆字，此後增篆《康熙字典》便成爲該字典的主流產品。值得注意的是，此本於牌記葉右下方紅字鈐印謂“上洋焕文書局發兑”。按慣例，應該是上洋焕文書局委托同文書局代印。此本僅此一見，十分珍貴。

光緒癸未（九年）版《康熙字典》比較特殊，增加了篆字，書口下方取消了“同文書局石印”標注。此後光緒甲申（十年）季冬、光緒乙酉（十一年）仲冬、光緒丁亥（十三年）孟夏諸本既無篆字，又無“同文書局石印”標注，直至光緒庚寅（十六年，1890）季春本，纔又恢復了“同文書局石印”標注和篆字，并且行款變爲半葉十八行，行二十四字，小字雙行四十八字。十八行本《康熙字典》在字體縮小不明顯的情況下，可以節省近十分之一的篇幅，又增加了篆字，自然受到追捧。民國初年，上海掃葉山房以同文書局光緒二十年增篆十八行本爲底本影印的《康熙字典》，采用國產連史紙，品質精良，榮獲1915年農商部國貨展覽會一等獎。又據1917年上海文盛書局《影清殿本康熙字典樣本》記載，該書局亦影印了同文書局十八行本。《影清殿本康熙字典樣本》謂：“一、本書乃真正同文書局殿版初印原底精印，字畫清晰。二、尋常石印本任意割裂，顛倒錯亂，隨在皆有。本書重聘通人精校，毫無訛脱之弊。三、本書揀選上等連史印刷，共計八百餘頁，分訂十二厚册。四、本書四邊寬大，便於翻閲，加贈錦套，更增美觀。”經查樣本所列，即爲同文書局十八行本無誤。然而該本印數甚少，我至今并未發現實物，所見文盛書局影印的同文書局本《康熙字典》均爲二十三行，行三十三字本。

至遲在1925年，中華書局開始影印同文書局本《康熙字典》，强强結合，由此拉開了同文書局本《康熙字典》暢行百年的輝煌史。1925年6月發行的《中華書局圖書目録》登録了《康熙字典》，謂：“同文書局原版《康熙字典》，六册，連史四元，有光二元五角。”同年12月《飲冰室合集樣本》中亦載有《康熙字典》廣告，内容相同。此後至1949年，中華書局本《康熙字典》封面書簽，均標有“同文書局原版”字樣，書前牌記爲“同文書局原版中華書局精印”。所用底本爲光緒庚寅（十六年）開始的增篆十八行本。

清末民國時期影印《康熙字典》排位第三名的非商務印書館莫屬。商務印書館翻印《康熙字典》的獨到之處是既出版過綫裝，也印行了平裝和精裝，并且平裝、精裝之書爲單獨製版印刷（平裝、精裝書書頁兩面印刷，綫裝書書頁單面印刷，拼版方式不同），有别於點石齋、大東書局綫裝、精裝書書芯相同的做法，可見其投入力度之大。

商務印書館第一部《康熙字典》出版於清光緒丙午年（三十二年，1906）孟秋，石印版，綫裝六册，半葉二十一行，行三十一字，小字雙行一百二十四字，有篆文。宣統己酉年（元年，1909）重印，書中附加廣告。宣統辛亥年（三年，1911）仲春，推出了銅版綫裝七册本，無篆文，半葉十六行，行款與點石齋、同文書局十六行本相同，牌記爲“宣統辛亥仲春月上海商務印書館新鐫銅板”。稍後重印，牌記改稱“上海商務印書館新鐫銅版印”，此後精裝版同。1930年10月，作爲《萬有文庫》第一集一千種，出版了十二册之《康熙字典》平裝本，行款與銅版七册本相同。緊接着於1933年推出了行款一致的精裝本。商務印書館在《康熙字典》的出版中主打銅版、十六行、無篆文本：銅版字迹清晰、耐印，十六行本字體大小適中，篆文實際用途不大，當屬務實之舉。

清末民國時期影印的《康熙字典》中，除以上提到的點石齋本、同文書局本、商務印書館本外，還有一種值得關注，即上海中華圖書館所印的本子。中華圖書館影印書的一大特色，就是針對當時石印書字小行密難以閱讀的弊端，推出大字本。在《仿殿本康熙字典樣本》的《三國志》廣告中說："近來各學校崇尚樸學，大半皆指定《三國》《史記》等爲讀本，以植根柢，惟仿［徐按：當係"坊"之訛］間惜無善本。木板書既笨重不便，石印本又字小行窄，不合讀本之用，學者頗引爲憾。本館有鑒於此，特印大字仿殿本，以便課讀。"《仿殿本康熙字典樣本》介紹其特點時亦以大字本爲抓手，云："字典一類，近雖新編日出，然精當完美，終無過於《康熙字典》一書。良以搜采豐富，切音注釋均皆詳確，實非晚近新出諸書可與媲美。所惜坊間流行諸本，但求精小，實無真正大字之本，久爲出版界憾事。本館有鑒於此，因以重資覓得武英殿原本，特倩小學名家，每字增加篆文，付石精印。全書共有一千三百頁之多，既無訛奪，裝釘又美，字大行寬，一目瞭然。"中華圖書館大字本《康熙字典》有兩種版本：其一爲十行本，其二爲十四行本。《仿殿本康熙字典樣本》所推介的是十四行本，共十二册，閱讀效果確實優於其他各本。另外，1926年上海愛儷園廣倉學宭也推出了十四行本《康熙字典》，頁數、册數均與中華圖書館本相同。清末民國時期影印的《康熙字典》，大多字小行窄，以書少價低争奪市場，其中上海共和書局本以半葉二十七行，行四十字，小字雙行一百六十字，拔得頭籌。中華圖書館大字本《康熙字典》反其道而行之，雖字大行寬，閱讀方便，但銷路并未達預期之效果。這證明了當時的圖書市場，低價確爲最有利之殺手。

民國之初，官方禁止使用清政府頒布的教科書，并延及《康熙字典》。然而《康熙字典》作爲一部工具書，却是廣大學子乃至社會大衆不可或缺的。爲此，出版機構便想出種種辦法，明修棧道，暗度陳倉，用《中華字典》或《增篆字典》之名繼續印行《康熙字典》。更名爲《中華字典》的較多，例如昌文書局、錦章書局、天寶書局、廣益書局、文盛書局、章福記書局等；署“增篆字典”者則有掃葉山房1919年印本、鴻寶書局等。

1912年，上海鴻文書局推出了第一部《中華字典》。字典的封面署“中華字典”，扉頁則署“漢文字典”，書口上方也用“字典”二字替代了原先的“康熙字典”，牌記爲“民國元年大紀念日上海鴻文書局藏板”。落款“中華民國元年十月大紀念日”及“江蘇吴縣陳其蕃識”的《漢文字典序》云：“我國六書之學代有述者，至前清康熙時，群儒始彙集排纂，遂成大字典一書。萬事百物統紀於斯，洋洋乎，誠巨著焉。然而當時編輯儒臣，俱是我漢人董其事，集思廣益，上承列代各家之説，下采有明一代之華，以成此《漢文字典》。本無梵書滿字錯雜於其間，惜乎懾威專制，歸功媚上，竟以‘康熙’二字弁諸於首。今則民軍光復，事在正名，字學之書，尤國文之源本，豈容數典而忘其祖！謹復其名曰《漢文字典》，特别精印，以餉學界。”與此序之意相近的還有吴縣鄒登瀛於1913年撰寫的序文，爲多種《中華字典》采用，序曰：“前清經訓家講求小學，繼許書而出者，有《康熙字典》，部分班列，開卷了然，閱五稔而成書。凡形聲之辨别，訓詁之异同，搜羅頗廣，記載靡遺，久爲民間所習用。即同文之鄰國，亦采用是書，視爲鴻篇巨製者。今民國成立，革故鼎新，字典亦别有新書，誠爲學界所歡迎、商家所適用。然數典不忘其祖，若是書之詳備，得民間二百餘年之信用，紹流溯源，或亦不可廢也。”

以上二序均强調《康熙字典》尚無可替代者，言之有理，故當局對更名後繼續印行《康熙字典》之事予以默認。上海章福記書局所印《康熙字典》牌記爲“民國元年仲春上海章福記印”，但書前却有鄒登瀛1913年序，説明此書本應1912年出版，因民國建立而停滯，更名《中華字典》後方得出版。此番操作，多有發泄不滿之意。

民國初年《康熙字典》更名，有認真者，不僅更换封面之名，書口“康熙字典”亦改爲“中華字典”“增篆字典”“字典”；敷衍者則封面内一切照舊。還有爲吸引客户，反其道而行之者。如1914年上海天寶書局印行之書，函套、書皮上均署“康熙字典”，扉頁圖案雖更换，“康熙字典”四字未變，衹是正文書口字改爲“中華字典”。

其實民國前期政府執政能力有限，對《康熙字典》更名一事管束并不嚴格，上海共和書局1914年所出版者仍署“康熙字典”之名，上海中華圖書館1913年起所印均署“康熙字典”，商務印書館民國後所印亦署“康熙字典”，上海掃葉山房1915年覆同文書局本《康熙字典》還獲評中華民國四年農商部國貨展覽會一等獎。

附：出版過《康熙字典》的機構

上海點石齋石印書局	同文書局	商務印書館
中華書局	上海昌文書局	上海共和書局
上海中華圖書館	上海愛儷園廣倉學宭	上海國學書局
上海積山書局	上海廣益書局	上海錦章書局
上海掃葉山房	上海寶善書局	上海寶文書局
上海澄衷學堂	上海大成書局	上海復和書局
上海鴻寶書局	上海鴻文書局	上海鴻章書局
上海久敬齋	上海凌雲閣	上海文盛堂書莊
上海文盛書局	上海文星書局	上海文玉山房
上海瀛華書局	上海章福記書局	上洋鴻寶齋
月育文書局	上海鑄記書局	寶文閣
慎記書莊		

2021年8月

商務印書館影印《百衲宋本資治通鑒》雜考

一、底本概況

商務印書館20世紀初影印《百衲宋本資治通鑒》（以下簡稱“《衲鑒》”）時，底本在傅增湘手中。據《藏園群書經眼録》卷三記載，此書“丙辰歲獲之端陶齋方家”，“其所集七本中，浙東茶鹽司本有北宋牒文，爲現存《通鑒》最古者，餘均建本精刊”（中華書局，2009，第200頁）。可知《衲鑒》彙集了7種宋刻本。此外還有2種抄本。

《衲鑒》現藏國家圖書館，古籍館袁媛整理後，對其版本構成及卷數概述如下：

> 其主體部分爲紹興二年至三年（1132—1133）兩浙東路茶鹽司公使庫本，凡一百七十六卷。書高27.9厘米，寬20.2厘米。版框高20.2厘米，寬14.8厘米。半葉十二行，行二十四字，白口，左右雙邊。（圖1）
>
> 配補部分包括八種版本。
>
> 其一爲宋刻十五行本，卷十一至十六、二十三至二十七，凡十一卷。卷端書名、作者題銜同兩浙東路本。半葉十五行，行二十五字，黑口或白口，左右雙邊。（圖2）
>
> 其二爲宋刻十四行本，卷十九至二十二、三十至三十三，凡八卷。其中卷三十至三十三卷端題名作“司馬温公資治通鑒”。而各卷作者題銜均與兩浙東路本同。半葉十四行，行二十四字，白口，左右雙邊。（圖3）

其三爲宋刻十六行黑口本，卷三十五至三十六、四十六至五十二、六十九至七十五、一百一十九至一百二十一、二百二十一，凡二十卷。卷端題名、作者題銜與兩浙東路刻本同。書高27.9厘米，寬20.2厘米。版框高20.1厘米，寬13.9厘米。半葉十六行，行二十六至二十七字不等，黑口，左右雙邊。（圖4）

其四爲宋刻十六行白口本，卷五十三至五十六、二百三十二至二百三十五，凡八卷。較前本稍小。卷端題名、作者題銜與兩浙東路刻本同。書高27.9厘米，寬20.1厘米。版框高19.6厘米，寬14厘米。半葉十六行，行二十六至二十七字不等，白口，左右雙邊。（圖5）

其五爲宋刻十一行細黑口本，卷五十七至六十八、七十六至九十四、一百一十二至一百一十八、一百二十二至一百二十三、一百二十八至一百三十五、一百五十一至一百五十八、一百七十七至一百七十九、二百三十八至二百四十，凡六十二卷。卷端題名、作者題銜與兩浙東路刻本同。書高27.9厘米，寬20.2厘米。版框高21厘米，寬13.6厘米。半葉十一行，行二十一字，細黑口間有白口，左右雙邊。（圖6）

其六爲宋刻十五行本，卷二百三十一，凡一卷。卷端題名、作者題銜與兩浙東路刻本同。書高27.9厘米，寬20.1厘米。版框高18.1厘米，寬14厘米。半葉十五行，行二十四字，白口，左右雙邊。（圖7）

其七爲明抄本，卷九至十、十七至十八、二十八至二十九、三十四，凡七卷。鈐有“顧”“從德”印。書高28厘米，寬20.2厘米。版框高21.3厘米，寬14.9厘米。半葉十二行，行二十四字，白口，左右雙邊。（圖8）

其八爲抄本，卷二百九十四，凡一卷。此爲全書最末一卷，其末又補抄目録、司馬光《上通鑒表》、元祐元年（1086）尚書省下杭州鏤板札子、紹興初兩浙東路茶鹽司刊板牒文及監修校勘官銜名等。書高27.8厘米，寬20.1厘米。版框高20.5厘米，寬14.8厘米。半葉十二行，行二十四字，白口，左右雙邊。（圖9—12）

需要説明的是，抄本卷二百九十四所抄録的“紹興初兩浙東路茶鹽司刊板牒文及監修校勘官銜名”，在宋紹興二年至三年兩浙東路茶鹽司公使庫刻本中，是接續於元祐元年尚書省下杭州鏤板札子之後的。但現存該書（藏國家圖書館，索書號：12358）中，紹興牒文及監修校勘官銜名已佚。蓋爲書估剔除，以冒充北宋刻本。經多方查找發現，該抄本的紹興牒文及監修校勘官銜名，源自上海圖書館所藏宋刻十一行本。商務印書館《四部叢刊》初編影印涵芬樓藏宋刻十一行本《資治通鑒》（現藏國家圖書館，索書號：7372），書後紹興牒文及名銜即用上海圖書館本配補（書中“憲奎”“秋浦”二印可證）。該宋刻十一行本原藏上海合衆圖書館，張元濟係創始人之一，并長期擔任董事長，用館藏之書當然不成問題。合衆圖書館後并入上海圖書館。

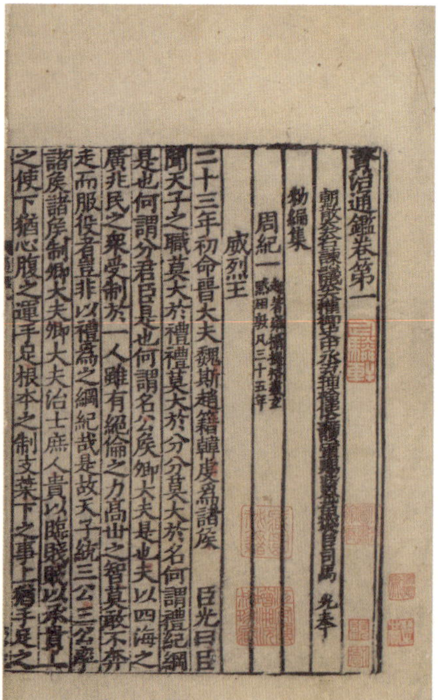
資治通鑑卷第一
朝散大夫右諫議大夫權御史中丞充理檢使上護軍賜紫金魚袋臣司馬光奉
勅編集
周紀一 起著雍攝提格盡玄黓困敦凡三十五年
威烈王
二十三年初命晉大夫魏斯趙籍韓虔爲諸侯
臣光曰臣聞天子之職莫大於禮禮莫大於分分莫大於名何謂禮紀綱是也何謂分君臣是也何謂名公侯卿大夫是也夫以四海之廣兆民之衆受制於一人雖有絶倫之力高世之智莫敢不奔走而服役者豈非以禮爲之綱紀哉是故天子統三公三公率諸侯諸侯制卿大夫卿大夫治士庶人貴以臨賤賤以承貴上之使下猶心腹之運手足根本之制支葉下之事上猶手足之

圖 1　紹興二年至三年（1132—1133）兩浙東路茶鹽司公使庫本卷一

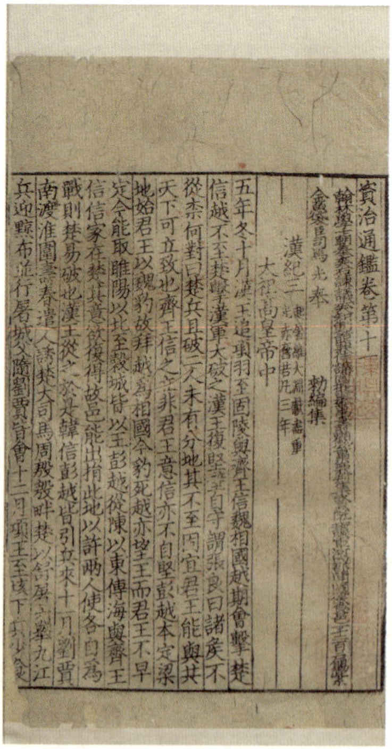
資治通鑑卷第十
馬光奉
勅編集
漢紀三
大祖高皇帝中
五年冬十月漢王追項羽至固陵與齊王信魏相國越期會擊楚信越不至楚擊漢軍大破之漢王復堅壁自守謂張良曰諸侯不從柰何對曰楚兵且破二人未有分地其不至固宜君王能與共天下可立致也齊王信之立非君王意信亦不自堅彭越本定梁地始君王以魏豹故拜越爲相國今豹死越亦望王而君王不早定今能取睢陽以北至穀城皆以王彭越從陳以東傅海與齊王信信家在楚其意欲復得故邑能出捐此地以許兩人使各自爲戰則楚易破也漢王從之於是韓信彭越皆引兵來十一月劉賈南渡淮圍壽春遣人誘楚大司馬周殷殷畔楚以舒屠六舉九江兵迎黥布並行屠城父隨劉賈皆會十二月項王至垓下兵少食盡

圖 2　宋刻十五行本卷十一

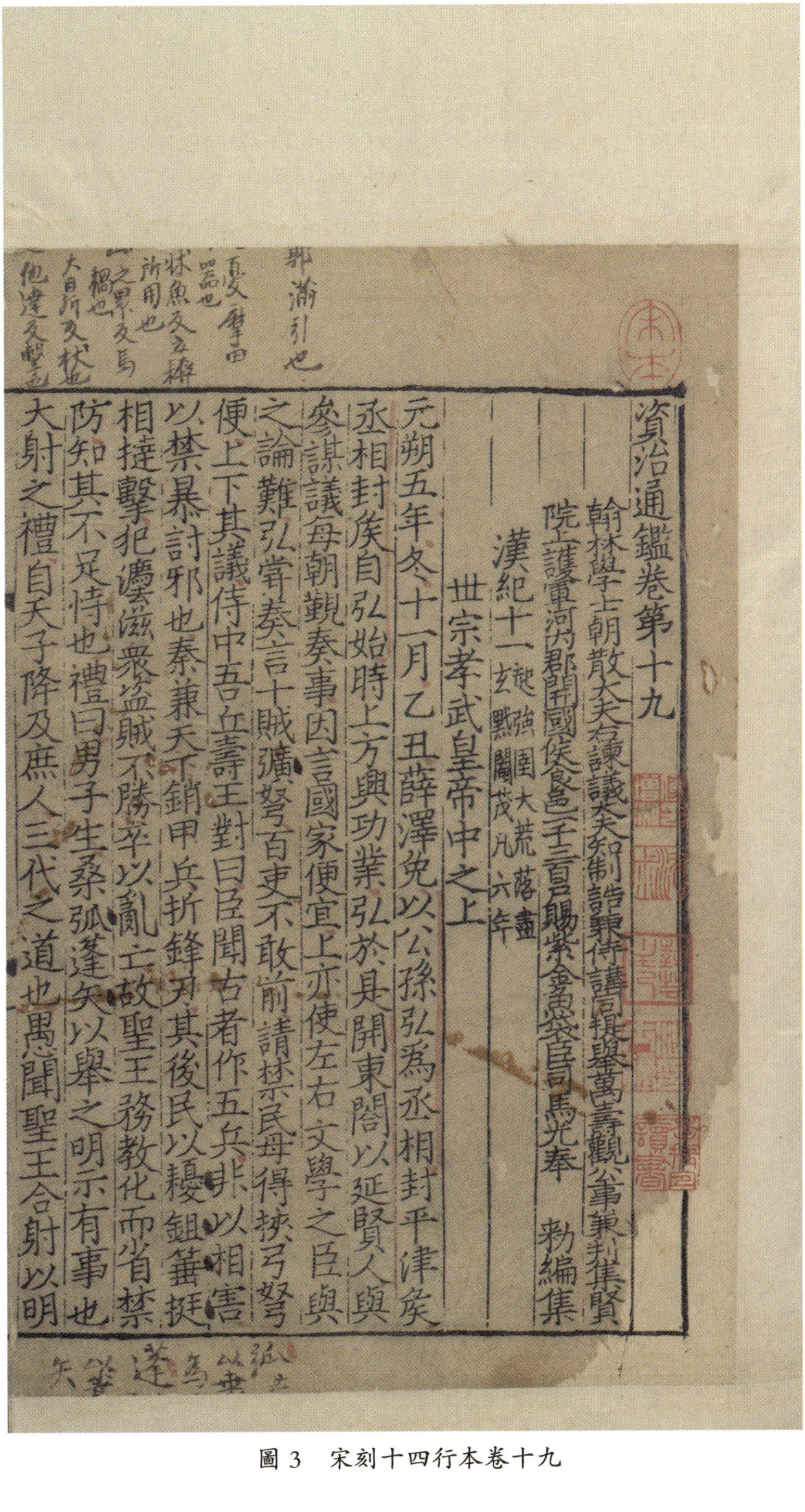

圖 3　宋刻十四行本卷十九

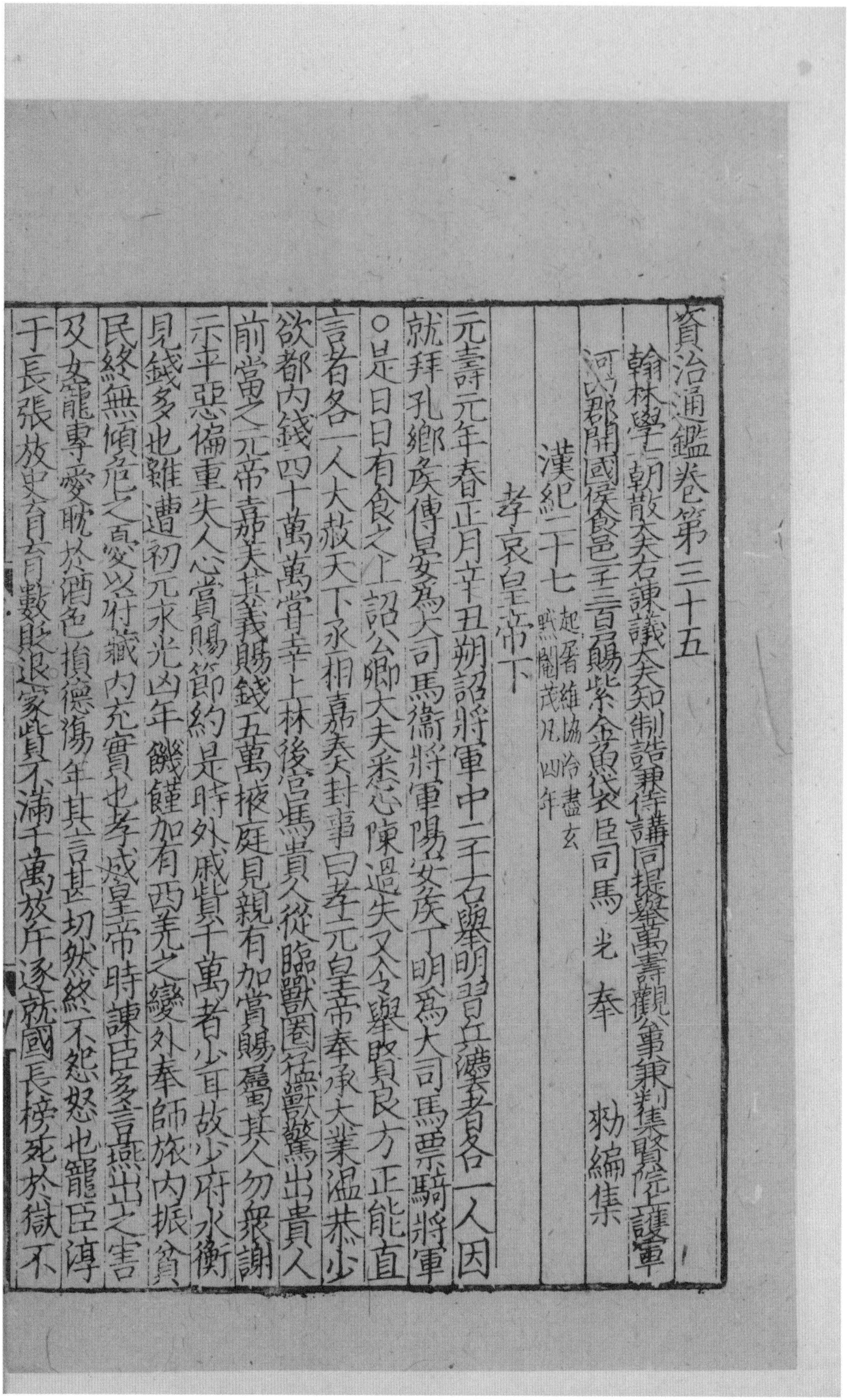
資治通鑑卷第三十五
翰林學士朝散大夫右諫議大夫知制誥兼侍講同提舉萬壽觀公事兼判集賢院護軍
河內郡開國侯食邑一千三百戶賜紫金魚袋臣司馬光奉　敕編集
漢紀二十七 起屠維協洽盡玄黓閹茂凡四年
孝哀皇帝下
元壽元年春正月辛丑朔詔將軍中二千石舉明習兵法有大慮者各一人因
就拜孔鄉侯傅晏爲大司馬衞將軍陽安侯丁明爲大司馬票騎將軍
○是日日有食之上詔公卿大夫悉心陳過失又令舉賢良方正能直
言者各一人大赦天下丞相嘉奏封事曰孝元皇帝奉承大業溫恭少
欲都內錢四十萬萬嘗幸上林後宮馮貴人從臨獸圈猛獸驚出貴人
前當之元帝嘉美其義賜錢五萬掖庭見親有加賞賜屬其人勿衆謝
示平惡偏重失人心賞賜節約是時外戚貲千萬者少耳故少府水衡
見錢多也雖遭初元永光凶年饑饉加有西羌之變外奉師旅內振貧
民終無傾危之憂以府臧內充實也孝成皇帝時諫臣多言燕出之害
及女寵專愛耽於酒色損德傷年其言甚切然終不怨怒也寵臣淳
于長張放史育育數貶退家貲不滿千萬放斥逐就國長榜死於獄不

圖 4　宋刻十六行黑口本卷三十五

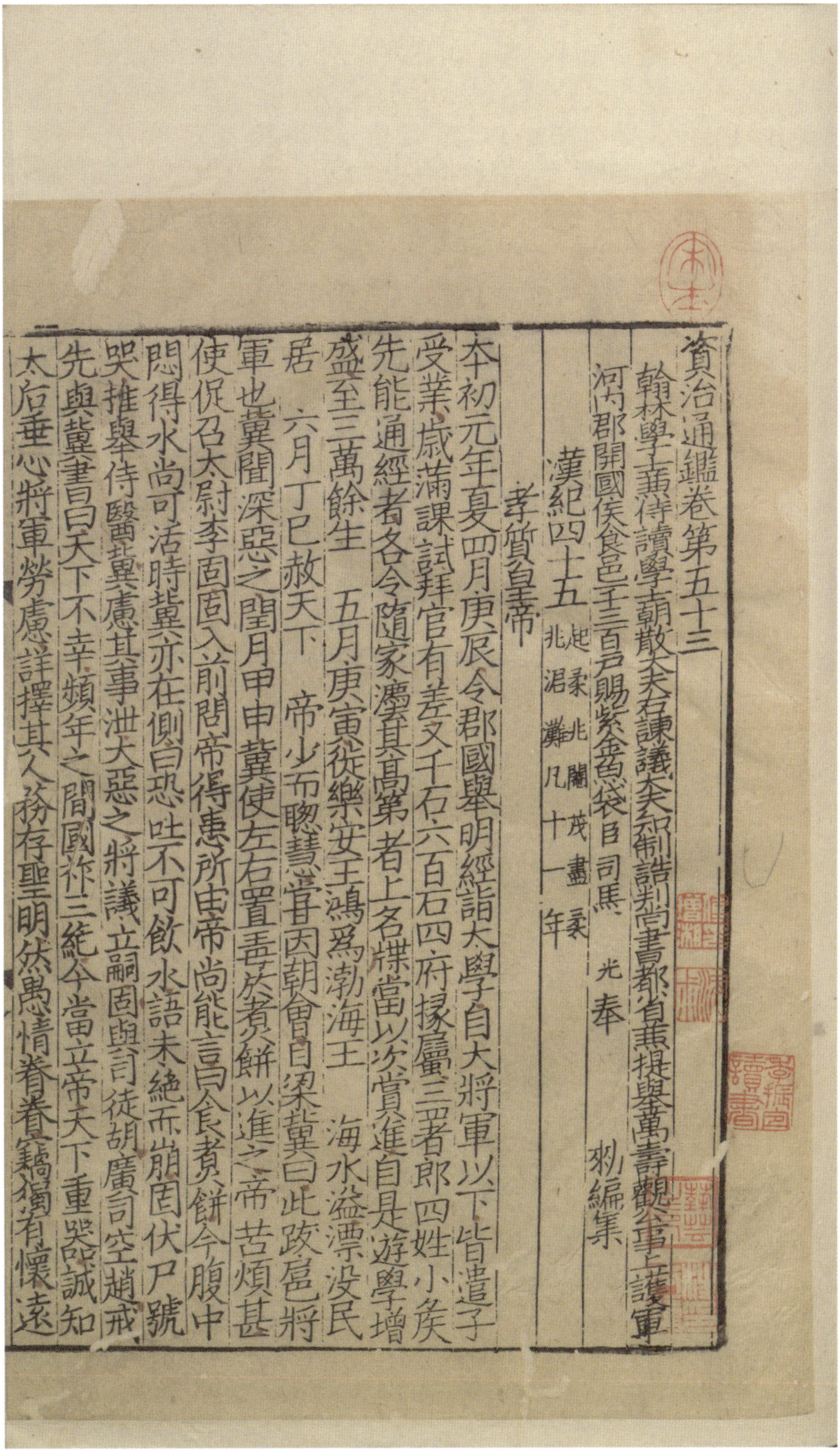
資治通鑑卷第五十三
翰林學士兼侍讀學士朝散大夫右諫議大夫知制誥判尚書都省兼提舉萬壽觀公事上護軍
河内郡開國侯食邑三千三百戶賜紫金魚袋臣司馬　光奉　勅編集
漢紀四十五　起柔兆閹茂盡柔兆涒灘凡十一年
孝質皇帝
本初元年夏四月庚辰令郡國舉明經詣太學自大將軍以下皆遣子受業歲滿課試拜官有差又千石六百石四府掾屬三署郎四姓小侯先能通經者各令隨家法其高第者上名牒當以次賞進自是游學增盛至三萬餘生　五月庚寅徙樂安王鴻爲渤海王　海水溢漂沒民居　六月丁巳赦天下　帝少而聰慧嘗因朝會目梁冀曰此跋扈將軍也冀聞深惡之閏月甲申冀使左右置毒於煮餅以進之帝苦煩甚使促召太尉李固固入前問帝得患所由帝尚能言曰食煮餅今腹中悶得水尚可活時冀亦在側曰恐吐不可飲水語未絕而崩固伏尸號哭推舉侍醫冀慮其事泄大惡之將議立嗣固與司徒胡廣司空趙戒先與冀書曰天下不幸頻年之間國祚三絕今當立帝天下重器誠知太后垂心將軍勞慮詳擇其人務存聖明然愚情眷眷竊獨有懷遠

圖 5　宋刻十六行白口本卷五十三

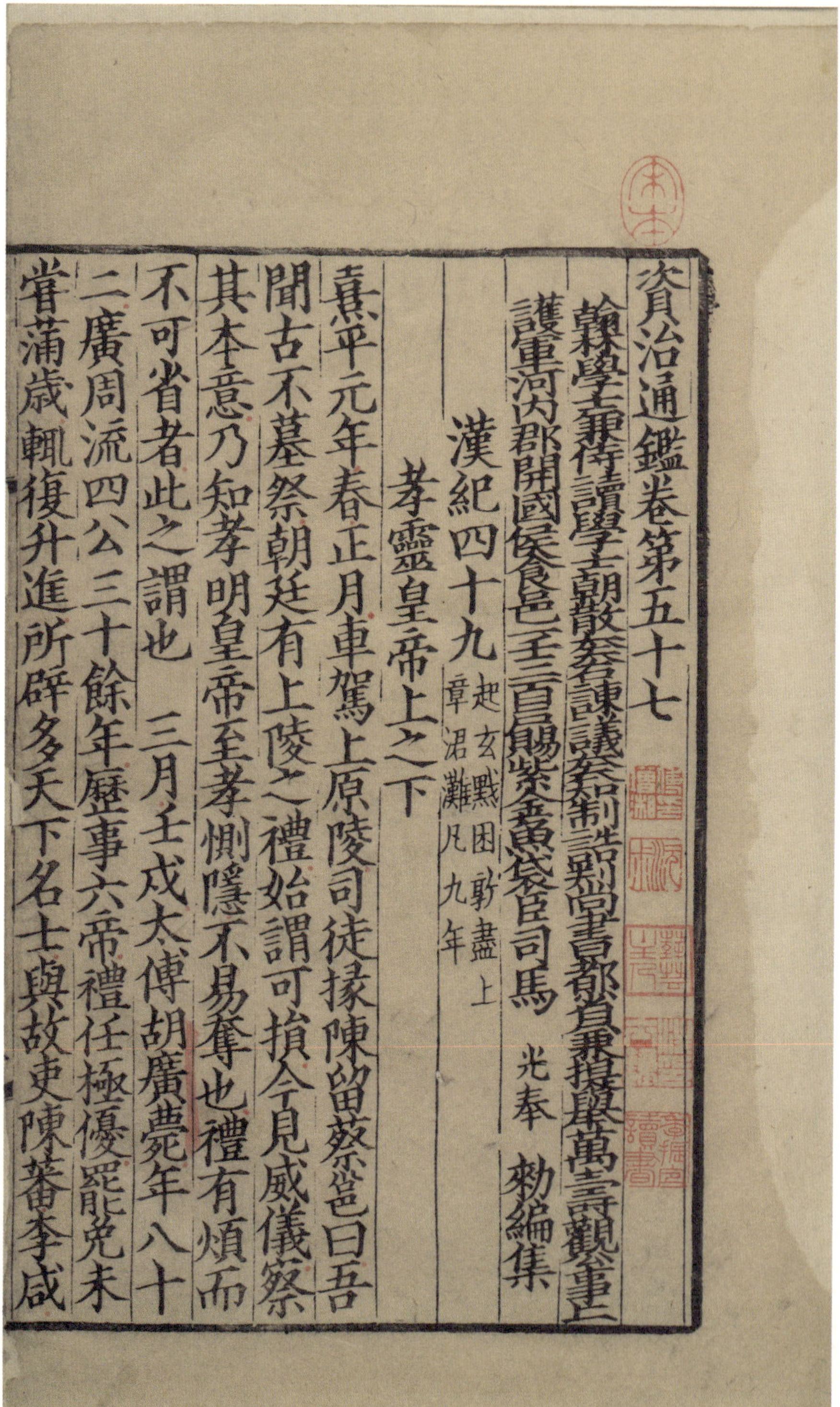
資治通鑑卷第五十七
翰林學士兼侍讀學士朝散大夫右諫議大夫知制誥判尚書都省兼提舉萬壽觀公事上
護軍河內郡開國侯食邑一千三百戶賜紫金魚袋臣司馬光奉　勑編集
漢紀四十九 起玄黓困敦盡上章涒灘凡九年
孝靈皇帝上之下
熹平元年春正月車駕上原陵司徒掾陳留蔡邕曰吾
聞古不墓祭朝廷有上陵之禮始謂可損今見威儀察
其本意乃知孝明皇帝至孝惻隱不易奪也禮有煩而
不可省者此之謂也　三月壬戌太傅胡廣薨年八十
二廣周流四公三十餘年歷事六帝禮任極優罷免未
嘗滿歲輒復升進所辟多天下名士與故吏陳蕃李咸

圖 6　宋刻十一行細黑口本卷五十七

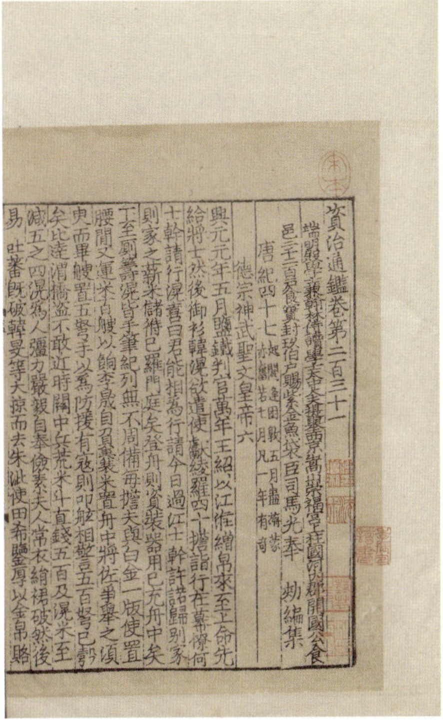
資治通鑑卷第二百三十一
端明殿學士兼翰林侍讀學士太中大夫提舉西京嵩山崇福宮上柱國河內郡開國公食
邑二千六百戶食實封一千戶賜紫金魚袋臣司馬光奉　勑編集
唐紀四十七 起閼逢困敦五月盡旃蒙赤奮若七月凡一年有奇
德宗神武聖文皇帝六
興元元年五月鹽鐵判官萬年王紹以江淮繒帛來至上命先
給將士然後御衫韓滉欲遣使獻綾羅四十擔詣行在幕僚何
士幹請行滉喜曰君能相爲行請今日過江士幹許諾歸別家
則家之薪米儲偫已羅門庭矣登舟則資裝器用已充舟中矣
下至廝籌滉皆手筆紀列無不周備每擔夫與白金一版使置
腰間又運米百艘以餉李晟自負囊米置舟中將佐爭舉之須
臾而畢艘置五弩手以爲防援有寇則叩舷相警五百弩已彀
矣比達渭橋盜不敢近時關中兵荒米斗直錢五百及滉米至
減五之四滉爲人彊力嚴毅自奉儉素夫人常衣絹裙破然後
易　吐蕃既破韓旻等大掠而去朱泚使田希鑒厚以金帛賂

圖 7　宋刻十五行本卷二百三十一

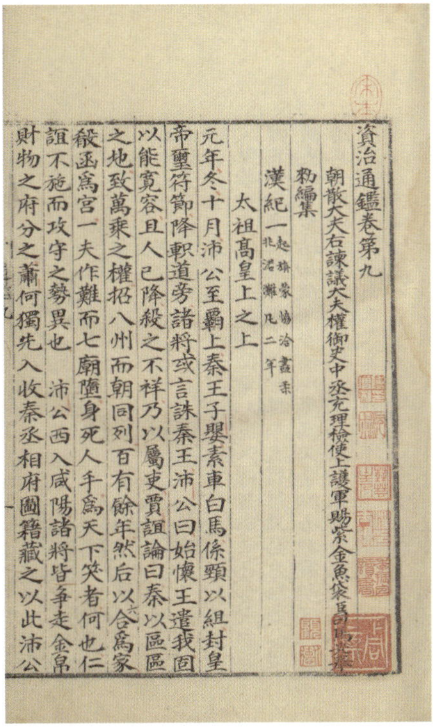
資治通鑑卷第九
朝散大夫右諫議大夫權御史中丞充理檢使上護軍賜紫金魚袋臣司馬光奉
勑編集
漢紀一 起旃蒙協洽盡柔兆涒灘凡二年
太祖高皇帝上之上
元年冬十月沛公至霸上秦王子嬰素車白馬係頸以組封皇
帝璽符節降軹道旁諸將或言誅秦王沛公曰始懷王遣我固
以能寬容且人已降殺之不祥乃以屬吏賈誼論曰秦以區區
之地致萬乘之權招八州而朝同列百有餘年然后以六合爲家
殽函爲宮一夫作難而七廟墮身死人手爲天下笑者何也仁
誼不施而攻守之勢異也　沛公西入咸陽諸將皆爭走金帛
財物之府分之蕭何獨先入收秦丞相府圖籍藏之以此沛公

圖 8　明抄本卷九

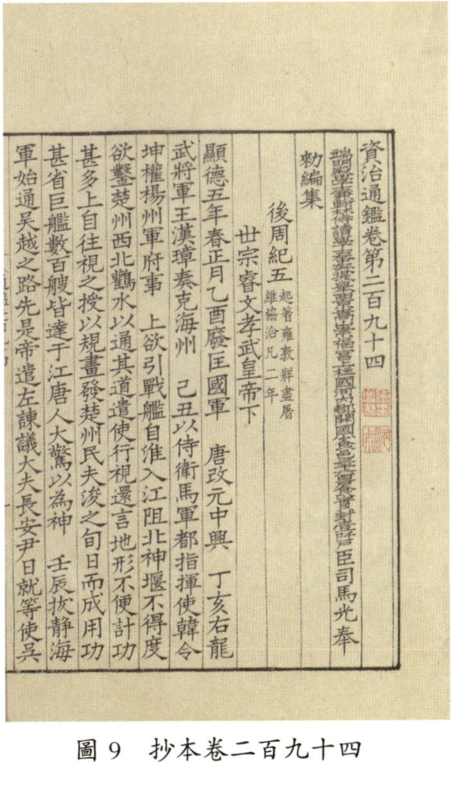
資治通鑑卷第二百九十四
端明殿學士兼翰林侍讀學士太中大夫提舉西京嵩山崇福宮上柱國河內郡開國公食邑二千六百戶食實封一千戶臣司馬光奉
勑編集
後周紀五 起著雍敦牂盡屠維協洽凡二年
世宗睿文孝武皇帝下
顯德五年春正月乙酉廢匡國軍　唐改元中興　丁亥右龍
武將軍王漢璋奏克海州　己丑以侍衛馬軍都指揮使韓令
坤權揚州軍府事　上欲引戰艦自淮入江阻北神堰不得度
欲鑿楚州西北鸛水以通其道遣使行視還言地形不便計功
甚多上自往視之授以規畫發楚州民夫浚之旬日而成用功
甚省巨艦數百艘皆達于江唐人大驚以爲神　壬辰拔靜海
軍始通吳越之路先是帝遣左諫議大夫長安尹日就等使吳

圖 9　抄本卷二百九十四

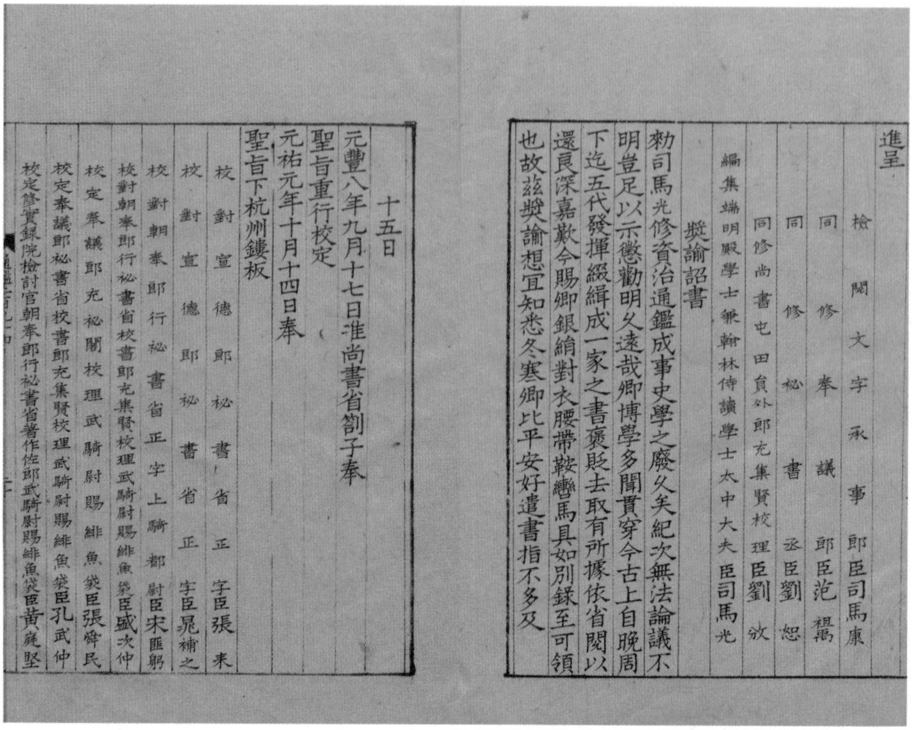

進呈
檢閱文字承事郎臣司馬康
同修奉議郎臣范祖禹
同修祕書丞臣劉恕
同修尚書屯田員外郎充集賢校理臣劉攽
編集端明殿學士兼翰林侍讀學士太中大夫臣司馬光
獎諭詔書
勑司馬光修資治通鑑成事史學之廢久矣紀次無法論議不明豈足以示懲勸明久遠哉卿博學多聞貫穿今古上自晚周下迄五代發揮綴緝成一家之書褒貶去取有所據依省閱以還良深嘉歎今賜卿銀絹對衣腰帶鞍轡馬具如別錄至可領也故茲獎諭想宜知悉冬寒卿比平安好遣書指不多及

十五日
元豐八年九月十七日准尚書省劄子奉
聖旨重行校定
元祐元年十月十四日奉
聖旨下杭州鏤板
校對宣德郎祕書省正字臣張耒
校對宣德郎祕書省正字臣晁補之
校對朝奉郎行祕書省正字上騎都尉臣宋匪躬
校對朝奉郎行祕書省校書郎充集賢校理武騎尉賜緋魚袋臣盛次仲
校定奉議郎充祕閣校理武騎尉賜緋魚袋臣張舜民
校定奉議郎祕書省校書郎充集賢校理武騎尉賜緋魚袋臣孔武仲
校定修實錄院檢討官朝奉郎行祕書省著作佐郎武騎尉賜緋魚袋臣黃庭堅

圖 10　紹興初兩浙東路茶鹽司刊板牒文及監修校勘官銜名一

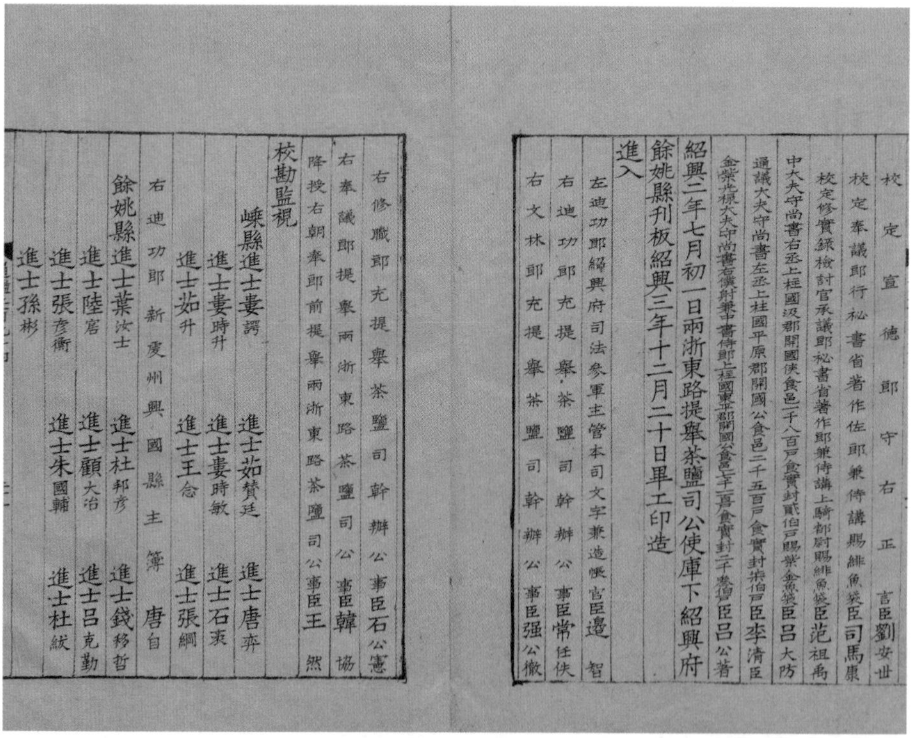

校定宣德郎守右正言臣劉安世
校定奉議郎行祕書省著作佐郎兼侍講賜緋魚袋臣司馬康
校定修實錄檢討官承議郎祕書省著作郎兼侍講上騎都尉賜緋魚袋臣范祖禹
中大夫守尚書右丞上柱國汲郡開國侯食邑二千八百戶食實封貳伯戶賜紫金魚袋臣呂大防
通議大夫守尚書左丞上柱國平原郡開國公食邑二千五百戶食實封柒伯戶臣李清臣
金紫光祿大夫守尚書右僕射兼中書侍郎上柱國東平郡開國公食邑七千一百戶食實封二千叄伯戶臣呂公著
紹興二年七月初一日兩浙東路提舉茶鹽司公使庫下紹興府餘姚縣刊板紹興三年十二月二十日畢工印造
進入
左迪功郎紹興府司法參軍主管本司文字兼造帳官臣邊智
右迪功郎充提舉茶鹽司幹辦公事臣常任俠
右文林郎充提舉茶鹽司幹辦公事臣強公徹

右修職郎充提舉茶鹽司幹辦公事臣石公憲
右奉議郎提舉兩浙東路茶鹽司公事臣韓協
降授右朝奉郎前提舉兩浙東路茶鹽司公事臣王然
校勘監視
嵊縣進士婁諤　進士茹贊廷　進士唐弈
進士婁時升　進士婁時敏　進士石束
進士茹升　進士王念　進士張綱
右迪功郎新虔州興國縣主簿唐自
餘姚縣進士葉汝士　進士杜邦彥　進士錢移哲
進士陸宕　進士顧大冶　進士呂克勤
進士張彥衛　進士朱國輔　進士杜紘
進士孫彬

圖 11　紹興初兩浙東路茶鹽司刊板牒文及監修校勘官銜名二

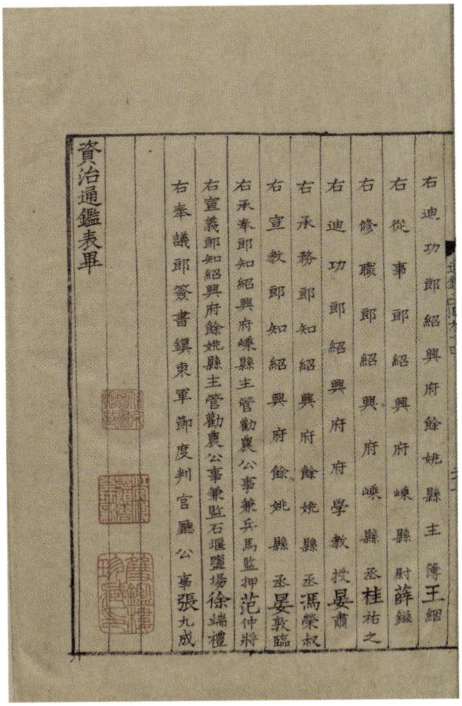

右迪功郎紹興府餘姚縣主簿王紹
右從事郎紹興府嵊縣尉薛鎡
右修職郎紹興府嵊縣丞桂祐之
右迪功郎紹興府府學教授晏肅
右承務郎知紹興府餘姚縣丞馮榮叔
右宣教郎知紹興府餘姚縣丞晏敦臨
右承奉郎知紹興府嵊縣主管勸農公事兼兵馬監押范仲將
右宣義郎知紹興府餘姚縣主管勸農公事兼監石堰鹽場徐端禮
右奉議郎簽書鎮東軍節度判官廳公事張九成
資治通鑑表畢

圖 12　紹興初兩浙東路茶鹽司刊板牒文及監修校勘官銜名三

二、影印本《衲鑒》製作銷售之一瞥

關於影印《衲鑒》的時間，書後《雙鑒樓所收百衲宋本通鑒後記》曰："余既爲此記，其明年以全書寄南中，商付影印。"《雙鑒樓所收百衲宋本通鑒後記》寫於丙辰年（1916）十一月十一日，"明年"即1917年。傅增湘購書後的第二年，便與商務印書館開啓了合作影印出版之事。

商務印書館動作很快，1917年4月便準備與傅增湘簽約，籌措影印事宜。《張元濟日記》1917年4月26日記載："寄影印《衲鑒》尺寸與伯恒。緣沅叔昨日來信，已允照所擬合同定議。本日亦復去一信矣。"（商務印書館，1981，第215頁）《張元濟年譜》1917年4月記載："本月　向傅增湘借印《百衲本資治通鑒》，已與傅訂立合同，籌措開印事宜。"（商務印書館，1991，第138—139頁）

然而，1917年4月雙方大概簽訂的衹是意嚮書，直至第二年

3月，正式的合同尚未簽訂。1918年3月5日張元濟致信傅增湘："《衲鑒》様本即可製成，惟印本有美惡之分，斯製版有難易之判。兹將出版部來信一紙附去，敬祈察閱。并查明某種約若干葉，開一清單寄下，當訂約。估價時未嘗計及此層，如費修工過多，尚須將價格商議。故此時不敢遽發様本也。"（《張元濟傅增湘論書尺牘》，商務印書館，1983，第70頁）可見此時尚未正式簽約。

至1918年初，雙方應基本達成協議，啓動了《衲鑒》的修圖、製版、印刷及宣傳預售工作。《張元濟年譜》1918年4月11日記載："寄傅增湘《百衲本資治通鑒》様本百份。"（第151頁）6月29日記載："致傅增湘書，謂擬開印《百衲本資治通鑒》。"（第154頁）8月28日記載："與高夢旦商定影印《百衲本資治通鑒》400部。"（第157頁）

商務印書館影印《衲鑒》開始後，高度重視底本的複製修版工作，計劃招聘、培養修版人員。《張元濟日記》1918年9月12日記載："午後約三時，因印《百衲通鑒》修版難得人，特約鮑咸昌到編譯所一號客室，與謝燕堂晤商。余言，嗣後本館不能不注意舊書，舊書不能排印，石印不能必得精印之本，故修版之事不能不早爲預備。應請招集高等小學畢業生一二十人，開班教授。鮑謂，須力能搬動石版。余謂有大力之人，難於執筆作此等精細之事。恐工錢亦不能不視常人有加。鮑允照辦，江伯訓亦在座。"（第444—445頁）

《張元濟日記》1918年9月23日記載："袁觀瀾交到《百衲通鑒》前半部，計五十五本。本日送交江伯訓，并函告請存入印刷所庫中，需用時或五本十本一取，免意外，致此書不能出版。信稿夾本頁内。"（第450頁）此時印刷、裝訂工作已過半，一切順利。

又，1918年10月3日張元濟致傅增湘信謂："得九月三十日兩次手書，謹誦悉。奉答如下，《衲鑒》印成，預算彼時當可得三百部，留一百部備銷。現均留鉛片，如須再版，亦甚便也。"（《張元濟傅增湘論書尺牘》，第81頁）既説“預算彼時當可得三百部”，證明尚未完工，衹是計劃而已。

《張元濟日記》1919年3月25日記載：“《百衲通鑒》原書，裝兩箱送張仲蘇、沈商耆，托帶京還傅沅叔。”（第556頁）此時書已竣工。這與傅增湘在影印本《衲鑒》後記中所説“己未［徐按：即1919年］初春告成”正相契合。

《衲鑒》的印刷采用了當時較爲先進的金屬版工藝。《衲鑒》書後牌記云：“本館借到雙鑒樓藏《百衲宋本資治通鑒》，用金屬版影印，與原版真迹比較，無毫厘之差。大雅君子，幸賜鑒察。如有翻印，千里必究。民國八年春，上海商務印書館謹白。”其實，所謂“金屬版影印”，就是石印經過改良，用金屬版材替代石版後的産物。曾任職商務印書館印刷總廠的賀聖鼐在其《三十五年來中國之印刷術》一文中説：“照相石印……以照相攝製陰文濕片，落樣於特製膠紙，轉寫於石版。吾國初期石印書籍，多用是法製版。然此法以膠紙轉寫，筆劃較細之物，未能翻製清楚。至民國九年，上海商務印書館始用直接照相石印法，不用膠紙，以陰文直接落樣於亞鉛版，出品既精而速。”（張静廬輯注：《中國近現代出版史料初編》，群聯出版社，1954，第271—272頁）賀聖鼐所記之工藝無誤，但在時間上顯然滯後了一年多，前面提到的1918年10月3日張元濟致傅增湘信札中，就明言“預算彼時當可得三百部，留一百部備銷。現均留鉛片，如須再版，亦甚便也”。“鉛片”即亞鉛版，就是取代了石版的金屬版。金屬版印製成爲《衲鑒》的一個重要賣點。

《衲鑒》的用紙亦按照當時古籍書業的慣例使用多種紙張，采用不同的定價，以滿足不同的客户群。《張元濟日記》1918年9月25日記載：“《百衲通鑒》，夢旦查示，售出：料半八二，現印一百廿；連史五五，現印一百四十；毛邊七五，現印一百四十。共售出二一二，現印四百。本日函告沅叔。”（第452頁）1919年4月17日張元濟致傅增湘信曰：“《衲鑒》預約截止，計總館售去四十三部，又送袁伯揆、張石銘各一部，分館售去三百十二部。計料半紙總共售去一百十五部，連史紙一百三十部（連送人兩部在內），毛邊紙一百十二部。後來加印棉紙二十部，準如來示，定價一百六十元；料半僅存五部，定價一百二十元，殊不爲貴。連史存十部，亦擬增爲捌拾元。毛邊存廿八部，即如前表定爲六十元。現在存書無多，不久恐將售盡。”［張樹年、張人鳳編：《張元濟書札》（增訂本），商務印書館，1997，第1090頁］當時影印古籍所用紙張大致有料半、連史、毛邊和棉紙數種。

民國時期商務印書館印書還流行搭印，《衲鑒》大概就是開風氣之先者。所謂“搭印”，是在圖書規定的開本、紙張、印數之外，針對某些客户的需求，用特定的紙張、開本印製的書。搭印書的紙張一般由客户指定，開本往往較大，商務印書館僅收取實際工本費。傅增湘、周叔弢等藏書家是搭印書的熱衷者。張元濟有時也藉機多印出一些，提價銷售。因此民國時期商務印書館的同一種影印書，有時會出現不同的紙張和開本，紙張較好、開本較大的可能便是搭印本。

張元濟1918年10月6日致傅增湘信中便記録了搭印之事：“每包二千張，價約銀三十兩。《衲鑒》全書計四千七百餘葉，是每包衹印書兩部有半，再加印工裝訂成書，一部總須二十餘元。多或恐須三十元。明日取到紙樣。如果合用，即代尊處印五部。如嫌多，亦可以一二部歸弟也。公司亦擬搭印若干部，定價出售。”［張樹年、張人鳳編：《張元濟書札》（增訂本），第1077頁］11月30日致信傅增湘：“附印日本紙十部久經開印，已成三分之一。……如在敝處多印十部，有人定購，將來亦可作價售去，尊處亦可照分餘利也。每部成本約須五十元之譜，將來售價至少恐須定一百廿元。惟尊處附印十部，則衹收工本耳。”［張樹年、張人鳳編：《張元濟書札》（增訂本），第1081頁］

有時張元濟也會出面組織特需之書的印製，等同於搭印。張元濟1919年4月17日致信傅增湘：“售完之後，如尚有人欲得之，擬專印闊大之本，并用佳紙，庶於目前加價發售無所妨礙，但亦必須凑集若干人，預定若干部，方能着手耳。”［張樹年、張人鳳編：《張元濟書札》（增訂本），第1090頁］

關於銷售，商務印書館與當時的多數出版商一樣，采用預售制。即確定好選題後便開始宣傳，印製樣本，以較大的優惠折扣（一般爲五折）預先收款。此種預先籌款印書的方式亦稱“股印”，可以極大地緩解出版商的資金壓力。

《衲鑒》發布樣本的時間是1918年4月。《張元濟年譜》1918年4月11日記載：“寄傅增湘《百衲本資治通鑒》樣本百份。”（第151頁）一年後便取得了不錯的成績，總館售去43部，分館售去312部，共計355部，所印400部剩餘不多。據1923年4月15日張元濟致傅增湘信札記載：“倭紙《百衲通鑒》敝處已無存者，惟有毛邊紙兩部而已。”［張樹年、張人鳳編：《張元濟書札》（增訂本），第1098頁］

然而，1930年《百衲本二十四史預約樣本》却又刊登了《衲鑒》的廣告，謂：“《宋百衲本資治通鑒》八十册，四開本，連史紙印，定價八十元，雙鑒樓主人所藏《宋百衲本資治通鑒》，版式精妙，實爲曠代奇書。本館曩曾借影流傳，除售預約外，存書無多，好古之士，惠購請早。”連史紙一部定價80元，與10年前定價相同。張元濟1930年1月29日致傅增湘信亦云：“潘明訓稱《白六帖》《龍龕手鑒》均願購藏，《百衲通鑒》要看全書，其他各書亦須看書，方能定價。”［張樹年、張人鳳編：《張元濟書札》（增訂本），第1159頁］看樣子《衲鑒》餘書尚有不少。估計除規劃中的400部外，搭印之書數量不少，造成庫存積壓。

三、關於《衲鑒》的底本使用費

民國時期商務印書館大規模影印古籍，所用底本除本館購藏之外，主要依靠圖書館和私人藏書家。使用底本的報酬大多是給書，少量支付版税或利潤分成。例如《張元濟日記》1912年9月21日記載：“借印褚臨《蘭亭》，酬書五十部，已告夢翁，或抽版税十分之一。”（第7頁）1916年8月22日記載：“吴訥士來信，約明日談。余復允，并言承以鐘鼎拓本版權見贈，極感。出書後，擬送五十部爲酬。”（第108頁）1919年2月6日張元濟致信傅增湘：“再聞李君贊侯新購《張遷碑》，係著名之宋拓本。敝處甚欲影印。度吾兄必與相識，可否乞代爲商懇。將來即交京館攝影，絲毫不致損壞。用珂羅版印，印成擬贈原主二三十部。”（《張元濟傅增湘論書尺牘》，第95頁）《張元濟日記》1920年7月7日記載：“張仲昭來，屬估印乃父以言子稿本。談及伊處有宋板書可以借影，詢及如何辦法。余言酬書。問多少，余言彼此可商。”（第748頁）1920年11月17日張元濟致信孫毓修：“《四部叢刊》第二期書中如有借印奂彬［徐按：葉德輝（1864—1927），字奂彬，號直山，别號郎園］之書，可即速裝十部寄去。”［張樹年、張人鳳編：《張元濟書札》（增訂本），第492頁］1927年1月13日張元濟致信傅增湘：“宋本《攻愧集》［徐按：李木老之書，《四部叢刊》用］能借來影印，亦一快事，乞公代謀。擬送書一二十部。多則犯不着，緣《叢刊》不能因此長價也。”［張樹年、張人鳳編：《張元濟書札》（增訂本），第1121頁］

根據史料記載，當年商務印書館借印古籍善本，一般是回贈該種圖書10部。例如《百衲本二十四史》借用蔣氏衍芬草堂藏本《晋書》，即給付10部影印本。也有不要10部所借印之書，想要其他書者，如《張元濟日記》1920年6月21日記載：“送蔣孟蘋新印《周易》《尚書》《資治通鑒考异》，又《目録》《黄山谷集》《張于湖集》《鮑明遠集》《滏水集》，白紙各一部。因孟蘋前言所借印不必送十部，欲易其他善本。故選此爲贈。”（第747頁）

不要書，衹要錢的也有，主要就是傅增湘和朱文鈞（字幼平）先生。這方面事例甚多，除前面所言《衲鑒》外，又如1923年8月

1日張元濟致信傅增湘："《續古逸叢書》借印尊處四種，帳已結出。兹寄呈，乞察核。另寄朱幼平兄一分，并附一函，乞閲過飭送。尊處有餘利一百七十七元零八五，而幼平尚欠一百零四元六零八者，以其所借各書多印單行本之故。且尊處餘利係十成之六，幼平係十成之五，故帳目亦不同，幸祈留意。"［張樹年、張人鳳編：《張元濟書札》（增訂本），第1100頁］1929年4月15日張元濟致朱文鈞信札記載：

敝公司與尊處合印《續古逸叢書》帳款一節，遵即轉詢敝公司。兹據復稱，十七年份之帳原擬將去歲續售予約帳一并結算，惟遠路予約係結至十八年三月底止，各分館報告尚未到齊，約售出七十餘部。故遲遲未能結算奉告。兹承尊詢，特將自十七年一月一日至十二月三十一日止，初印本售出之數先行結算。尊處應得盈餘洋捌拾元零貳角捌分伍厘。……

附

朱幼平先生　合印《續古逸叢書》結帳清單（十七年一月一日至十二月三十一日止）

1.合印本　十七年份夾貢、料半均未售出。

2.單行本定價售出

《嘯堂集古録》夾貢二部，照原價每部七元，九折，共收洋拾貳元陸角；又料半七部，照原價每部五元，九折，共收洋叁拾壹元伍角。

《六唐人集》夾貢貳部，照原價貳拾貳元，九折，共收洋叁拾玖元陸角；又料半陸部，照原價每部拾陸元，九折，共收洋捌拾陸元肆角。

總計實收洋壹百柒拾元另壹角。

3.單行本布套費

《嘯堂集古録》夾貢二部，每部成本洋肆角捌分，共洋玖角陸分；又料半七部，每部成本洋叁角伍分，共洋貳元肆角伍分。

《六唐人集》夾貢二部，每部兩套，成本洋玖角陸分，共洋壹元玖角貳分；又料半陸部，每部兩套，成本洋柒角，共洋肆元貳角。

總計付洋玖元伍角叁分。

以上收付相抵，凈計餘利洋壹百陸拾元零伍角柒分。尊得十分之五，計洋捌拾元零貳角捌分伍厘。［張樹年、張人鳳編：《張元濟書札》（增訂本），第302—303頁］

以上之例似乎是采用的利潤分成方式，但從整體上看，似乎支付版税的方式更加普遍。1928年9月13日張元濟致信傅增湘："再昔年曾將尊藏宋刊《白氏六帖》照存一分。卷帙既多，又係類書，印大本恐無銷路。尊意如不嫌縮小，擬即配入《叢刊》，將《白孔六帖》抽换。此書將來當另酬版税，敬候示遵。"［張樹年、張人鳳編：《張元濟書札》（增訂本），第1150頁］1928年9月17日張元濟致傅增湘信札"附商務印書館致傅增湘信"還記載了一份傅增湘的版税賬單：

《百衲本二十四史》中《南齊書》《五代史記》兩種係向尊處借印，其報酬照版税辦法，兹計算如左：

（一）葉數

全書共六萬五千葉。《南齊書》計一零五二葉，當全書百分之一・六强。《五代史記》計八八六葉，當全書百分之一・四弱。兩書合計一九三八葉，當全書百分之三弱。

（二）版税

普通版税照定價預約價百分之十或百分之十五計算。此爲古本，擬照百分之五計算。

（三）試算

甲、預約價一次全交每部三百元，百分之三計洋九元，版税百分之五計洋四角五分。

乙、預約價三次分交每部三百六十元，百分之三計洋十元零八角，版税百分之五計洋五角四分。

丙、第一期出書後售價同乙。

丁、第二期出書後售價尚未定，將來當依此比例計算。

傅沅叔先生台鑒　編譯所出版部具　十九年九月十七日［張樹年、張人鳳編：《張元濟書札》（增訂本），第1175頁］

又，1934年11月10日張元濟致信傅增湘：

《百衲正史》、《叢刊》續編均須將本年應出之書趕緊結束，并預備明年應出之書。前蒙開示珍藏善本可假景印者凡數十種，至爲感幸。今擬先告借二十種，清單附呈。如有版印不甚清朗者，乞暫抽出，俟异日印事稍閑之時再行丏借。遇有便人來滬，即祈檢托帶下。出版之後，擬贈版税，照定價十分之一，預約、單行分别計算。如蒙俯允，公司之意擬照借朱幼平兄書例，與兄訂一總約，并乞示遵。惟承示單内宋刊各本擬彙入《續古逸叢書》，此意自當遵行。但大本銷數甚微，既印入《續古逸叢書》之後，不能不俟其銷數及額，再行縮印。若同時并印，則大本銷路更滯。究應如何區處，亦祈裁酌見示。前印《龍龕手鑒》《困學紀聞》，據查存書，均將售盡。現擬縮印，并入《叢刊》續編，即照上文所言版税總約辦理，合并陳明。［張樹年、張人鳳編：《張元濟書札》（增訂本），第1200—1201頁］

又，1937年1月21日張元濟致信傅增湘：

前蒙惠假善本印入《四部叢刊》三編者，計《新唐書糾謬》《吊伐録》《龜巢稿》《密庵稿》《静居集》《北郭集》六種，業經知照該管部分依照契約結算版税。惟尚有《困學紀聞》，前印大本，弟亦誤記爲係照版税辦法，故亦收入。乃據該管部分聲稱原訂合同係爲代印代售，現改縮本，亦衹能繳奉版税。（《張元濟傅增湘論書尺牘》，第351頁）

從以上版税付費看，版税的比例，根據書的内容、版本情况及銷售方式的不同，從5%到15%不等。例如預售之書往往要打五折出售，利潤自然較低，分成的比例就要下降。顯然，張元濟更願意采用贈書的方式，經濟上壓力較小，因爲一批次加印若干部書，增加的實際成本非常小，書的定價却絲毫不減。但對傅增湘、朱文鈞這樣藏書極精的大家來説則是例外，必須給他們實惠，即支付錢款。

四、影印《衲鑒》過程中的糾紛

前面曾提到，商務印書館與傅增湘結算底本費用時，是按照實際使用葉數爲準的。爲此，在影印《衲鑒》時，傅增湘與張元濟便産生了糾紛。1919年1月29日張元濟致傅增湘信謂："至《衲鑒》改印敝處藏本過多，據敝處出版部調查，其中亦有理由。容再查明奉達。尊意欲改印四卷，自應遵辦。其印價即由公司認賠，以贖吾愆，并祈鑒宥。"（《張元濟傅增湘論書尺牘》，第94頁）原來，傅增湘發現影印書中有不少篇幅被商務印書館所藏底本替换，表示不滿。張元濟此信表示歉意，并同意改印四卷，費用由商務印書館承擔。《張元濟日記》1919年1月28日記亦載此事："檢閲《衲鑒》損破各卷，實有不能不改本館藏本之處，但内有六卷版本相同，衹須將缺損之葉抽照，不必全卷用本館藏本影照。據丁生云，惟此六卷，此外尚有，亦已如是辦矣。沅叔意欲改印四卷。余意印費歸公司認，并去信聲明，以贖吾愆。"（第527頁）但2月8日，張元濟又致信傅增湘，改變了説法："《衲鑒》本衹改印一、二兩卷，出版部來信附閲，弟前函云四卷者誤也。"（《張元濟傅增湘論書尺牘》，第95頁）

經核查，商務印書館影印《衲鑒》時，底本被更换爲其所藏十一行刻本的數量較多，遠非張元濟等人所説之數。具體情况如下：

宋紹興二年至三年兩浙東路茶鹽司公使庫十二行刻本，卷一至八、三十七至四十五、九十五至一百一十一、一百二十四至一百二十七、一百三十六至一百五十、一百五十九至一百七十六、一百八十至二百二十、二百二十二至二百三十、二百三十六至二百三十七、二百四十一至二百九十三，凡一百七十六卷。其中第四十三、四十五、一百六、一百五十九至一百六十、一百七十至一百七十一、一百八十至一百八十一、一百八十五、一百八十七至一百八十八、一百九十一、一百九十六、二百六十、二百六十三、二百九十至二百九十一卷，共十八卷被替换。

宋刻十五行本，卷十一至十六、二十三至二十七，凡十一卷。第十五至十六卷，共二卷被替换。

宋刻十四行本，卷十九至二十二、三十至三十三，凡八卷。第二十二、三十至三十三卷，共五卷被替换。

宋刻十六行黑口本，卷三十五至三十六、四十六至五十二、六十九至七十五、一百一十九至一百二十一、二百二十一，凡二十卷。第一百一十九卷被替换。

宋刻十六行白口本，卷五十三至五十六、二百三十二至二百三十五，凡八卷。第五十四至五十六卷，共三卷被替换。

宋刻十一行細黑口本，卷五十七至六十八、七十六至九十四、一百一十二至一百一十八、一百二十二至一百二十三、一百二十八至一百三十五、一百五十一至一百五十八、一百七十七至一百七十九、二百三十八至二百四十，凡六十二卷。第五十八至五十九、七十九、八十三、九十一、九十四卷，共六卷被替换。

明抄本，卷九至十、十七至十八、二十八至二十九、三十四，凡七卷。全部被替换。

抄本，卷二百九十四及後附司馬光《進書表》、刊刻牒文、參校官銜名。卷二百九十四被替换，僅保留了抄本該卷後附的内容。

以上總計被替换四十三卷。對於精於校勘的傅增湘來説，對此不可能不清楚。大概是張元濟在經濟上予以足够的補償，最終得到沅叔的諒解。1919年3月6日張元濟致傅增湘信曰："奉二月二十七日手示，并《衲鑒》跋語，謹誦悉。……又原有每種卷數一一開列，經敝處抽换抄配及蛀損各卷，頗有不符。前示謂恐購者饒舌，今始恍然。然鄙意以爲可以不必如此清晰，擬將來稿某種原有若干卷及右第幾種之右字删去，其餘一切照排，便覺無甚痕迹。附記一段，於末句下加‘又影印之本因爲紙幅所限，故視原書尺寸稍有減縮’數語，於事實較爲符合，想購者亦不至有抽换過多之嫌，想尊意亦以爲然也。”［張樹年、張人鳳編：《張元濟書札》（增訂本），第1089—1090頁］

從信中可以看出，傅增湘對替换底本提出异議的理由是購書者會有意見，因其跋語中將各個版本的卷數一一標明。張元濟的應對辦法是删去跋語中各版本的卷數。傅增湘同意并在跋語最後解釋道：“會涵芬樓主人得宋刊十一行本，行款與前所稱建本正同，而闌外有字，是宋時據建本翻雕者，首尾特爲完整。於是舉此帙中鈔配與缺損卷葉，各爲抽换，期歸精整。故印本與前記不盡合。……又影印之本，因爲紙幅所限，故視原書尺寸略有減縮。增湘再志。”

傅增湘與張元濟的上述糾紛雖然平息下來，但從版本學專業的角度看，商務印書館影印時，將底本中多達四十三卷的珍貴版本替换爲十一行刻本，很大程度上降低了影印本的版本價值。《衲鑒》中的七種宋刻本，除宋紹興二年至三年十二行刻本，國家圖書館另有全本，其他六種極爲稀見：十四行本、兩種十五行本、兩種十六行本，在《北京圖書館古籍善本書目》中僅《衲鑒》中有，可謂鳳毛麟角；十一行本也與商務印書館十一行藏本不同。尤其是明十二行抄本，傅增湘書後跋語中已經明言“餘鈔配者，八卷中七卷爲明鈔，如十二行本版式”，却全部被替换掉，於體例不符，亦無道理，有損於“百衲本”之稱。上述各本均爲校勘《資治通鑒》一書的絶佳資料，存卷本已不多，保留尚唯恐不及，怎能輕易删去?

再有，替换《衲鑒》的四十三卷十一行本，就在《衲鑒》印製的同時，也被列入《四部叢刊》初編史部全文影印，那就更無須替换了。另外，被替换的卷帙，書品較好，極少有“損破”影響閲讀之葉。大量替换應該是出於成本方面的考慮，因爲商務印書館藏十一行全文影印本，與《衲鑒》的四十三卷替换本，照相、修圖、製版完全相同，衹需製作一次，可以節省大量人力、財力和時間成本。至於補償傅增湘的金額，與此相比就微不足道了。

2022年8月

《百衲本二十四史·晋書》選用底本的經過

一、從宋刻本《孟浩然詩集》的一紙題跋説起

國家圖書館（以下簡稱“國圖”）藏宋刻本《孟浩然詩集》三卷，二册（索書號：8705），是海源閣遺書中的一種。書中夾有一紙無書寫者姓名、日期的題跋，謂：“依《新民法》，過期不贖，衹能將押品拍賣，有餘仍交與債務人；不足向找。余未查《新民法》，貿然押款，不免上當。然此書注明實價式千五百元，今已三年，合本利已過式千伍百元，拍賣亦不妨彼方。若説話儘可照算。《晋書》注明七千五百元，須七八年本利乃合成原價，此時不能出手。”（圖1）

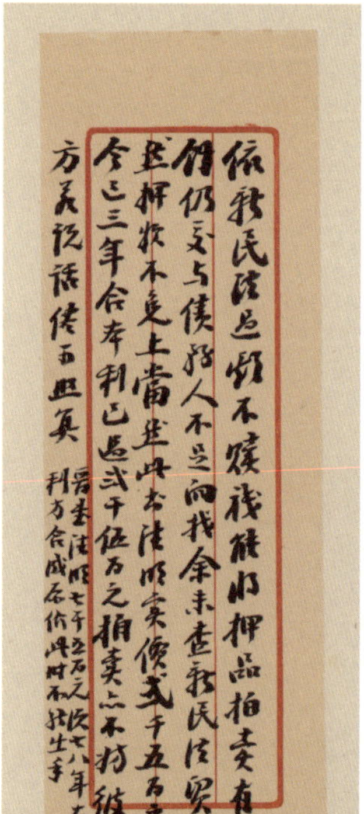
依新民法過期不贖祇能將押品拍賣有餘仍交與債務人不足向找余未查新民法貿然押款不免上當然此書注明實價式千五百元今已三年合本利已過式千伍百元拍賣亦不妨彼方若説話儘可照算晋書注明七千五百元須七八年本利乃合成原價此時不能出手

圖1 《孟浩然詩集》中的李盛鐸題跋

這篇題跋由於没有落款，在1959年出版的《北京圖書館善本書目》中便没有著録。此後的《北京圖書館古籍善本書目》（1987版）、《中國古籍善本書目》、《中華再造善本總目提要》、《國家珍貴古籍名録》等相關書目均未提及。然而，題跋却透露出大量此前無人知曉的重要信息，爲研究海源閣舊藏的散聚、流嚮，民國時期古舊書業的運作，以及周叔弢先生的藏書經歷，提供了參考依據。

題跋的大意是《孟浩然詩集》質押期已

過，按法律規定衹能拍賣，但拍賣所得如果超過押金，必須將超過部分退還抵押人（即原書主），對己不利。然而，事前雙方要給質押品定個買斷價（即跋文中所謂“實價”），當抵押價連本帶息超過該價格後，質權人就可視作買斷，從而獲得質押品，以防抵押時間過長，損害質權人的利益。此書質押已滿三年，連本帶利超過了所規定的實價2500元，因此質權人可以隨意處理。同時質押的《晋書》實價爲7500元，押金需要七八年連本帶利纔能達到此數，現在還不能出手。

民國時期民間盛行“質押”之風，藏書界亦如此。當藏家亟需用錢但又不想賣書，或一時賣不出好價，便可先將書“押”出去，得到一定數額的押金，以解燃眉之急，到期再將書贖回，或者另行尋找買家出售。例如著名的宋刻本《唐女郎魚玄機詩》便被袁克文押給弢翁四弟周進，完顔景賢家人將《洪範政鑒》以1000元質押給傅增湘，方地山曾將《宋百衲本史記》《王郎天女雨花圖》《王漁洋像》質於弢翁家，等等。當然，最著名的案例還是海源閣的92種善本質押在天津鹽業銀行之事。那麽，這部《孟浩然詩集》與押於鹽業銀行的書是否有關呢？答案是否定的。因爲那批書的書單中没有此書，而且時間也對不上，鹽業銀行那批書質押的時間是1930年，《孟浩然詩集》質押的時間則是1927年。

要證明此書質押於1927年，需要先確定質權人，或者説債權人是誰。他就是李盛鐸。根據有二：1.書中鈐蓋的印章，除清代黄丕烈、汪士鐘、于昌進及海源閣楊氏藏書印外，李盛鐸、李滂父子的藏印“李盛鐸印”“木犀軒藏書”“木齋”“木齋審定”“李滂”“少微”也赫然在目。2.從題跋的筆迹看，與李盛鐸相符，該題跋係李盛鐸書寫。李盛鐸的這紙題跋，雖然爲《孟浩然詩集》而作，其價值却不止於此書，還證明了海源閣舊藏宋本《晋書》也質押在他的手中。接着説書的押期始於1927年。

20世紀20、30年代，商務印書館影印《百衲本二十四史》（以下簡稱“《衲史》”），張元濟曾通過傅增湘聯繫李盛鐸，借影其手中的宋刻小字本《晋書》，時間最早的記載爲1927年10月5日，張元濟致傅增湘信札曰：“木老［徐按：即李盛鐸］允借《兩漢》《晋書》，索酬萬元，公司中人認爲過重。時局如此，即印出恐亦無甚銷路，暫行緩議（極快須明年下半年方能開印）。”［張樹年、張人鳳編：《張元濟書札》（增訂本），商務印書館，1997，第1139頁］

此信札證明，1927年10月5日之前，海源閣宋刻《晋書》已經質押給李盛鐸了。《孟浩然詩集》與《晋書》係同時質押，時間自然相同。這個時間與海源閣第五代傳人楊敬夫於1927年遷居天津并帶來一批藏書銷售的文獻記載相符。按照跋中所説“此書注明實價弍千五百元，今已三年”推算，李盛鐸題跋的時間是1930年。

二、三部宋刻本《晋書》

張元濟信中所説“木老允借”的《晋書》，就是楊氏海源閣押在李盛鐸手中的那部《晋書》（以下簡稱“楊本”）。所謂“小字本《晋書》”，即南宋初建刻十四行本，存世較完整的有三部：

1.南京圖書館（以下簡稱“南圖”）藏本一百三十卷（卷八至十、二十八至三十、四十三至四十五、一百一至一百五、一百十五至一百二十一配明抄本）。版框高18厘米，寬12.7厘米。每半葉十四行，行二十五字，白口，間有綫黑口，左右雙邊。明末毛晋、清丁丙跋。據南京圖書館編著《新盋山書影》（待出版）：“此宋刊小字本，密行細楷，字畫遒勁，與國家圖書館所藏兩部宋本（索書號：8003、5827，下稱甲本、乙本）相類，同爲南宋初葉建刻十四行本，無《音義》，然每行字數相异，甲乙二本均每行二十六至二十七字。宋諱敬、殷、朗等字多缺筆，桓、構、慎不避。禎（卷二十一、二十七）作‘御名’，當翻刻自北宋仁宗時期刻本。目録‘載記’各卷‘百’字多被剜除。版心不記刻工。所配抄本據元刻十行二十字本抄録。此本卷三十四第十葉第十四行‘分命臣等隨界分進’，國圖甲本作‘分命臣等隨界分趨便先驅進’，乙本作‘分命臣等隨界分臣等隨界分進’；此本卷八十第四葉後第九行‘張芝’，國圖甲乙二本作‘羲之’。此本卷三十三第五葉B第一行有‘征無戰’至‘誠宜有’二十六字，甲乙本皆脱。甲本有多處夾行小字校記，乙本删，館藏本多無。”

書後毛晉跋謂：“此書爲王弇洲先生所藏。‘貞元’本唐德宗年號，印恰符先生名字，故其秘册往往摹而用之，下必繼以三雅印。此屬‘仲雅’者。嚮曾遭割裂，想經先生改正。余全史中原本亦係宋刻，每多缺字，而此本特全，洵可寶也。湖南毛晉識。”

此書迭經明王世貞、毛晉，清宋犖、馬瀛、丁丙等人收藏，鈐“貞”“元”“仲雅”“商丘宋犖收藏善本”“三晉提刑”“臣筠”“馬瀛”“漢晉齋”“漢晉書齋”等印（圖2）。

2.海源閣楊氏藏本一百三十卷（卷九十九第九葉、卷一百六第十一葉、卷一百十一第九葉抄配）。框高18厘米，寬13.1厘米。每半葉十四行，行二十六至二十七字，白口間細黑口，左右雙邊間四周單邊。此書鈐有“松郡朱氏”“廣乘山人”“華亭朱氏珍藏”“大宗伯印”“榮慶堂”“季振宜藏書”“季振宜印”“滄葦”“徐健庵”“乾學”“以增之印”“至堂”“東郡楊氏宋存書室珍藏”“彦合珍玩”“東郡楊紹和鑒藏金石書畫印”“周暹”等印。據聶溦萌《〈晉書〉兩種宋刻二十七字本的考察》（《中國典籍與文化》2013年第1期）考證，楊本《晉書》中所鈐“松郡朱氏”“廣乘山人”“華亭朱氏珍藏”“大宗伯印”“榮慶堂”五印，均由中國國家圖書館所藏蔣氏衍芬草堂本《晉書》（以下簡稱“蔣本”）相關鈐印葉調换而來，時間約在清康熙晚期至同治元年（1862）間。此書曾經清季振宜、徐乾學、海源閣楊氏，周叔弢收藏（圖3—5）。

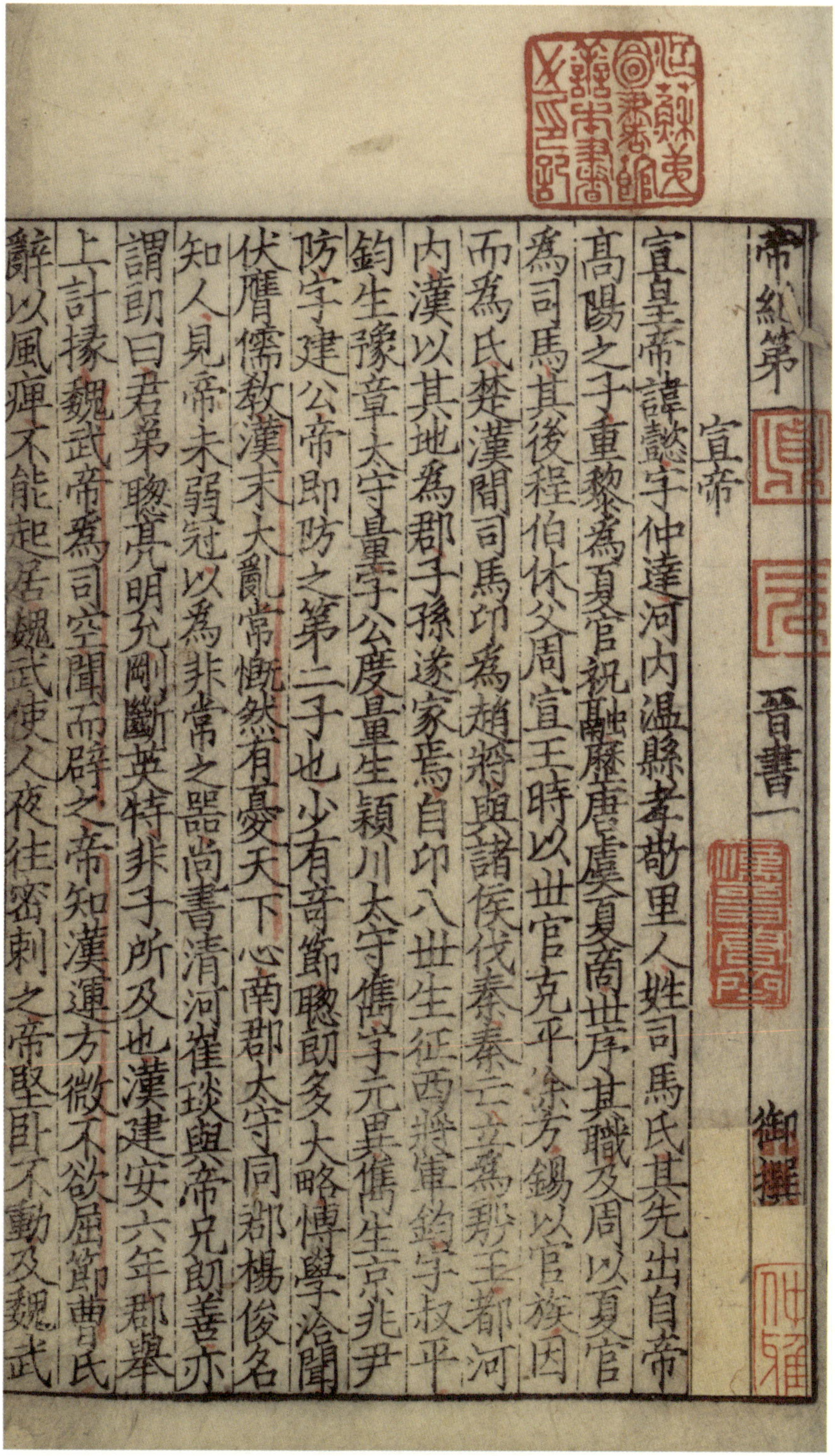
帝紀第一　宣帝　晉書一　御撰
宣皇帝諱懿字仲達河内溫縣孝敬里人姓司馬氏其先出自帝
高陽之子重黎為夏官祝融歷唐虞夏商世序其職及周以夏官
為司馬其後程伯休父周宣王時以世官克平徐方錫以官族因
而為氏楚漢間司馬卬為趙將與諸侯伐秦秦亡立為殷王都河
内漢以其地為郡子孫遂家焉自卬八世生征西將軍鈞字叔平
鈞生豫章太守量字公度量生潁川太守雋字元異雋生京兆尹
防字建公帝即防之第二子也少有奇節聰朗多大略博學洽聞
伏膺儒教漢末大亂常慨然有憂天下心南郡太守同郡楊俊名
知人見帝未弱冠以為非常之器尚書清河崔琰與帝兄朗善亦
謂朗曰君弟聰亮明允剛斷英特非子所及也漢建安六年郡舉
上計掾魏武帝為司空聞而辟之帝知漢運方微不欲屈節曹氏
辭以風痹不能起居魏武使人夜往密刺之帝堅臥不動及魏武

圖 2　南京圖書館藏《晉書》卷一

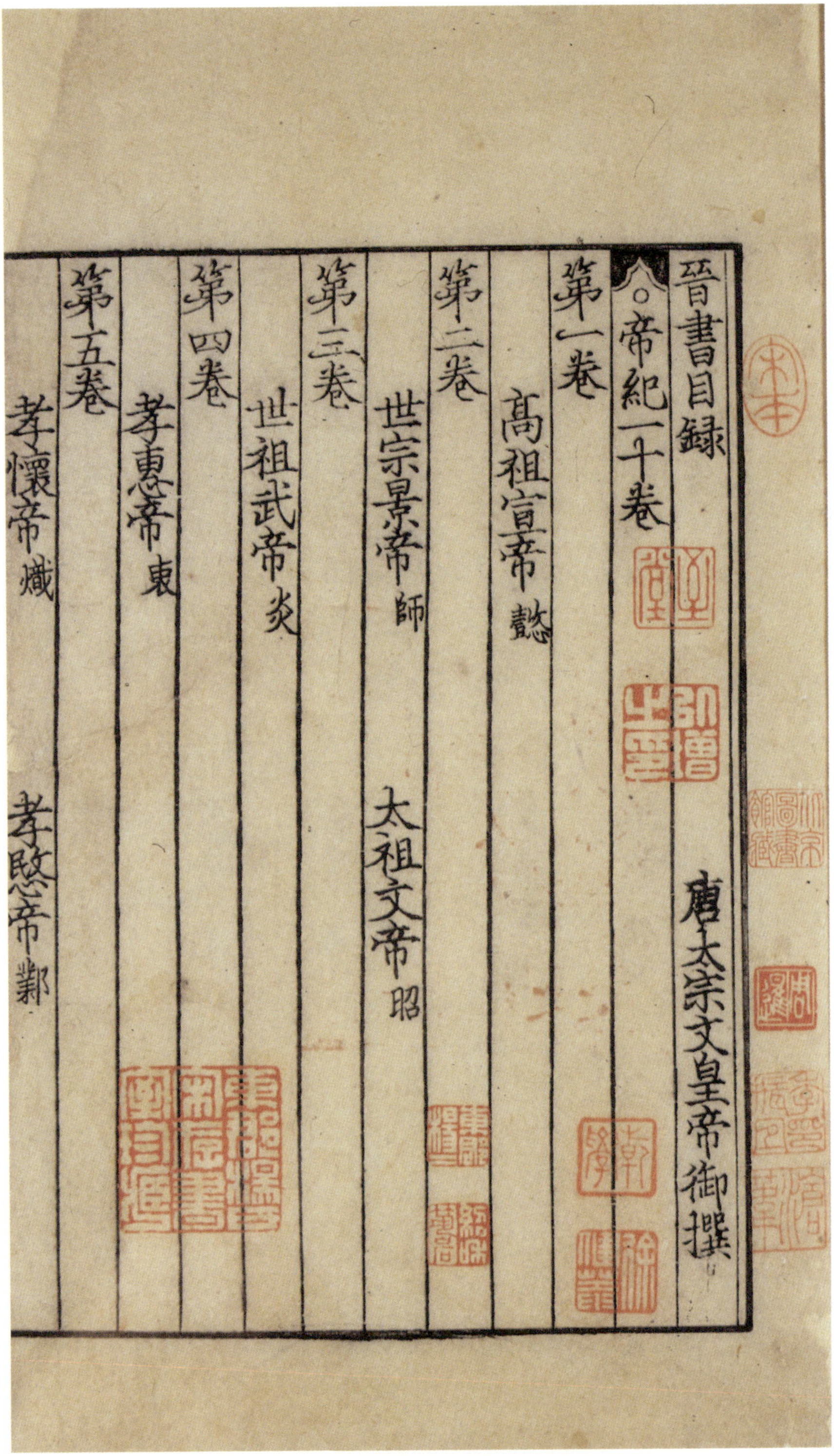

晉書目録　唐太宗文皇帝御撰

帝紀一十卷

第一卷　高祖宣帝懿

第二卷　世宗景帝師　太祖文帝昭

第三卷　世祖武帝炎

第四卷　孝惠帝衷

第五卷　孝懷帝熾　孝愍帝鄴

圖 3　海源閣本《晉書》目録

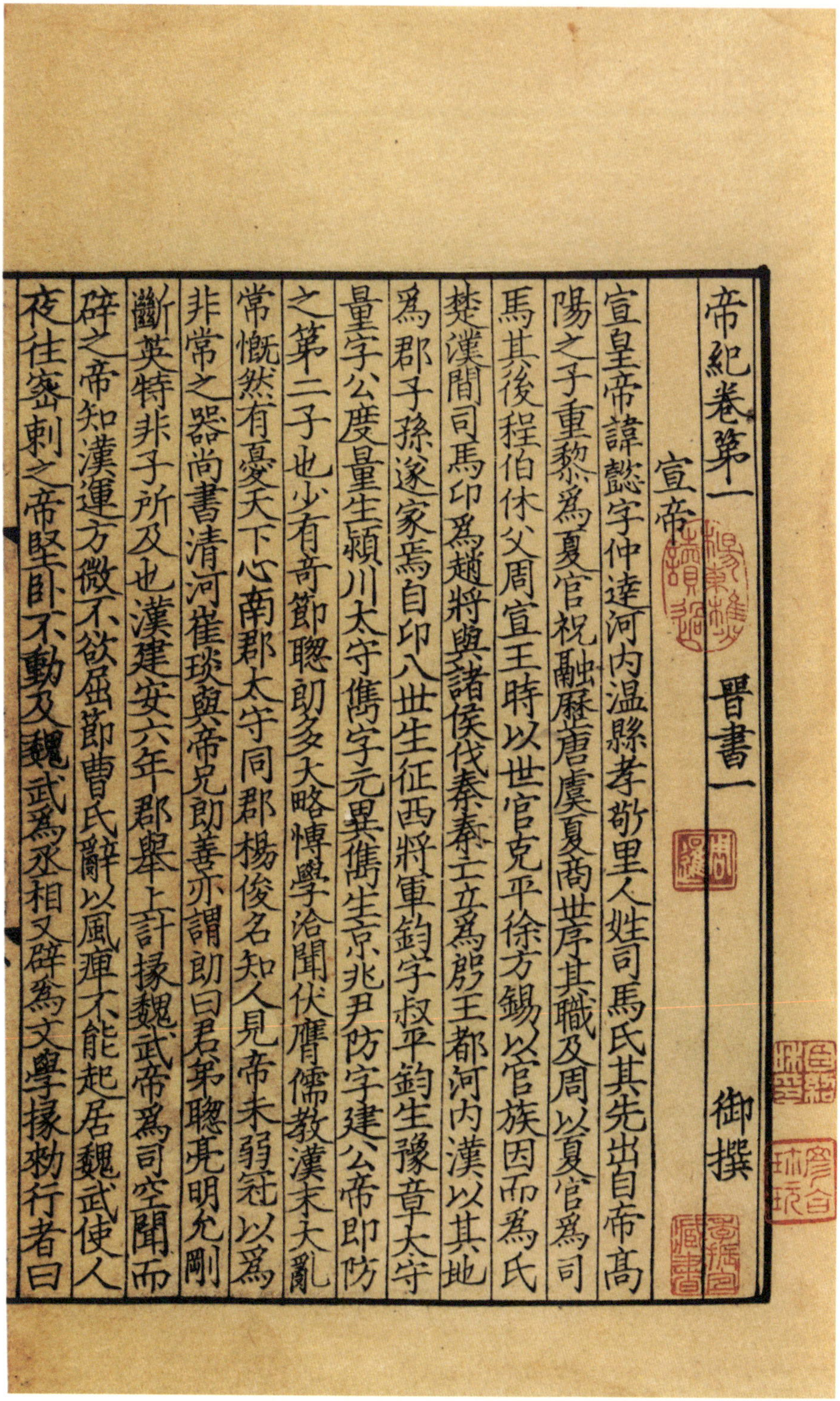
帝紀卷第一　晉書一
宣帝　御撰
宣皇帝諱懿字仲達河内温縣孝敬里人姓司馬氏其先出自帝高
陽之子重黎爲夏官祝融歷唐虞夏商世序其職及周以夏官爲司
馬其後程伯休父周宣王時以世官克平徐方錫以官族因而爲氏
楚漢間司馬卬爲趙將與諸侯伐秦秦亡立爲殷王都河内漢以其地
爲郡子孫遂家焉自卬八世生征西將軍鈞字叔平鈞生豫章太守
量字公度量生潁川太守儁字元異儁生京兆尹防字建公帝即防
之第二子也少有奇節聰朗多大略博學洽聞伏膺儒教漢末大亂
常慨然有憂天下心南郡太守同郡楊俊名知人見帝未弱冠以爲
非常之器尚書清河崔琰與帝兄朗善亦謂朗曰君弟聰亮明允剛
斷英特非子所及也漢建安六年郡舉上計掾魏武帝爲司空聞而
辟之帝知漢運方微不欲屈節曹氏辭以風痺不能起居魏武使人
夜往密刺之帝堅臥不動及魏武爲丞相又辟爲文學掾勑行者曰

圖 4　海源閣本《晉書》卷一

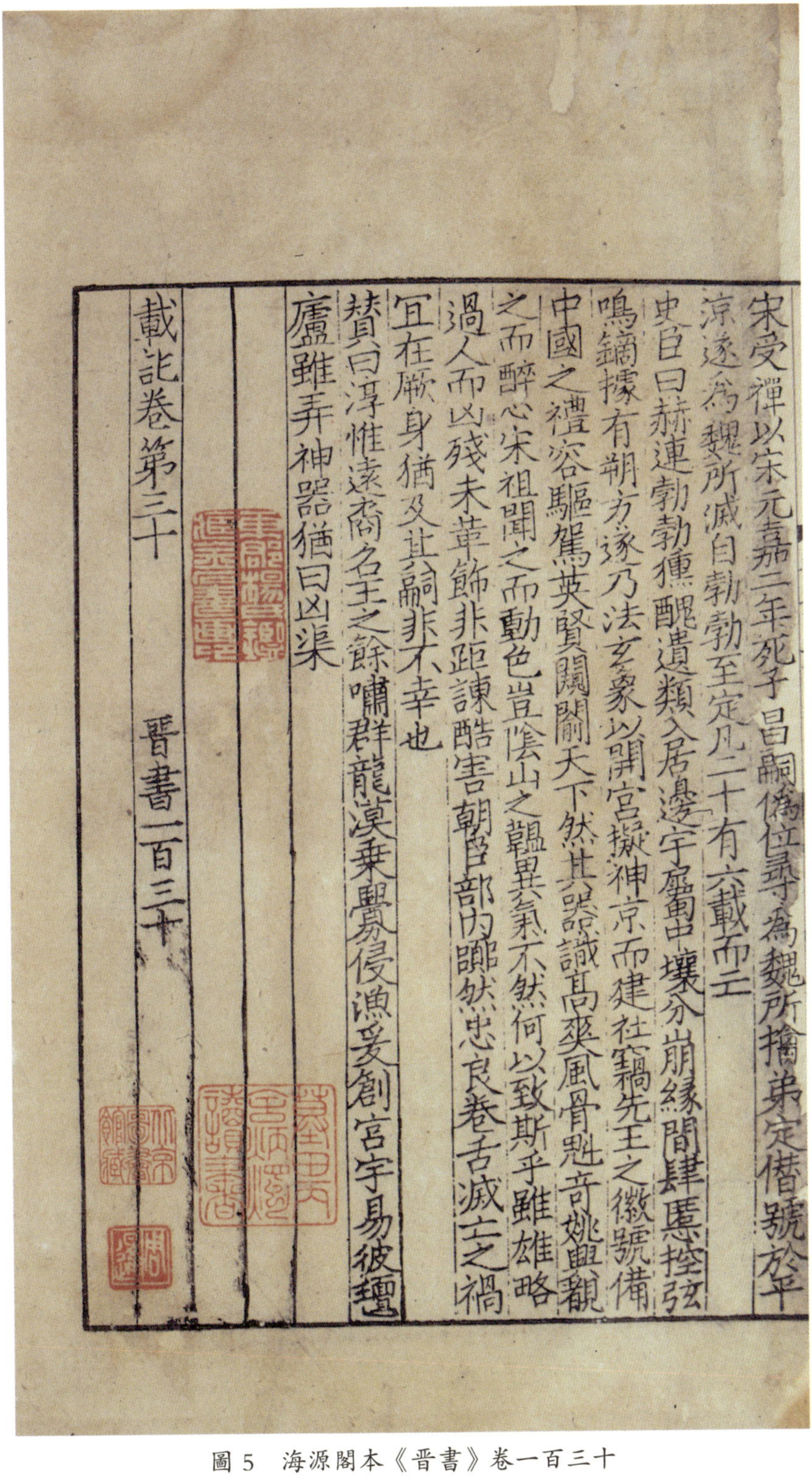
宋受禪以宋元嘉二年死子昌嗣偽位尋為魏所擒弟定僭號於平
涼遂為魏所滅自勃勃至定凡二十有六載而亡
史臣曰赫連勃勃獯醜遺類入居邊宇屬中壤分崩緣間肆慝控弦
鳴鏑據有朔方遂乃法玄象以開宮擬神京而建社竊先王之徽號備
中國之禮容驅駕英賢闚闢天下然其器識高爽風骨魁奇姚興覩
之而醉心宋祖聞之而動色豈陰山之韞異氣不然何以致斯乎雖雄略
過人而凶殘未革飾非距諫酷害朝臣部內嚻然忠良卷舌滅亡之禍
宜在厥身猶及其嗣非不幸也
贊曰淳惟遠裔名王之餘嘯群龍漠秉釁侵漁爰創宮宇易彼氊
廬雖弄神器猶曰凶渠

載記卷第三十　晉書一百三十

圖 5　海源閣本《晉書》卷一百三十

3.蔣氏衍芬草堂藏本一百三十卷，存一百卷（卷一至一百，卷四十六至五十三、八十二至一百配清影宋抄本）。框高18.7厘米，寬13.1厘米。每半葉十四行，行二十六至二十七字，白口，左右雙邊。蔣述彭録清蔣光焴跋，清錢泰吉、邵懿辰跋（圖6—7）。

蔣光焴跋曰："小字本《晉書》一百卷，每頁十四行，行二十七字，麻沙刻劃，精審無比。後補鈔十九卷，仿宋精楷，與刻本相類，幾不可辨。惟首缺序文，似爲可惜。向惟上海郁氏所藏《晉書》，世稱善本。而苕溪書賈曾以一部携示南潯蔣氏，議價未成，亦係麻沙小字，似不能如此本之精。同里馬氏亦藏一部，生沐從兄［徐按：即蔣光熙］曾從馬君假閲，兄尚記其行款字樣，略與此本相埒，然每卷卷末皆有割補痕迹。不無可疑。"馬氏所藏即爲南圖藏本。

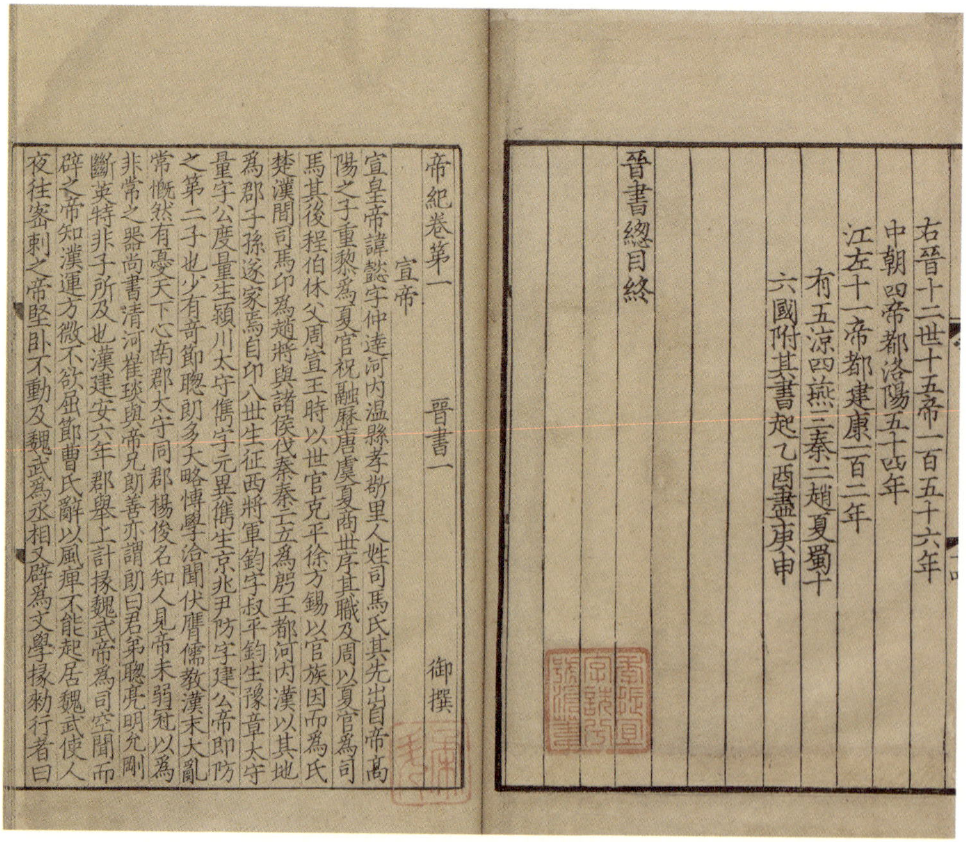
右晉十二世十五帝一百五十六年
中朝四帝都洛陽五十四年
江左十一帝都建康一百二年
有五涼四燕三秦二趙夏蜀十
六國附其書起乙酉盡庚申

晉書總目終

帝紀卷第一　晉書一　御撰
宣帝
宣皇帝諱懿字仲達河内温縣孝敬里人姓司馬氏其先出自帝高
陽之子重黎爲夏官祝融厯唐虞夏商世序其職及周以夏官爲司
馬其後程伯休父周宣王時以世官克平徐方錫以官族因而爲氏
楚漢間司馬卬爲趙將與諸侯伐秦秦亡立爲殷王都河内漢以其地
爲郡子孫遂家焉自卬八世生征西將軍鈞字叔平鈞生豫章太守
量字公度量生潁川太守儁字元異儁生京兆尹防字建公帝即防
之第二子也少有奇節聰朗多大略博學洽聞伏膺儒教漢末大亂
常慨然有憂天下心南郡太守同郡楊俊名知人見帝未弱冠以爲
非常之器尚書清河崔琰與帝兄朗善亦謂朗曰君弟聰亮明允剛
斷英特非子所及也漢建安六年郡舉上計掾魏武帝爲司空聞而
辟之帝知漢運方微不欲屈節曹氏辭以風痺不能起居魏武使人
夜往密刺之帝堅卧不動及魏武爲丞相又辟爲文學掾勑行者曰

圖6　蔣本《晉書》目録末、卷一

書中鈐“松郡朱氏”“廣乘山人”“大宗伯印”“榮慶堂”“華亭朱氏珍藏”“天和堂印”“平生真賞”“太史氏印”“季振宜字詵兮號滄葦”“柔升”“鹽官蔣氏衍芬草堂三世藏書印”“臣光焴印”“寅昉”等印。據聶溦萌《〈晉書〉兩種宋刻二十七字本的考察》考證，“季振宜字詵兮號滄葦”係從國圖藏楊本《晉書》調換而來。此書曾經明朱恩、清蔣氏衍芬草堂收藏。

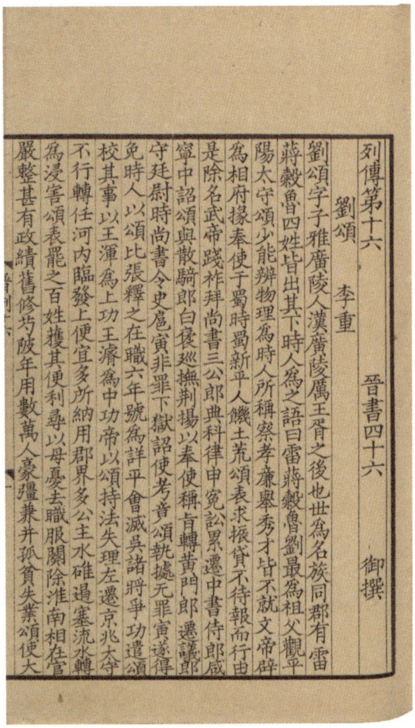
列傳第十六　晉書四十六　御撰
劉頌　李重
劉頌字子雅廣陵人漢廣陵厲王胥之後也世爲名族同郡有雷
蔣穀魯四姓皆出其下時人爲之語曰雷蔣穀魯劉最爲祖父觀平
陽太守頌少能辨物理爲時人所稱察孝廉舉秀才皆不就文帝辟
爲相府掾奉使于蜀時蜀新平人饑土荒頌表求振貸不待報而行由
是除名武帝踐祚拜尚書三公郎典科律申寃訟累遷中書侍郎咸
寧中詔頌與散騎郎白褒廵撫荆揚以奉使稱旨轉黄門郎遷議郎
守廷尉時尚書令史扈寅非罪下獄詔使考竟頌執據无罪寅遂得
免時人以頌比張釋之在職六年號爲詳平會滅吴諸將爭功遣頌
校其事以王渾爲上功王濬爲中功帝以頌持法失理左遷京兆太守
不行轉任河内臨發上便宜多所納用郡界多公主水碓遏塞流水轉
爲浸害頌表罷之百姓獲其便利尋以母憂去職服闋除淮南相在官
嚴整甚有政績舊修芍陂年用數萬人豪彊兼并孤貧失業頌使大

圖 7　蔣本《晉書》卷四十六

綜上，三部南宋初建刻十四行本《晉書》，南圖本行款與國圖藏楊本、蔣本不同，在版本體系上特立獨行。南圖本曾經割裂，有缺文，且品相不如楊本、蔣本。國圖藏楊本、蔣本屬於同一版本體系。楊本卷帙基本完整，刻印最精，書品最佳。蔣本僅存一百卷（還有二十七卷配補清抄本），并經剜改，以殘充全。然而，張元濟影印《百衲本二十四史》之《晉書》最終放弃楊本，采用蔣本。其中原因出於多方面的考量。

三、張元濟在《晉書》版本選擇上的考量

張元濟影印《百衲本二十四史》，選用底本糾結時間較長的，除了《史記》，就數《晉書》了。1927年10月5日，張元濟致傅增湘信中首次提到此書：“木老允借《兩漢》《晉書》，索酬萬元，公司中人認爲過重。時局如此，即印出恐亦無甚銷路，暫行緩議（極快須明年下半年方能開印）。且《晉書》前已在南京圖書館照有小字本（稍有脱卷之頁）。今查得硤石蔣氏所藏，行款相同［徐

按：南圖本行二十五字，楊本、蔣本行二十六至二十七字，行款不同；此時張元濟僅聽聞蔣氏藏本而已，4年後的1931年下半年纔見到書，詳見下文］，而南京館本所脱者却係完足，想脱落者必係複印之故。將來如能借補，則此書可不必另借矣。”［張樹年、張人鳳編：《張元濟書札》（增訂本），第1139頁］張元濟信中所説“木老允借”的《晋書》，就是抵押中的那部海源閣楊氏藏本《晋書》。

此後的3年中，張元濟對《晋書》的底本始終未做决斷，導致1930年3月商務印書館發布《百衲本二十四史預約樣本》時，其中《晋書》底本仍標注的南京圖書館藏宋本：“是書向爲王弇州、項子京、毛子晋、宋牧仲所藏，毛氏且稱爲可寶。中有數卷鈔配極精，即《東湖叢記》所云王弇州手鈔補缺之卷也。”

但很快張元濟的態度就有了變化，又開始傾嚮於采用楊本了。他1930年5月15日致傅增湘信曰：“所選《晋書》最不愜意。李木老肯與玉成，極所欣幸。酬報可以大減，未知所須幾何？惟乞我兄善爲我辭。至禱，至禱。”［張樹年、張人鳳編：《張元濟書札》（增訂本），第1163頁］1個月後又連發兩信表示：“李木老允借《晋書》，極爲欣幸。其意欲得《廿四史》數部。以尊意度之，究需幾部？惟在京攝照，種種不便。必須借至南方，决無絲毫傷損。務乞我兄善爲説辭。至此書弟已校過四種，可謂一無善本。將來一切商定之後（細思不如暫緩商定，先祈假“帝紀”“天文志”到京，托伯恒兄代爲一校），擬先求借閲數册，先校一過。是否能出所見四種之上，此層亦應預爲陳明，并祈鑒及。”［張樹年、張人鳳編：《張元濟書札》（增訂本），第1165頁］“木老《晋書》經吾兄周旋，可以通報，至爲感荷。前函擬請先假‘帝紀’及‘天文志’先校一過，藉知内容。又須携至南方照相，不知能辦到否？務乞玉成，無任禱盼。”［張樹年、張人鳳編：《張元濟書札》（增訂本），第1166—1167頁］

張元濟爲什麽要先借楊本“帝紀”及“天文志”一校？《百

衲本二十四史·晉書》書後張元濟跋回答了這個問題。跋曰："武英殿本是史考證多引宋本參訂，故訛奪視他史爲少。盧抱經嘗以'帝紀''天文''禮志'與明南北監本、汲古閣本及他書參考异同。"原來張元濟是要藉助盧文弨的校勘成果（其中便有"帝紀""天文"）來對比判斷楊本的質量。又，張元濟所謂"所選《晉書》最不愜意"，指的就是南圖本。他在《晉書》跋中説："先是江南第一圖書館［徐按：即今南京圖書館］有宋刊小字本，已遣工就照矣。校閲至列傳某卷，乃多所脱漏。思覓更勝者以爲之代。"這裏的"脱漏"，是指書葉文字墨色成片發淺乃至消失，多爲印版嚴重磨損造成。

張元濟1931年1月15日再致信傅增湘："李木老所藏前承轉商，可以借影，報酬須《百衲本廿四史》三部，亦所不吝。但必須將全書借至上海，於事方有辦法，决不傷損絲毫。務乞續商。至懇，至懇。"［張樹年、張人鳳編：《張元濟書札》（增訂本），第1177頁］

同年4月7日，張元濟在寫給傅增湘的信中，答應了李盛鐸的付酬要求，且欲儘快促成此事："《衲史》中所用宋本《晉書》，承吾兄向木齋先生借取影印，至爲感幸。遵以全史三部爲酬。台從未行以前，未及將預約憑單奉托携帶。兹已填就第五五七號自取預約憑單一紙，又書券一紙，附函呈上，伏希察收轉致，并爲道謝。未知李世兄何時南下，甚盼能早日攝照，提前出版也。"［張樹年、張人鳳編：《張元濟書札》（增訂本），第1179頁］

然而，5個月後，事情却開始反轉，張元濟又屬意蔣本了。1931年9月24日張元濟致蔣藻新（星）、蔣覲圭書曰："丁君［徐按：即丁英桂，在商務印書館負責製版印刷業務等工作］等晋謁時諸承優待，并出示珍藏宋刻《晉書》及其他精本，不勝感謝。《晉書》雕印俱精，遠出南京圖書館藏本之上，尤爲欣慕。元濟嗜讀乙部，以通行武英殿本《二十四史》訛舛甚多，亟思别印舊本，藉資訂正，且以糾正明監汲古之失。搜輯有年，近已次第付印，謹以印成

《前》《後漢書》，各檢一部寄奉雅鑒，伏希哂存。《晋書》善本較爲難得，尊藏雖缺去‘載記’，而‘紀’‘志’‘列傳’俱全，補抄亦至精美，不揣冒昧，擬求通假，俾善本正史得成完璧。稍閑即當趨詣崇階，面聆教誨。專肅鳴謝。敬請潭安。”［張樹年、張人鳳編：《張元濟書札》（增訂本），第1052頁］

1932年4月13日，張元濟開始爲弃用楊本做鋪墊，他在給傅增湘的信中説：“至承代借李氏《晋書》，現擬暫存，俟公司清理就緒，《衲史》如有出版之可能，尚擬攝照，否則届時即行寄還，并祈轉致李木老。”［張樹年、張人鳳編：《張元濟書札》（增訂本），第1187頁］1933年12月14日，他在致傅增湘信中進一步挑明道：“李木老所借《晋書》，亦以印版不甚清朗遲延未照。”［張樹年、張人鳳編：《張元濟書札》（增訂本），第1196頁］1934年11月10日，他告知傅增湘：“《晋書》借用硤石蔣氏藏本，今歲亦可出書。原無‘載記’，配以江南圖書館所藏，版式相同，幾於天衣無縫。”［張樹年、張人鳳編：《張元濟書札》（增訂本），第1201頁］張元濟1935年3月5日致信蔣藻星：“前承慨假宋刻《晋書》，去歲底印成出書，曾由敝館檢呈拾部，計荷莞納。”［張樹年、張人鳳編：《張元濟書札》（增訂本），第1051頁］

據此推斷，張元濟1931年4月7日致信傅增湘，催問李盛鐸之《晋書》何時可以取到後不久便收到了書。收到書4個月後，經校勘，决定采用蔣本。但李盛鐸之《晋書》至少到1933年12月仍存放在商務印書館。

李盛鐸手中的楊本《晋書》一百三十卷中衹有三葉抄配，其餘全部爲宋版，如此完整，世間僅存一部。該書在海源閣宋本中亦稱精品，品相超過蔣本。反觀蔣本，一百卷中不但有二十七卷抄配，目録還被書賈剜改過，以冒充全本。南京圖書館的“載記”三十卷也有十二卷抄補。楊本、蔣本孰好孰差，一目瞭然。作爲精通版本之學的張元濟不可能不清楚，否則他就不會糾結如此之久了。那麽，張元濟最終决定采用蔣本，主要出於何種原因？是成本問題嗎？

《百衲本二十四史·晋書》的底本，張元濟最早選用南京圖書館宋刻小字本，并已攝製膠片。如果采用蔣本一百卷，衹需酬謝蔣藻星10部《晋書》即可，比李盛鐸索要的全史3部顯然要划算許多。至於“載記”三十卷已支付過費用，正好利用上，確實可以節省一些費用。但從張元濟影印《衲史》的過程看，他并不會在意這點小錢。我以爲，他决定弃用楊本，主要擔心的是該書尚處於質押之中（前面曾提到，質押大約1935年纔到期），將來海源閣楊家一旦贖回，恐會産生法律問題。另外，張元濟大規模影印古籍善本，在底本使用上，唯一没有正式合作過的藏書大家僅有海源閣，他很想改變這一狀况。爲此他曾數次請傅增湘從中搭橋，就在1931年9月15日致傅增湘信中，還“托詢海源閣書能否出資借影”［張樹年、張人鳳編：《張元濟書札》（增訂本），第1180頁］。因此他不想因此事引起海源閣楊氏不滿。

再有就是張元濟此時有一批修版高手，可以模仿宋版書筆意，修復或更改書葉，使其有了使用較差本子的底氣。從總體上看，楊本品相勝過蔣本，且蔣本係翻刻楊本，刻工還要略差，張元濟説楊本“亦以印版不甚清朗遲延未照”，當屬托詞。當然，蔣本補抄的二十七卷及南圖本“載記”中的抄配，確實精美絶倫。加之《衲史》製版時去除底色，使雕版字體的棱角、抄本字體的筆鋒不再明顯，字體更趨一致（從原書看，差别比較明顯），故一般人很難發現刻本與抄配的區别。

四、張元濟影印古籍對版面的修整一瞥

從《四部叢刊》《百衲本二十四史》，以及《張元濟年譜》《張元濟日記》《張元濟書札》等文獻資料看，張元濟認爲影印底本是可以改動的，哪怕是宋本，但改動時要求字體與原書相近。改動的範圍包括增補缺字缺葉；修改錯字及不美觀的字；甚至將整

行、整段、整葉的抄本，按照宋刻的筆意、行款，模仿爲宋刻本；等等。

例如1923年2月3日，張元濟致傅增湘信札云："再，幼平處宋本《唐集》頗多挖改補寫之字。弟意以爲失却真面，不如一律改爲空白，或仍用其字，但摹仿雕板筆意，以泯痕迹。幼平主用後説，而弟則主前説。今日細看，衹可兩説參用。"［張樹年、張人鳳編：《張元濟書札》（增訂本），第1097頁］又，1930年9月5日，張元濟致傅增湘書説："承假宋刻《五代史記》兩册，已將序目照出，尚須復校一過，當覓便寄還。惟先借影之全部久已照成，弟亦校過。固有佳處，然訛字亦頗不少，且有甚離奇者。如'將兒'二字誤作'狀元'。兹將'本紀'十二卷校勘記録呈。弟已將殘宋本及汪文盛本、劉氏覆宋本校過，將來尚擬取明監汲古兩本再校。凡爲諸本所不誤而此本獨誤者，擬將其字改正。脱字亦不加。此爲保宋刊之聲譽，免外人之指摘起見。未知尊見以爲何如？"［張樹年、張人鳳編：《張元濟書札》（增訂本），第1173頁］張元濟認爲更改宋本中的錯字，是"爲保宋刊之聲譽，免外人之指摘"。當然，從學術的角度看，這種做法無可挑剔。

并且，自《四部叢刊》初編以來，商務印書館逐漸培養出一批修版高手，經驗愈加豐富。至影印《衲史》之時，不僅總結頒布了《修潤古書程序》《修潤要則》《填粉程序》，甚至還爲某些問題較多的書專門製定了"製版須知"。如1933年10月23日張元濟致丁英桂信札云："［附］《宋書》石印製版須知……此書製版較難，與他書稍有不同，務祈注意。……但在全行中間偶然有一二字粗肥歪斜，其字形甚爲難看者，應照上下左右字體，摹仿修正。"［張樹年、張人鳳編：《張元濟書札》（增訂本），第26—27頁］1933年12月5日張元濟致信丁英桂："《宋書》'紀'四第三葉，下補一空白葉作爲第四葉，中縫用'紀'四第三葉翻，但除去刻工姓名，并於右闌外照左列之字，屬善作小楷同人寫就，照地位排置，同時製入版内。製版打樣交下一閱爲盼。"

［張樹年、張人鳳編：《張元濟書札》（增訂本），第30頁］1934年3月31日張元濟致信丁英桂："示悉。《晋書》様張一頁收到。甚好，甚好。以後即可照此着手。惟不知當時曾否用朱筆批描某字應修，抑或由工友自行着手？祈再示。"又："今送上《晋書》一册，附'製版須知'，乞察入。其中縫書名一節，應否如此辦理，請酌。以下各册，弟不能照此册描修，衹能將應改之字，或於不全之字，偶然修補。應請尊處派人擔任，即以此册爲標準。再《衲史》石印之書，今年恐不少，以後即陸續發去。尊處請將可做此事之工友，預爲指定。此上。"［張樹年、張人鳳編：《張元濟書札》（增訂本），第42頁］又："［附］《晋書》'紀''傳'製版須知：一、原書筆畫甚細，修時切勿加粗。二、凡應改之字，均用朱筆寫明，應照改。……七、每卷首尾兩頁中縫不記書名，應將本卷他頁移補。……'載記'似不甚齷齪，傳真亦可，須細看再定。"［張樹年、張人鳳編：《張元濟書札》（增訂本），第43—44頁］

尤爲重要的是，蔣本《晋書》缺失後三十卷"載記"，書賈爲造成原書僅一百卷假象，對目録葉做了剜改、移植：將目録前一百卷第十四葉上半葉末行的"載記三十卷"五字剜除；又將目録末葉上半葉的五行題識移至目録第十四葉的下半葉，與卷一銜接。爲此，張元濟1934年4月5日致信丁英桂："《晋書》目末一葉請緩發製。'傳記'如何加入，容酌定再補入。"［張樹年、張人鳳編：《張元濟書札》（增訂本），第43頁］經勘驗，《百衲本二十四史·晋書》的目録葉均已恢復原貌，與楊本毫無二致，可見商務印書館修版技術之高超。

又，張元濟1936年3月31日致信丁英桂："今發印《史記》九卷，中有半頁補抄，應用王本補配。附去原刻王本一册，望即照出，即速發還。將來仿其行款，摹成宋刻筆意，尤爲佳妙。"［張樹年、張人鳳編：《張元濟書札》（增訂本），第85頁］

正如我在《簡評〈四部叢刊〉製作工藝及影響》（《古籍整

理出版情況簡報》2017年第11期）等文章中所説，張元濟是用古籍校勘排印的理念做影印書的，這從其書中決不允許有缺字、不可識讀之字，甚至對問題較多的黄善夫本《史記》，不惜借他本校勘，更改增補2000多處（參見杜澤遜：《論南宋黄善夫本〈史記〉及其涵芬樓影印本》，載《中國典籍與文化》編輯部編《中國典籍與文化論叢》第3輯，中華書局，1995）即可看出。這2000多處改動，均模仿宋刻筆意修版製成（且不做説明），乃至數十年來無人察覺。

2023年5月